www.ingramcontent.com/pod-product-compliance
Lightning Source LLC
Chambersburg PA
CBHW051830230426
43671CB00008B/907

LE CRIME D'ORCIVAL

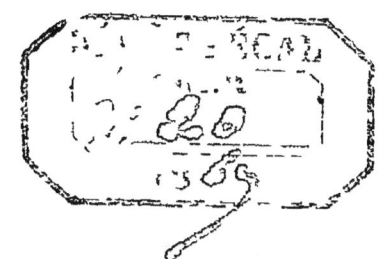

OUVRAGES DU MÊME AUTEUR

Format grand in-18 jésus

L'Affaire Lerouge, 2ᵉ édition. 1 vol. 3 50
Les Mariages d'aventures. 1 vol. . . . . 3 »
Les Cotillons célèbres. 1 vol. . . . . 3 »
Les Comédiennes adorées. 1 vol. . . . . 3 »
Le Treizième hussard. 1 vol. . . . . 3 »
Les Gens de bureau. 1 vol. . . . . 3 »

SOUS PRESSE :

Le Dossier nº 113.

Imp. de Destenay, à St-Amand (Cher).

LE CRIME
D'ORCIVAL

PAR

ÉMILE GABORIAU

PARIS
E. DENTU, ÉDITEUR
LIBRAIRE DE LA SOCIÉTÉ DES GENS DE LETTRES
PALAIS-ROYAL, 17 ET 19, GALERIE D'ORLÉANS

1867

Tous droits réservés

A mon ami,

Le Docteur GUSTAVE MALLET.

LE CRIME D'ORCIVAL

I

Le 9 juillet 186.., un jeudi, Jean Bertaud, dit La Ripaille, et son fils, bien connus à Orcival pour vivre de braconnage et de maraude, se levèrent sur les trois heures du matin, avec le jour, pour aller à la pêche.

Chargés de leurs agrès, ils descendirent ce chemin charmant, ombragé d'acacias, qu'on aperçoit de la station d'Evry, et qui conduit du bourg d'Orcival à la Seine.

Ils se rendaient à leur bateau amaré d'ordinaire à une cinquantaine de mètres en amont du pont de fil de fer, le long d'une prairie joignant Valfeuillu, la belle propriété du comte de Trémorel.

Arrivés au bord de la rivière, ils se débarrassèrent de leurs engins de pêche, et Jean La Ripaille entra dans le bateau pour vider l'eau qu'il contenait.

Pendant que d'une main exercée il maniait l'écope, il s'aperçut qu'un des tolets de la vieille embarcation, usé par la rame, était sur le point de se rompre.

— Philippe, cria-t-il à son fils, occupé à démêler un épervier dont un garde-pêche eût trouvé les mailles trop serrées, Philippe, tâche donc de m'avoir un bout de bois pour refaire notre tolet.

— On y va, répondit Philippe.

Il n'y avait pas un arbre dans la prairie. Le jeune homme se dirigea donc vers le parc de Valfeuillu, distant de quelques pas seulement, et, peu soucieux de l'article 391 du Code pénal, il franchit le large fossé qui entoure la propriété de M. de Trémorel. Il se proposait de couper une branche à l'un des vieux saules qui, à cet endroit, trempent au fil de l'eau leurs branches éplorées.

Il avait à peine tiré son couteau de sa poche, tout en promenant autour de lui le regard inquiet du maraudeur, qu'il poussa un cri étouffé.

— Mon père ! eh ! mon père !

— Qu'y a-t-il? répondit sans se déranger le vieux braconnier.

— Père, venez, continua Philippe, au nom du ciel, venez vite !

Jean La Ripaille comprit à la voix rauque de son fils, qu'il se passait quelque chose d'extraordinaire. Il lâcha son écope, et, l'inquiétude aidant, en trois bonds il fut dans le parc.

Lui aussi, il resta épouvanté devant le spectacle qui avait terrifié Philippe.

Sur le bord de la rivière, parmi les joncs et les glaïeuls, le cadavre d'une femme gisait. Ses longs cheveux dénoués s'éparpillaient parmi les herbes aquatiques; sa robe de soie grise en lambeaux était souillée de boue et de sang. Toute la partie supérieure du corps plongeait dans l'eau peu profonde, et le visage était enfoncé dans la vase.

— Un assassinat ! murmura Philippe dont la voix tremblait.

— Ça, c'est sûr, répondit La Ripaille d'un ton indifférent. Mais quelle peut être cette femme ? Vrai, on dirait la comtesse.

— Nous allons bien voir, dit le jeune homme.

Il fit un pas vers le cadavre; son père l'arrêta par le bras.

— Que veux-tu faire malheureux! prononça-t-il; on

ne doit jamais toucher au corps d'une personne assassinée, sans la justice.

— Vous croyez?

— Certainement! Il y a des peines pour cela.

— Alors, allons prévenir le maire.

— Pourquoi faire? Les gens d'ici ne nous en veulent peut-être pas assez! Qui sait si on ne nous accuserait pas?...

— Cependant, mon père...

— Quoi! si nous allons avertir M. Courtois, il nous demandera comment et pourquoi nous nous trouvions dans le parc de M. de Trémorel pour voir ce qu'il s'y passait. Qu'est-ce que cela te fait qu'on ait tué la comtesse? On retrouvera bien son corps sans toi... viens, allons-nous-en.

Mais Philippe ne bougea pas. La tête baissée, le menton appuyé sur la paume de sa main, il réfléchissait.

— Il faut avertir, déclara-t-il d'un ton décidé; on n'est pas des sauvages. Nous dirons à M. Courtois que c'est en côtoyant le parc dans notre bachot que nous avons aperçu le corps.

Le vieux La Ripaille résista d'abord, puis voyant que son fils irait sans lui, il parut se rendre à ses instances.

Ils franchirent donc de nouveau le fossé, et, abandonnant leurs agrès dans la prairie, ils se dirigèrent en toute hâte vers la maison de M. le maire d'Orcival.

Situé à cinq kilomètres de Corbeil, sur la rive droite de la Seine, à vingt minutes de la station d'Evry, Orcival est un des plus délicieux villages des environs de Paris, en dépit de l'infernale etymologie de son nom.

Le Parisien bruyant et pillard, qui, le dimanche, s'abat dans les champs, plus destructeur que la sauterelle, n'a pas découvert encore ces campagnes riantes. L'odeur navrante de la friture des guinguettes n'y étouffe pas le parfum des chèvrefeuilles. Les refrains des canotiers, la ritournelle du cornet à piston des bals publics n'y ont jamais épouvanté les échos.

Paresseusement accroupi sur les pentes douces d'un

côteau que baigne la Seine, Orcival a des maisons blanches, des ombrages délicieux et un clocher tout neuf qui fait son orgueil.

De tous côtés, de vastes propriétés de plaisance, entretenues à grands frais, l'entourent. De la hauteur, on aperçoit les girouettes de vingt châteaux.

A droite, ce sont les futaies de Mauprévoir, et le joli castel de la comtesse de la Brèche ; en face, de l'autre côté du fleuve, voici Mousseaux et Petit-Bourg, l'ancien domaine Aguado, devenu la propriété d'un carrossier illustre, M. Binder ; à gauche, ces beaux arbres sont au comte de Trémorel, ce grand parc est le parc d'Étiolles, et dans le lointain, tout là-bas, c'est Corbeil ; cet immense bâtiment, dont la toiture dépasse les grands chênes, c'est le moulin Darblay.

Le maire d'Orcival habite tout en haut du village une de ces maisons comme on en voit dans les rêves de cent mille livres de rentes.

Fabricant de toiles peintes autrefois, M. Courtois a débuté dans le commerce sans un sou vaillant, et, après trente années d'un labeur acharné, il s'est retiré avec quatre millions bien ronds.

Alors il se proposait de vivre bien tranquille, entre sa femme et ses filles, passant l'hiver à Paris et l'été à la campagne.

Mais voilà que tout à coup, on le vit inquiet et agité. L'ambition venait de le mordre au cœur. Il faisait cent démarches pour être forcé d'accepter la mairie d'Orcival. Et il l'a acceptée, bien à son corps défendant, ainsi qu'il vous le dira lui-même.

Cette mairie fait à la fois son bonheur et son désespoir.

Désespoir apparent, bonheur intime et réel.

Il est bien, lorsque le front chargé de nuages, il maudit les soucis du pouvoir, il est mieux lorsque le ventre ceint de l'écharpe à glands d'or, il triomphe à la tête du corps municipal.

Tout le monde dormait encore chez M. le maire, lors-

que les Bertaud père et fils vinrent heurter le lourd marteau de la porte.

Après un bon moment, un domestique aux trois quarts éveillé, à demi vêtu, parut à l'une des fenêtres du rez-de-chaussée.

— Qu'est-ce qu'il y a, méchants garnements? demanda-t-il d'un ton de mauvaise humeur.

La Ripaille ne jugea point à propos de relever une injure que ne justifiait que trop sa réputation dans la commune.

— Nous voulons parler à monsieur le maire, répondit-il, et c'est terriblement pressé. Allez l'éveiller, M. Baptiste, il ne vous grondera pas.

— Est-ce qu'on me gronde, moi! grogna Baptiste.

Il fallut cependant dix bonnes minutes de pourparlers et d'explications pour décider le domestique.

Enfin les Bertaud comparurent par-devant un petit homme gros et rouge, fort mécontent d'être tiré du lit si matin : c'était M. Courtois.

Il avait été décidé que Philippe porterait la parole.

— Monsieur le maire, commença-t-il, nous venons vous annoncer un grand malheur; il y a eu pour sûr un crime chez M. de Trémorel.

M. Courtois était l'ami du comte, il devint à cette déclaration inattendue plus blême que sa chemise.

— Ah! mon Dieu! balbutia-t-il, incapable de maîtriser son émotion, que me dites-vous là, un crime!...

— Oui, nous avons vu un corps, tout à l'heure, et aussi vrai que vous voilà, je crois que c'est celui de la comtesse.

Le digne maire leva les bras au ciel d'un air parfaitement égaré.

— Mais où, mais quand? interrogea-t-il.

— Tout à l'heure, au bout du parc que nous longions pour aller relever nos nasses.

— C'est horrible! répétait le bon M. Courtois, quel malheur! Une si digne femme! Mais ce n'est pas possible, vous devez vous tromper; on m'aurait prévenu...

1*

— Nous avons bien vu, monsieur le maire.

— Un tel crime, dans ma commune! Enfin, vous avez bien fait de venir, je vais m'habiller en deux temps, et nous allons courir... C'est-à-dire, non, attendez.

Il parut réfléchir une minute et appela :

— Baptiste !

Le domestique n'était pas loin. L'oreille et l'œil alternativement collés au trou de la serrure, il écoutait et regardait de toutes ses forces. A la voix de son maître, il n'eut qu'à allonger le bras pour ouvrir la porte.

— Monsieur m'appelle ?

— Cours chez le juge de paix, lui dit le maire, il n'y a pas une seconde à perdre, il s'agit d'un crime, d'un meurtre peut-être, qu'il vienne vite, bien vite... Et vous autres, continua-t-il, s'adressant aux Bertaud, attendez-moi ici, je vais passer un paletot.

Le juge de paix d'Orcival, le père Plantat, comme on l'appelle, est un ancien avoué de Melun.

A cinquante ans, le père Plantat, auquel tout avait toujours réussi à souhait, perdit dans le même mois sa femme qu'il adorait et ses deux fils, deux charmants jeunes gens, âgés l'un de dix-huit, l'autre de vingt-deux ans.

Ces pertes successives atterrèrent un homme que trente années de prospérité laissaient sans défense contre le malheur. Pendant longtemps, on craignit pour sa raison. La seule vue d'un client, venant troubler sa douleur pour lui conter de sottes histoires d'intérêt, l'exaspérait. On ne fut donc pas surpris de lui voir vendre son étude à moitié prix. Il voulait s'établir à son aise dans son chagrin, avec la certitude de n'en point être distrait.

Mais l'intensité des regrets diminua et la maladie du désœuvrement vint. La justice de paix d'Orcival était vacante, le père Plantat la sollicita et l'obtint.

Une fois juge de paix, il s'ennuya moins. Cet homme, qui voyait sa vie finie, entreprit de s'intéresser aux mille causes diverses qui se plaidaient chez lui. Il appliqua

toutes les forces d'une intelligence supérieure, toutes les ressources d'un esprit éminemment délié à démêler le faux du vrai parmi tous les mensonges qu'il était forcé d'écouter.

Il s'obstina d'ailleurs à vivre seul, en dépit des exhortations de M. Courtois, prétendant que toute société le fatiguait, et qu'un homme malheureux est un trouble-fête. Le temps que lui laissait son tribunal, il le consacrait à une collection sans pareille de pétunias.

Le malheur qui modifie les caractères, soit en bien, soit en mal, l'avait rendu, en apparence, affreusement égoïste. Il assurait ne se pas intéresser aux choses de la vie plus qu'un critique blasé aux jeux de la scène. Il aimait à faire parade de sa profonde indifférence pour tout, jurant qu'une pluie de feu tombant sur Paris ne lui ferait seulement pas tourner la tête. L'émouvoir semblait impossible. — « Qu'est-ce que cela me fait, à moi ! » était son invariable refrain.

Tel est l'homme qui, un quart d'heure après le départ de Baptiste, arrivait chez le maire d'Orcival.

M. Plantat est grand, maigre et nerveux. Sa physionomie n'a rien de remarquable. Il porte les cheveux courts, ses yeux inquiets paraissent toujours chercher quelque chose, son nez fort long est mince comme la lame d'un rasoir. Depuis ses chagrins, sa bouche, si fine jadis, s'est déformée, la lèvre inférieure s'est affaissée et lui donne une trompeuse apparence de simplicité.

— Que m'apprend-on, dit-il dès la porte, on a assassiné Mme de Trémorel.

— Ces gens-ci, du moins, le prétendent, répondit le maire qui venait de reparaître.

M. Courtois n'était plus le même homme. Il avait eu le temps de se remettre un peu. Sa figure s'essayait à exprimer une froideur majestueuse. Il s'était vertement blâmé d'avoir, en manifestant son trouble et sa douleur devant les Bertaud, manqué de dignité.

— Rien ne doit émouvoir à ce point un homme dans ma position, s'était-il dit.

Et, bien qu'effroyablement agité, il s'efforçait d'être calme, froid, impassible.

Le père Plantat, lui, était ainsi tout naturellement.

— Ce serait un accident bien fâcheux, dit-il d'un ton qu'il s'efforçait de rendre parfaitement désintéressé, mais, au fond, qu'est-ce que cela nous fait? Il faut néanmoins aller voir sans retard ce qu'il en est ; j'ai fait prévenir le brigadier de gendarmerie qui nous rejoindra.

— Partons, dit M. Courtois, j'ai mon écharpe dans ma poche.

On partit.

Philippe et son père marchaient les premiers, le jeune homme empressé et impatient, le vieux sombre et préoccupé.

Le maire, à chaque pas, laissait echapper quelques exclamations.

— Comprend-on cela, murmurait-il, un meurtre dans ma commune, une commune ou de mémoire d'homme, il n'y a point eu de crime de commis.

Et il enveloppait les deux Bertaud d'un regard soupçonneux.

Le chemin qui conduit à la maison, — dans le pays on dit au château,—de M. de Trémorel est assez déplaisant, encaissé qu'il est par des murs d'une douzaine de pieds de haut. D'un côté, c'est le parc de la marquise de Lanascol, de l'autre le grand jardin de Saint-Jouan.

Les allées et les venues avaient pris du temps, il était près de huit heures lorsque le maire, le juge de paix et leurs guides s'arrêtèrent devant la grille de M. de Trémorel.

Le maire sonna.

La cloche est fort grosse, une petite cour sablée de cinq ou six mètres sépare seule la grille de l'habitation, cependant personne ne parut.

Monsieur le maire sonna plus fort, puis plus fort encore, puis de toutes ses forces, en vain.

Devant la grille du château de Mme de Lanascol, située

presque en face, un palefrenier était debout, occupé à nettoyer et à polir un mors de bride.

— Ce n'est guère la peine de sonner, messieurs, dit cet homme, il n'y a personne au château.

— Comment, personne? demanda le maire supris.

— J'entends, répondit le palefrenier, qu'il n'y a que les maîtres. Les gens sont tous partis hier soir, par le train de huit heures quarante, pour se rendre à Paris, assister à la noce de l'ancienne cuisinière, Mme Denis ; ils doivent revenir ce matin par le premier train. J'avais été invité, moi aussi...

— Grand Dieu! interrompit M. Courtois, alors le comte et la comtesse sont restés seuls cette nuit ?

— Absolument seuls, monsieur le maire.

— C'est horrible !

Le père Plantat semblait s'impatienter de ce dialogue.

— Voyons, dit-il, nous ne pouvons nous éterniser à cette porte, les gendarmes n'arrivent pas, envoyons chercher le serrurier.

Déjà Philippe prenait son élan, lorsqu'au bout du chemin on entendit des chants et des rires. Cinq personnes, trois femmes et deux hommes parurent presque aussitôt.

— Ah! voilà les gens du château, dit le palefrenier que cette visite matinale semblait intriguer singulièrement, ils doivent avoir une clé.

De leur côté, les domestiques, apercevant le groupe arrêté devant la grille, se turent et hâtèrent le pas. L'un d'eux, même, se mit à courir, devançant ainsi les autres ; c'était le valet de chambre du comte.

— Ces messieurs voudraient parler à monsieur le comte? demanda-t-il, après avoir salué le maire et le juge de paix.

— Voici cinq fois que nous sonnons à tout rompre, dit le maire.

— C'est surprenant, fit le valet de chambre, monsieur

a pourtant le sommeil bien léger! Après cela, il est peut-être sorti.

— Malheur! s'écria Philippe, on les aura assassinés tous les deux!

Ces mots dégrisèrent les domestiques dont la gaîté annonçait un nombre très-raisonnable de santés bues au bonheur des nouveaux époux.

M. Courtois, lui, paraissait étudier l'attitude du vieux Bertaud.

— Un assassinat! murmura le valet de chambre; ah! c'est pour l'argent, alors, on aura su...

— Quoi? demanda le maire.

— Monsieur le comte a reçu hier dans la matinée une très-forte somme.

— Ah! oui, forte, ajouta une femme de chambre, il y avait gros comme cela de billets de banque. Madame a même dit à monsieur qu'elle ne fermerait pas l'œil de la nuit avec cette somme immense dans la maison.

Il y eut un silence, chacun se regardant d'un air effrayé. M. Courtois, lui, réfléchissait.

— A quelle heure êtes-vous partis hier soir, demanda-t-il aux domestiques.

— A huit heures, on avait avancé le dîner.

— Vous êtes partis tous ensemble?

— Oui, monsieur.

— Vous ne vous êtes pas quittés?

— Pas une minute.

— Et vous revenez tous ensemble?

Les domestiques échangèrent un singulier regard.

— Tous, répondit une femme de chambre qui avait la langue bien pendue... c'est-à-dire, non. Il y en a un qui nous a lâchés en arrivant à la gare de Lyon, à Paris : c'est Guespin.

— Ah!

— Oui, monsieur, il a filé de son côté en disant qu'il nous rejoindrait aux Batignolles, chez Wepler, où se faisait la noce.

Monsieur le maire donna un grand coup de coude au

juge de paix, comme pour lui recommander l'attention, et continua à interroger.

— Et ce Guespin, comme vous le nommez, l'avez-vous revu.

— Non, monsieur, j'ai même plusieurs fois demandé inutilement de ses nouvelles pendant la nuit; son absence me paraissait louche.

Évidemment le femme de chambre essayait de faire montre d'une perspicacité supérieure ; encore un peu elle eût parlé de pressentiments.

— Ce domestique, demanda M. Courtois, était-il depuis longtemps dans la maison !

— Depuis le printemps.

— Quelles étaient ses attributions ?

— Il avait été envoyé de Paris par la maison du *Gentil Jardinier* pour soigner les fleurs rares de la serre de madame.

— Et... avait-il eu connaissance de l'argent ?

Les domestiques eurent encore des regards bien significatifs.

— Oui, oui ! répondirent-ils en chœur, nous en avions beaucoup causé entre nous à l'office.

— Même, ajouta la femme de chambre, belle parleuse, il m'a dit à moi-même, parlant à ma personne :

« — Dire que monsieur le comte a dans son secrétaire de quoi faire notre fortune à tous ! »

— Quelle espèce d'homme est-ce ?

Cette question éteignit absolument la loquacité des domestiques. Aucun n'osait parler, sentant bien que le moindre mot pouvait servir de base à une accusation terrible.

Mais le palefrenier de la maison d'en face, qui brûlait de se mêler à cette affaire, n'eut point ces scrupules.

— C'est, répondit-il, un bon garçon, Guespin, et qui a roulé. Dieu de Dieu ! en sait-il de ces histoires ! Il connaît tout, cet homme-là, il paraît qu'il a été riche dans le temps, et s'il voulait... Mais, dame ! il aime le

travail tout fait, et avec ça c'est un noceur comme il n'y en a pas, un creveur de billards, quoi !

Tout en écoutant d'une oreille, en apparence distraite, ces dépositions, ou, pour parler plus juste, ces cancans, le père Plantat examinait soigneusement et le mur et la grille. Il se retourna à point nommé pour interrompre le palefrenier.

— En voilà bien assez, dit-il, au grand scandale de M. Courtois. Avant de poursuivre cet interrogatoire, il est bon de constater le crime, si crime il y a, toutefois, ce qui n'est pas prouvé. Que celui de vous qui a une clé ouvre la grille.

Le valet de chambre avait la clé, il ouvrit, et tout le monde pénétra dans la petite cour. Les gendarmes venaient d'arriver. Le maire dit au brigadier de le suivre, et plaça deux hommes à la grille, avec défense de laisser entrer ou sortir personne sans sa permission.

Alors seulement le valet de chambre ouvrit la porte de la maison.

II

S'il n'y avait pas eu de crime, au moins s'était-il passé quelque chose de bien extraordinaire chez le comte de Trémorel; l'impassible juge de paix dut en être convaincu dès ses premiers pas dans le vestibule.

La porte vitrée donnant sur le jardin était toute grande ouverte, et trois des carreaux étaient brisés en mille pièces.

Le *chemin* de toile cirée qui reliait toutes les portes avait été arraché, et sur les dalles de marbre blanc, çà et là, on apercevait de larges gouttes de sang. Au pied de l'escalier était une tache plus grande que les autres, et sur la dernière marche une éclaboussure hideuse à voir.

Peu fait pour de tels spectacles, pour une mission comme celle qu'il avait à remplir, l'honnête M. Courtois se sentait défaillir. Par bonheur, il puisait dans le sentiment de son importance et de sa dignité une énergie bien éloignée de son caractère. Plus l'instruction preliminaire de cette affaire lui paraissait difficile, plus il tenait à bien la mener.

— Conduisez-nous à l'endroit où vous avez aperçu le corps, dit-il aux Bertaud.

Mais le père Plantat intervint.

— Il serait je crois plus sage, objecta-t-il, et plus logique de commencer par visiter la maison.

— Soit, oui, en effet, c'est ce que je pensais, dit le maire, s'accrochant au conseil du juge de paix, comme un homme qui se noie s'accroche à une planche.

Et il fit retirer tout le monde, à l'exception du brigadier et du valet de chambre destiné à servir de guide.

— Gendarmes, cria-t-il encore, aux hommes en faction devant la grille, veillez à ce que personne ne s'éloigne, empêchez d'entrer dans la maison, et que nul surtout ne pénètre dans le jardin.

On monta alors.

Tout le long de l'escalier les taches de sang se répétaient. Il y avait aussi du sang sur la rampe, et M. Courtois s'aperçut avec horreur qu'il s'y était rougi les mains.

Lorsqu'on fut arrivé au palier du premier étage :

— Dites-moi, mon ami, demanda le maire au valet de chambre, vos maîtres faisaient-ils chambre commune.

— Oui, monsieur, repondit le domestique.

— Et, où est leur chambre ?

— Là, monsieur.

Et en même temps qu'il répondait, le valet de chambre reculait effrayé, et montrait une porte dont le panneau supérieur portait l'empreinte d'une main ensanglantée.

Des gouttelettes de sueur perlaient sur le front du pauvre maire; lui aussi, il avait peur, à grand'peine il pouvait se tenir debout! Hélas! le pouvoir impose de terribles obligations. Le brigadier, un vieux soldat de Crimée, visiblement ému, hésitait.

Seul, le père Plantat, tranquille comme dans son jardin, gardait son sang-froid et regardait les autres en dessous.

— Il faut pourtant se décider, prononça-t-il.

Il entra, les autres le suivirent.

La pièce où on pénétra n'offrait rien de bien insolite. C'était un boudoir tendu de satin bleu, garni d'un divan et de quatre fauteuils capitonnés en étoffe pareille à la tenture. Un des fauteuils était renversé.

On passa dans la chambre à coucher.

Effroyable était le désordre de cette pièce. Il n'était pas un meuble, pas un bibelot, qui n'attestât qu'une lutte terrible, enragée, sans merci, avait eu lieu entre les assassins et les victimes.

Au milieu de la chambre, une petite table de laque était renversée, et tout autour s'éparpillaient des morceaux de sucre, des cuillères de vermeil, des débris de porcelaine.

— Ah! dit le valet de chambre, monsieur et madame prenaient le thé lorsque les misérables sont entrés!

La garniture de la cheminée avait été jetée à terre; la pendule, en tombant, s'était arrêtée sur 3 heures 20 minutes. Près de la pendule, gisaient les lampes; les globes étaient en morceaux, l'huile s'était répandue.

Le ciel de lit avait été arraché et couvrait le lit. On avait dû s'accrocher désespérément aux draperies. Tous les meubles étaient renversés. L'étoffe des fauteuils était hachée de coups de couteau et par endroits le crin sortait. On avait enfoncé le secrétaire, la tablette disloquée

pendait aux charnières, les tiroirs étaient ouverts et vides. La glace de l'armoire, en pièces; en pièces un ravissant chiffonnier de Boule; la table à ouvrage, brisée; la toilette, bouleversée.

Et partout du sang, sur le tapis, le long de la tapisserie, aux meubles, aux rideaux, aux rideaux du lit surtout.

Évidemment le comte et la comtesse de Trémorel s'étaient défendus courageusement et longtemps.

— Les malheureux! balbutiait le pauvre maire, les malheureux! C'est ici qu'ils ont été massacrés.

Et au souvenir de son amitié pour le comte, oubliant son importance, jetant son masque d'homme impassible, il pleura.

Tout le monde perdait un peu la tête. Mais pendant ce temps, le juge de paix se livrait à une minutieuse perquisition, il prenait des notes sur son carnet, il visitait les moindres recoins.

Lorsqu'il eut terminé :

— Maintenant, dit-il, voyons ailleurs.

Ailleurs le désordre etait pareil. Une bande de fous furieux ou de malfaiteurs pris de frénésie, avait certainement passé la nuit dans la maison.

Le cabinet du comte, particulièrement, avait été bouleversé. Les assassins ne s'étaient pas donné la peine de forcer les serrures; ils avaient procédé à coups de hache. Certainement ils avaient la certitude de ne pouvoir être entendus, car il leur avait fallu frapper terriblement fort pour faire voler en éclats le bureau de chêne massif. Les livres de la bibliothèque étaient à terre, pêle mêle.

Ni le salon, ni le fumoir n'avaient été respectés. Les divans, les chaises, les canapés étaient déchirés comme si ont les eût sondés avec des épées. Deux chambres réservées, des chambres d'amis, étaient sens dessus dessous.

On monta au second étage.

Là, dans la première pièce où on pénétra, on trouva

devant un bahut attaqué déjà, mais non ouvert encore, une hache à fendre le bois que le valet de chambre reconnut pour appartenir à la maison.

— Comprenez-vous maintenant, disait le maire au père Plantat. Les assassins étaient en nombre, c'est évident. Le meurtre accompli, ils se sont répandus dans la maison, cherchant partout l'argent qu'ils savaient s'y trouver. L'un d'eux était ici occupé à enfoncer ce meuble lorsque les autres, en bas, ont mis la main sur les valeurs; on l'a appelé, il s'est empressé de descendre, et jugeant toute recherche désormais inutile, il a abandonné ici cette hache.

— Je vois la chose comme si j'y étais, approuva le brigadier.

Le rez-de-chaussée qu'on visita ensuite avait été respecté. Seulement, le crime commis, les valeurs enlevées, les assassins avaient senti le besoin de se reconforter. On retrouva dans la salle à manger des débris de leur souper. Ils avaient dévoré tous les reliefs restés dans les buffets. Sur la table, à côté de huit bouteilles vides, — bouteilles de vin ou de liqueurs — cinq verres étaient rangés.

— Ils étaient cinq, murmura le maire.

A force de volonté, l'excellent M. Courtois avait recouvré son sang-froid habituel.

— Avant d'aller relever les cadavres, dit-il, je vais expédier un mot au procureur impérial de Corbeil. Dans une heure, nous aurons un juge d'instruction qui achèvera notre pénible tâche.

Ordre fut donné à un gendarme d'atteler le tilbury du comte et de partir en toute hâte.

Puis, le maire et le juge, suivis du brigadier, du valet de chambre et des deux Bertaud s'acheminèrent vers la rivière.

Le parc de Valfeuillu est très-vaste; mais c'est de droite et de gauche qu'il s'étend. De la maison à la Seine, il n'y a guère plus de deux cents pas. Devant la maison verdoie une belle pelouse coupée de corbeilles

de fleurs. On prend pour gagner le bord de l'eau une des deux allées qui tournent le gazon.

Mais les malfaiteurs n'avaient pas suivi les allées. Coupant au plus court, ils avaient traversé la pelouse. Leurs traces étaient parfaitement visibles. L'herbe était foulée et trépignée comme si on y eut traîné quelque lourd fardeau. Au milieu du gazon, on aperçut quelque chose de rouge que le juge de paix alla ramasser. C'était une pantoufle que le valet de chambre reconnut pour appartenir au comte. Plus loin, on trouva un foulard blanc que le domestique déclara avoir vu souvent au cou de son maître. Ce foulard était taché de sang.

Enfin, on arriva au bord de l'eau, sous ces saules dont Philippe avait voulu couper une branche et on aperçut le cadavre.

Le sable, à cette place, était profondément fouillé, labouré, pour ainsi dire, par des pieds cherchant un point d'appui solide. Là, tout l'indiquait, avait eu lieu la lutte suprême.

M. Courtois comprit toute l'importance de ces traces.

— Que personne n'avance, dit-il.

Et, suivi seul du juge de paix, il s'approcha du corps.

Bien qu'on ne pût distinguer le visage, le maire et le juge reconnurent la comtesse. Tous deux lui avaient vu cette robe grise ornée de passementeries bleues.

Maintenant comment se trouvait-elle là?

Le maire supposa qu'ayant réussi à s'échapper des mains des meurtriers, elle avait fui éperdue. On l'avait poursuivie, on l'avait atteinte là, on lui avait porté les derniers coups, et elle était tombée pour ne plus se relever.

Cette version expliquait les traces de la lutte. Ce serait alors le cadavre du comte que les assassins auraient traîné à travers la pelouse.

M. Courtois parlait avec animation, cherchant à faire pénétrer ses impressions dans l'esprit du juge de paix. Mais le père Plantat écoutait à peine, on eût pu le croire

à cent lieues du Valfeuillu, il ne répondait que par monosyllabes : oui, non, peut-être.

Et le brave maire se donnait une peine infinie : il allait, venait, prenait des mesures, inspectait minutieusement le terrain.

Il n'y avait pas à cet endroit plus d'un pied d'eau. Un banc de vase, sur lequel poussaient des touffes de glaïeuls et quelques maigres nénuphars, allait, en pente douce, du bord au milieu de la rivière. L'eau était fort claire, le courant nul; on voyait fort bien la vase lisse et luisante.

M. Courtois en était là de ses investigations lorsqu'il parut frappé d'une idée subite.

— La Ripaille, s'écria-t-il, approchez.

Le vieux maraudeur obéit.

— Vous dites donc, interrogea le maire, que c'est de votre bateau que vous avez aperçu le corps?

— Oui, monsieur le maire.

— Où est-il, votre bateau?

— Là, amarré à la prairie.

— Eh bien, conduisez-nous-y.

Pour tous les assistants, il fut visible que cet ordre impressionnait vivement le bonhomme. Il tressaillit et pâlit sous l'épaisse couche de hâle déposée sur ses joues par la pluie et le soleil. Même, on le surprit jetant à son fils un regard qui parut menaçant.

— Marchons, répondit-il enfin.

On allait regagner la maison, lorsque le valet de chambre proposa de franchir la douve.

— Ce sera bien plus vite fait, dit-il, je cours chercher une échelle que nous mettrons en travers.

Il partit, et une minute après reparut avec sa passerelle improvisée. Mais au moment où il allait la placer :

— Arrêtez, lui cria le maire, arrêtez!...

Les empreintes laissées par les Bertaud sur les deux côtés du fossé venaient de lui sauter aux yeux.

— Qu'est ceci ! dit-il; évidemment on a passé par là,

et il n'y a pas longtemps, ces traces de pas sont toutes fraîches.

Et, après un examen de quelques minutes, il ordonna de placer l'échelle plus loin.

Lorsqu'on fut arrivé près du bateau :

— C'est bien là, demanda le maire à La Ripaille, l'embarcation avec laquelle vous êtes allés relever vos nasses ce matin.

— Oui, monsieur.

— Alors, reprit M. Courtois, de quels ustensiles vous êtes-vous servis? Votre épervier est parfaitement sec; cette gaffe et ces rames n'ont pas été mouillées depuis plus de vingt-quatre heures.

Le trouble du père et du fils devenait de plus en plus manifeste.

— Persistez-vous dans vos dires, Bertaud, insista le maire.

— Certainement.

— Et vous Philippe?

— Monsieur, balbutia le jeune homme, nous avons dit la vérité.

— Vraiment! reprit M. Courtois d'un ton ironique; alors vous expliquerez à qui de droit comment vous avez pu voir quelque chose d'un bateau sur lequel vous n'êtes pas montés. Ah! dame! on ne pense pas à tout. On vous prouvera aussi que le corps est placé de telle façon qu'il est impossible, vous m'entendez, absolument impossible de l'apercevoir du milieu de la rivière. Puis, vous aurez à dire encore quelles sont ces traces que je relève, là sur l'herbe, et qui vont de votre bateau à l'endroit où le fossé a été franchi à plusieurs reprises et par plusieurs personnes.

Les deux Bertaud baissaient la tête.

— Brigadier, ordonna monsieur le maire, au nom de la loi, arrêtez ces deux hommes et empêchez toute communication entre eux.

Philippe semblait près de se trouver mal. Pour le vieux

La Ripaille, il se contenta de hausser les épaules et de dire à son fils :

— Hein! tu l'as voulu, n'est-ce pas?

Puis, pendant que le brigadier emmenait les deux maraudeurs qu'il enferma séparément et sous la garde de ses hommes, le juge de paix et le maire rentraient dans le parc.

— Avec tout cela, murmurait M. Courtois, pas de traces du comte!...

Il s'agissait de relever le cadavre de la comtesse.

Le maire envoya chercher deux planches qu'on déposa à terre avec mille précautions, et ainsi on put agir sans risquer d'effacer des empreintes précieuses pour l'instruction.

Hélas! était-ce bien là celle qui avait été la belle, la charmante comtesse de Trémorel! Étaient-ce là ce frais visage riant, ces beaux yeux parlants, cette bouche fine et spirituelle.

Rien, il ne restait rien d'elle. La face tuméfiée, souillée de boue et de sang n'était plus qu'une plaie; une partie de la peau du front avait été enlevée avec une poignée de cheveux. Les vêtements étaient en lambeaux.

Une ivresse furieuse affolait certainement les monstres qui avaient tué la pauvre femme! Elle avait reçu plus de vingt coups de couteau, elle avait dû être frappée avec un bâton ou plutôt avec un marteau, on l'avait foulée aux pieds, traînée par les cheveux!...

Dans sa main gauche crispée était un lambeau de drap commun, grisâtre, arraché probablement au vêtement d'un des assassins.

Tout en procédant à ces lugubres constatations et en prenant des notes pour son procès-verbal, le pauvre maire sentait si bien ses jambes fléchir qu'il était forcé de s'appuyer sur l'impassible père Plantat.

— Portons la comtesse à la maison, ordonna le juge de paix, nous verrons ensuite à chercher le cadavre du comte.

Le valet de chambre, et le brigadier qui était revenu,

durent réclamer l'assistance des domestiques restés dans la cour. Du même coup les femmes se précipitèrent dans le jardin.

Ce fut alors un concert terrible de cris, de pleurs et d'imprécations.

— Les misérables! Une si brave femme! Une si bonne maîtresse!

M. et Mme de Trémorel étaient, on le vit bien en cette occasion, adorés de leurs gens.

On venait de déposer le corps de la comtesse au rez-de-chaussée, sur le billard, lorsqu'on annonça au maire l'arrivée du juge d'instruction et d'un médecin.

— Enfin! murmura le bon M. Courtois.

Et plus bas il ajouta :

— Les plus belles médailles ont leur revers.

Pour la première fois de sa vie, il venait sérieusement de maudire son ambition et de regretter d'être le plus important personnage d'Orcival.

III

Le juge d'instruction près le tribunal de Corbeil était alors un remarquable magistrat, M. Antoine Domini, appelé depuis à d'éminentes fonctions.

M. Domini est un homme d'une quarantaine d'années, fort bien de sa personne, doué d'une physionomie heureusement expressive, mais grave, trop grave.

En lui semble s'être incarnée la solennité parfois un peu roide de la magistrature.

Pénétré de la majesté de ses fonctions, il leur a sacrifié sa vie, se refusant les distractions les plus simples, les plus légitimes plaisirs.

Il vit seul, se montre à peine, ne reçoit que de rares amis, ne voulant pas, dit-il, que les défaillances de l'homme puissent porter atteinte au caractère sacré du juge et diminuer le respect qu'on lui doit. Cette dernière raison l'a empêché de se marier, bien qu'il se sentît fait pour la vie de famille.

Toujours et partout, il est le magistrat, c'est-à-dire le représentant convaincu jusqu'au fanatisme de ce qu'il y a de plus auguste au monde : la justice.

Naturellement gai, il doit s'enfermer à double tour lorsqu'il a envie de rire. Il a de l'esprit, mais si un bon mot ou une phrase plaisante lui échappent, soyez sûr qu'il en fait pénitence.

C'est bien corps et âme qu'il s'est donné à son état, et nul ne saurait apporter plus de conscience à remplir ce qu'il estime son devoir. Mais aussi, il est inflexible plus qu'un autre. Discuter un article du code est à ses yeux une monstruosité. La loi parle, il suffit, il ferme les yeux, se bouche les oreilles, et obéit.

Du jour où une instruction est commencée, il ne dort plus, et rien ne lui coûte pour arriver à la découverte de la vérité. Cependant on ne le considère pas comme un bon juge d'instruction : lutter de ruses avec un prévenu lui répugne; tendre un piége à un coquin est, dit-il, indigne; enfin, il est entêté, mais entêté jusqu'à la folie, parfois jusqu'à l'absurde, jusqu'à la négation du soleil en plein midi.

Le maire d'Orcival et le père Plantat s'étaient levés avec empressement pour courir au-devant du juge d'instruction.

M. Domini les salua gravement, comme s'il ne les eût point connus, et leur présentant un homme d'une soixantaine d'années qui l'accompagnait :

— Messieurs, dit-il, M. le docteur Gendron.

Le père Plantat échangea une poignée de main avec le médecin; monsieur le maire lui adressa son sourire le plus officiellement gracieux.

C'est que le docteur Gendron est bien connu à Corbeil et dans tout le département; il y est même célèbre, malgré le voisinage de Paris.

Praticien d'une habileté hors ligne, aimant son art et l'exerçant avec une sagacité passionnée, le docteur Gendron doit cependant sa renommée moins à sa science qu'à ses façons d'être. On dit de lui : « C'est un original;» et on admire ses affectations d'indépendance, de scepticisme et de brutalité.

C'est entre cinq et neuf heures du matin, été comme hiver, qu'il fait ses visites. Tant pis pour ceux que cela dérange; ce ne sont point, Dieu merci! les médecins qui manquent.

Passé neuf heures, bonsoir, personne, plus de docteur. Le docteur travaille pour lui, le docteur est dans sa serre, le docteur inspecte sa cave, le docteur est monté à son laboratoire, près du grenier, où il cuisine des ragoûts étranges.

Il cherche, dit-on dans le public, des secrets de chimie industrielle pour augmenter encore ses vingt mille livres de rentes, ce qui est bien peu digne.

Et il laisse dire, car le vrai est qu'il s'occupe de poisons et qu'il perfectionne un appareil de son invention, avec lequel on pourra retrouver les traces de tous les alcaloïdes qui, jusqu'ici, échappent à l'analyse.

Si ses amis lui reprochent, même en plaisantant, d'envoyer promener les malades dans l'après-midi, il se fâche tout rouge.

— Parbleu! répond-il, je vous trouve superbes! Je suis médecin quatre heures par jour, je ne suis guère payé que du quart de mes malades, c'est donc trois heures que je donne quotidiennement à l'humanité que je méprise et à la philantropie dont je me soucie... Que chacun de vous en donne autant, et nous verrons.

Cependant, monsieur le maire d'Orcival avait fait passer les nouveaux venus dans le salon où il s'était installé pour rédiger son procès-verbal.

— Quel malheur pour ma commune, que ce crime, disait-il au juge d'instruction, quelle honte ! Voilà Orcival perdu de réputation.

— C'est que je ne sais rien, ou autant dire, répondait M. Domini, le gendarme qui est venu me chercher était mal informé.

Alors, M. Courtois raconta longuement ce que lui avait appris son enquête sommaire, n'oubliant pas le plus inutile détail, insistant sur les précautions admirables qu'il avait cru devoir prendre. Il dit comment l'attitude des Bertaud avait tout d'abord éveillé ses soupçons, comment il les avait pris, à tout le moins en flagrant délit de mensonge, comment finalement il s'était décidé à les faire arrêter.

Il parlait debout, la tête rejetée en arrière, avec une emphase verbeuse, s'écoutant, triant les expressions. Et à chaque instant, les mots de : « Nous maire d'Orcival, » ou de : « Ensuite de quoi, » revenaient dans son discours. Enfin, il s'épanouissait dans l'exercice de ses fonctions, et le plaisir de parler le dédommageait un peu de ses angoisses.

— Et maintenant, conclut-il, je viens d'ordonner les plus exactes perquisitions qui, sans nul doute, nous feront retrouver le cadavre du comte. Cinq hommes, par moi requis, et tous les gens de la maison battent le parc. Si leurs recherches ne sont pas couronnées de succès, j'ai sous la main des pêcheurs qui sonderont la rivière.

Le juge d'instruction se taisait, hochant simplement la tête de temps à autre en signe d'approbation. Il étudiait, il pesait les détails qui lui étaient communiqués, bâtissant déjà dans sa tête un plan d'instruction.

— Vous avez fort sagement agi, monsieur le maire, dit-il enfin. Le malheur est immense, mais je crois comme vous que nous sommes sur la trace des coupa-

bles. Ces maraudeurs que nous tenons, ce jardinier qui n'a pas reparu doivent être pour quelque chose dans ce crime abominable.

Depuis quelques minutes déjà, le père Plantat dissimulait tant bien que mal, plutôt mal que bien, des signes d'impatience.

— Le malheur est, dit-il, que si Guespin est coupable, il ne sera pas assez sot pour se présenter ici.

— Oh! nous le trouverons, répondit M. Domini; avant de quitter Corbeil, j'ai envoyé à Paris, à la préfecture de police, une dépêche télégraphique pour demander un agent de la police de sûreté, et il sera, je l'imagine, ici avant peu.

— En attendant, proposa le maire, vous désireriez peut-être, monsieur le juge d'instruction, visiter le théâtre du crime.

M. Domini eut un geste comme pour se lever et se rassit aussitôt.

— Au fait, non, dit-il, autant ne rien voir avant l'arrivée de notre agent. Mais j'aurais bien besoin de renseignements sur le comte et la comtesse de Trémorel.

Le digne maire triompha de nouveau.

— Oh! je puis vous en donner, répondit-il vivement, et mieux que personne. Depuis leur arrivée dans ma commune, j'étais, je puis le dire, un des meilleurs amis de monsieur le comte et madame la comtesse. Ah! monsieur, quels gens charmants! et excellents, et affables, et dévoués!...

Et, au souvenir de toutes les qualités de ses amis, M. Courtois éprouva une certaine gêne dans la gorge.

— Le comte de Trémorel, reprit-il, était un homme de trente-quatre ans, beau garçon, spirituel jusqu'au bout des ongles. Il avait bien, parfois, des accès de mélancolie pendant lesquels il ne voulait voir personne, mais il etait d'ordinaire si aimable, si poli, si obligeant; il savait si bien être noble sans morgue, que tout le monde dans ma commune l'estimait et l'adorait.

— Et la comtesse? demanda le juge d'instruction.

— Un ange ! monsieur, un ange sur la terre ! Pauvre femme ! Vous allez voir ses restes mortels tout à l'heure, et certes vous ne devinerez pas qu'elle a été la reine du pays, par la beauté.

— Le comte et la comtesse étaient-ils riches ?

— Certes ! Ils devaient réunir à eux deux plus de cent mille francs de rentes ; oh ! oui, beaucoup plus ; car, depuis cinq ou six mois, le comte, qui n'avait pas pour la culture les aptitudes de ce pauvre Sauvresy, vendait les terres pour acheter de la rente.

— Étaient-ils mariés depuis longtemps ?

M. Courtois se gratta la tête ; c'était son invocation à la mémoire.

— Ma foi, répondit-il, c'est au mois de septembre de l'année dernière ; il y a juste dix mois que je les ai mariés moi-même. Il y avait un an que ce pauvre Sauvresy était mort.

Le juge d'instruction abandonna ses notes pour regarder le maire d'un air surpris.

— Quel est, demanda-t-il, ce Sauvresy dont vous nous parlez ?

Le père Plantat, qui se mordillait furieusement les ongles dans son coin, étranger en apparence à ce qui se passait, se leva vivement.

— M. Sauvresy, dit-il, était le premier mari de Mme de Trémorel ; mon ami Courtois avait négligé ce fait...

— Oh ! riposta le maire d'un ton blessé, il me semble que dans les conjonctures présentes...

— Pardon, interrompit le juge d'instruction, il est tel détail qui peut devenir précieux bien qu'étranger à la cause, et même insignifiant au premier abord.

— Hum ! grommela le père Plantat, insignifiant !... étranger !...

Son ton était à ce point singulier, son air si équivoque, que le juge d'instruction en fut frappé.

— Ne partageriez-vous pas, monsieur, demanda-t-il, les opinions de monsieur le maire sur le compte des époux Trémorel ?

Le père Plantat haussa les épaules.

— Je n'ai pas d'opinions, moi, répondit-il, je vis seul, je ne vois personne ; que m'importent toutes ces choses. Cependant...

— Il me semble, exclama M. Courtois, que nul mieux que moi ne doit connaître l'histoire de gens qui ont été mes amis et mes administrés.

— C'est qu'alors, répondit sèchement le père Plantat, vous la contez mal.

Et comme le juge d'instruction le pressait de s'expliquer, il prit sans façon la parole, au grand scandale du maire rejeté ainsi au second plan, esquissant à grands traits la biographie du comte et de la comtesse.

La comtesse de Trémorel, née Berthe Lechaillu, était la fille d'un pauvre petit instituteur de village.

A dix-huit ans, sa beauté était célèbre à trois lieues à la ronde, mais comme elle n'avait pour toute dot que ses grands yeux bleus et d'admirables cheveux blonds, les amoureux, — c'est-à-dire les amoureux pour le bon motif, — ne se présentaient guère.

Déjà Berthe, sur les conseils de sa famille, se résignait à coiffer sainte Catherine et sollicitait une place d'institutrice — triste place pour une fille si belle — lorsque l'héritier d'un des plus riches propriétaires du pays eut occasion de la voir et s'éprit d'elle.

Clément Sauvresy venait d'avoir trente ans ; il n'avait plus de famille et possédait près de cent mille livres de rentes en belles et bonnes terres absolument libres d'hypothèques. C'est dire que mieux que personne il avait le droit de prendre femme à son gré.

Il n'hésita pas. Il demanda la main de Berthe, l'obtint, et, un mois après, il l'épousait en plein midi, au grand scandade des fortes têtes de la contrée, qui allaient répétant :

— Quelle folie ! A quoi sert d'être riche, si ce n'est à doubler sa fortune par un bon mariage !

Un mois avant la noce, à peu près, Sauvresy avait mis les ouvriers au Valfeuillu, et, en moins de rien, il y avait

dépensé, en réparations et en mobilier, la bagatelle de trente mille écus.

C'est ce beau domaine que les époux choisirent pour passer leur lune de miel.

Ils s'y trouvèrent si bien, qu'ils s'y installèrent tout à fait, à la grande satisfaction de tous ceux qui étaient en relation avec eux. Ils conservèrent seulement un pied à terre à Paris.

Berthe était de ces femmes qui naissent tout exprès, ce semble, pour épouser les millionnaires.

Sans gêne ni embarras, elle passa sans transition de la misérable salle d'école, où elle secondait son père, au superbe salon de Valfeuillu. Et lorsqu'elle faisait les honneurs de son château à toute l'aristocratie des environs, il semblait que de sa vie elle n'avait fait autre chose.

Elle sut rester simple, avenante, modeste, tout en prenant le ton de la plus haute société. On l'aima.

— Mais il me semble, interrompit le maire, que je n'ai pas dit autre chose, et ce n'était vraiment pas la peine...

Un geste du juge d'instruction lui ferma la bouche et le père Plantat continua :

— On aimait aussi Sauvresy, un de ces cœurs d'or qui ne veulent même pas soupçonner le mal. Sauvresy était un de ces hommes à croyances robustes, à illusions obstinées, que le doute n'effleure jamais de ses ailes d'orfraie. Sauvresy était de ceux qui croient, quand même, à l'amitié de leurs amis, à l'amour de leur maîtresse.

Ce jeune ménage devait être heureux, il le fut.

Berthe adora son mari, cet homme honnête qui, avant de lui dire un mot d'amour, lui avait offert sa main.

Sauvresy, lui, professait pour sa femme un culte que d'aucun trouvait presque ridicule.

On vivait d'ailleurs grandement au Valfeuillu. On recevait beaucoup. Quand venait l'automne, les nombreuses chambres d'amis étaient toutes occupées. Les équipages étaient magnifiques.

Enfin, Sauvresy était marié depuis deux ans, lorsqu'un soir il amena de Paris un de ses anciens amis intimes, un camarade de collége dont on l'avait souvent entendu parler, le comte Hector de Trémorel.

Le comte s'installa pour quelques semaines, annonça-t-il, au Valfeuillu, mais les semaines s'écoulèrent, puis les mois. Il resta.

On n'en fut pas surpris. Hector avait eu une jeunesse plus qu'orageuse, toute remplie de débauches bruyantes, de duels, de paris, d'amours. Il avait jeté à tous les vents de ses fantaisies une fortune colossale, la vie relativement calme du Valfeuillu devait le séduire.

Dans les premiers temps, on lui disait souvent : « Vous en aurez vite assez, de la campagne ? » Il souriait sans répondre. On pensa alors, et assez justement, que, devenu relativement très-pauvre, il se souciait fort peu d'aller promener sa ruine au milieu de ceux qu'avait offusqués sa splendeur.

Il s'absentait rarement, et seulement pour aller à Corbeil, presque toujours à pied. Là, il descendait à l'hôtel de la *Belle Image,* qui est le premier de la ville, et il s'y rencontrait, — comme par hasard, — avec une jeune dame de Paris. Ils passaient l'après-midi ensemble et se séparaient à l'heure du dernier train.

— Peste ! grommela le maire, pour un homme qui vit seul, qui ne voit personne, qui pour rien au monde ne s'occuperait des affaires d'autrui, il me semble que notre cher juge de paix est assez bien informé !

Evidemment M. Courtois était jaloux. Comment, lui, le premier personnage de la commune, il avait ignoré absolument ces rendez-vous ! Sa mauvaise humeur augmenta encore, lorsque le docteur Gendron répondit :

— Peuh ! tout Corbeil a jasé de cela, dans le temps.

M. Plantat eut un mouvement de lèvres qui pouvait signifier : « Je sais bien d'autres choses encore. » Il poursuivit cependant sans réflexions .

— L'installation du comte Hector au Valfeuillu ne changea rien absolument aux habitudes du château.

M. et Mme Sauvresy eurent un frère, voilà tout. Si Sauvresy fit à cette époque plusieurs voyages à Paris, c'est qu'il s'occupait, tout le monde le savait, des affaires de son ami.

Cette existence ravissante dura un an. Le bonheur semblait s'être fixé à tout jamais sous les ombrages délicieux du Valfeuillu.

Mais, hélas! voilà qu'un soir, au retour d'une chasse au marais, Sauvresy se trouva si fort indisposé qu'il fut obligé de se mettre au lit. On fit venir un médecin, que n'était-ce notre ami le docteur Gendron! Une fluxion de poitrine venait de se declarer.

Sauvresy était jeune, robuste comme un chêne; on n'eut pas d'abord d'inquiétudes sérieuses. Quinze jours plus tard, en effet, il était debout. Mais il commit une imprudence et eut une rechute. Il se remit encore, du moins à peu près.

A une semaine de là, nouvelle rechute, et si grave, cette fois, qu'on put dès lors prévoir la terminaison fatale de la maladie.

C'est pendant cette maladie interminable qu'éclatèrent l'amour de Berthe et l'affection de Trémorel pour Sauvresy.

Jamais malade ne fut soigné avec une sollicitude semblable, entouré de tant de preuves du plus absolu, du plus pur dévoûment. Toujours à son chevet, la nuit aussi bien que le jour, il avait sa femme ou son ami. Il eut des heures de souffrance, jamais une seconde d'ennui. A ce point, qu'à tous ceux qui le venaient visiter il disait, il répétait, qu'il en était arrivé à bénir son mal.

Il m'a dit à moi : « Si je n'étais pas tombé malade, jamais je n'aurais su combien je suis aimé. »

— Ces mêmes paroles, interrompit le maire, il me les a dites plus de cent fois, il les a répétées à Mme Courtois, à Laurence, ma fille aînée...

— Naturellement, continua le père Plantat. Mais le mal de Sauvresy était de ceux contre lesquels échouent

et la science des médecins les plus expérimentés et les soins les plus assidus.

Il ne souffrait pas énormément, assurait-il, mais il allait s'affaiblissant à vue d'œil, il n'était plus que l'ombre de lui-même.

Enfin, une nuit, vers deux ou trois heures du matin, il mourut entre les bras de sa femme et de son ami.

Jusqu'au moment suprême, il avait conservé la plénitude de ses facultés. Moins d'une heure avant d'expirer il voulut qu'on éveillât et qu'on fît venir tous les domestiques du château. Lorsqu'ils furent tous réunis autour de son lit, il prit la main de sa femme, la plaça dans la main du comte de Trémorel et leur fit jurer de s'épouser lorsqu'il ne serait plus.

Berthe et Hector avaient commencé par se récrier, mais il insista de façon à leur rendre un refus impossible, les priant, les adjurant, affirmant que leur résistance empoisonnerait ses derniers moments.

Cette pensée du mariage de sa veuve et de son ami semble, au reste, l'avoir singulièrement préoccupé sur la fin de sa vie. Dans le preambule de son testament, dicté la veille de sa mort à M° Bury, notaire à Orcival, il dit formellement que leur union est son vœu le plus cher, certain qu'il est de leur bonheur et sachant bien que son souvenir sera pieusement gardé.

— M. et Mme Sauvresy n'avaient pas d'enfant? demanda le juge d'instruction.

— Non, monsieur, répondit le maire.

Le père Plantat continua :

— Immense fut la douleur du comte et de la jeune veuve. M. de Trémorel surtout paraissait absolument désespéré, il était comme fou. La comtesse s'enferma, consignant à sa porte toutes les personnes qu'elle aimait le mieux, même les dames Courtois.

Lorsque le comte et madame Berthe reparurent, on les reconnut à peine, tant ils étaient changés l'un et l'autre. M. Hector, particulièrement, avait vieilli de vingt ans.

Tiendraient-ils le serment fait au lit de mort de Sauvresy, serment que tout le monde savait? On se le demandait avec d'autant plus d'intérêt qu'on admirait ces regrets profonds, pour un homme qui, fait bien remarquable, le méritait vraiment.

Le juge d'instruction arrêta, d'un signe de tête, le père Plantat.

— Savez-vous, monsieur le juge de paix, demanda-t-il, si les rendez-vous à l'hôtel de la *Belle Image* avaient cessé?

— Je le présume, monsieur, je le crois.

— Et moi j'en suis à peu près sûr, affirma le docteur Gendron. Il me souvient avoir ouï parler, — tout se sait à Corbeil, — d'une bruyante explication entre M. de Trémorel et la jolie dame de Paris. A la suite de cette scène, on ne les revit plus à la *Belle Image*.

Le vieux juge de paix eut un sourire.

— Melun n'est pas au bout du monde, dit-il, et il y a des hôtels à Melun. Avec un bon cheval on est vite à Fontainebleau, à Versailles, à Paris même. Mme de Trémorel pouvait être jalouse, son mari avait dans ses écuries des trotteurs de premier ordre.

Le père Plantat émettait-il une opinion absolument désintéressée, glissait-il une insinuation? Le juge d'instruction le regarda attentivement pour s'en assurer, mais son visage n'exprimait rien qu'une tranquillité profonde. Il contait cette histoire comme il en eût conté une autre, n'importe laquelle.

— Je vous demanderais de poursuivre, monsieur, reprit M. Domini.

— Hélas! reprit le père Plantat, il n'est rien d'éternel, ici-bas, pas même la douleur; mieux que personne, je puis le dire. Bientôt, aux larmes des premiers jours, aux désespoirs violents succédèrent chez le comte et chez Mme Berthe une tristesse raisonnable, puis une douce mélancolie. Et un an après la mort de Sauvresy, M. de Trémorel épousait sa veuve...

Pendant ce récit assez long, monsieur le maire d'Orci-

val avait, à bien des reprises, donné des marques d'un vif dépit. A la fin, n'y tenant plus.

— Voilà, certes, exclama-t-il, des détails exacts, on ne peut plus exacts; mais je me demande s'ils ont fait faire un pas à la grave question qui nous occupe tous : trouver les meurtriers du comte et de la comtesse?

Le père Plantat, à ces mots, arrêta sur le juge d'instruction son regard clair et profond, comme pour fouiller au plus profond de sa conscience.

— Ces détails m'étaient indispensables, répondit M. Domini, et je les trouve fort clairs. Ces rendez-vous dans un hôtel me frappent; on ne sait pas assez à quelles extrémités la jalousie peut conduire une femme...

Il s'arrêta brusquement, cherchant sans doute un trait d'union probable entre la jolie dame de Paris et les meurtriers; puis il reprit :

— Maintenant que je connais les « époux Trémorel » comme si j'eusse vécu dans leur intimité, arrivons aux faits actuels.

L'œil brillant du père Plantat s'éteignit subitement, il remua les lèvres comme s'il eût voulu parler, cependant il se tut.

Seul, le docteur, qui n'avait cessé d'étudier le vieux juge de paix, remarqua son subit changement de physionomie.

— Il ne me reste plus, dit M. Domini, qu'à savoir comment vivaient les nouveaux époux.

M. Courtois pensa qu'il était de sa dignité d'enlever la parole au père Plantat.

— Vous demandez comment vivaient les nouveaux époux, répondit-il vivement, ils vivaient en parfaite intelligence, nul dans ma commune ne le sait mieux que moi qui étais de leur intimité... intime. Le souvenir de ce pauvre Sauvresy était entre eux un lien de bonheur; s'ils m'aimaient tant, c'est que je parlais souvent de lui. Jamais un nuage, jamais un mot. Hector, — je l'appelais ainsi familièrement, ce malheureux et cher comte — avait pour sa femme les soins empressés d'un amant, ces pré-

venances exquises, dont les époux, je ne crains pas de le dire, se déshabituent en général trop vite.

— Et la comtesse ? demanda le père Plantat, d'un ton trop naïf pour ne point être ironique.

— Berthe! répliqua monsieur le maire, — elle me permettait de la nommer paternellement ainsi, — Berthe! je n'ai pas craint de la citer maintes et maintes fois pour exemple et modèle à Mme Courtois. Berthe! elle était digne de Sauvresy et d'Hector, les deux hommes les plus dignes que j'aie rencontrés en ma vie!...

Et s'apercevant que son enthousiasme surprenait un peu les auditeurs :

— J'ai mes raisons, reprit-il plus doucement, pour m'exprimer ainsi, et je ne redoute point de le faire devant des hommes dont la profession et encore plus le caractère me garantissent la discrétion. Sauvresy m'a rendu en sa vie un grand service... lorsque j'eus la main forcée pour prendre la mairie. Quant à Hector, je le croyais si bien revenu des erreurs de sa jeunesse, qu'ayant cru m'apercevoir qu'il n'était pas indifférent à Laurence, ma fille aînée, j'avais songé à un mariage d'autant plus sortable que, si le comte Hector de Trémorel avait un grand nom, je donnais à ma fille une dot assez considérable pour redorer n'importe quel écusson. Les événements seuls ont modifié mes projets.

M. le maire eût chanté longtemps encore les louanges des « époux Trémorel, » et les siennes, par la même occasion, si le juge d'instruction n'eût pris la parole.

— Me voici fixé, commença-t-il, désormais il me semble...

Il fut interrompu par un grand bruit partant du vestibule. On eût dit une lutte, et les cris et les vociférations arrivaient au salon.

Tout le monde se leva.

— Je sais ce que c'est, dit le maire, je ne le sais que trop; on vient de retrouver le cadavre du comte de Trémorel.

IV

Monsieur le maire d'Orcival se trompait.

La porte du salon s'ouvrit brusquement et on aperçut, tenu d'un côté par un gendarme, de l'autre par un domestique, un homme, d'apparence grêle, qui se défendait furieusement et avec une énergie qu'on ne lui eût point soupçonnée.

La lutte avait duré assez longtemps déjà, et ses vêtements étaient dans le plus effroyable désordre. Sa redingote neuve était déchirée, sa cravate flottait en lambeaux, le bouton de son col avait été arraché, et sa chemise ouverte laissait à nu sa poitrine. Il avait perdu sa coiffure, et ses longs cheveux noirs et plats retombaient pêle-mêle sur sa face contractée par une affreuse angoisse.

Dans le vestibule et dans la cour, on entendait les cris furieux des gens du château et des curieux, — ils étaient plus de cent — que la nouvelle d'un crime avait réunis devant la grille et qui brûlaient de savoir et surtout de voir.

Cette foule enragée criait :

— C'est lui! A mort l'assassin! C'est Guespin! Le voilà!!

Et le misérable pris d'une frayeur immense continuait à se débattre.

— Au secours! hurlait-il d'une voix rauque, à moi! Lâchez-moi, je suis innocent!

Il s'était cramponné à la porte du salon et on ne pouvait le faire avancer.

— Poussez-le donc, commanda le maire, que l'exaspération de la foule gagnait peu à peu, poussez-le!

C'était plus facile à ordonner qu'à exécuter. La terreur prêtait à Guespin une force énorme.

Mais le docteur ayant eu l'idée d'ouvrir le second battant de la porte du salon, le point d'appui manqua au misérable, et il tomba, ou plutôt roula aux pieds de la table sur laquelle écrivait le juge d'instruction.

Il fut debout aussitôt, et des yeux chercha une issue pour fuir. N'en ayant pas, car les fenêtres aussi bien que la porte étaient encombrées de curieux, il se laissa tomber dans un fauteuil.

Ce malheureux offrait l'image de la terreur arrivée à son paroxysme. Sur sa face livide, se détachaient, bleuâtres, les marques des coups qu'il avait reçus dans la lutte; ses lèvres blêmes tremblaient et il remuait ses mâchoires dans le vide, comme s'il eût cherché un peu de salive pour sa langue ardente; ses yeux démesurément agrandis étaient injectés de sang et exprimaient le plus affreux égarement; enfin son corps était secoué de spasmes convulsifs.

Si effrayant était ce spectacle, que monsieur le maire d'Orcival pensa qu'il pouvait devenir un enseignement d'une haute portée morale; il se retourna donc vers la foule, en montrant Guespin, et d'un ton tragique, il dit :

— Voilà le crime!

Les autres personnes, cependant, le docteur, le juge d'instruction et le père Plantat, échangeaient des regards surpris.

— S'il est coupable, murmurait le vieux juge de paix, comment diable est-il revenu?

Il fallut un bon moment pour faire retirer la foule; le brigadier de gendarmerie n'y parvint qu'avec l'aide de ses hommes, puis il revint se placer près de Guespin, estimant qu'il ne serait pas prudent de laisser seul, avec des gens sans armes, un si dangereux malfaiteur.

Hélas! il n'était guère redoutable en ce moment, le misérable. La réaction venait, son énergie surexcitée s'affaissait comme la flamme d'une poignée de paille, ses

muscles tendus outre mesure devenaient flasques, et sa prostration ressemblait à l'agonie d'un accès de fièvre cérébrale.

Pendant ce temps, le brigadier rendait compte des événements.

— Quelques domestiques du château et des habitations voisines péroraient devant la grille, racontant les crimes de la nuit et la disparition de Guespin, la veille au soir, lorsque tout à coup on l'avait aperçu au bout du chemin, qui arrivait, la démarche chancelante et chantant à pleine gorge comme un homme ivre.

— Etait-il vraiment ivre? demanda M. Domini.

— Ivre perdu, monsieur, répondit le brigadier.

— Ce serait donc le vin qui nous l'aurait livré, murmura le juge d'instruction, et ainsi tout s'expliquerait.

— En apercevant ce scélérat, poursuivit le gendarme, pour qui la culpabilité de Guespin ne semblait pas faire l'ombre d'un doute, François, le valet de chambre de feu monsieur le comte, et le domestique de monsieur le maire, Baptiste, qui se trouvaient là, se sont précipités à sa rencontre et l'ont empoigné. Il était si soûl, qu'ayant tout oublié, il croyait qu'on voulait lui faire une farce. La vue d'un de mes hommes l'a dégrisé. A ce moment, une des femmes lui a crié : — « Brigand! c'est toi, qui, cette nuit, as assassiné le comte et la comtesse! » — Aussitôt, il est devenu plus pâle que la mort, il est resté immobile, béant, comme assommé, quoi! Puis, subitement, il s'est mis à se débattre si vigoureusement que sans moi il s'échappait. Ah! il est fort, le gredin, sans en avoir l'air!

— Et il n'a rien dit? demanda le père Plantat.

— Pas un mot, monsieur; il avait les dents si bien serrées par la rage, qu'il n'eût pu, j'en suis sûr, dire seulement : pain. Enfin, nous le tenons. Je l'ai fouillé, et voici ce que j'ai trouvé dans ses poches : un mouchoir, une serpette, deux petites clés, un chiffon de papier couvert de chiffres et de signes, et une adresse du magasin des *Forges de Vulcain*. Mais ce n'est pas tout...

Le brigadier fit une pose regardant les auditeurs d'un air mystérieux ; il préparait son effet.

— Ce n'est pas tout. Pendant qu'on le tirait, dans la cour, il a essayé de se débarrasser de son porte-monnaie. Moi, j'ouvrais l'œil heureusement et j'ai vu le coup de temps. J'ai ramassé le porte-monnaie qui était tombé dans les massifs de fleurs près de la porte, et le voici. Il y a dedans un billet de cent francs, trois louis et sept francs de monnaie. Or, hier, le brigand n'avait pas le sou...

— Comment savez-vous cela ? demanda M. Courtois.

— Dame ! monsieur le maire, il avait emprunté à François, le valet de chambre, qui me l'a dit, vingt-cinq francs, soi-disant pour payer son écot à la noce.

— Qu'on fasse venir François, commanda le juge d'instruction.

Et dès que le valet de chambre parut :

— Savez-vous, lui demanda-t-il brusquement, si Guespin avait de l'argent hier ?

— Il en avait si peu, monsieur, répondit sans hésiter le domestique, qu'il m'a demandé vingt-cinq francs dans la journée en me disant que, si je ne les lui prêtais pas, il ne pouvait venir à la noce, n'ayant même pas de quoi payer le chemin de fer.

— Mais il pouvait avoir des économies, un billet de cent francs, par exemple, qu'il lui répugnait de changer.

François secoua la tête, avec un sourire incrédule.

— Guespin n'est pas homme à avoir des économies, prononça-t-il. Les femmes et les cartes lui mangent tout. Pas plus tard que la semaine passée, le cafetier du *Café du Commerce* est venu lui faire une scène pour ce qu'il doit et l'a même menacé de s'adresser à monsieur le comte.

Et, s'apercevant de l'effet produit par sa déposition, bien vite le valet de chambre ajouta, en manière de correctif :

— Ce n'est pas que j'en veuille aucunement à Gues-

pin; je l'avais même toujours, jusqu'à aujourd'hui, considéré comme un bon garçon, bien qu'aimant trop la gaudriole; il était peut-être un peu fier, vu son éducation...

— Vous pouvez vous retirer, dit le juge d'instruction, coupant court aux appréciations de M. François.

Le valet de chambre sortit.

Pendant ce temps, Guespin peu à peu était revenu à lui. Le juge d'instruction, le père Plantat et le maire épiaient curieusement ses impressions sur sa physionomie qu'il ne devait point songer à composer, pendant que le docteur Gendron lui tenait le pouls et comptait ses pulsations.

— Le remords et la frayeur du châtiment! murmura le maire.

— L'innocence et l'impossibilité de la démontrer! répondit à voix basse le père Plantat.

Le juge d'instruction recueillit ces deux exclamations, mais il ne les releva pas. Ses convictions n'étaient pas formées, et il ne voulait pas, lui, le représentant de la loi, le ministre du châtiment, laisser, par un mot, préjuger ses sentiments.

— Vous sentez-vous mieux, mon ami? demanda le docteur Gendron à Guespin.

Le malheureux fit signe que oui. Puis, après avoir jeté autour de lui les regards anxieux de l'homme qui sonde le précipice où il est tombé, il passa les mains sur ses yeux et demanda :

— A boire.

On lui apporta un verre d'eau, et il le but d'un trait avec une expression de volupté indéfinissable. Alors, il se leva.

— Êtes-vous maintenant en état de me répondre? lui demanda le juge.

Chancelant d'abord, Guespin s'était redressé. Il se tenait debout en face du juge, s'appuyant au dossier d'un meuble. Le tremblement nerveux de ses mains diminuait,

le sang revenait à ses joues, tout en répondant, il réparait le désordre de ses vêtements.

— Vous savez, commença le juge, les événements de cette nuit? Le comte et la comtesse de Trémorel ont été assassinés. Parti hier avec tous les domestiques du château, vous les avez quittés à la gare de Lyon, vers neuf heures, vous arrivez maintenant seul. Où avez-vous passé la nuit?

Guespin baissa la tête et garda le silence.

— Ce n'est pas tout, continua le juge, hier vous étiez sans argent, le fait est notoire, un de vos camarades vient de l'affirmer; aujourd'hui on retrouve dans votre porte-monnaie une somme de cent soixante-sept francs. Où avez-vous pris cet argent?

Les lèvres du malheureux eurent un mouvement comme s'il eût voulu répondre, une réflexion subite l'arrêta, il se tut.

— Autre chose, encore, poursuivit le juge, qu'est-ce que cette carte d'un magasin de quincaillerie qui a été trouvée dans votre poche.

Guespin fit un geste désespéré et murmura :

— Je suis innocent.

— Remarquez, fit vivement le juge d'instruction, que je ne vous ai point accusé encore. Vous saviez que le comte avait reçu dans la journée une somme importante.

Un sourire amer plissa les lèvres de Guespin, et il répondit :

— Je sais bien que tout est contre moi.

Le silence etait profond dans le salon. Le médecin, le maire et le père Plantat, saisis d'une curiosité passionnée, n'osaient faire un mouvement. C'est qu'il n'est peut-être rien d'émouvant, au monde, autant que ces duels sans merci entre la justice et l'homme soupçonné d'un crime. Les questions peuvent sembler insignifiantes, les réponses banales; questions et réponses enveloppent des sous-entendus terribles. Les moindres gestes alors, les plus rapides mouvements de physionomie peuvent ac-

quérir une signification énorme. Un fugitif éclair de l'œil dénonce un avantage remporté ; une imperceptible altération de la voix peut être un aveu.

Oui, c'est bien un duel qu'un interrogatoire, un premier interrogatoire surtout. Au début, les adversaires se tâtent mentalement, ils s'estiment et s'évaluent ; questions et réponses se croisent mollement, avec une sorte d'hésitation, comme le fer de deux adversaires qui ne savent rien de leurs forces respectives, mais la lutte bientôt s'échauffe ; au cliquetis des épées et des paroles les combattants s'animent, l'attaque devient plus pressante, la riposte plus vive, le sentiment du danger disparaît et à chances égales l'avantage reste à celui qui garde le mieux son sang-froid.

Le sang-froid de M. Domini était desespérant.

— Voyons, reprit-il après une pause, où avez-vous passé la nuit, d'où vous vient votre argent, qu'est-ce que cette adresse ?

— Eh ! s'écria Guespin avec la rage de l'impuissance, je vous le dirais que vous ne me croiriez pas !

Le juge d'instruction allait poser une nouvelle question, Guespin lui coupa la parole.

— Non, vous ne me croiriez pas, reprit-il les yeux étincelants de colère, est-ce que des hommes comme vous croient un homme comme moi. J'ai un passé, n'est-ce pas, des antécédents, comme vous dites. Le passé, on n'a que ce mot à vous jeter à la face, comme si du passé dépendait l'avenir. Eh bien ! oui, c'est vrai, je suis un débauché, un joueur, un ivrogne, un paresseux, mais après ? C'est vrai, j'ai été traduit en police correctionnelle et condamné pour tapage nocturne et attentat aux mœurs... qu'est-ce que cela prouve ? J'ai perdu ma vie, mais à qui ai-je fait tort sinon à moi-même ? Mon passé ! Est-ce que je ne l'ai pas assez durement expié !

Guespin etait rentré en pleine possession de soi, et trouvant au service des sensations qui le remuaient une sorte d'éloquence, il s'exprimait avec une sauvage énergie bien propre à frapper les auditeurs.

— Je n'ai pas toujours servi les autres, poursuivait-il, mon père était à l'aise, presque riche, il avait près de Saumur de vastes jardins et il passait pour un des plus habiles horticulteurs de Maine-et-Loire. On m'a fait instruire et, quand j'ai eu seize ans, je suis entré chez les messieurs Leroy, d'Angers, afin d'y apprendre mon état. Au bout de quatre ans, on me regardait comme un garçon de talent, dans la partie. Malheureusement pour moi, mon père, veuf depuis plusieurs années déjà, mourut. Il me laissait pour cent mille francs au moins de terres excellentes; je les donnai pour soixante mille francs comptant, et je vins à Paris. J'étais comme fou en ce temps là. J'avais une fièvre de plaisir que rien ne pouvait calmer, la soif de toutes les jouissances, une santé de fer et de l'argent. Je trouvais Paris étroit pour mes vices, il me semblait que les objets manquaient à mes convoitises. Je me figurais que mes soixante mille francs dureraient éternellement.

Guespin s'arrêta, mille souvenirs de ce temps lui revenaient à la pensée, et bien bas il murmura : — C'était le bon temps.

— Mes soixante mille francs, reprit-il, durèrent huit ans. Je n'avais plus le sou et je voulais continuer mon genre de vie... Vous comprenez, n'est-ce pas ? C'est vers cette époque que les sergents de ville, une nuit, me ramassèrent. J'en fus quitte pour trois mois. Oh! vous retrouverez mon dossier à la préfecture de police. Savez-vous ce qu'il vous dira, ce dossier ? Il vous dira qu'en sortant de prison je suis tombé dans cette misère honteuse et abominable de Paris. Dans cette misère qui ne mange pas et qui se soûle, qui n'a pas de souliers et qui use ses coudes aux tables des estaminets; dans cette misère qui traîne à la porte des bals publics de barrières, qui grouille dans les garnis infâmes et qui complote des vols dans les fours à plâtre. Il vous dira, mon dossier, que j'ai vécu parmi les souteneurs, les filous et les prostituées..., et c'est la vérité.

Le digne maire d'Orcival était consterné.

— Justes dieux! pensait-il, quel audacieux et cynique brigand. Et dire qu'on est tous les jours exposé à introduire dans sa maison, en qualité de domestiques, de tels misérables!

Le juge d'instruction, lui, se taisait. Il sentait bien que Guespin était dans un de ces rares moments où, sous l'empire irrésistible de la passion, un homme s'abandonne, laisse voir jusqu'aux replis les plus profonds de sa pensée et se livre tout entier.

— Mais il est une chose, continua le malheureux, que mon dossier ne vous dira pas. Il ne vous dira pas que, dégoûté, jusqu'à la tentation du suicide, de cette vie abjecte, j'ai voulu en sortir. Il ne vous dira rien de mes efforts, de mes tentatives désespérées, de mon repentir, de mes rechutes. C'est un dur fardeau, allez, qu'un passé comme le mien. Enfin, j'ai pu reprendre mon état. Je suis habile, on m'a donné de l'ouvrage. J'ai occupé successivement quatre places, jusqu'au jour où, par un de mes anciens patrons, j'ai pu entrer ici. Je m'y trouvais bien. Je mangeais toujours mon mois d'avance, c'est vrai... Que voulez-vous, on ne se refait pas. Mais demandez si jamais on a eu à se plaindre de moi...

Il est reconnu que parmi les criminels les plus intelligents, ceux qui ont reçu une certaine éducation, qui ont joui d'une certaine aisance, sont les plus redoutables. A ce titre, Guespin était éminemment dangereux.

Voilà ce que se disaient les auditeurs, pendant qu'épuisé par l'effort qu'il venait de faire, il essuyait son front ruisselant de sueur.

M. Domini n'avait pas perdu de vue son plan d'attaque.

— Tout cela est fort bien, dit-il; nous reviendrons en temps et lieu sur votre confession. Il s'agit pour le moment de donner l'emploi de votre nuit et d'expliquer la provenance de l'argent trouvé en votre possession.

Cette insistance du juge parut exaspérer Guespin.

— Eh! répondit-il, que voulez-vous que je vous dise! La vérité?... vous ne la croirez pas. Autant me taire. C'est une fatalité.

— Je vous préviens dans votre intérêt, reprit le juge, que, si vous persistez à ne pas répondre, les charges qui pèsent sur vous sont telles que je vais être forcé de vous faire arrêter comme prévenu d'assassinat sur la personne du comte et de la comtesse de Trémorel.

Cette menace parut faire sur Guespin un effet extraordinaire. Deux grosses larmes emplirent ses yeux secs et brillants jusque-là, et roulèrent silencieuses le long de ses joues. Son énergie était à bout, il se laissa tomber à genoux en criant :

— Grâce! je vous en prie, monsieur, ne me faites pas arrêter, je vous jure que je suis innocent, je vous le jure !

— Parlez alors.

— Vous le voulez, fit Guespin en se relevant.

Mais changeant de ton subitement :

— Non! s'écria-t-il, en tapant du pied dans un accès de rage, non, je ne parlerai pas, je ne peux pas... Un seul homme pouvait me sauver, c'est monsieur le comte et il est mort. Je suis innocent, et cependant si on ne trouve pas les coupables, je suis perdu. Tout est contre moi, je le sens bien... Et maintenant, allez, faites de moi ce que vous voudrez, je ne prononcerai plus un mot.

La résolution de Guespin, résolution qu'affirmait son regard, ne surprit nullement le juge d'instruction.

— Vous réfléchirez, dit-il simplement, seulement lorsque vous aurez réfléchi je n'aurai plus en vos paroles la confiance que j'y aurais en ce moment. Il se peut — et le juge scanda ses mots comme pour leur donner une valeur plus forte et faire luire aux yeux du prévenu un espoir de pardon, — il se peut que vous n'ayez eu à ce crime qu'une part indirecte, en ce cas...

— Ni indirecte, ni directe, interrompit Guespin, et il ajouta avec violence : Malheur! être innocent et ne pouvoir se défendre !

— Puisqu'il en est ainsi, reprit M. Domini, il doit vous être indifférent d'être mis en présence du corps de Mme de Trémorel ?

C'est sans broncher que le prévenu accueillit cette menace.

On le conduisit à la salle où on avait déposée la comtesse. Là, il examina le cadavre d'un œil froid et calme. Il dit seulement :

— Elle est plus heureuse que moi ; elle est morte, elle ne souffre plus, et moi qui ne suis pas coupable, on m'accuse de l'avoir tuée.

M. Domini tenta encore un effort.

— Voyons, Guespin, dit-il, si d'une manière quelconque vous avez eu connaissance de ce crime, je vous en conjure, dites-le-moi. Si vous connaissez les meurtriers, nommez-les-moi. Tâchez de mériter quelque indulgence par votre franchise et votre repentir.

Guespin eut le geste résigné des malheureux qui ont pris leur parti.

— Par tout ce qu'il y a de plus saint au monde, répondit-il, je suis innocent. Et pourtant, je vois bien que si on ne trouve pas les coupables, c'en est fait de moi.

Les convictions de M. Domini se formaient et s'affermissaient peu à peu. Une instruction n'est pas une œuvre aussi difficile qu'on pourrait se l'imaginer. Le difficile, le point capital est de saisir au début, dans un écheveau souvent fort embrouillé, le maître bout de fil, celui qui doit mener à la vérité à travers le dédale de ruses, de réticences, de mensonges du coupable.

Ce fil précieux, M. Domini était certain de le tenir. Ayant un des assassins, il savait bien qu'il aurait les autres. Nos prisons où on mange de bonne soupe, où les lits ont un bon matelas, délient les langues tout aussi bien que les chevalets et les brodequins du moyen âge.

Le juge d'instruction remit Guespin au brigadier de gendarmerie, avec l'ordre de ne pas le perdre de vue. Il envoya ensuite chercher le vieux La Ripaille.

Ce bonhomme n'était pas de ceux qui se troublent. Tant de fois il avait eu maille à partir avec la justice qu'un interrogatoire de plus le touchait médiocrement.

Le père Plantat remarqua qu'il semblait bien plus contrarié qu'inquiet.

— Cet homme est fort mal noté dans ma commune, souffla le maire au juge d'instruction.

La Ripaille entendit la réflexion et sourit.

Interroge par le juge d'instruction, il raconta d'une façon très-nette et très-claire, fort exacte en même temps, la scène du matin, sa résistance, l'insistance de son fils. Il expliqua les prudentes raisons de leur mensonge. Là encore le chapitre des antécédents reparut.

— Je vaux mieux que ma réputation, allez, affirma La Ripaille, et il y a bien des gens qui ne peuvent pas en dire autant. J'en connais d'aucun, j'en connais d'aucunes surtout, — il regardait M. Courtois, — qui, si je voulais babiller!... On voit bien des choses quand on court la nuit... Enfin, suffit.

On essaya de le faire s'expliquer sur ses allusions. En vain.

Lorsqu'on lui demanda où et comment il avait passé la nuit, il répondit que, sorti à dix heures du cabaret, il était allé poser quelques collets dans les bois de Mauprévoir et que, vers une heure du matin, il était rentré se coucher.

— A preuve, ajouta-t-il, qu'ils doivent y être encore et que peut-être il y a du gibier de pris.

— Trouveriez-vous un témoin pour affirmer que vous êtes rentré à une heure ? demanda le maire qui pensait à la pendule arrêtée sur trois heures vingt minutes.

— Je n'en sais, ma foi, rien, repondit insoucieusement le vieux maraudeur, il est même bien possible que mon fils ne se soit pas réveillé quand je me suis couché.

Et comme le juge d'instruction réfléchissait :

— Je devine bien, lui dit-il, que vous allez me mettre en prison jusqu'à ce qu'on ait trouve les coupables. Si nous étions en hiver, je ne me plaindrais pas trop; on est bien en prison, et il y fait chaud. Mais juste au moment de la chasse, c'est contrariant. Enfin, ce sera une

bonne leçon pour Philippe ; ça lui apprendra ce qu'il en coûte pour rendre service aux bourgeois.

— Assez ! interrompit sévèrement M. Domini. Connaissez-vous Guespin ?

Ce nom éteignit brusquement la verve narquoise de La Ripaille ; ses petits yeux gris exprimèrent une singulière inquiétude.

— Certainement, repondit-il d'un ton très-embarrassé, nous avons d'aucunes fois fait une partie de cartes, vous comprenez, en sirotant un gloria.

L'inquiétude du bonhomme frappa beaucoup les quatre auditeurs. Le père Plantat particulièrement laissa voir une surprise profonde.

Le vieux maraudeur était bien trop fin pour ne pas s'apercevoir de l'effet produit.

— Ma foi ! tant pis ! exclama-t-il, je vais tout vous dire, chacun pour soi ; n'est-ce pas ? si Guespin a fait le coup, ce n'est pas ça qui le rendra plus noir, et moi je n'en serai pas bien plus mal vu. Je connais ce garçon parce qu'il m'a donné à vendre des fraises et des raisins de la serre du comte, je suppose qu'il les volait, et ce n'est peut-être pas très-bien, nous partagions l'argent que j'en retirais.

Le père Plantat ne put retenir un : « Ah ! » de satisfaction qui devait vouloir dire : « A la bonne heure ! je savais bien ! »

Lorsqu'il avait dit qu'on le mettrait en prison, La Ripaille ne s'était pas trompé. Le juge d'instruction maintint son arrestation.

C'etait au tour de Philippe.

Le pauvre garçon etait dans un état à faire pitié : il pleurait à chaudes larmes.

— M'accuser d'un si grand crime, moi ! répétait-il.

Interrogé, il dit purement et simplement la vérité, s'excusant toutefois d'avoir osé pénétrer dans le parc en franchissant le fossé.

Lorsqu'on lui demanda à quelle heure son père était rentré, il répondit qu'il n'en savait rien ; il s'était couché

vers neuf heures et n'avait fait qu'un somme jusqu'au matin.

Il connaissait Guespin pour l'avoir vu venir chez eux à diverses reprises. Il n'ignorait pas que son père faisait des affaires avec le jardinier de M. de Trémorel, mais il ignorait quelles affaires. Il n'avait pas d'ailleurs parlé à Guespin quatre fois en tout.

Le juge d'instruction ordonna la mise en liberté de Philippe, non qu'il fût absolument convaincu de son innocence, mais parce que si un crime a été commis par plusieurs complices, il est bon de laisser dehors un de ceux qu'on tient; on le surveille et il fait prendre les autres.

Cependant le cadavre du comte ne se retrouvait toujours pas. On avait vainement battu le parc avec un soin extrême, visité les taillis, fouillé les moindres massifs.

— On l'aura jeté à l'eau, insinua le maire.

Ce fut l'avis de M. Domini. Des pêcheurs furent mandés et reçurent l'ordre de sonder la Seine, en commençant leurs recherches un peu au-dessus de l'endroit où on avait retrouvé le corps de la comtesse.

Il était alors près de trois heures. Le père Plantat fit remarquer que personne, très-probablement, n'avait rien mangé de la journée. Ne serait-il pas sage de prendre à la hâte quelque nourriture si on voulait poursuivre les investigations jusqu'à la tombée de la nuit.

Ce rappel aux exigences triviales de notre pauvre humanité déplut souverainement au sensible maire d'Orcival, et même l'humilia quelque peu en sa dignité d'homme et d'administrateur.

Comme cependant on donna raison au père Plantat, M. Courtois essaya de suivre l'exemple général. Dieu sait pourtant qu'il n'avait pas le moindre appétit.

Et alors, autour de cette table, humide encore du vin versé par les assassins, le juge d'instruction, le père Plantat, le médecin et le maire vinrent s'asseoir et prendre à la hâte une collation improvisée.

V

L'escalier avait été consigné, mais le vestibule était resté libre. On y entendait des allées et des venues, des piétinements, des chuchottements étouffés ; puis, dominant ce bourdonnement continu, les exclamations et les jurements des gendarmes essayant de contenir la foule.

De temps à autre, une tête effarée se glissait le long de la porte de la salle à manger restée entrebâillée. C'était quelque curieux qui, plus hardi que les autres, voulait voir manger les « gens de la justice » et essayait de surprendre quelques paroles pour les rapporter et s'en faire gloire.

Mais les « gens de justice » — pour parler comme à Orcival, — se gardaient bien de rien dire de grave, portes ouvertes, en présence d'un domestique circulant autour de la table pour le service.

Très-émus de ce crime affreux, inquiets du mystère qui recouvrait encore cette affaire, ils renfermaient et dissimulaient leurs impressions. Chacun, à part soi, étudiait la probabilité de ses soupçons et gardait sa pensée intime.

Tout en mangeant, M. Domini mettait de l'ordre dans ses notes, numérotant les feuilles de papier, marquant d'une croix certaines réponses des inculpés particulièrement significatives et qui devaient être comme les bases de son rapport.

Il était peut être le moins tourmenté des quatre convives de ce lugubre repas. Ce crime ne lui semblait pas de ceux qui font passer des nuits blanches aux juges d'instruction. Il en voyait nettement le mobile, ce qui est énorme, et il tenait La Ripaille et Guespin, deux coupables ou tout au moins complices.

Assis l'un près de l'autre, le père Plantat et le docteur Gendron s'entretenaient de la maladie qui avait enlevé Sauvresy.

M. Courtois, lui, prêtait l'oreille aux bruits du dehors.

La nouvelle du double meurtre se répandait dans le pays, la foule croissait de minute en minute. Elle encombrait la cour et de plus en plus devenait audacieuse. La gendarmerie était débordée.

C'était, ou jamais, pour le maire d'Orcival, le moment de se montrer.

— Je vais aller faire entendre raison à ces gens, dit-il, et les engager à se retirer.

Et aussitôt, s'essuyant la bouche, il jeta sur la table sa serviette roulée et sortit.

Il était temps. On n'écoutait déjà plus les injonctions du brigadier. Quelques curieux, plus enragés que les autres, avaient tourné la position et s'efforçaient d'ouvrir la porte donnant sur le jardin.

La présence du maire n'intimida peut-être pas beaucoup la foule, mais elle doubla l'énergie des gendarmes ; le vestibule fut évacué. Aussi, que de murmures contre cet acte d'autorité !

Quelle superbe occasion de discours ! M. Courtois ne la manqua pas. Il supposa que son éloquence, douée de la vertu des douches d'eau, glacée calmerait cette effervescence insolite de ses sages administrés.

Il s'avança donc sur le perron, la main gauche passée dans l'ouverture de son gilet, gesticulant de la main droite, dans cette attitude fière et impassible que la statuaire prête aux grands orateurs. C'est ainsi qu'il se pose devant son conseil, lorsque, trouvant une résistance inattendue, il entreprend de faire triompher sa volonté et de ramener les récalcitrants. Tel dans l'*Histoire de la Restauration* on représente Manuel, au moment du fameux : Empoignez-moi cet homme-là.

Son discours arrivait par bribes jusqu'à la salle à manger. Suivant qu'il se tournait de droite ou de gauche, sa

voix était claire ou distincte, ou bien se perdait dans l'espace. Il disait :

« Messieurs et chers administrés,

« Un crime inouï dans les fastes d'Orcival vient d'en-
« sanglanter notre paisible et honnête commune. Je m'as-
« socie à votre douleur. Je comprends donc et je m'ex-
« plique votre fiévreuse émotion, votre indignation légi-
« time. Autant que vous, mes amis, plus que vous, je
« chérissais et j'estimais ce noble comte de Trémorel et
« sa vertueuse épouse ; l'un et l'autre, ils ont été la pro-
« vidence de notre contrée. Nous les pleurons ensem-
« ble...

— Je vous assure, disait le docteur Gendron au père Plantat, que les symptômes que vous me dites ne sont pas rares à la suite des pleurésies. On croit avoir triomphé de la maladie, on rengaine la lancette, on se trompe. De l'état aigu, l'inflammation passe à l'état chronique et se complique de pneumonie et de phthisie tuberculeuse.

« ... Mais rien ne justifie, poursuivait le maire, une
« curiosité qui, par ses manifestations inopportunes et
« bruyantes, entrave l'action de la justice et est, dans
« tous les cas, une atteinte punissable à la majesté de la
« loi. Pourquoi ce rassemblement inusité, pourquoi ces
« cris dans les groupes, pourquoi ces rumeurs, ces chu-
« chottements, ces suppositions prématurées ?... »

— Il y a eu, disait le père Plantat, deux ou trois consultations qui n'ont pas donné de résultats favorables. Sauvresy accusait des souffrances tout à fait étranges et bizarres. Il se plaignait de douleurs si invraisemblables, si absurdes, passez-moi le mot, qu'il déroutait les conjectures des médecins les plus expérimentés.

— N'était-ce pas R..., de Paris, qui le voyait ?

— Précisément. Il venait tous les jours et souvent restait coucher au château. Maintes fois, je l'ai vu remonter soucieux la grande rue du bourg, il allait surveiller la préparation de ses ordonnances chez notre pharmacien.

« ... Sachez donc, criait M. Courtois, sachez modérer
« votre juste courroux, soyez calmes, soyez dignes. »

— Certainement, poursuivait le docteur Gendron, votre pharmacien est un homme intelligent, mais vous avez, a Orcival même, un garçon qui lui dame joliment le pion. C'est un gaillard qui fait le commerce des simples et qui a su y gagner de l'argent, un certain Rebelot...

— Rebelot le rebouteur ?

— Juste. Je le soupçonne même de donner des consultations et de faire de la pharmacie à huis-clos. Il est fort intelligent. C'est moi, du reste, qui ai fait son éducation. Il a été pendant plus de cinq ans mon garçon de laboratoire et encore maintenant, quand j'ai quelque manipulation délicate...

Le docteur s'arrêta, frappé de l'altération des traits de l'impassible père Plantat.

— Eh! cher ami, demanda-t-il, qu'est-ce qui vous prend? Seriez-vous incommodé ?

Le juge d'instruction abandonna ses paperasses pour regarder.

— En effet, dit-il, monsieur le juge de paix est d'une pâleur...

Mais déjà le père Plantat avait repris sa physionomie habituelle.

— Ce n'est rien, répondit-il, absolument rien. Avec mon maudit estomac, dès que je change l'heure de mes repas...

Arrivant à la péroraison de sa harangue, M. Courtois enflait la voix et abusait vraiment de ses moyens :

« ... Regagnez donc, disait-il, vos paisibles demeures,
« retournez à vos occupations, reprenez vos travaux.
« Soyez sans crainte, la loi vous protége. Déjà la justice
« a commencé son œuvre, deux des auteurs de l'exécra-
« ble forfait sont en son pouvoir et nous sommes sur la
« trace de leurs complices. »

— De tous les domestiques actuellement au château, remarquait le père Plantat, il n'en est pas un seul qui

ait connu Sauvresy. Peu à peu, toute la maison a été renouvelée.

— Il est de fait, répondait le docteur, que la vue d'anciens serviteurs n'eût pu qu'être fort désagréable à M. de Trémorel...

Il fut interrompu par le maire qui rentrait, l'œil brillant, le visage animé, s'essuyant le front.

— J'ai fait comprendre à tous ces gens l'indécence de leur curiosité, dit-il, tous se sont retirés. On voulait, m'a dit le brigadier, faire un mauvais parti à Philippe Bertaud; l'opinion publique ne s'égare guère...

Il se retourna, entendant la porte s'ouvrir, et se trouva face à face avec un homme dont on ne pouvait guère voir la figure, tant il s'inclinait profondément, les coudes en dehors, son chapeau appuyé fortement contre sa poitrine.

— Que voulez-vous? lui demanda durement M. Courtois, de quel droit osez-vous pénétrer ici? Qui êtes-vous?

L'homme se redressa.

— Je suis M. Lecoq, répondit-il avec le plus gracieux des sourires.

Et voyant que ce nom n'apprenait rien à personne, il ajouta :

— M. Lecoq, de la sûreté, envoyé par la préfecture de police, sur demande télégraphiée, pour l'affaire en question.

Cette déclaration surprit considérablement tous les auditeurs, même le juge d'instruction.

Il est entendu, en France, que chaque état a son extérieur particulier et comme des insignes qui le dénoncent au premier coup d'œil. Toute profession a son type de convention, et quand Sa Majesté l'Opinion a adopté un type, elle ne veut pas admettre qu'il soit possible de s'en écarter. Qu'est-ce qu'un médecin? C'est un homme grave tout de noir habillé et cravaté de blanc. Un monsieur à gros ventre battu par des breloques d'or ne peut être qu'un banquier. Chacun sait que l'artiste est un

joyeux vivant, portant chapeau pointu, veste de velours et de grandes manchettes.

En vertu de cette loi, l'employé de la rue de Jérusalem doit avoir l'œil plein de traîtrise, quelque chose de louche dans toute sa personne, l'air crasseux et des bijoux en faux. Le plus obtus des boutiquiers est persuadé qu'il flaire à vingt pas un agent de police : un grand homme à moustaches et à feutre luisant, le cou emprisonné dans un col de crin, vêtu d'une redingote noire râpée, scrupuleusement boutonnée sur une absence complète de linge. Tel est le type.

Or, à ce compte, M. Lecoq, entrant dans la salle à manger du Valfeuillu, n'avait certes pas l'air d'un agent de police.

Il est vrai que M. Lecoq a l'air qu'il lui plaît d'avoir. Ses amis assurent bien qu'il a une physionomie à lui, qui est sienne, qu'il reprend quand il rentre chez lui, et qu'il garde tant qu'il est seul au coin de son feu, les pieds dans ses pantoufles; mais le fait n'est pas bien prouvé.

Ce qui est sûr, c'est que son masque mobile se prête à des métamorphoses étranges; qu'il pétrit pour ainsi dire son visage à son gré comme le sculpteur pétrit la cire à modeler.

En lui, il change tout, même le regard, que ne parvint jamais à changer Gévrol, son maître et son rival.

— Ainsi, insista le juge d'instruction, c'est vous que monsieur le préfet de police m'envoie pour le cas où certaines investigations seraient nécessaires.

— Moi-même, monsieur, répondit Lecoq, bien à votre service.

Non, il ne payait pas de mine, l'envoyé de monsieur le préfet de police, et l'insistance de M. Domini était excusable.

M. Lecoq avait arboré ce jour-là de jolis cheveux plats de cette couleur indécise qu'on appelle le blond de Paris, partagés sur le côte par une raie coquettement prétentieuse. Des favoris de la nuance des cheveux enca-

draient une face blême, bouffie de mauvaise graisse. Ses gros yeux à fleur de tête semblaient figés dans leur bordure rouge. Un sourire candide s'épanouissait sur ses lèvres épaisses qui, en s'entr'ouvrant, découvraient une rangée de longues dents jaunes.

Sa physionomie, d'ailleurs, n'exprimait rien de précis. C'était un mélange à doses à peu près égales de timidité, de suffisance et de contentement.

Impossible d'accorder la moindre intelligence au porteur d'une telle figure. Involontairement, après l'avoir regardé, on cherchait le goître.

Les merciers au détail qui, après avoir volé trente ans sur leurs fils et sur leurs aiguilles, se retirent avec dix-huit cents livres de rentes, doivent avoir cette tête inoffensive.

Son costume était aussi terne que sa personne.

Sa redingote ressemblait à toutes les redingotes, son pantalon à tous les pantalons. Un cordon de crin, du même blond que ses favoris, retenait la grosse montre d'argent qui gonflait la poche gauche de son gilet.

Il manœuvrait tout en causant une bonbonnière de corne transparente, pleine de petits carrés de pâtes, réglisse, guimauve et jujube, et ornée d'un portrait de femme très-laide et très-bien mise ; le portrait de la défunte, sans doute.

Et selon les hasards de la conversation, suivant qu'il était satisfait ou mécontent, M. Lecoq gobait un carré de pâte ou adressait au portrait un regard qui était tout un poème.

Ayant longuement détaillé l'homme, le juge d'instruction haussa les épaules.

— Enfin, dit M. Domini, — et cet enfin répondait à sa pensée intime, — nous allons, puisque vous voici, vous expliquer ce dont il s'agit.

— Oh! inutile, répondit M. Lecoq avec un petit air suffisant, parfaitement inutile.

— Il est cependant indispensable que vous sachiez...

— Quoi ? ce que sait monsieur le juge d'instruction ?

interrompit l'agent de la sûreté, je le sais déjà. Nous disons assassinat ayant le vol pour mobile, et nous partons de là. Nous avons ensuite l'escalade, le bris de clôture, les appartements bouleversés. Le cadavre de la comtesse a été retrouvé, mais le corps du comte est introuvable. Quoi encore? La Ripaille est arrêté, c'est un mauvais drôle, en tout état de cause il mérite un peu de prison. Guespin est revenu ivre. — Ah! il a de rudes charges contre lui, ce Guespin. — Ses antécédents sont déplorables: on ne sait où il a passé la nuit, il refuse de repondre, il ne fournit pas d'alibi... c'est grave, très-grave.

Le père Plantat examinait le doux agent avec un visible plaisir. Les autres auditeurs ne dissimulaient pas leur surprise.

— Qui donc vous a renseigné? demanda le juge d'instruction.

— Eh! eh! répondit M. Lecoq, tout le monde un peu.

— Mais où?

— Ici, je suis arrivé depuis plus de deux heures déjà, j'ai même entendu le discours de monsieur le maire.

Et satisfait de l'effet produit, M. Lecoq avala un carré de pâte.

— Comment, fit M. Domini d'un ton mécontent, vous ne saviez donc pas que je vous attendais.

— Pardon, répondit l'agent de la sûreté, j'espère pourtant que monsieur le juge voudra bien m'entendre. C'est que l'étude du terrain est indispensable; il faut voir, dresser ses batteries. Je tiens à recueillir les bruits publics, l'opinion, comme on dit, pour m'en défier.

— Tout cela, prononça sévèrement M. Domini, ne justifie pas votre retard.

M. Lecoq eut un tendre regard pour le portrait.

— Monsieur le juge n'a qu'à s'informer rue de Jérusalem, répondit-il, on lui dira que je sais mon métier. L'important, pour bien faire une enquête, est de n'être point connu. La police, — c'est bête comme tout — est mal vue. Maintenant qu'on sait qui je suis et pourquoi

je viens, je puis sortir, on ne me dira plus rien, ou si j'interroge on me répondra mille mensonges, on se défiera de moi, on aura des réticences.

— C'est assez juste, objecta M. Plantat venant au secours de l'agent de la sûreté.

— Donc, poursuivit M. Lecoq, quand on m'a dit, là-bas : c'est en province, j'ai pris ma tête de province. J'arrive, et tout le monde, en me voyant, se dit : « Voilà un bonhomme bien curieux, mais pas méchant. » Alors, je me glisse, je me faufile, j'écoute, je parle, je fais parler ! j'interroge, on me répond à cœur ouvert ; je me renseigne, je recueille des indications ; on ne se gêne pas avec moi. Ils sont charmants, les gens d'Orcival, je me suis déjà fait plusieurs amis, et on m'a invité à dîner pour ce soir.

M. Domini n'aime pas la police et ne s'en cache guère. Il subit sa collaboration plutôt qu'il ne l'accepte, uniquement parce qu'il ne peut s'en passer. Dans sa droiture, il condamne les moyens qu'elle est parfois forcée d'employer, tout en reconnaissant la nécessité de ces mêmes moyens.

En écoutant M. Lecoq, il ne pouvait s'empêcher de l'approuver, et cependant il le regardait d'un œil qui n'était rien moins qu'amical.

— Puisque vous savez tant de choses, lui dit-il sèchement, nous allons procéder à l'examen du théâtre du crime.

— Je suis aux ordres de monsieur le juge d'instruction, répondit laconiquement l'agent de la sûreté.

Et comme tout le monde se levait, il profita du mouvement pour s'approcher du père Plantat et lui tendre sa bonbonnière.

— Monsieur le juge de paix en use-t-il ?

Le père Plantat ne crut pas devoir lui refuser, il avala un morceau de jujube et la sérénité reparut sur le front de l'agent de la sûreté. Il lui faut, comme à tous les grands comédiens, un public sympathique, et vaguement il sentait qu'on allait travailler devant un amateur.

VI

M. Lecoq s'engagea le premier dans l'escalier, et tout d'abord les taches de sang lui sautèrent aux yeux.

— Oh! faisait-il, d'un air révolté, à chaque tache nouvelle, oh! oh! les malheureux.

M. Courtois fut très-touché de rencontrer cette sensibilité chez un agent de police. Il pensait que cette épithète de commisération s'appliquait aux victimes. Il se trompait, car M. Lecoq, tout en montant, continuait :

— Les malheureux! On ne salit pas tout ainsi dans une maison, ou du moins on essuie. On prend des précautions, que diable!

Arrivé au premier étage, à la porte du boudoir précédant la chambre à coucher, l'agent de la sûreté s'arrêta, étudiant bien, avant d'y pénétrer, la disposition de l'appartement.

Ayant bien vu ce qu'il voulait voir, il entra en disant :

— Allons! je n'ai pas affaire à de mes pratiques.

— Mais il me semble, remarqua le juge d'instruction, que nous avons déjà des éléments d'instruction qui doivent singulièrement faciliter votre tâche. Il est clair que Guespin, s'il n'est pas complice du crime, en a du moins eu connaissance.

M. Lecoq eut un coup d'œil pour le portrait de la bonbonnière. C'était plus qu'un regard, c'était une confidence. Evidemment il disait à la chère défunte ce qu'il n'osait dire tout haut.

— Je sais bien, reprit-il, Guespin est terriblement compromis. Pourquoi ne veut-il pas dire où il a passé la nuit? D'un autre côté il a contre lui l'opinion publique, et alors, moi, naturellement je me défie.

L'agent de la sûreté se tenait seul au milieu de la chambre, — les autres personnes, sur sa prière, étaient restées sur le seuil, — et promenant autour de lui son regard terne, il cherchait une signification à l'horrible désordre.

— Imbéciles! disait-il d'une voix irritée, doubles brutes! Non, vrai, on ne travaille pas de cette façon. Ce n'est pas une raison parce qu'on tue les gens afin de les voler, de tout casser chez eux. On ne défonce pas les meubles, que diable! On porte avec soi des rossignols, de jolis rossignols qui ne font aucun bruit, mais qui font d'excellente besogne. Maladroits! idiots! Ne dirait-on pas...

Il s'arrêta, bouche béante.

— Eh! reprit-il, pas si maladroits peut-être.

Les témoins de cette scène se tenaient immobiles à l'entrée, suivant avec un intérêt mêlé de surprise les mouvements — il faudrait presque dire les exercices de M. Lecoq.

Agenouillé sur le tapis, il promenait sa main à plat sur le tissu épais, au milieu des morceaux de porcelaine.

— C'est humide, très-humide, tout le thé n'était pas bu, il s'en faut, quand on a cassé la porcelaine.

— Il pouvait rester beaucoup de thé dans la théière, objecta le père Plantat.

— Je le sais bien, répondit M. Lecoq, et c'est justement ce que j'étais en train de me dire. De telle sorte, que cette humidité ne suffit pas pour nous donner le moment précis du crime.

— Mais la pendule nous le donne, s'écria M. Courtois, et très-exactement même.

— En effet, approuva M. Domini, monsieur le maire dans son procès-verbal explique fort bien que dans la chute le mouvement s'est arrêté.

— Eh bien! dit le père Plantat, c'est justement l'heure de cette pendule qui m'a frappé. Elle marque trois heures et vingt minutes et nous savons que la comtesse était complètement habillée, comme dans le milieu du jour

quand on l'a frappée. Etait-elle donc encore debout, prenant une tasse de thé à trois heures du matin? C'est peu probable.

— Et moi aussi reprit l'agent de la sûreté, j'ai été frappé de cette circonstance, et c'est pour cela que tout à l'heure je me suis ecrié : « Pas si bêtes! » Au surplus, nous allons bien voir.

Aussitôt, avec des précautions infinies, il releva la pendule et la replaça sur la tablette de la cheminée, s'appliquant à la poser bien d'aplomb.

Les aiguilles étaient toujours arrêtées sur trois heures vingt minutes.

— Trois heures vingt, murmurait M. Lecoq, tout en glissant une petite cale sous le socle, ce n'est pas à cette heure-là, que diable! qu'on prend le thé. C'est encore moins à cette heure-là, qu'en plein mois de juillet, au lever du jour, on assassine les gens.

Il ouvrit, non sans peine, le caisson du cadran et poussa la grande aiguille jusque sur la demie de trois heures.

La pendule sonna onze coups.

— A la bonne heure! s'écria M. Lecoq triomphant, voilà la vérité!

Et tirant de sa poche la bonbonnière à portrait, il goba un carré de guimauve et dit :

— Farceurs !...

La simplicité de ce moyen de contrôle, auquel personne n'avait songé, ne laissait pas de surprendre les spectateurs.

M. Courtois, particulièrement, était émerveillé.

— Voilà, dit-il au docteur, un drôle qui ne manque pas de moyens dans sa partie.

— *Ergo,* reprenait M. Lecoq, qui sait le latin, nous avons en face de nous, non plus des brutes, comme j'ai failli le croire d'abord, mais des gredins qui y voient plus loin que le bout de leur couteau. Ils ont mal calculé leur affaire, c'est une justice à leur rendre, mais enfin ils ont calculé; l'indication est précise. Ils ont eu

l'intention d'égarer l'instruction en la trompant sur l'heure.

— Je ne vois pas clairement leur but, insinua M. Courtois.

— Il est cependant bien visible, répondit M. Domini. N'était-il pas de l'intérêt des assassins de faire croire que le crime a été commis après le dernier passage du train se dirigeant sur Paris ? Quittant ses camarades à neuf heures, à la gare de Lyon, Guespin pouvait être ici à dix heures, assassiner ses maîtres, s'emparer de l'argent qu'il savait en la possession du comte de Trémorel et regagner Paris par le dernier train.

— Ces suppositions sont très-admirables, objecta le père Plantat. Mais alors, comment Guespin n'est-il pas allé rejoindre ses camarades chez Wepler, aux Batignolles ; par là, jusqu'à un certain point, il se ménageait une espèce d'alibi.

Dès le commencement de l'enquête, le docteur Gendron s'était assis sur l'unique chaise intacte de la chambre, réfléchissant au subit malaise qui avait fait pâlir le père Plantat lorsqu'on avait parlé de Robelot le rebouteux. Les explications du juge d'instruction le tirèrent de ses méditations ; il se leva.

— Il y a autre chose encore, dit-il, cette avance de l'heure très-utile à Guespin peut devenir accablante pour La Ripaille, son complice.

— Mais, répondit M. Domini, il se peut fort bien que La Ripaille n'ait point été consulté. Pour ce qui est de Guespin, il avait probablement de bonnes raisons pour ne point aller à la noce. Son trouble, après un pareil forfait, lui aurait nui plus encore que son absence.

M. Lecoq, lui, ne jugea pas à propos de se prononcer encore. Comme un médecin au lit du malade, il veut être sûr de son diagnostic.

Il était retourné à la cheminée, et de nouveau faisait marcher les aiguilles de la pendule. Successivement elle sonna la demie de onze heures, puis minuit, puis minuit et demi, et une heure.

Tout en se livrant à cette occupation, il grommelait :

— Apprentis, brigands d'occasion ! On est malin, à ce qu'on croit, mais on ne pense pas à tout. On donne un coup de pouce aux aiguilles, mais on ne songe pas à mettre la sonnerie d'accord. Survient alors un bonhomme de la sûreté, un vieux singe qui connaît les grimaces et la mèche est éventée.

M. Domini et le père Plantat gardaient le silence. M. Lecoq revint vers eux.

— Monsieur le juge, dit-il, peut être maintenant certain que le coup a été fait avant dix heures et demie.

— A moins, observa le père Plantat, que la sonnerie ne soit détraquée, ce qui arrive quelquefois.

— Ce qui arrive souvent, appuya M. Courtois, à telle enseigne, que la pendule de mon salon est dans cet état depuis je ne sais combien de temps.

M. Lecoq réfléchissait.

— Il se peut, reprit-il, que monsieur le juge de paix ait raison. J'ai pour moi la probabilité, mais la probabilité ne suffit pas au début d'une affaire, il faut la certitude. Il nous reste, par bonheur un moyen de vérification, nous avons le lit, je parie qu'il est défait.

Et s'adressant au maire :

— J'aurais besoin, monsieur, d'un domestique, pour me donner un coup de main.

— Inutile, dit le père Plantat, je vais vous aider, moi, ce sera plus vite fait.

Aussitôt, à eux deux, ils enlevèrent le ciel de lit et le déposèrent à terre, enlevant du même coup les rideaux.

— Hein ? fit M. Lecoq, avais-je raison ?

— C'est vrai, dit M. Domini un peu surpris, le lit est défait.

— Défait, oui, répondit l'agent de la sûreté, mais on ne s'y est pas couché.

— Cependant, voulut objecter M. Courtois.

— Je suis sûr de ce que j'avance, interrompit l'homme de la police. On a ouvert ce lit, c'est vrai, on s'est peut-

être roulé dessus, on a chiffonné les oreillers, froissé les couvertures, fripé les draps, mais on n'a pu lui donner pour un œil exercé l'apparence d'un lit dans lequel deux personnes ont dormi. Défaire un lit est aussi difficile, plus difficile peut-être que de le refaire. Pour le refaire, il n'est pas indispensable de retirer draps et couvertures et de retourner les matelas. Pour le défaire, il faut absolument se coucher dedans et y avoir chaud. Un lit est un de ces témoins terribles qui ne trompent jamais et contre lesquels on ne peut s'inscrire en faux. On ne s'est pas couché dans celui-ci...

— Je sais bien, remarqua le père Plantat, que la comtesse était habillée, mais le comte pouvait s'être couché le premier.

Le juge d'instruction, le médecin et le maire s'étaient approchés.

— Non, monsieur, répondit M. Lecoq, et je puis vous le prouver. La démonstration est facile d'ailleurs, et après l'avoir entendue, un enfant de dix ans ne se laisserait pas prendre à un désordre factice tel que celui-ci.

Il ramena doucement les couvertures et le drap du dessus au milieu du lit, tout en poursuivant :

— Ces oreillers sont très-froissés tous deux, n'est-ce pas? Mais voyez en dessous le traversin, il est intact, vous n'y retrouvez aucun de ces plis que laissent le poids de la tête et le mouvement des bras. Ce n'est pas tout : regardez le lit à partir du milieu jusqu'à l'extrémité. Comme les couvertures ont été bordées avec soin, les deux draps se touchent bien partout. Glissez la main comme moi — et il glissait un de ses bras — et vous sentirez une résistance qui n'existerait pas si des jambes s'étaient allongées à cet endroit. Or, M. de Trémorel était de taille à occuper le lit dans toute sa longueur.

Si claire était la démonstration de M. Lecoq, si palpables étaient ses preuves qu'il n'y avait pas à douter.

— Ce n'est rien encore, continuait-il, passons au second matelas. On songe rarement au second matelas, quand pour des raisons quelconques on défait un lit ou

qu'on cherche à en réparer le désordre. Examinez celui-ci.

Il souleva le premier matelas et on vit en effet que la toile de l'autre était parfaitement tendue, on n'y decouvrait aucun affaissement.

— Ah! le second matelas, murmura M. Lecoq.

Et son nez pétilla, pour ainsi dire, au souvenir sans doute de quelque bonne histoire.

— Il me paraît prouvé, murmura le juge d'instruction, que M. de Trémorel n'était pas couché.

— De plus, ajouta le docteur Gendron, si on l'eût assassiné dans son lit, ses vêtements seraient restés sur quelque meuble.

— Sans compter, fit négligemment M. Lecoq, qu'on retrouverait sur les draps une goutte au moins de sang. Décidément, ces malfaiteurs-là ne sont pas forts.

Depuis un moment, les yeux du père Plantat cherchaient ceux du juge d'instruction. Lorsque leurs regards, à la fin, se rencontrèrent :

— Ce qui me paraît surprenant, à moi, dit le vieux juge de paix, donnant, par l'accentuation, une valeur particulière à chaque mot, c'est qu'on soit parvenu à tuer chez lui, autrement que pendant son sommeil, un homme jeune et vigoureux comme l'était le comte Hector.

— Et dans une maison pleine d'armes, appuya le docteur Gendron; car le cabinet du comte est entièrement tapissé de fusils, d'épées, de couteaux de chasse! C'est un véritable arsenal.

— Hélas! soupira le bon M. Courtois, nous connaissons de pires catastrophes. L'audace des malfaiteurs croît en raison des convoitises de bien-être, de dépense, de luxe, des classes inférieures dans les grands centres. Il n'est pas de semaine où les journaux...

Il dut s'arrêter non sans un vif mécontentement; on ne l'écoutait pas. On écoutait le père Plantat qu'il n'avait jamais vu si bavard, et qui poursuivait :

— Le bouleversement de la maison vous paraît in-

sensé, eh bien, je suis surpris qu'il ne soit pas plus affreux encore. Je suis, autant dire, un vieillard, je n'ai plus l'énergie physique d'un homme de trente-cinq ans, et pourtant, il me semble que si des assassins pénétraient chez moi, lorsque je suis encore debout, ils n'auraient pas raison de moi. Je ne sais ce que je ferais, je serais tué probablement, mais certainement je réussirais à donner l'éveil. Je me défendrais, je crierais, j'ouvrirais les fenêtres, je mettrais le feu à la maison.

Qu'eussiez-vous dit, justiciables d'Orcival, s'il vous eût été donné de voir l'animation, l'emportement de votre impassible juge de paix !

— Ajoutons, insista le docteur, qu'éveillé il est difficile d'être surpris. Toujours quelque bruit insolite prévient. C'est une porte qui crie en tournant sur ses gonds, c'est une des marches de l'escalier qui craque. Si habile que soit un meurtrier, il ne foudroie pas sa victime.

— Il se peut, insinua M. Courtois, qu'on se soit servi d'armes à feu. Cela s'est vu. Vous êtes bien tranquillement assis dans votre chambre, on est en été, vos fenêtres sont ouvertes, vous causez avec votre femme tout en prenant une tasse de thé ; au dehors, les malfaiteurs se font la courte échelle ; l'un deux arrive à la hauteur de l'appui de la fenêtre, il vous ajuste à son aise, il presse la détente, le coup part...

— Et, continua le docteur, tout le voisinage réveillé accourt.

— Permettez, permettez, riposta M. Courtois, à la ville, dans une cité populeuse, oui. Là, au milieu d'un vaste parc, non. Songez, docteur, à l'isolement de cette habitation. La plus voisine des maisons habitées est celle de Mme la comtesse de Lanascol, et encore est-elle distante de plus de cinq cents mètres, et par-dessus le marché, environnée de grands arbres qui interceptent le son et s'opposent à sa propagation. Tentons l'expérience. Je vais, si vous le voulez, tirer un coup de pistolet, ici, dans cette chambre, et je parie que vous n'entendrez pas la détonation dans le chemin.

6*

— Le jour, peut-être, mais la nuit !...

Si M. Courtois causait si longtemps, c'est que ses auditeurs observaient attentivement le juge d'instruction.

— Enfin, conclut M. Domini, si contre tout espoir Guespin ne se décide pas à parler ce soir ou demain, le cadavre du comte nous donnera le mot de l'énigme.

— Oui, répondit le père Plantat, oui..., si on le retrouve.

Pendant cette discussion assez longue, M. Lecoq avait continué ses investigations, soulevant les meubles, étudiant les fractures, interrogeant les moindres débris, comme s'ils eussent pu lui apprendre la vérité.

Parfois, il sortait d'une trousse, renfermant une loupe et divers instruments de formes bizarres, une tige d'acier recourbée vers le bout, qu'il introduisait et faisait jouer dans les serrures.

Sur le tapis, il ramassa plusieurs clés, et sur un séchoir, il trouva une serviette qui devait lui offrir quelque chose de remarquable, car il la mit de côté.

Il allait et venait, de la chambre à coucher au cabinet du comte, sans perdre toutefois un mot de ce qui se disait, faisant bon profit de toutes les observations, recueillant et notant bien, dans sa mémoire, moins les phrases elles-mêmes que les intonations diverses qui les accentuaient.

C'est que dans une instruction comme celle du *Crime d'Orcival*, lorsque plusieurs délégués de la justice se trouvent en présence, ils se tiennent sur la réserve. Ils se savent tous presque également expérimentés, fins, perspicaces, pareillement intéressés à découvrir la vérité, peu disposés par habitude à se payer d'apparences trompeuses, difficiles à surprendre, et la circonspection naturelle de chacun d'eux s'augmente de l'estime qu'il a pour la sagacité et la pénétration des autres.

Il se peut que chacun d'eux donne aux faits révélés par l'enquête une interprétation différente, il se peut que chacun d'eux ait sur le fond même de l'affaire un senti-

ment opposé ; un observateur superficiel ne s'apercevrait pas de ces divergences.

Tout en dissimulant son intime pensée, chacun cherche à pénétrer celle du voisin, et s'efforce, si elle est opposée, de ramener cet adversaire à son opinion, non en la lui découvrant franchement et sans ambages, mais en appelant son attention sur les motifs graves ou futiles qui l'ont fixée.

L'énorme portée d'un seul mot justifie cette hésitation.

Les hommes qui ont entre les mains la liberté et la vie des autres hommes, qui d'un trait de plume peuvent briser une existence, sentent, bien plus durement qu'on ne croit, le fardeau de leur responsabilité. Sentir ce fardeau partagé leur procure un ineffable soulagement.

Voilà pour quelles raisons personne n'ose prendre l'initiative, ni s'expliquer clairement, pourquoi chacun attend l'émission positive d'une opinion pour l'adopter et l'approuver ou pour la combattre. Les interlocuteurs échangent donc bien moins des affirmations que des propositions. C'est par insinuations qu'on procède. De là, des phrases banales, des suppositions presque ridicules, des apartés, qui sont comme une provocation à une explication.

De là, aussi, la presque impossibilité de donner la physionomie *exacte et reelle* d'une instruction difficile.

Ainsi, dans cette affaire, le juge d'instruction et le père Plantat étaient loin d'être du même avis. Ils le savaient avant d'avoir échangé une parole. Mais M. Domini dont l'opinion reposait sur des faits matériels, sur des circonstances palpables, et pour lui hors de toute discussion, était peu disposé à provoquer la contradiction. A quoi bon ?

D'un autre côté, le père Plantat, dont le système semblait reposer uniquement sur des impressions, sur une série de déductions plus ou moins logiques, ne pouvait s'expliquer clairement sans une invitation positive et pressante.

Son dernier mot, souligné avec affectation, n'ayant pas été relevé, il jugea qu'il s'était assez avancé, trop peut-être, aussi s'empressa-t-il, pour détourner la conversation, de s'adresser à l'envoyé de la préfecture de police.

— Eh bien! M. Lecoq, demanda-t-il, avez-vous recueilli quelques indices nouveaux?

M. Lecoq, en ce moment, regardait avec une persévérante attention un grand portrait de M. le comte Hector de Trémorel suspendu en face du lit.

Sur l'interpellation du père Plantat, il se retourna.

— Je n'ai rien trouvé de décisif, répondit-il, mais je n'ai rien trouvé non plus qui dérange mes prévisions. Cependant...

Il n'acheva pas, peut-être, lui aussi, reculait-il devant sa part de responsabilité.

— Quoi? insista durement M. Domini.

— Je voulais dire, reprit M. Lecoq, que je ne tiens pas parfaitement mon affaire. J'ai bien ma lanterne, et même une chandelle dans ma lanterne, il ne me manque plus qu'une allumette...

— Soyez convenable, je vous prie, dit sévèrement le juge d'instruction.

— Eh bien, continua M. Lecoq, d'un air et d'un ton trop humble pour n'être pas joués, j'hésite encore. J'ai besoin d'être aidé. Par exemple, si monsieur le docteur daignait prendre la peine de procéder à l'examen du cadavre de Mme la comtesse de Trémorel, il me rendrait un grand service.

— J'allais précisément vous adresser cette prière, mon cher docteur, dit M. Domini à M. Gendron.

— Volontiers, répondit le vieux médecin, qui immédiatement se dirigea vers la porte.

M. Lecoq l'arrêta par le bras.

— Je me permettrai, observa-t-il, d'un ton qui ne ressemblait en rien à celui qu'il avait eu jusqu'alors, je me permettrai d'appeler l'attention de monsieur le docteur sur les blessures faites à la tête de Mme de Trémorel par

un instrument contondant que je suppose être un marteau. J'ai etudié ces blessures, moi qui ne suis pas médecin. et elles m'ont paru suspectes.

— Et à moi aussi, dit vivement le père Plantat, il m'a semblé qu'il n'y avait pas eu, aux endroits atteints, effusion de sang dans les vaisseaux cutanés.

— La nature de ces blessures, continua M. Lecoq, sera un indice précieux qui me fixera complètement.

Et comme il avait sur le cœur la brusquerie du juge d'instruction, il ajouta, innocente vengeance :

— C'est vous, monsieur le docteur, qui tenez l'allumette.

M. Gendron se disposait à sortir, lorsque sur le seuil apparut le domestique de monsieur le maire d'Orcival, Baptiste, l'homme qu'on ne gronde pas.

Il salua longuement et dit :

— Je viens chercher monsieur.

— Moi ! demanda M. Courtois, pourquoi? Qu'y a-t-il? Ne saurait-on me laisser une minute en repos! Vous repondrez que je suis occupé.

— C'est que, reprit le placide Baptiste, c'est rapport à madame que nous avons cru devoir déranger monsieur. Elle n'est pas bien du tout, madame !

L'excellent maire pâlit légèrement.

— Ma femme! s'ecria-t-il sérieusement inquiet, que veux-tu dire? explique-toi donc.

— Eh bien, voilà, continua Baptiste, de l'air le plus tranquille du monde. Le facteur arrive tout à l'heure, avec le courrier. Bon ! Je porte les lettres à madame qui était dans le petit salon. A peine avais-je tourné les talons, que j'entends un grand cri, et comme le bruit d'une personne qui tombe à terre de son haut.

Baptiste s'exprimait lentement, mettant, on le sentait, un art infini à augmenter les angoisses de son maître.

— Mais parle donc ! disait le maire exaspéré, parle, va donc !

— Naturellement, poursuivit le drôle sans se hâter, je rouvre la porte du petit salon. Qu'est-ce que je vois ?

Madame étendue à terre. Comme de juste, j'appelle au secours, la femme de chambre arrive, la cuisinière, les autres, et nous portons madame sur son lit. Il paraît, m'a dit Justine, que c'est une lettre de Mlle Laurence qui a mis madame dans cet état...

Le domestique qu'on ne gronde jamais était à battre. A chaque mot, il s'arrêtait, hésitait, cherchait; ses yeux, démentant sa figure contrite, trahissaient l'extrême satisfaction qu'il ressentait d'un malheur survenu à son maître.

Ce maître, hélas! était consterné. Ainsi qu'il nous arrive à tous, quand nous ne savons au juste quel malheur va nous atteindre, il tremblait d'interroger. Il restait là, anéanti, ne bougeant; se lamentant au lieu de courir.

Le père Plantat profita de ce temps d'arrêt pour questionner le domestique, et avec un tel regard que le drôle n'osa pas tergiverser.

— Comment, demanda-t-il, une lettre de Mlle Laurence, elle n'est donc pas ici?

— Non, monsieur, elle est partie il y a eu hier huit jours pour aller passer un mois chez une des sœurs de madame.

— Et comment va Mme Courtois?

— Mieux, monsieur, seulement elle pousse des cris à faire pitié.

L'infortuné maire s'était redressé sous le coup. Il saisit son domestique par le bras.

— Mais viens donc, malheureux, lui cria-t-il, viens donc!...

Et ils sortirent en courant.

— Pauvre homme! fit le juge d'instruction, sa fille est peut-être morte.

Le père Plantat hocha tristement la tête.

— Si ce n'était que cela, dit-il.

Et il ajouta :

— Rappelez-vous, monsieur, les allusions de La Ripaille.

VII

Le juge d'instruction, le père Plantat et le docteur échangèrent un regard plein d'anxiété.

Quel malheur frappait M. Courtois, cet homme si parfaitement estimable et si excellent en dépit de ses défauts? Était-ce donc décidément une journée maudite !

— Si La Ripaille s'en est tenu aux allusions, dit M. Lecoq, j'ai entendu raconter, moi qui ne suis ici que depuis quelques heures, deux histoires très-circonstanciées. Il paraît que cette demoiselle Laurence...

Le père Plantat interrompit brusquement l'agent de la sûreté.

— Calomnies, s'écria-t-il, calomnies odieuses ! Le petit monde qui jalouse les riches ne se gêne pas pour les déchirer à belles dents, faute de mieux. L'ignorez-vous donc ? Est-ce qu'il n'en a pas toujours été ainsi ! Le bourgeois, dans les petites villes surtout, vit, sans s'en douter, comme dans une cage de verre. Nuit et jour les yeux de lynx de l'envie braqués sur lui l'observent, l'épient, surprennent celles de ses démarches qu'il croit les plus secrètes pour s'en armer contre lui. Il va, content et fier, ses affaires prospèrent, il a l'estime et l'amitié de ceux de sa condition, et pendant ce temps, il est vilipendé dans les classes inférieures, traîné dans la boue, sali par les plus injurieuses suppositions. Est-ce que l'envie respecte quelque chose !

— Si Mlle Laurence a été calomniée, fit en souriant le docteur Gendron, au moins a-t-elle trouvé un bon avocat pour défendre sa cause.

Le vieux juge de paix, l'homme de bronze, comme dit M. Courtois, rougit imperceptiblement, un peu embarrassé de sa vivacité.

— Il est des causes, reprit-il doucement, qui se défendent seules. Mlle Courtois est une de ces jeunes filles qui ont droit à tous les respects. Mais il est de ces abominations qu'aucune législation ne saurait atteindre, et qui me révoltent. Il faut songer, messieurs, que notre réputation, l'honneur de nos femmes et de nos filles, sont à la merci du premier gredin doué d'assez d'imaginative pour inventer une abomination. On ne le croira peut-être pas, peu importe, on répétera sa calomnie, on la propagera. Qu'y faire? Pouvons-nous savoir ce qui se dit contre nous, en bas, dans l'ombre; le saurons-nous jamais?

— Eh! répliqua le docteur Gendron, que nous importe? Il n'est pour moi qu'une voix respectable, celle de la conscience. Quant à ce qu'on appelle l'opinion publique, comme c'est en réalité la somme des opinions particulières de milliers d'imbéciles et de méchants, je m'en moque comme de l'an quarante.

La discussion se serait peut-être prolongée, sans le juge d'instruction qui, ayant tiré sa montre, fit un geste de dépit.

— Nous causons, dit-il, nous parlons et l'heure marche. Il faut nous hâter. Partageons-nous, au moins, la besogne qui reste.

Le ton impérieux de M. Domini glaça sur les lèvres de M. Lecoq quelques réflexions dont il attendait le placement.

Il fut alors convenu que, pendant que le docteur Gendron procéderait à l'autopsie, le juge d'instruction rédigerait son projet de rapport.

Le père Plantat restait chargé de surveiller la suite des investigations de l'homme de la préfecture de police.

Dès que l'agent de la sûreté se trouva seul avec le vieux juge de paix.

— Enfin, dit-il, en respirant longuement, comme s'il eût été soulagé d'une lourde oppression, enfin, nous allons pouvoir marcher maintenant.

Et comme le père Plantat souriait un peu, il goba un carré de pâte et ajouta :

— Arriver quand une instruction est commencée, est déplorable, monsieur le juge de paix, tout à fait déplorable. Les gens qui vous ont précédé ont eu le temps de se faire un système, et si vous ne l'adoptez pas d'emblée, c'est le diable !

On entendit dans l'escalier la voix de M. Domini appelant son greffier qui, arrivé un peu après lui, était resté au rez-de-chaussée.

— Tenez, monsieur, ajouta l'agent, voici monsieur le juge d'instruction qui se croit en face d'une affaire toute simple, tandis que moi, moi M. Lecoq, l'égal au moins de ce drôle de Gévrol, moi, l'élève chéri du père Tabaret, — il ôta respectueusement son chapeau, — je n'y vois pas encore clair.

Il s'arrêta, récapitulant, sans doute, le résultat de ses perquisitions et reprit :

— Non, vrai, je suis dérouté, je m'y perds presque. Je devine bien sous tout ceci quelque chose, mais quoi ? quoi ?

La figure du père Plantat restait calme, mais son œil étincelait.

— Peut-être avez-vous raison, approuva-t-il d'un air détaché, peut-être en effet y a-t-il quelque chose.

L'agent de la sûreté le regarda, il ne bougea pas. Il continuait à offrir la physionomie la plus indifférente du monde, tout en relevant quelques notes sur son carnet.

Il y eut un assez long silence, et M. Lecoq en profita pour confier au portrait les réflexions qui lui battaient la cervelle.

— Vois-tu bien, chère mignonne, disait-il, ce digne monsieur m'a l'air d'un vieux finaud dont il faut surveiller attentivement les faits et gestes. Il ne partage pas, il s'en faut, les opinions du juge d'instruction, il a une idée qu'il n'ose nous dire et nous la trouverons. Il est malin, ce juge de paix de campagne. Du premier

coup, il nous a devinés, malgré nos jolis cheveux blonds. Tant qu'il a pu croire que, nous égarant, nous prendrions les brisées de M. Domini, il nous a suivis, nous appuyant, nous montrant la voie. Maintenant qu'il sent que nous tenons la piste, il se croise les bras, il se retire. Il veut nous laisser l'honneur de la découverte. Pourquoi? Il est d'ici, a-t-il peur de se faire des ennemis? Non. C'est un de ces hommes qui ne craignent pas grand'-chose. Quoi donc? Il recule devant sa pensée. Il a trouvé quelque chose de si surprenant qu'il n'ose s'expliquer.

Une subite réflexion changea le cours des confidences de M. Lecoq.

— Mille diables! pensait-il, et si je me trompais! si ce bonhomme n'était pas fin du tout! s'il n'avait rien découvert, s'il n'obéissait qu'à des inspirations du hasard? On a vu des choses plus surprenantes. J'en ai tant connu, de ces gens, dont les yeux sont comme les pitres des baraques, ils annoncent qu'à l'intérieur on contemple des merveilles; on entre et on ne voit rien, on est volé. Mais, moi — il eut un sourire — je vais bien savoir à quoi m'en tenir.

Et prenant l'air le plus niais de son répertoire :

— Ce qui reste à faire, monsieur le juge de paix, dit-il tout haut, est, en y réfléchissant bien, assez peu de chose. On tient les deux principaux coupables, en définitive, et quand ils se décideront à parler, ce qui arrivera tôt ou tard, si monsieur le juge d'instruction le veut, on saura tout.

Un seau d'eau glacée tombant sur la tête du père Plantat ne l'eût pas plus surpris, ne l'eût pas surtout surpris plus désagréablement.

— Comment, balbutia-t-il d'un air absolument abasourdi, c'est vous, monsieur l'agent de sûreté, un homme habile, expérimenté qui...

Ravi de la réussite de sa ruse, M. Lecoq ne put tenir son sérieux, et le père Plantat, qui s'aperçut qu'il était tombé dans un piége, se prit à rire franchement.

Entre ces deux hommes savants dans la science de la

vie, d'un esprit également subtil et délié, pas un mot, d'ailleurs, ne fut échangé.

Ils s'entendaient, ils se comprenaient.

— Toi, mon bonhomme, se disait l'agent de la sûreté, tu as quelque chose dans ton sac, seulement c'est si énorme, si monstrueux, que tu ne l'exhiberais pas pour un boulet de canon. Tu veux qu'on te force la main? On te la forcera.

— Il est futé, pensait le père Plantat, il sait que j'ai une idée, il la cherchera et certainement il la trouvera.

M. Lecoq avait remis dans sa poche la bonbonnière à portrait ainsi qu'il fait. quand il travaille sérieusement. Son amour-propre d'élève du père Tabaret était émoustillé. Il jouait une partie et il est joueur.

— Donc, s'écria-t-il, à cheval et rendez la main. On a, dit le procès-verbal de monsieur le maire d'Orcival, trouvé l'instrument avec lequel on a tout brisé ici.

— Nous avons retrouvé, répondit le père Plantat, dans une chambre du second étage, donnant sur le jardin, une hache, par terre, devant un meuble attaqué légèrement, mais non ouvert; j'ai empêché qu'on y touchât.

— Et bien vous avez fait, monsieur. Est-elle lourde, cette hache?

— Elle doit bien peser un kilo.

— C'est parfait, montons la voir.

Ils montèrent, et M. Lecoq aussitôt, oubliant son rôle de mercier soigneux de ses vêtements, se coucha à plat ventre, étudiant alternativement, et la hache, une arme terrible, pesante, emmanchée de frêne, et le parquet luisant et bien ciré.

— Je suppose, moi, observa le juge de paix, que les malfaiteurs ont monté cette hache et ont attaqué ce meuble dans le seul but d'éparpiller les suppositions de l'enquête, pour compliquer le problème. Cette arme n'était certes pas nécessaire pour enfoncer cette armoire qui ne tient à rien, que je briserais avec mon poing. Ils ont donné un coup, un seul, et posé la hache tranquillement.

L'agent de la sûreté s'était relevé et s'époussetait :

— Je crois, monsieur, dit-il, que vous vous trompez. Cette hache n'a pas été posée tranquillement à terre, elle a été jetée avec une violence qui décèle un grand effroi ou une vive colère. Tenez, voyez ici, sur le parquet, ces trois marques qui se suivent. Lorsque le malfaiteur a lancé la hache, elle est tombée d'abord sur le tranchant. de là cette entaille ; puis elle est retombée sur le côté, et l'envers qui est un marteau a laissé cette trace, tenez, ici, sous mon doigt ; enfin ; elle était lancée avec tant de vigueur, qu'elle a fait un tour sur elle-même et qu'elle est venue de nouveau entailler le parquet, là, à l'endroit où elle est maintenant.

— C'est juste, murmurait le père Plantat, c'est très-juste !...

Et les observations de l'agent dérangeant sans doute son système, il ajoutait d'un air contrarié :

— Je n'y comprends rien, rien du tout.

M. Lecoq poursuivait ses observations.

— Les fenêtres qui sont maintenant ouvertes, demanda-t-il, l'étaient-elles ce matin, lors des premières perquisitions.

— Oui.

— Alors, c'est bien cela. Les assassins ont entendu un bruit quelconque dans le jardin, et ils sont allés regarder. Qu'ont-ils vu ? Je n'en sais rien. Ce que je sais, c'est que ce qu'ils ont vu les a épouvantés. qu'ils ont jeté la hache précipitamment et se sont enfuis. Examinez la position des entailles — faites en biais naturellement, — et vous verrez que la hache a été lancée par une personne qui se tenait, non pas près du meuble, mais près de la fenêtre ouverte.

A son tour, le père Plantat s'agenouilla, regardant avec une attention extrême. L'agent disait vrai. Il se redressa un peu interdit, et après un moment de méditation :

— Cette circonstance me gêne un peu, dit-il ; cependant, à la rigueur...

Il s'arrêta, immobile, songeur, une de ses mains appuyée sur son front.

— Tout peut encore s'expliquer, murmura-t-il, ajustant mentalement les diverses pièces de son système, et en ce cas l'heure indiquée par la pendule serait la vraie.

M. Lecoq ne songeait pas à interroger le vieux juge de paix. D'abord il savait bien qu'il ne répondrait pas, puis sa vanité était engagée. Comment, lui, il ne devinerait pas une énigme déchiffrée par un autre ?

— Moi aussi, fit-il, monologuant à haute et intelligible voix, cette circonstance de la hache me dérange. Je supposais que les brigands avaient opéré à loisir, et pas du tout, je découvre qu'ils ont été surpris, qu'on les a troublés, qu'ils ont eu peur.

Le père Plantat était tout oreilles.

— Il est vrai, poursuivit lentement M. Lecoq, que nous devons diviser les indices en deux catégories. Il y a les indices laissés à dessein pour nous tromper, le lit défait, par exemple ; puis les indices involontaires, soit les entailles de cette hache. Mais ici, j'hésite. L'indication de la hache est-elle vraie ou fausse, bonne ou mauvaise. Je me croyais sûr du caractère des assassins et alors l'enquête allait de soi, tandis que maintenant...

Il s'interrompit. Les plis de son front, la contraction de sa bouche, trahissaient l'effort de sa pensée.

— Tandis que maintenant ?... interrogea le père Plantat.

M. Lecoq, à cette question, eut l'air étonné d'un homme qu'on éveille.

— Je vous demande pardon, monsieur, dit-il, je m'oubliais. C'est une habitude déplorable que j'ai comme cela de réfléchir et de chercher tout haut. Voilà pourquoi je m'obstine presque toujours à opérer seul. Mes incertitudes, mes hésitations, la vacillation de mes soupçons me feraient perdre, si on les entendait, mon prestige de policier-devin, d'agent pour lequel il n'est pas de mystère.

Le vieux juge de paix avait un sourire d'indulgence.

— D'ordinaire, poursuivit l'homme de la préfecture, je n'ouvre la bouche que lorsque mon siége est fait, et alors d'un ton péremptoire je rends mes oracles, je dis : c'est ceci ou c'est cela. Mais aujourd'hui j'agis, sans trop me contraindre, devant un homme qui sait qu'on ne résout pas du premier coup un probleme aussi compliqué que me semble être celui-ci. Je laisse voir sans vergogne mes tâtonnements. On ne parvient pas à la vérité d'un bond, on y arrive par une suite de calculs assez compliqués grâce à une série d'inductions et de déductions qui s'enchaînent. Eh bien, en ce moment, ma logique est en défaut.

— Comment cela? demanda le père Plantat.

— Oh! c'est fort simple, monsieur le juge de paix. Je croyais avoir pénétré les assassins, les savoir par cœur, ce qui est capital au début, et je ne reconnais plus les adversaires imaginés. Sont-ils idiots, sont-ils extrêmement fins? J'en suis à me le demander. La ruse du lit et de la pendule m'avait, à ce que je supposais, exactement donné la mesure et la portée de leur intelligence et de leurs inventions. Déduisant du connu à l'inconnu, j'arrivais par une suite de conséquences très-simples à tirer, à prévoir tout ce qu'ils avaient pu imaginer pour détourner notre attention et nous dérouter. Mon point de départ admis, je n'avais, pour tomber juste, qu'à prendre le contrepied des apparences. Je me disais :

On a retrouvé une hache au deuxième étage, donc les assassins l'y ont portee et oubliée à dessein.

Ils ont laissé cinq verres sur la table de la salle à manger, donc ils étaient plus ou moins de cinq, mais ils n'étaient pas cinq.

Il y avait sur la table comme les restes d'un souper, donc ils n'ont ni bu ni mangé.

Le cadavre de la comtesse etait au bord de l'eau, donc il a été dépose là et non ailleurs avec préméditation.

On a retrouvé un morceau d'étoffe dans les mains de

la victime, donc il y a été placé par les meurtriers eux-mêmes.

Le corps de Mme de Trémorel est criblé de coups de poignard et affreusement meurtri, donc elle a été tuée d'un seul coup...

— Bravo! oui, bravo! s'écria le père Plantat, visiblement charmé.

— Eh! non, pas bravo! fit M. Lecoq, car ici mon fil se casse, je rencontre une lacune. Si mes déductions étaient justes, cette hache aurait été remise bien paisiblement sur le parquet.

— Si! encore une fois, bravo! reprit le père Plantat, car cette circonstance est une particularité qui n'infirme en rien notre système général. Il est clair, il est certain que les assassins ont eu l'intention d'agir comme vous dites. Un événement qu'ils ne prévoyaient pas les a dérangés.

— Peut-être, approuva l'agent de la sûreté à demi-voix, peut-être votre observation est-elle juste. Mais c'est que je vois encore autre chose...

— Quoi?...

— Rien... pour le moment, du moins. Il est nécessaire, avant tout, que je voie la salle à manger et le jardin.

M. Lecoq et le vieux juge de paix descendirent bien vite, et le père Plantat montra à l'agent les verres et les bouteilles qu'il avait fait mettre de côté.

L'homme de la préfecture prit les verres l'un après l'autre, les portant à la hauteur de son œil, les exposant au jour, étudiant les places humides qui ternissaient le cristal.

L'examen terminé.

— On n'a bu dans aucun de ces verres, déclara-t-il résolument.

— Quoi! pas dans un seul?

L'agent de la sûreté arrêta sur le vieux juge un de ces regards qui font tressaillir la pensée aux plus profonds replis de l'âme et répondit en mettant un intervalle calculé entre chacun de ces mots :

— Pas dans un seul.

Le père Plantat ne répondit que par un mouvement de lèvres qui disait clairement : « Vous vous avancez peut-être beaucoup. »

M. Lecoq sourit, et, allant ouvrir la porte de la salle à manger, il appela :

— François.

Le valet de chambre de feu M. le comte de Trémorel accourut. La figure de ce brave garçon était décomposée. Fait inouï, bizarre, ce domestique regrettait son maître, il le pleurait.

— Écoute-moi bien, mon garçon, lui dit l'agent de la sûreté, le tutoyant avec cette familiarité qui caractérise les employés de la rue de Jérusalem, écoute-moi bien, et tâche en me répondant d'être exact, net et bref.

— J'écoute, monsieur.

— Avait-on l'habitude au château de monter du vin à l'avance ?

— Non, monsieur, moi-même, avant chaque repas, je descendais à la cave.

— Il n'y avait donc jamais une certaine quantité de bouteilles pleines dans la salle à manger ?

— Jamais, monsieur.

— Mais il devait quelquefois en rester en vidange.

— Non, monsieur; feu monsieur le comte m'avait autorisé à emporter pour l'office le vin de la desserte.

— Et où mettait-on les bouteilles vides ?

— Je les plaçais, monsieur, dans le bas de cette armoire d'encoignure, et quand il y en avait un certain nombre, je les descendais à la cave.

— Quand en as-tu descendu, la dernière fois ?

— Oh!... — François parut chercher, — il y a bien cinq ou six jours.

— Bien. Maintenant, quelles liqueurs aimait ton maître ?

— Feu monsieur le comte, monsieur, — et le brave garçon eut une larme, — ne buvait presque jamais de liqueur. Quand par hasard il avait envie d'un petit verre

d'eau-de-vie, il le prenait dans la cave à liqueurs que voici, là sur le poêle.

— Il n'y avait donc pas dans les armoires de bouteilles de rhum ou de cognac entamées ?

— Pour ça, non, monsieur.

— Merci, mon garçon, tu peux te retirer.

François allait sortir, M. Lecoq le rappela.

— Eh! lui dit-il d'un ton léger, pendant que nous y sommes, regarde donc dans le bas de l'encoignure, si tu retrouves ton compte de bouteilles vides.

Le domestique obéit, et l'armoire ouverte, s'écria :

— Tiens ! il n'y en a plus une seule.

— Parfait ! reprit M. Lecoq. Cette fois-ci, mon brave, montre-nous tes talons pour tout de bon.

Aussitôt que le valet de chambre eut fermé la porte :

— Eh bien! demanda l'agent de la sûreté que pense monsieur le juge de paix ?

— Vous aviez raison, M. Lecoq.

L'agent de la sûreté, alors, flaira successivement tous les verres et toutes les bouteilles.

— Allons, bon ! s'écria-t-il en haussant les épaules, encore une preuve nouvelle à l'appui de mes suppositions.

— Quoi encore? demanda le vieux juge de paix.

— Ce n'est même pas du vin, monsieur, qu'il y a au fond de ces verres. Parmi toutes les bouteilles vides, déposées dans le bas de cette armoire, il s'en trouve une, la voici, ayant contenu du vinaigre, et c'est de cette bouteille que les assassins ont versé quelques gouttes.

Et, saisissant un verre, il le mit sous le nez du père Plantat, en ajoutant :

— Que monsieur le juge de paix prenne la peine de sentir.

Il n'y avait pas à discuter, le vinaigre était bon, son odeur était des plus fortes, les malfaiteurs dans leur précipitation avaient laissé derrière eux cette preuve irrécusable de leur intention d'égarer l'enquête.

Seulement, capables des plus artificieuses combinai-

sons, ils ignoraient l'art de les mener à bien. Leurs malices étaient, ainsi que l'eût dit le digne M. Courtois, cousues de fil blanc.

On pouvait cependant mettre toutes leurs fautes sur le compte d'une précipitation forcée ou d'un trouble qu'ils ne prévoyaient pas.

Les planchers brûlent les pieds, disait un policier célèbre, dans une maison où on vient de commettre un crime.

M. Lecoq, lui, paraissait indigné, exaspéré comme peut l'être un véritable artiste devant l'œuvre grossière, prétentieuse et ridicule de quelque écolier poseur.

— Voilà, grommelait-il, qui passe la permission. Canaille! canaille! ne l'est pas qui veut; canaille habile, surtout. Encore faut-il les qualités de l'emploi, mille diables! et tout le monde, Dieu merci! ne les a pas.

— M. Lecoq! M. Lecoq! murmurait le vieux juge de paix.

— Eh! monsieur, je ne dis rien que de juste. Quand on est candide à ce point, on devrait bien rester honnête, purement et simplement, c'est si facile!

Alors, perdant toute mesure, tant sa colère paraissait grande, il avala, d'un seul coup, cinq ou six carrés de pâtes assorties.

— Voyons, voyons, poursuivait le père Plantat, de ce ton paternellement grondeur qu'on prend pour apaiser un enfant qui crie, ne nous fâchons pas. Ces gens-ci ont manqué d'adresse, c'est incontestable, mais songeons qu'ils ne pouvaient, dans leurs calculs, faire entrer en ligne de compte l'habileté d'un homme tel que vous.

M. Lecoq qui a la vanité de tous les acteurs, fut sensible au compliment et dissimula assez mal une grimace de satisfaction.

— Soyons donc indulgent, continuait le père Plantat. D'ailleurs, — il fit une pause pour donner plus de valeur à ce qu'il allait dire, — d'ailleurs vous n'avez pas encore tout vu.

On ne sait jamais quand M. Lecoq joue la comédie.

Comment le saurait-on, il ne le sait pas toujours lui-même. Ce grand artiste, passionné pour son art, s'est exercé à feindre tous les mouvements de l'âme, de même qu'il s'est habitué à porter tous les costumes ; et telle a été la conscience de ses études, qu'arrivé à une perfection désolante pour la vérité, peut-être, à cette heure, n'a-t-il pas plus de sentiments que de physionomie qui lui soient propres.

Il tempêtait bien fort contre les malfaiteurs, il gesticulait, mais il ne cessait d'observer sournoisement le père Plantat, et ces derniers mots lui firent dresser l'oreille.

— Voyons donc le reste, dit-il.

Et tout en suivant au jardin le vieux juge de paix, il adressait au portrait de la bonbonnière la confidence de son déplaisir et de son désappointement.

— Peste soit, lui disait-il, peste soit du vieux cachottier. Nous ne tirerons rien par surprise de cet entêté. Il nous donnera le mot de son rébus quand nous l'aurons deviné, pas avant. Il est aussi fort que nous, ma mignonne, il ne lui manque absolument qu'un peu de pratique. Cependant, vois-tu, pour qu'il ait trouvé ce qui nous échappe, il faut qu'il ait eu des indices antérieurs que nous ne connaissons pas.

Au jardin, rien n'avait été dérangé.

— Tenez, M. Lecoq, disait le vieux juge de paix, en suivant une des allées en demi-cercle conduisant à la Seine, tenez, c'est ici, à cet endroit du gazon qu'on a trouvé une des pantoufles de ce pauvre comte; là-bas, un peu à droite de cette corbeilles de geraniums, était son foulard.

Ils arrivèrent au bord de la rivière et relevèrent avec beaucoup de circonspection les planches qu'avait fait placer le maire pour laisser les empreintes intactes.

— Nous supposons, dit le père Plantat, que la comtesse ayant réussi à s'échapper, a pu fuir jusqu'ici, et que c'est ici qu'elle a été rejointe et frappée d'un dernier coup.

Était-ce là l'avis du vieux juge, ne faisait-il que

traduire l'impression du matin? C'est ce que M. Lecoq ne put deviner.

— D'après nos calculs, monsieur, reprit-il, la comtesse n'a pas dû fuir. Elle a dû être apportée ici morte, ou la logique n'est pas la logique. Au surplus, examinons.

Il s'agenouilla alors, comme là haut, dans la chambre du second étage, et plus scrupuleusement encore, il étudia successivement le sable de l'allée, l'eau stagnante et les touffes de plantes aquatiques.

Puis, remontant un peu, il prit une pierre qu'il lança, s'approchant aussitôt pour voir l'effet produit par la vase.

Il regagna ensuite le perron de l'habitation et revint sous les saules en traversant le gazon où étaient encore, très-nettes et très-visibles, les traces d'un fardeau traîné relevées le matin.

Sans le moindre égard pour son pantalon, il traversa la pelouse à quatre pattes interrogeant les moindres brins d'herbe, écartant les touffes épaisses pour mieux voir le sol, observant minutieusement la direction des petites tiges brisées.

Cette inspection terminée :

— Nos déductions s'affirment, dit-il, on a apporté la comtesse ici.

— En êtes-vous bien certain? demanda le père Plantat.

Il n'y avait pas à s'y tromper cette fois. Évidemment, sur ce point, le vieux juge était indécis, et il demandait une autre opinion que la sienne, fixant ses hésitations.

— Il n'y a pas d'erreur possible, répondit l'agent de la sûreté.

Et, souriant finement, il ajouta :

— Seulement, comme deux avis valent mieux qu'un, je vous demanderai, monsieur le juge, de m'écouter, vous me direz ce que vous pensez après.

Dans ses perquisitions, M. Lecoq avait trouvé à terre une petite baguette flexible, et tout en parlant, il s'en

servait pour indiquer les objets à la façon des saltimbanques qui montrent sur les tableaux de leurs baraques la représentation des merveilles qu'on voit à l'intérieur.

— Non, disait-il, non, monsieur le juge de paix, madame de Trémorel n'a pas fui. Frappée ici, elle serait tombée avec une certaine violence; son poids, par conséquent, eût fait jaillir de l'eau assez loin, et non-seulement de l'eau, mais encore de la vase, et nous retrouverions certainement quelques éclaboussures.

— Mais, ne pensez-vous pas que depuis ce matin, le soleil...

— Le soleil, monsieur, aurait absorbé l'eau, mais la tache de boue sèche serait restée, or, j'ai beau regarder, un à un pour ainsi dire, tous les cailloux de l'allée, je n'ai rien trouvé. On pourrait m'objecter que c'est de droite et de gauche que l'eau et la vase ont jailli. Moi, je réponds : examinez ces touffes de glaieuls, ces feuilles de nénuphar, ces tiges de jonc; sur toutes ces plantes vous trouvez une couche de poussière, très-légère, je le sais, mais enfin de la poussière. Apercevez-vous la trace d'une seule goutte d'eau? Non. C'est qu'il n'y a point eu jaillissement, par conséquent pas de chute violente, c'est donc que la comtesse n'a pas été tuée ici, c'est donc qu'on a apporté son cadavre et qu'on l'a déposé doucement où vous l'avez retrouvé.

Le père Plantat ne paraissait pas encore absolument convaincu.

— Mais ces traces de lutte, sur le sable, là, dit-il.

M. Lecoq eut un joli geste de prostration.

— Monsieur le juge de paix daigne sans doute plaisanter, répondit-il, ces marques-là ne tromperaient pas un lycéen.

— Il me semble cependant...

— Il n'y a pas à s'y tromper, monsieur. Que le sable ait été remué, fouillé, c'est positif. Mais toutes ces traînées qui mettent à nu le sol que recouvrait le sable, ont été faites par le même pied, cela vous ne le croyez peut-

être pas, — et de plus, faites uniquement avec le bout du pied, — et cela vous pouvez le remarquer.

— Oui, cela, en effet, je le reconnais.

— Eh bien! monsieur, quand il y a eu lutte sur un terrain favorable aux investigations, comme celui-ci, on relève deux sortes de vestiges fort distincts : ceux de l'assaillant et ceux de la victime. L'assaillant, qui se précipite en avant, s'appuie nécessairement sur la partie antérieure du pied et l'imprime sur la terre. La victime, au contraire, qui se debat, qui cherche à se debarrasser d'une étreinte fatale, fait son effort en arrière, s'arc-boute sur les talons, et moule par conséquent les talons dans le sol. Si les adversaires sont de force égale, on trouve en nombre à peu près égal les empreintes de bouts de pieds et de talons, selon les hasards de la lutte. Ici, que trouvons-nous ?...

Le père Plantat interrompit l'agent de la sûreté.

— Assez, monsieur, lui dit-il, assez, l'homme le plus incredule serait maintenant convaincu.

Et après un instant de méditations, répondant à sa pensée intime, il ajouta :

— Non, il n'y a plus, il ne peut plus y avoir d'objection.

M. Lecoq, de son côté, pensa que sa démonstration valait bien une récompense, et triomphalement il avala un carré de réglisse.

— Je n'ai cependant pas encore fini, reprit-il. Nous disons donc que la comtesse n'a pu être achevee ici. J'ajouterai : elle n'y a pas été portée, mais traînée. La constatation est aisée. Il n'est que deux façons de traîner un cadavre. Par les épaules, et alors les deux pieds traînant à terre laissent deux sillons parallèles. Par les jambes, et alors la tête portant sur le sol laisse une empreinte unique et assez large.

Le père Plantat approuva d'un mouvement de tête.

— En examinant le gazon, poursuivit l'agent de la sûreté, j'ai relevé les sillons parallèles des pieds, mais l'herbe était foulée sur un espace assez large. Pourquoi?

C'est que ce n'est pas le cadavre d'un homme qui a été traîné à travers la pelouse, mais bien celui d'une femme tout habillée et dont les jupons étaient assez lourds, celui de la comtesse enfin, et non celui du comte.

M. Lecoq s'interrompit, attendant un éloge, une question, un mot.

Mais le vieux juge de paix n'avait plus l'air de l'écouter et paraissait plongé dans les calculs les plus abstraits.

La nuit tombait, un brouillard léger comme la fumée d'un feu de paille se balançait au-dessus de la Seine.

— Il faut rentrer, dit tout à coup le père Plantat, aller voir où le docteur en est de l'autopsie.

Et lentement, l'agent de police et lui, ils regagnèrent la maison.

Sur le perron, se tenait le juge d'instruction qui s'apprêtait à aller à leur rencontre.

Il tenait sous son bras sa grande serviette de chagrin violet, timbrée a ses initiales, et avait repris son léger pardessus d'orléans noir.

Il avait l'air satisfait.

— Je vais vous laisser le maître, monsieur le juge de paix, dit-il au père Plantat, il est indispensable, si je veux voir ce soir monsieur le procureur impérial, que je parte à l'instant. Déjà, ce matin, lorsque vous m'avez envoyé chercher, il etait absent.

Le père Plantat s'inclina.

— Je vous serai fort obligé, continua M. Domini, de surveiller la fin de l'opération. Le docteur Gendron n'en a plus, vient-il de me dire, que pour quelques minutes, et j'aurai ses notes demain matin. Je compte sur votre bonne obligeance, pour mettre les scellés partout où besoin est, et aussi pour constituer des gardiens. Je me propose d'envoyer un architecte relever le plan exact de la maison et du jardin.

— Puis, remarqua le vieux juge de paix, il faudra, sans doute, un supplément d'instruction ?

— Je ne le pense pas, fit le juge d'instruction, d'un ton de certitude.

Puis, s'adressant à M. Lecoq.

— Eh bien, monsieur l'agent, demanda-t-il, avez-vous fait quelque découverte nouvelle?

— J'ai relevé plusieurs faits importants, répondit M. Lecoq, mais je ne puis me prononcer avant d'avoir encore vu là haut au jour. Je demanderai donc à monsieur le juge d'instruction la permission de ne lui présenter mon rapport que demain, dans l'après-midi. Je crois pouvoir répondre, d'ailleurs, que si embrouillée que soit cette affaire...

M. Domini ne le laissa pas achever.

— Mais, interrompit-il, je ne vois rien d'embrouillé dans cette affaire; tout me paraît, au contraire, fort clair.

— Cependant, objecta M. Lecoq, je pensais...

— Je regrette vraiment, poursuivit le juge d'instruction, qu'on vous ait appelé avec trop de précipitation et sans grande nécessité. J'ai maintenant, contre les deux hommes que j'ai fait arrêter, les charges les plus concluantes.

Le père Plantat et M. Lecoq échangèrent un long regard, trahissant leur surprise profonde.

— Quoi! ne put s'empêcher de dire le vieux juge de paix, vous auriez, monsieur, recueilli des indices nouveaux!

— Mieux que des indices, je crois, répondit M. Domini avec un plissement de lèvres de fâcheux augure; La Ripaille, que j'ai interrogé une seconde fois, commence à se troubler. Il a perdu tout à fait son arrogance. J'ai réussi à le faire se couper à plusieurs reprises et il a fini par m'avouer qu'il a vu les assassins.

— Les assassins! exclama le père Plantat, il a dit les assassins?

— Il a vu au moins l'un d'entre eux. Il persiste à me jurer qu'il ne l'a pas reconnu. Voilà où nous en sommes. Mais les ténèbres de la prison ont des terreurs salutaires.

Demain, après une nuit d'insomnie, mon homme, j'en suis persuadé, sera bien autrement explicite.

— Mais Guespin, interrogea anxieusement le vieux juge, avez-vous de nouveau questionné Guespin.

— Oh! fit M. Domini, pour ce qui est de celui-là, tout est dit.

— Il a avoué? demanda M. Lecoq stupéfié.

Le juge d'instruction se tourna à demi vers l'homme de la police, comme s'il eût trouvé mauvais qu'il osât le questionner.

— Guespin n'a rien avoué, répondit-il néanmoins, mais sa cause n'en est pas meilleure. Nos bateliers sont revenus. Ils n'ont pas encore retrouvé le cadavre de M. de Trémorel qu'ils supposent avoir été entraîné par le courant. Mais, ils ont repêché d'abord au bout du parc, dans les roseaux, l'autre pantoufle du comte; puis, au milieu de la Seine, sous le pont, remarquez bien ce détail, sous le pont, une veste de drap grossier qui porte encore des traces de sang.

— Et cette veste est à Guespin? demandèrent ensemble le vieux juge de paix et l'agent de la sûreté.

— Précisément. Elle a été reconnue par tous les gens du château et Guespin a avoué sans difficulté qu'elle lui appartient. Mais ce n'est pas tout...

M. Domini s'arrêta comme pour reprendre haleine, en réalité pour faire languir un peu le père Plantat. Par suite de leurs divergences d'opinions, il avait cru reconnaître en lui une certaine hostilité sourde, et, — la faiblesse humaine ne perdant jamais ses droits, — il n'était pas fâché de triompher un peu.

— Ce n'est pas tout, poursuivit-il; cette veste avait à la poche droite une large déchirure et un morceau de l'étoffe avait été arraché. Ce lambeau de la veste de Guespin, savez-vous ce qu'il était devenu?...

— Ah! murmura le père Plantat, c'est lui que nous avons retrouvé dans la main de la comtesse.

— Vous l'avez dit, monsieur le juge de paix. Que

pensez-vous, je vous prie, de cette preuve de culpabilité du prévenu ?

Le père Plantat semblait consterné; les bras lui tombaient.

Quant à M. Lecoq qui, devant le juge d'instruction, avait repris sévèrement son attitude de mercier retiré, il fut à ce point surpris qu'il faillit s'étrangler avec un morceau de pâte.

— Mille diables! disait-il, tout en toussant, réparation d'honneur, voilà qui est fort.

Il eut un sourire niais, et ajouta, plus bas et pour le seul père Plantat :

— Très-fort! quoique du même tonneau et prévu par nos calculs. La comtesse tenait entre ses doigts crispés un lambeau de drap, donc il a dû être placé là intentionnellement par les meurtriers.

M. Domini n'avait pas relevé l'exclamation, il n'entendit pas la reflexion de M. Lecoq. Il tendit la main au père Plantat et lui donna rendez-vous pour le lendemain, au palais.

Puis il sortit, emmenant son greffier.

Guespin et le vieux La Ripaille, les menottes aux mains, avaient été quelques minutes plus tôt dirigés sur la prison de Corbeil, sous la conduite des gendarmes d'Orcival.

VIII

Dans la salle de billard du château de Valfeuillu, le docteur Gendron venait d'achever sa funèbre besogne.

Il avait retiré son vaste habit noir à larges manches, à

basques immenses, à boutonnière ornée du ruban rouge de la Légion d'honneur, véritable habit de savant, et il avait retroussé, bien au-dessus du coude, les manches de sa chemise de forte toile.

Près de lui, sur une petite table destinée à recevoir les rafraîchissements, étaient épars les instruments dont il s'était servi, des bistouris et plusieurs sondes d'argent.

Il avait dû, pour les investigations, dépouiller le cadavre, et il l'avait ensuite recouvert d'un grand drap blanc qui dessinait vaguement les formes du corps et dépassait, d'un côté, les bandes du billard.

La nuit était venue et une grosse lampe, à globe de cristal dépoli, eclairait cette scène sinistre.

Penché au-dessus d'un immense seau d'eau, le docteur finissait de se laver les mains, lorsque entrèrent le vieux juge de paix et l'agent de la sûreté.

Au bruit de la porte, M. Gendron se redressa vivement :

— Ah ! c'est vous, Plantat, dit-il, — d'une voix dont l'altération était parfaitement sensible, — où est M. Domini ?

— Parti.

Le docteur ne prit pas la peine de réprimer un mouvement de vive impatience.

— Il faut pourtant que je lui parle, dit-il, c'est indispensable et le plus tôt sera le mieux. Car enfin, je me trompe peut-être, je puis me tromper...

M. Lecoq et le père Plantat s'étaient approchés, refermant la porte qu'assiégeaient les domestiques du château.

Entrés dans le cercle de la lumière de la lampe, ils purent voir combien étaient bouleversés les traits si régulièrement calmes de M. Gendron.

Il était pâle, plus pâle que la morte qui gisait là sous ce grand drap.

L'altération des traits et de la voix du docteur ne pouvait être causée par la tâche qu'il venait de remplir.

Certes, elle était pénible, mais M. Gendron est un de ces vieux praticiens qui ont tâté le pouls à toutes les misères humaines, dont le dégoût s'est blasé aux plus hideux spectacles, qui en ont vu bien d'autres enfin.

Il fallait qu'il eût découvert quelque chose d'extraordinaire.

— Je vais, mon cher docteur, lui dit le père Plantat, vous adresser la question que vous m'adressiez, il y a quelques heures : Vous trouveriez-vous indisposé, êtes-vous souffrant ?

M. Gendron secoua tristement la tête, et répondit avec une intention calculée et parfaitement notée :

— Je vous répondrai, mon ami, précisément ce que vous m'avez répondu : Je vous remercie, ce n'est rien, je vais déjà mieux.

Alors, ces deux observateurs, également profonds, détournèrent la tête, comme si, redoutant d'échanger leurs pensées, ils se fussent défiés de l'éloquence de leurs regards.

M. Lecoq s'avança.

— Je crois savoir, dit-il, les raisons de l'émotion de M. le docteur. Il vient de découvrir que Mme de Trémorel a été tuée d'un seul coup, et que plus tard les assassins se sont acharnés sur un cadavre déjà presque froid.

Les yeux du docteur eurent, en s'arrêtant sur l'agent de la sûreté, une expression d'immense stupeur.

— Comment avez-vous pu deviner cela ? demanda-t-il.

— Oh ! je n'ai pas deviné seul, répondit modestement M. Lecoq. Je dois partager avec monsieur le juge de paix l'honneur du système qui nous a amené à prévoir ce fait.

M. Gendron se frappa le front.

— En effet, s'écria-t-il, je me rappelle maintenant votre recommandation ; dans mon trouble, qui a été grand, il faut bien que je le confesse, je l'avais totalement oubliée.

M. Lecoq crut devoir s'incliner.

— Eh bien! reprit le médecin, vos prévisions se trouvent réalisées. Entre le premier coup de poignard qui a donné la mort et les autres, il ne s'est peut-être pas écoulé tout le temps que vous supposez, mais je suis persuadé que Mme de Trémorel avait cessé de vivre depuis près de trois heures, lorsqu'on l'a frappé de nouveau.

M. Gendron s'était approché du billard et lentement il avait relevé le drap mortuaire, découvrant ainsi la tête et une partie du buste du cadavre.

— Eclairez-nous donc, Plantat, demanda-t-il.

Le vieux juge de paix obéit. Il prit la lampe et passa de l'autre côté du billard. Sa main tremblait si fort que le globe et le verre s'entrechoquaient. La lumière vacillante promenait sur les murs des ombres sinistres.

Cependant le visage de la comtesse avait été lavé soigneusement, les plaques de sang et de vase avaient été enlevées. La marque des coups était ainsi plus visible, mais on retrouvait sur cette figure livide les traces de sa beauté.

M. Lecoq se tenait en haut du billard, se penchant pour examiner de plus près.

— Mme de Trémorel, disait le docteur Gendron, a reçu dix-huit coups de poignard. De toutes ces blessures, une seule est mortelle, c'est celle-ci, dont la direction est presque verticale; tenez, là, un peu au-dessous de l'épaule.

En même temps, il montrait la plaie béante, et sur son bras gauche il soutenait le cadavre dont les admirables cheveux blonds s'éparpillaient sur lui.

Les yeux de la comtesse avaient conservé une expression effrayante. Il semblait que de sa bouche entr'ouverte ce cri allait s'échapper : « A moi! au secours!! »

Le père Plantat, l'homme au cœur de pierre, détournait la tête, et le docteur, devenu maître de son émotion première, continuait de cette voix un peu emphatique des professeurs à l'amphithéâtre.

— La lame du couteau devait être large de trois centimètres et longue de vingt-cinq au moins. Toutes les autres blessures, au bras, à la poitrine, aux épaules, sont légères relativement. On doit les supposer postérieures de deux heures au moins à celle qui a déterminé la mort.

— Bien ! fit M. Lecoq.

— Remarquez, reprit vivement le docteur, que je n'émets pas une certitude ; j'indique simplement une probabilité. Les phénomènes sur lesquels se base ma conviction personnelle, sont trop fugitifs, trop insaisissables de leur nature, trop discutés encore pour que je puisse rien assurer.

Cet exposé du docteur parut contrarier vivement M. Lecoq.

— Cependant, dit-il, du moment où...

— Ce que je puis affirmer, interrompit M. Gendron, ce que sans scrupules j'affirmerais devant un tribunal, sous la foi du serment, c'est que toutes les plaies contuses de la tête, à l'exception d'une seule, ont été faites bien après la mort. Pas de doutes, pas de discussion possibles. Voici, au-dessus de l'œil, le coup donné pendant la vie. Comme vous le voyez, l'infiltration du sang dans les mailles des tissus a été considérable, la tumeur est énorme, très-noire au centre et plombée. Les autres contusions ont si peu ce caractère que même ici, où le choc a été assez violent pour fracturer l'os temporal, il n'y a aucune trace d'ecchymose.

— Il me semble, monsieur le docteur, insinua M. Lecoq, que de ce fait acquis et prouvé, que la comtesse a été, après sa mort, frappée par un instrument contondant, on peut conclure que c'est également lorsqu'elle avait cessé de vivre qu'elle a été hachée de coups de couteau.

M. Gendron réfléchit un moment.

— Il se peut, monsieur l'agent, dit-il enfin, que vous ayez raison, et pour ma part j'en suis persuadé. Pourtant, les conclusions de mon rapport ne seront pas les

vôtres. La médecine légale ne doit se prononcer que sur des faits patents, démontrés, indiscutables. Si elle a un doute, le moindre, le plus léger, elle doit se taire. Je dirai plus : s'il y a incertitude, mon avis est que l'accusé doit en recueillir le bénéfice et non l'accusation.

Ce n'était, certes, pas là l'opinion de l'agent de la sûreté, mais il se garda bien d'en rien dire.

C'est avec une attention passionnée qu'il avait suivi le docteur Gendron, et la contraction de sa physionomie disait l'effort de son intelligence.

— Il me paraît possible maintenant, dit-il, de déterminer où et comment la comtesse a été frappée.

Le docteur avait recouvert le cadavre et le père Plantat avait replacé la lampe sur la petite table.

Ils engagèrent tous deux M. Lecoq à s'expliquer.

— Eh bien! reprit l'homme de la police, la direction de la blessure de Mme de Trémorel me prouve qu'elle était dans sa chambre, prenant le thé, assise et le corps un peu incliné en avant, lorsqu'elle a été assassinée. L'assassin est arrivé par derrière, le bras levé, il a bien choisi sa place et a frappé avec une force terrible. Telle a été la violence du coup, que la victime est tombée en avant, et que dans la chute, son front rencontrant l'angle de la table, elle s'est fait la seule blessure ecchymosée que nous ayons remarquée à la tête.

M. Gendron examinait alternativement M. Lecoq et le père Plantat, qui échangeaient des regards au moins singuliers. Peut-être se doutait-il du jeu qu'ils jouaient.

— Évidemment, dit-il, le crime doit avoir eu lieu comme l'explique monsieur l'agent.

Il y eut un autre silence si embarrassant que le père Plantat jugea convenable de l'interrompre. Le mutisme obstiné de M. Lecoq le taquinait.

— Avez-vous vu, lui demanda-t-il, tout ce que vous aviez à voir!

— Pour aujourd'hui, oui, monsieur. Pour les quelques perquisitions qui me seraient encore utiles, j'ai besoin

de la lumière du jour. Il me paraît d'ailleurs que, sauf un détail qui m'inquiète, je tiens complètement l'affaire.

— Il faut alors être ici demain de bon matin.

— J'y serai, monsieur à l'heure qu'il vous plaira.

— Vos explorations terminées, nous nous rendrons ensemble à Corbeil, chez monsieur le juge d'instruction.

— Je suis aux ordres de monsieur le juge de paix.

Le silence recommença.

Le père Plantat se sentait deviné et il ne comprenait rien au singulier caprice de l'agent de la sûreté qui, si prompt quelques heures plus tôt, se taisait maintenant.

M. Lecoq, lui, ravi de taquiner un peu le juge de paix, se proposait de l'étonner prodigieusement le lendemain en lui présentant un rapport qui serait le fidèle exposé de toutes ses idées. En attendant, il avait tiré sa bonbonnière et confiait mille choses au portrait.

— Puisqu'il en est ainsi, fit le docteur, il ne nous reste plus, ce me semble, qu'à nous retirer.

— J'allais demander la permission de le faire, dit M. Lecoq; je suis à jeun depuis ce matin.

Le père Plantat prit un grand parti :

— Regagnez-vous Paris ce soir, M. Lecoq? demanda-t-il brusquement.

— Non, monsieur, je suis arrivé ici ce matin avec l'intention d'y coucher. J'ai même apporté mon sac de nuit, qu'avant de venir au château j'ai déposé à cette petite auberge qui est au bord de la route et qui a un grenadier peint sur sa devanture. C'est là que je me propose de souper et de coucher.

— Vous serez fort mal au *Grenadier fidèle*, fit le vieux juge de paix, vous ferez acte de prudence en venant dîner avec moi.

— Monsieur le juge de paix est vraiment trop bon...

— De plus, comme nous avons à causer et peut-être longuement, je vous offre une chambre; nous allons prendre votre sac de nuit en passant.

M. Lecoq s'inclina, la bouche en cœur, à la fois flatté et reconnaissant de l'invitation.

— Et vous aussi, docteur, continua le père Plantat, bon gré mal gré je vous enlève. Ah! ne dites pas non. Si vous tenez absolument à rentrer à Corbeil ce soir, nous vous reconduirons après souper.

Restaient les scellés à poser.

L'opération fut promptement terminée. Des bandes étroites de parchemin, retenues par de larges cachets de cire, aux armes de la justice de paix, furent placées à toutes les portes du premier étage, à la porte de la chambre à la hache, et aussi aux battants d'une armoire où toutes les pièces de conviction, recueillies par l'enquête et minutieusement décrites dans les procès-verbaux, avaient été déposées.

IX

Malgré toute la hâte imaginable, il n'était pas loin de dix heures quand le père Plantat et les invités purent enfin quitter le château de Valfeuillu.

Au lieu de prendre le chemin du matin, ils s'engagèrent dans le petit sentier en pente qui, longeant les propriétés de Mme de Lanascol, conduit en diagonale au pont de fil de fer.

C'était le plus court pour gagner l'auberge où M. Lecoq avait déposé son léger bagage.

Tout en marchant, le vieux juge de paix, un peu distrait des préoccupations de l'enquête, s'inquiétait de M. Courtois, son ami.

— Quel malheur a pu le frapper? disait-il au docteur

Gendron. Grâce à la niaiserie méchante de l'affreux drôle qui le sert, nous n'avons rien su absolument. Et c'est au reçu de la lettre de sa fille aînée, Mlle Laurence, qu'on l'a envoyé chercher!

On était arrivé devant le *Grenadier*.

Sur la porte de l'auberge, le dos appuyé contre les montants, les jambes croisées, un grand gaillard taillé en hercule, haut en couleur, fumait une longue pipe de terre, tout en causant avec un homme de peine du chemin de fer, venu d'Évry tout exprès pour savoir. C'était l'aubergiste.

Dès qu'il aperçut le père Plantat :

— Eh! bien, monsieur le juge de paix, s'écria-t-il, voilà un malheur! Entrez, entrez, il y a dans la salle plusieurs personnes qui ont vu les assassins. Quel gredin que ce La Ripaille! Et ce Guespin, donc! Ah! je ferai volontiers le voyage de Corbeil le matin où on dressera leur échafaud.

— Un peu de charité, maître Lenfant, vous oubliez trop vite que Guespin et La Ripaille étaient de vos meilleures pratiques,

Maître Lenfant resta quelque peu interdit de la réplique, mais son impudence de cabaretier reprit vite le dessus.

— Belles pratiques! répondit-il, ce filou de Guespin m'emporte 38 francs que je ne reverrai jamais.

— Qui sait!... fit ironiquement le juge de paix, et d'ailleurs, ce soir, vous allez gagner plus que cette somme, vous avez autant de monde qu'à la fête d'Orcival...

Pendant cette courte conversation, M. Lecoq était entré dans l'auberge pour reprendre son sac de nuit.

Sa qualité n'étant plus un secret pour personne, il ne reçut pas l'aimable accueil du matin, alors qu'on le prenait pour un bonnetier retiré.

C'est à peine si Mme Lenfant, une maîtresse femme qui n'a pas besoin de son mari pour fourrer les ivrognes qui n'ont plus d'argent à la porte, daigna lui répondre.

Quand il demanda combien il devait, elle eut un geste de mépris en disant : « Rien. »

Dès qu'il sortit de l'auberge, son sac de nuit à la main :

— Marchons vite, maintenant, fit le père Plantat, d'autant que je tiens à passer prendre des nouvelles de notre pauvre maire.

Les trois hommes hâtèrent le pas et le vieux juge de paix, agité de pressentiments funestes, cherchant à combattre ses inquiétudes, poursuivait :

— S'il était survenu chez Courtois un événement grave, certainement je serais prévenu à cette heure. Peut-être Laurence a-t-elle écrit simplement qu'elle est malade ou même un peu indisposée. Mme Courtois, qui est bien la meilleure des femmes qui soient au monde, se monte la tête pour un rien, elle aura voulu envoyer son mari chercher leur fille immédiatement. Ce sera, vous le verrez, quelque fausse alerte.

Non. Il était arrivé quelque catastrophe.

Devant la grille de l'habitation du maire, stationnaient une quinzaine de femmes du bourg. Au milieu du groupe, Baptiste, le valet qui fait ce qu'il veut, pérorait et gesticulait.

Mais à l'approche du redoutable juge de paix, les commères s'envolèrent comme une troupe de mouettes effarouchées.

Elles l'avaient reconnu d'assez loin à la lueur d'un réverbère.

Car Orcival possède et étale orgueilleusement vingt reverbères, présent de M. Courtois, qu'on allume jusqu'à minuit les soirs où il n'y a pas de lune. Vingt réverbères à huile de pétrole achetés à la liquidation d'une ville qui, assez riche pour se payer des lumières plus éclatantes, venait d'adopter le gaz.

Les réverbères d'Orcival n'éclairent peut-être pas beaucoup, mais par les soirees d'hiver, quand il y a du brouillard surtout, l'huile de pétrole répand une abominable odeur.

L'arrivée inattendue du vieux juge de paix contraria sensiblement le tranquille Baptiste, interrompu par la fuite de ses auditeurs juste au milieu d'un superbe mouvement oratoire.

Comme cependant il a grand peur du bonhomme, il dissimula sa contrariété sous son sourire habituel.

— Ah! monsieur, s'écria-t-il, lorsque le père Plantat ne fut plus qu'à trois pas, ah! monsieur, quelle histoire! Je courais vous chercher...

— Ton maître a besoin de moi?

— C'est à n'y pas croire, poursuivit Baptiste. En sortant du Valfeuillu, ce soir, monsieur se met à courir, si fort, mais si fort, que c'est à peine si je pouvais le suivre.

Baptiste s'interrompit pour placer une réflexion qui lui venait.

— Monsieur n'a pas l'air leste, n'est-ce pas! Eh bien! il l'est, allez, et joliment, quoique gros!

Le père Plantat impatienté frappa du pied.

— Enfin, reprit le domestique, nous arrivons ici, bon! monsieur se précipite comme un ouragan dans le salon où se trouvait madame sanglotant comme une Madeleine. Il était si essoufflé qu'il pouvait à peine parler. Les yeux lui sortaient de la tête, et il disait comme ça : « — Qu'y a-t-il? qu'y a-t-il? » Alors, madame qui ne pouvait pas parler non plus, lui a tendu la lettre de mademoiselle qu'elle tenait à la main.

Les trois auditeurs de Baptiste étaient comme sur des charbons ardents et le drôle qui s'en apercevait, égrenait de plus en plus lentement ses paroles.

— Voilà donc, continua-t-il, monsieur qui prend la lettre et qui s'approche de la fenêtre pour y voir plus clair à lire. Oh! d'un coup d'œil il a eu tout lu. Pour lors — on voit tout de même des choses singulières — il a poussé un cri rauque, comme cela, tenez : « Oh! » puis il s'est mis à battre l'air de ses deux mains, comme un chien qui nage, puis il a fait deux tours sur lui-même et

il est tombé, pouf! comme un sac, la face contre terre. C'était fini.

— Il est mort! s'écrièrent ensemble les trois hommes.

— Oh! non, messieurs, répondit Baptiste avec un aimable sourire, vous allez voir.

M. Lecoq est certainement patient, mais non autant qu'on le pourrait croire. Crispé par l'allure du récit, il posa à terre son sac de nuit et, saisissant le bras de Baptiste de la main droite, pendant que de la gauche il faisait siffler un petit jonc très-flexible, à assommoir de vermeil qui ne le quitte jamais :

— Mon garçon, fit-il, je t'engage, là, sérieusement à te depêcher...

Il ne dit que cela. Et le domestique, qu'on ne gronde jamais, eut une peur terrible de ce petit homme blond, à voix singulière, à poigne plus dure qu'un étau.

Il reprit donc très-vite cette fois, l'œil fixé sur le jonc de M. Lecoq :

— Monsieur venait d'avoir une attaque. Voilà la maison en l'air. Tout le monde perd la tête, sauf moi; l'idée d'un médecin me vient et je cours chercher quelqu'un, M. Gendron, que je savais au château, ou le docteur d'ici, ou le pharmacien, n'importe qui. Un bonheur! Juste au coin de la rue, je rencontre Robelot, le rebouteux. « — Toi, lui dis-je, tu vas me suivre. » Il me suit, il écarte les autres qui soignaient Monsieur, et il le saigne aux deux bras. Un petit moment après, Monsieur a respiré, ensuite il a ouvert les yeux, enfin il a parlé. Maintenant, il est bien revenu, il est étendu sur un des canapés du salon, pleurant toutes les larmes de son corps. Il m'a dit qu'il voulait voir monsieur le juge de paix, et moi, aussitôt...

— Et... mademoiselle Laurence?... demanda le père Plantat avec des larmes dans la voix.

Baptiste prit une pose tragique.

— Ah! messieurs, fit-il, ne m'en parlez pas... c'est navrant!

Le juge de paix et le docteur n'en écoutèrent pas davantage, ils entrèrent vivement.

Derrière eux venait M. Lecoq. Il avait confié son sac de nuit à Baptiste avec un : « Porte-moi ça chez le juge de paix, et leste, » qui fit trembler le domestique qu'on ne gronde jamais et lui donna des jambes.

Le malheur, lorsqu'il entre dans une maison, semble le marquer dès le seuil de son empreinte fatale. Peut-être n'en est-il pas ainsi en réalité, mais c'est le sentiment qu'éprouvent invinciblement les personnes prévenues.

Pendant que le médecin et le père Plantat traversaient la cour, il leur semblait que cette maison si hospitalière, si gaie et si vivante la veille, présentait un aspect lugubre.

A l'étage supérieur, on voyait des lumières aller et venir. On s'occupait de la plus jeune des filles de M. Courtois, Mlle Lucile, qui avait été prise d'une affreuse attaque de nerfs.

Dans le vestibule, une fillette de quinze ans qui servait de femme de chambre à Mlle Laurence, était assise sur la première marche de l'escalier. Elle avait relevé son tablier sur sa tête, comme font à la campagne les femmes au désespoir, et pleurait à fendre l'âme.

Quelques domestiques étaient là, effarés, immobiles, ne sachant que faire, que devenir dans ce désarroi.

La porte du salon, mal éclairé par deux bougies, était toute grande ouverte. Dans un vaste fauteuil près de la cheminée, Mme Courtois était renversée plutôt qu'assise. Au fond, près des fenêtres donnant sur le jardin, M. Courtois gisait sur le canapé.

On lui avait retiré son paletot et pour aller plus vite, au moment où sa vie dépendait d'un coup de lancette, on avait déchiré et arraché les manches de sa chemise et de son gilet de flanelle. Des bandes de toile, comme on en ajuste après les saignées, entouraient ses deux bras nus.

Près de la porte, un petit homme vêtu comme les an-

tisans aisés des environs de Paris, semblait fort embarrassé de sa contenance. C'était Robelot, le rebouteux, qu'on avait fait rester, crainte de quelque nouvel accident.

L'entrée du père Plantat tira M. Courtois de l'état de morne stupeur dans lequel il était plongé.

Il se leva, et c'est en chancelant qu'il vint se jeter, ou plutôt s'abattre entre les bras du vieux juge de paix.

D'une voix déchirante, il disait :

— Ah! mon ami, je suis bien malheureux! oui, bien malheureux.

C'était à ne plus reconnaître l'infortuné maire, tant il était changé.

Non, ce n'était plus là cet heureux du monde, au visage souriant, au regard sûr de soi, dont le maintien, comme un défi jeté à tous, disait bien haut et l'importance et la prospérité. En quelques heures, il avait vieilli de vingt ans.

Il était brisé, foudroyé, et sa pensée éperdue flottait à la dérive au milieu d'un océan d'amertumes.

Il ne savait que répéter comme un mot vide de sens :

— Malheureux! malheureux!

Le vieux juge de paix, cet homme si éprouvé, était bien l'ami qu'il fallait en ces crises terribles.

Il avait ramené M. Courtois jusqu'au canapé, et là, assis près de lui, tenant ses mains dans les siennes, il s'efforçait de calmer cette douleur sans bornes.

Il rappelait à ce père infortuné, que sa femme, la compagne de sa vie, lui restait, pour pleurer avec lui la pauvre morte. N'avait-il pas une autre fille à aimer, et à laquelle il se devait!

Mais cet homme malheureux était hors d'état de rien entendre.

— Ah! mon ami, gémissait-il, vous ne savez pas tout. Si elle était morte ici, au milieu de nous, entourée de nos soins, réchauffée jusqu'à son dernier soupir par notre tendresse, mon désespoir serait infini et cependant bien faible en comparaison de celui qui me tue. Si vous saviez, si vous saviez...

Le père Plantat s'était levé, comme s'il eût été épouvanté de ce qu'il allait entendre.

— Mais qui pourrait dire, poursuivait le maire, où et comment elle est morte ! O ma Laurence, il ne s'est donc trouvé personne pour entendre le râle de ton agonie et te sauver ! Qu'es-tu devenue, toi si jeune, si heureuse !

Il se redressa effrayant de désespoir et s'écria :

— Partons, Plantat, venez, allons voir à la Morgue !

Puis il se laissa retomber murmurant le mot sinistre :

— La Morgue.

Tous les témoins de cette scène déchirante restaient immobiles et muets, glacés, retenant leur souffle.

Seuls, les gémissements étouffés de Mme Courtois et les sanglots de la petite servante dans le vestibule, troublaient le silence.

— Vous savez que je suis votre ami, murmurait le père Plantat ; oui, votre meilleur ami ; parlez, confiez-vous à moi, dites-moi tout.

— Eh bien donc !... commença M. Courtois, sachez...

Mais les larmes l'étouffant il ne put continuer.

Alors tendant au père Plantat une lettre froissée et mouillée de pleurs, il lui dit :

— Tenez, lisez... c'est sa dernière lettre.

Le père Plantat s'approcha de la table où étaient les bougies, et non sans peine, car l'écriture était effacée en plusieurs endroits, il lut :

« Chers parents aimés,

« Pardonnez, pardonnez, je vous en conjure, à votre
« malheureuse fille la douleur dont elle va vous acca-
« bler.

« Hélas ! j'ai été bien coupable, mais que le châtiment
« est terrible, ô mon Dieu !

« En un jour d'égarement, entraînée par une passion
« fatale, j'ai tout oublié, l'exemple et les conseils de ma
« bonne et sainte mère, les devoirs les plus sacrés et vo-
« tre tendresse.

« Je n'ai pas su, non, je n'ai pas su résister à celui qui
« pleurait à mes genoux en me jurant un amour éternel
« et qui maintenant m'abandonne.

« Maintenant, c'est fini, je suis perdue, déshonorée. Je
« suis enceinte et il me devient impossible de cacher plus
« longtemps l'horrible faute.

« O chers parents, ne me maudissez pas. Je suis votre
« fille, je ne saurais courber le front sous les mépris, je
« ne survivrai pas à mon honneur.

« Quand cette lettre vous sera remise, j'aurai cessé
« d'exister. J'aurai quitté la maison de ma tante, et je
« serai allée loin, bien loin, où nul ne pourra me re-
« connaître. Là, je saurai finir mes misères et mon dé-
« sespoir.

« Adieu donc, ô mes parents aimés, adieu ! Que ne puis-
« je, une dernière fois, vous demander pardon à genoux.

« Ma mère chérie, mon bon père, ayez pitié d'une
« malheureuse égarée ; pardonnez-moi, oubliez-moi. Que
« Lucile, ma sœur, ne sache jamais...

« Encore adieu, j'ai du courage, l'honneur commande.

« A vous, la dernière prière et la suprême pensée de
« votre pauvre Laurence... »

De grosses larmes roulaient silencieuses le long des joues du vieux juge de paix pendant qu'il déchiffrait cette lettre désespérée.

Une rage froide, muette, terrible, pour qui le connaissait, crispait les muscles de son visage.

Quand il eut achevé, il prononça, d'une voix rauque, ce seul mot :

— Misérable !

M. Courtois entendit cette exclamation.

— Ah ! oui, misérable, s'écria-t-il, misérable, ce vil séducteur qui s'est glissé dans l'ombre pour me ravir mon plus cher trésor, ma fille bien aimée. Hélas ! elle ne savait rien de la vie. Il a murmuré à son oreille de ces paroles d'amour qui font battre le cœur de toutes les jeunes filles, elle a eu foi en lui, et maintenant, il l'abandonne. Oh ! si je le connaissais, si je savais...

Il s'interrompit brusquement.

Une lueur de raison venait d'illuminer l'abîme de désespoir où il était tombé.

— Non, dit-il, on n'abandonne pas ainsi une belle et noble jeune fille, lorsque dans son tablier elle porte une dot d'un million; on ne l'abandonne pas, du moins, sans y être contraint. L'amour passe, la cupidité reste. L'infâme suborneur n'était pas libre, il était marié. Le misérable n'est et ne peut être que le comte de Trémorel. C'est lui qui a tué ma fille!...

Le silence qui persista plus lugubre, lui prouva que sa pensée était celle de tous ceux qui l'entouraient.

— J'étais donc, s'écria-t-il, frappé d'aveuglement. Car je le recevais chez moi, cet homme, je lui tendais une main loyale, je l'appelais mon ami. Oh! n'est-ce pas, j'ai droit à une vengeance éclatante.

Mais le souvenir du crime de Valfeuillu lui revint, et c'est avec un profond découragement qu'il reprit :

— Et ne pouvoir même se venger! Je ne pourrai pas le tuer de mes mains, le voir souffrir durant des heures, l'entendre demander grâce! Il est mort. Il est tombé sous les coups d'assassins moins vils que lui.

Vainement le docteur et le père Plantat s'efforçaient de calmer le malheureux maire, il continuait, s'exaltant au bruit de ses propres paroles :

— O Laurence, ô ma chérie, pourquoi as-tu manqué de confiance. Tu as craint ma colère, comme si jamais un père pouvait cesser d'aimer sa fille. Perdue, dégradée, tomber au rang des plus viles créatures, je t'aimerais encore. N'es-tu pas à moi, n'es-tu pas moi? Hélas! c'est que tu ne savais pas ce qu'est le cœur d'un père. Un père ne pardonne pas, il oublie. Va, tu pouvais être heureuse encore. Ton enfant! Eh bien! il aurait été le mien. Il aurait grandi entre nous, et j'aurais reporté sur lui ma tendresse pour toi. Ton enfant, ne serait-ce pas moi encore. Le soir, au coin du feu, je l'aurais pris sur mes genoux comme je te prenais lorsque tu étais toute petite.

Il pleurait, l'attendrissement lui venait. Mille souve-

nirs de ce temps où Laurence enfant jouait sur le tapis près de lui, se représentaient à sa pensée. Il lui semblait que c'était hier.

— O ma fille, disait-il encore, est-ce le monde qui te faisait peur, le monde méchant, hypocrite et railleur? Mais nous serions partis. J'aurais quitté Orcival, donné ma démission de maire. Nous serions allés nous établir bien loin, à l'autre bout de la France, en Allemagne, en Italie. Avec de l'argent, tout est possible. Tout... non. J'ai des millions et ma fille s'est suicidée.

Il cacha son visage entre ses mains, les sanglots l'étouffaient.

— Et ne savoir ce qu'elle est devenue, reprit-il. N'est-ce pas affreux. Quelle mort aura-t-elle choisie! ô ma fille, toi, si belle! Vous souvenez-vous, docteur, et vous Plantat, de ses beaux cheveux bouclés autour de son front si pur, de ses grands yeux tremblants, de ses longs cils recourbés. Son sourire, voyez-vous, c'était le rayon de soleil de ma vie. J'aimais tant sa voix, et sa bouche, sa bouche si fraîche qui me donnait sur les joues de bons gros baisers sonores. Morte! perdue! Et ne savoir ce qu'est devenu ce corps souple et charmant. Se dire qu'il git peut-être abandonné dans les vases de quelque rivière. Rappelez-vous le cadavre de la comtesse de Trémorel, ce matin. C'est là ce qui me tue. O mon Dieu! ma fille; que je la revoie une heure, une minute, que je puisse deposer sur ses lèvres froides un dernier baiser.

Était-ce là le même homme, qui, tout à l'heure, du haut du perron de Valfeuillu débitait ses phrases banales aux badauds de la commune.

Oui. Mais la passion est le niveau egalitaire qui efface toutes les distinctions de l'esprit et de l'intelligence.

Le désespoir de l'homme de génie ne s'exprime pas autrement que le désespoir d'un imbecile.

Depuis un moment déjà, M. Lecoq faisait les plus sincères efforts pour empecher de tomber une larme chaude qui roulait dans ses yeux. M. Lecoq est stoïque par principes et par profession.

Sur ces paroles désolées, sur ce vœu d'un père au désespoir, il n'y tint plus.

Oubliant qu'on allait s'apercevoir de son émotion, il sortit de l'ombre où il s'était tenu, et s'adressant à M. Courtois :

— Moi, dit-il, moi, M. Lecoq, de la sûreté, je vous donne ma parole d'honneur de retrouver le corps de M{llc} Laurence.

Le pauvre maire s'accrocha désespérément à cette promesse comme un noyé au brin d'herbe qui flotte à portée de sa main.

— Oui! n'est-ce pas, dit-il, nous le retrouverons. Vous m'aiderez. On dit que rien n'est impossible à la police, qu'elle sait tout, qu'elle voit tout. Nous saurons ce qu'est devenue ma fille.

Il s'avança vers l'homme de la préfecture, et lui prenant les mains :

— Merci, ajouta-t-il, vous êtes un brave homme. Je vous ai mal reçu tantôt et jugé du haut de mon sot orgueil; pardonnez-moi. Il est des préjugés stupides : je vous ai accueilli dédaigneusement, moi qui ne savais quelle fête faire à ce misérable comte de Trémorel. Merci encore, nous réussirons, vous verrez, nous nous ferons aider, nous mettrons sur pied toute la police, nous fouillerons la France; il faut de l'argent, j'en ai, j'ai des millions, prenez-les...

Ses forces étaient à bout, il chancela et retomba épuisé sur le canapé.

— Il ne faut pas qu'il reste ici plus longtemps, murmura le docteur Gendron à l'oreille du père Plantat, il faut qu'il se couche, une fièvre cérébrale, après de pareils ébranlements, ne me surprendrait pas.

Le juge de paix, aussitôt s'approcha de Mme Courtois, toujours affaissée sur le fauteuil.

Abîmée dans sa douleur, elle semblait n'avoir rien vu, :en entendu.

Madame, lui dit-il, madame!...

aillit et se leva l'air égaré.

— C'est ma faute, disait-elle, ma très-grande faute, une mère doit lire dans le cœur de sa fille comme dans un livre. Je n'ai pas su deviner le secret de Laurence je suis une mauvaise mère.

Le docteur à son tour s'était avancé.

— Madame, prononça-t-il d'un ton impérieux, il faut engager votre mari à se coucher sans tarder. Son état est grave, et un peu de sommeil est absolument nécessaire. Je vous ferai préparer une potion...

— Ah! mon Dieu! s'écria la pauvre femme en se tordant les mains, ah! mon Dieu!...

Et la crainte d'un nouveau malheur, aussi épouvantable que le premier, lui rendant quelque présence d'esprit, elle appela les domestiques qui aidèrent M. Courtois à regagner sa chambre.

Elle monta aussi, suivie du docteur Gendron.

Trois personnes seulement restaient au salon, le juge de paix, M. Lecoq et, toujours près de la porte, Robelot, le rebouteux.

— Pauvre Laurence, murmura le vieux juge de paix, malheureuse jeune fille!...

— Il me semble, remarqua l'agent de la sûreté, que c'est son père surtout qui est à plaindre. A son âge, un pareil coup, il est capable de ne s'en pas relever. Quoi qu'il puisse arriver, sa vie est brisée.

Lui aussi, l'homme de la police, il avait été ému, et s'il le dissimulait autant que possible — on a son amour-propre — il l'avait formellement avoué au portrait de la bonbonnière.

— J'avais, reprit le juge de paix, j'ai eu comme le pressentiment du malheur qui arrive aujourd'hui. J'avais, moi, deviné le secret de Laurence, malheureusement je l'ai deviné trop tard.

— Et vous n'avez pas essayé...

— Quoi? En ces circonstances délicates, lorsque l'honneur d'une famille respectable dépend d'un mot, il faut une circonspection extrême. Que pouvais-je faire? Avertir Courtois? Non, évidemment. Il eût d'ailleurs refusé

de me croire. Il est de ces hommes qui ne veulent rien entendre et que le fait brutal peut seul désabuser.

— On pouvait agir près du comte de Trémorel.

— Le comte aurait tout nié. Il m'aurait demandé de quel droit je me mêlais de ses affaires. Une démarche aboutissait simplement à ma brouille avec Courtois.

— Mais la jeune fille ?

Le père Plantat poussa un gros soupir.

— Bien que je déteste, répondit-il, me mêler de ce qui en somme ne me regarde pas, un jour j'ai essayé de lui parler. M'armant de précautions infinies, avec une délicatesse toute maternelle, je puis le dire, sans lui donner à entendre que je savais tout, j'ai tenté de lui montrer l'abîme où elle courait.

— Et qu'a-t-elle répondu ?

— Rien. Elle a ri, elle a plaisanté, comme savent plaisanter et rire les femmes qui ont un secret à cacher. Et, depuis, il m'a été impossible de me trouver seul un quart d'heure avec elle. Et avant cette imprudence de ma part, car parler fut une imprudence, il fallait agir, j'étais son meilleur ami. Il ne se passait pas de journée qu'elle ne vînt mettre ma serre au pillage. Je lui laissais dévaster mes pétunias les plus rares, moi qui ne donnerais pas une fleur au pape. Elle m'avait, d'autorité, constitué son fleuriste ordinaire. C'est pour elle que j'ai réuni ma collection de bruyères du Cap. J'étais chargé de l'entretien de ses jardinières...

Son expansion était à ce point attendrie, que M. Lecoq, qui le guettait à la dérobée, ne put retenir une grimace narquoise.

Le juge de paix allait continuer, lorsque, s'étant retourné à un bruit qui se fit dans le vestibule, il s'aperçut pour la première fois de la présence de Robelot, le rebouteux.

Sa figure aussitôt exprima le plus vif mécontentement.

— Vous étiez là, vous ? dit-il.

Le rebouteux eut un sourire bassement obséquieux.

— Oui, monsieur le juge de paix, bien à votre service.

— C'est-à-dire que vous nous écoutiez !

— Oh ! pour ça, non, monsieur le juge de paix, j'attends Mme Courtois pour savoir si elle n'a rien à me commander.

Une réflexion soudaine traversa le cerveau du père Plantat, l'expression de son œil changea ; il fit un signe à M. Lecoq comme pour lui recommander l'attention, et s'adressant au rebouteux d'une voix plus douce :

— Approchez donc, maître Robelot, dit-il.

D'un regard, M. Lecoq avait toisé et évalué l'homme.

Le rebouteux d'Orcival était un petit homme chétif d'apparence, d'une force herculéenne en réalité. Ses cheveux coupés en brosse découvraient son front large et intelligent. Ses yeux clairs étaient de ceux où flambe le feu de toutes les convoitises, et ils exprimaient, quand il oubliait de les surveiller, une audace cynique. Un sourire bas errait toujours sur ses lèvres plates et minces, que n'ombrageait pas un seul poil de barbe.

D'un peu loin, avec sa taille exigue et sa face imberbe, il ressemblait à ces odieux gamins de Paris, qui sont comme l'essence même de toutes les corruptions, dont l'imagination est plus souillée que le ruisseau où ils cherchent les sous perdus entre les pavés.

A l'invitation du juge de paix, le rebouteux fit quelques pas dans le salon, souriant et saluant.

— Monsieur le juge de paix, disait-il, aurait-il par hasard et par bonheur besoin de moi ?

— Nullement, maître Robelot, en aucune façon. Je veux seulement vous féliciter d'être arrivé si à propos pour saigner M. Courtois. Votre coup de lancette lui a peut-être sauvé la vie.

— C'est bien possible, tout de même, répondit le rebouteux.

— M. Courtois est généreux, il reconnaîtra bien ce service qui est grand.

— Oh ! je ne lui demanderai rien. Je n'ai, Dieu merci !

besoin de personne. Qu'on me paie seulement mon dû et je suis content.

— Oui, je sais, on me l'a dit, vos affaires vont bien, vous devez être satisfait.

La parole de M. Plantat était devenue amicale, presque paternelle. Il s'intéressait fort, on le voyait, à la prospérité de maître Robelot.

— Satisfait! reprit le rebouteux, pas tant que monsieur le juge de paix le croit. La vie est bien chère, pour le pauvre monde, puis il y a ces rentrées, ces maudites rentrées qui ne se font pas.

— Cependant, c'est bien vous qui avez acheté le pré Morin, au bas de la côte d'Evry.

— Oui, monsieur.

— Il est bon, le pré Morin, bien qu'un peu humide. Heureusement vous avez de la pierraille dans les pièces de terre que vous a vendues la veuve Frapesle.

Jamais le rebouteux n'avait vu le juge de paix si causeur, si bon enfant, et il ne se lassait pas que d'être un peu surpris.

— Trois méchantes pièces de terre, fit-il.

— Pas si mauvaises que vous dites. Puis, n'avez-vous pas aussi acheté quelque chose à la licitation des mineurs Peyron?

— Un lopin de rien du tout.

— C'est vrai, mais payé comptant. Vous voyez bien que le métier de médecin sans diplôme n'est pas si mauvais.

Poursuivi plusieurs fois déjà pour exercice illégal de la médecine, maître Robelot crut devoir protester.

— Si je guéris les gens, affirma-t-il, je ne me fais pas payer.

— C'est donc, continua le père Plantat, votre commerce d'herboristerie qui vous enrichit?

Décidément, la conversation tournait à l'interrogatoire, le rebouteux devenait inquiet.

— Je gagne passablement avec les herbes, répondit-il.

— Et comme vous êtes un homme d'ordre et d'économie, vous achetez des terres.

— J'ai encore les bêtes, reprit vivement Robelot, qui me rapportent assez. On vient me chercher de plus de trois lieues. Je soigne les chevaux, les vaches, les brebis.

— Toujours sans diplôme?

Le rebouteux prit un air dédaigneux.

— Ce n'est pas un morceau de parchemin, dit-il, qui fait la science. Je ne crains pas les vétérinaires de l'école, moi. C'est dans les prairies et à l'étable que j'étudie les bestiaux. Sans me vanter, je n'ai pas mon pareil pour l'*enfle,* non plus que pour le tournis ou la clavelée.

Le ton du juge de paix devenait de plus en plus bienveillant.

— Je sais, poursuivit-il, que vous êtes un homme habile et plein d'expérience. Et tenez, le docteur Gendron, chez qui vous avez servi, me vantait, il n'y a qu'un instant, votre intelligence.

Le rebouteux eut un tressaillement nerveux, qui, pour être très-léger, n'échappa point au père Plantat, qui continua :

— Oui, ce cher docteur m'affirmait n'avoir jamais rencontré un aide de laboratoire aussi entendu que vous. « Robelot, me disait-il, a pour la chimie une telle aptitude, et tant de goût en même temps, qu'il s'entend aussi bien que moi à quantité de manipulations extrêmement difficiles. »

— Dame! je travaillais de mon mieux, puisque j'étais bien payé, et j'ai toujours aimé à m'instruire.

— Et vous étiez à bonne école chez M. Gendron, maître Robelot ; il se livre à des recherches très-intéressantes. Ses travaux et ses expériences sur les poisons sont surtout bien remarquables.

L'inquiétude qui, peu à peu, gagnait le rebouteux, commençait à devenir manifeste ; son regard vacillait.

— Oui, répondit-il pour répondre quelque chose, j'ai vu des expériences bien curieuses.

— Eh bien, dit le père Plantat, vous qui aimez à vous instruire, et qui êtes curieux, réjouissez-vous. Le docteur va, ces jours-ci, avoir un beau sujet d'études, et certainement il vous prendra pour aide.

Maître Robelot était bien trop fin pour n'avoir pas deviné depuis quelques minutes déjà que cette conversation, cet interrogatoire plutôt, avait un but. Mais lequel? Où en voulait venir le juge paix? Il se le demandait, non sans une sorte de terreur irraisonnée. Et récapitulant avec la foudroyante rapidité de la pensée, à combien de questions, oiseuses en apparence, il avait répondu et où l'avaient conduit ces questions, il tremblait.

Il crut être habile et esquiver d'autres demandes en disant :

— Je suis toujours aux ordres de mon ancien maître, quand il a besoin de moi.

— Il aura besoin de vous, je vous l'affirme, prononça le père Plantat.

Et d'un ton détaché qui démentait le regard de plomb qu'il fit peser sur le rebouteux d'Orcival, il ajouta :

— L'intérêt sera énorme et la tâche difficile. On va, mon brave, exhumer le cadavre de M. Sauvresy.

Robelot était assurément préparé à quelque chose de terrible et il était armé de toute son audace. Cependant, ce nom de Sauvresy tomba sur sa tête comme un coup de massue, et c'est d'une voix étranglée qu'il balbutia :

— Sauvresy!

Le père Plantat, qui ne voulait pas voir, avait déjà détourné la tête et continuait de ce ton qu'on prend en parlant de choses indifférentes, de la pluie et du beau temps.

— Oui, on exhumera Sauvresy. On soupçonne, — la justice a toujours des soupçons, — qu'il n'est pas mort d'une maladie parfaitement naturelle.

Le rebouteux s'appuyait à la muraille pour ne pas tomber.

— Alors, poursuivit le juge de paix, on s'est adressé au docteur Gendron. Il a, vous le savez, trouvé des réactifs qui décèlent la présence d'un alcaloïde, quel qu'il soit, dans les matières soumises à son analyse. Il m'a parlé de certain papier sensibilisé...

Faisant un héroïque appel à toute son énergie, Robelot s'efforçait de se relever sous le coup et de reprendre contenance.

— Je connais, dit-il, les procédés du docteur Gendron, mais je ne vois pas sur qui peuvent porter les soupçons dont parle monsieur le juge de paix.

Le père Plantat était désormais fixé.

— On a, je pense, mieux que des soupçons, répondit-il. Mme de Trémorel, vous le savez, a été assassinée, on a dû inventorier ses papiers, et on a retrouvé des lettres, une déclaration des plus accablantes, des reçus... que sais-je.

Robelot, lui aussi, savait à quoi s'en tenir; cependant il eut encore la force de dire :

— Bast! il faut espérer que la justice fait erreur.

Puis, telle était la puissance de cet homme, que, malgré le tremblement nerveux qui secouait tout son corps comme le vent agite les feuilles du tremble, il ajouta, contraignant ses lèvres minces à dessiner un sourire :

— Mme Courtois ne descend pas, on m'attend chez moi, je reviendrai demain. Bonsoir, monsieur le juge de paix et la compagnie.

Il sortit et bientôt on entendit le sable de la cour crier sous ses pas. Il allait, trébuchant comme un homme qui a bu.

Le rebouteux parti, M. Lecoq vint se poser en face du père Plantat et ôtant son chapeau :

— Je vous rends les armes, monsieur, dit-il, et je m'incline; vous êtes fort comme mon maître, le grand Tabaret.

Décidément, l'agent de la sûreté était « empoigné ». L'artiste en lui se réveillait; il se trouvait en face d'un beau crime, d'un de ces crimes qui triplent la vente de

la *Gazette des Tribunaux*. Sans doute, bien des détails lui échappaient, il ignorait le point de départ, mais il voyait les choses en gros.

Ayant pénétré le système du juge de paix, il avait suivi pas à pas le travail de la pensée de cet observateur si délié, et il découvrait les complications d'une affaire qui avait paru si simple à M. Domini. Son esprit subtil, exercé à dévider l'écheveau tenu des déductions reliait, entre elles, toutes les circonstances qui s'étaient révélées à lui dans la journée, et c'est sincèrement qu'il admirait le père Plantat.

Tout en regardant le portrait chéri, il pensait :

— A nous deux, ce rusé bonhomme et moi, nous expliquerons tout.

Il s'agissait cependant de ne se pas montrer trop inférieur.

— Monsieur, dit-il, pendant que vous interrogiez ce coquin qui nous sera bien utile, je n'ai pas perdu mon temps. J'ai regardé un peu partout, sous les meubles, et j'ai trouvé ce chiffon de papier.

— Voyons.

— C'est l'enveloppe de la lettre de Mlle Laurence. Savez-vous où demeure la tante chez laquelle elle était allée passer quelques jours ?

— A Fontainebleau, je crois.

— Eh bien, cette enveloppe porte le timbre de Paris, bureau de la rue Saint-Lazare ; je sais que ce timbre ne prouve rien...

— C'est toujours un indice.

— Ce n'est pas tout ; je me suis permis de lire la lettre de Mlle Laurence, restée sur la table.

Involontairement le père Plantat fronça le sourcil.

— Oui, reprit M. Lecoq, ce n'est peut-être pas fort délicat, mais qui veut la fin veut les moyens ! Eh bien ! monsieur, vous l'avez lue, cette lettre, l'avez-vous méditée, avez-vous étudié l'écriture, pesé les mots, retenu la contexture des phrases.

— Ah! s'écria le juge de paix, je ne me trompais donc pas, vous avez eu la même idée que moi!

Et dans l'élan de son espérance, prenant les mains de l'homme de la police, il les pressa entre les siennes comme celles d'un vieil ami.

Ils allaient poursuivre, mais on entendait des pas dans l'escalier. Le docteur Gendron parut sur le seuil.

— Courtois va mieux, dit-il, déjà il dort à moitié, il s'en tirera.

— Nous n'avons donc plus rien à faire ici, reprit le juge de paix, partons, M. Lecoq doit être à demi mort de faim.

Il adressa quelques recommandations aux domestiques restés dans le vestibule, et rapidement entraîna ses deux convives.

L'agent de la sûreté avait glissé dans sa poche la lettre de la pauvre Laurence et l'enveloppe de cette lettre.

X

Etroite et petite est la maison du juge de paix d'Orcival; c'est la maison du sage.

Trois grandes pièces au rez-de-chaussée, quatre chambres au premier étage, un grenier et des mansardes de domestiques sous les combles composent tout le logis.

Partout se trahit l'insouciance de l'homme qui, retiré de la mêlée du monde, replié sur lui-même depuis des années, a cessé d'attacher la moindre importance aux objets qui l'entourent. Le mobilier, fort beau jadis, s'est insensiblement dégradé, s'est usé et n'a pas été renouvelé. Les moulures des gros meubles se sont décollées,

les pendules ont cessé de marquer l'heure, l'étoffe des fauteuils laisse voir le crin en maint endroit, le soleil a « mangé » par places la couleurs des rideaux.

Seule, la bibliothèque dit les soins journaliers dont elle est l'objet. Sur de larges tablettes de chêne sculpté, les volumes étalent leurs reliures de chagrin et leurs gaufrures d'or. Une planchette mobile, près de la cheminée, supporte les livres préférés du père Plantat, les amis discrets de sa solitude.

La serre, une serre immense, princière, merveilleusement agencée, munie de tous les perfectionnements imaginés dans ces derniers temps, est le seul luxe du juge de paix.

Là, dans des caisses pleines de terreau passé au tamis il sème au printemps ses pétunias. Là naissent et prospèrent les plantes exotiques dont Laurence aimait à garnir ses jardinières. Là fleurissent les cent trente-sept variétés de la bruyère.

Deux serviteurs, Mme veuve Petit, cuisinière-gouvernante, et un jardinier de génie nommé Louis, peuplent cet intérieur.

S'ils ne l'égaient pas davantage, s'ils ne l'emplissent pas de bruit, c'est que le père Plantat qui ne parle guère déteste entendre parler. Chez lui, le silence est de rigueur.

Ah! ce fut dur pour Mme Petit, surtout dans les commencements. Elle était bavarde, bavarde à ce point, que lorsqu'elle ne trouvait personne à qui causer, de désespoir, elle allait en confesse; se confesser, c'est encore parler.

Vingt fois, elle faillit quitter la place; vingt fois, la pensée d'un bénéfice assuré, et aux trois quarts honnête et licite, la retint.

Puis, les jours succédant aux jours, à la longue elle s'est habituée à dompter les révoltes de sa langue, elle s'est accoutumée à ce silence claustral.

Mais le diable n'y perd rien. Elle se venge au dehors des privations de l'intérieur, et rattrape, chez les voisi-

nes, le temps perdu à la maison. Ce n'est même pas sans raison qu'elle passe pour une des plus mauvaises langues d'Orcival. Elle ferait battre, dit-on, des montagnes.

On comprend donc aisément le courroux de Mme Petit, ce jour fatal de l'assassinat du comte et de la comtesse de Trémorel.

A onze heures, après être allée aux informations, elle avait préparé le déjeuner, pas de Monsieur.

Elle avait attendu une heure, deux heures, cinq heures, tenant son eau bouillante pour ses œufs à la coque; toujours pas de Monsieur.

Elle avait voulu envoyer Louis à la découverte, mais Louis, qui est absorbé, comme tous les chercheurs, qui est peu causeur et peu curieux, l'avait engagée à y aller elle-même.

Et pour comble, la maison avait été assiégée de voisines qui, croyant Mme Petit en mesure d'être bien renseignée, demandaient des nouvelles. Pas de nouvelles à leur donner.

Cependant, vers cinq heures, renonçant décidément au déjeuner, elle avait commencé les préparatifs du dîner.

A quoi bon! Lorsque huit heures sonnèrent au beau clocher d'Orcival, Monsieur n'était pas encore rentré.

A neuf heures, la gouvernante était hors d'elle-même, et tout en se « mangent les sangs » ainsi qu'elle le disait énergiquement, elle gourmandait le taciturne Louis qui venait d'arroser le jardin, et qui, assis à la table de la cuisine, avalait mélancoliquement une large assiette de soupe.

Un coup de sonnette l'interrompit:

— Ah! enfin, dit-elle, voilà Monsieur.

Non, ce n'était pas Monsieur, c'était un petit garçon d'une douzaine d'années, que le juge de paix avait expédié du Valfeuillu pour annoncer à Mme Petit qu'il allait rentrer amenant deux invités qui dîneraient et coucheraient à la maison.

Du coup, la gouvernante-cuisinière faillit tomber à la renverse.

C'était, depuis cinq ans, la première fois que le père Plantat invitait quelqu'un à dîner. Cette invitation devait cacher des choses étranges.

Ainsi pensa Mme Petit, et sa colère redoubla comme sa curiosité.

— Me commander un dîner à cette heure! grondait-elle, cela a-t-il, je vous le demande, du sens commun?

Puis, réfléchissant que le temps pressait.

— Allons, Louis, continua-t-elle, ce n'est pas le moment de rester les deux pieds dans le même soulier. Haut la main, mon garçon, il s'agit de tordre le cou à trois poulets; voyez donc dans la serre s'il n'y a pas quelques raisins de mûrs, atteignez-moi des conserves, descendez vite à la cave!...

Le dîner était en bon train quand on sonna de nouveau.

Cette fois, c'était Baptiste, le domestique de monsieur le maire d'Orcival. Il arrivait, de fort mauvaise humeur, chargé du sac de nuit de M. Lecoq.

— Tenez, dit-il à la gouvernante, voici ce que m'a chargé d'apporter l'individu qui est avec votre maître.

— Quel individu?

Le domestique, qu'on ne gronde jamais, avait encore le bras douloureux de l'étreinte de M. Lecoq. Sa rancune était grande.

— Est-ce que je sais! répondit-il, Je me suis laissé dire que c'est un mouchard envoyé de Paris pour l'affaire du Valfeuillu; pas grand'chose de bon probablement, mal élevé, brutal... et une mise.

— Mais il n'est pas seul avec Monsieur?

— Non. Il y a encore le docteur Gendron.

Mme Petit grillait d'obtenir quelques renseignements de Baptiste; mais Baptiste brûlait de rentrer pour savoir ce qu'on faisait chez son maître, il partit sans avoir rien dit.

Plus d'une grande heure se passa encore, et Mme Pe-

tit, furieuse, venait de déclarer à Louis qu'elle allait jeter le dîner par la fenêtre, lorsque enfin le juge de paix parut, suivi de ses deux hôtes.

Pas un mot n'avait été échangé entre eux, depuis qu'ils avaient quitté la maison du maire. Après les secousses de la soirée qui les avaient jetés plus ou moins hors de leur caractère, ils éprouvaient le besoin de réfléchir, de se remettre, de reprendre leur sang-froid.

C'est donc vainement que Mme Petit, lorsqu'ils entrèrent dans la salle à manger, interrogea le visage de son maître et celui des deux invités, ils ne lui apprirent rien.

Mais elle ne fut pas de l'avis de Baptiste, elle trouva que M. Lecoq avait l'air bonasse et même un peu sot.

Le dîner devait nécessairement être moins silencieux que la route, mais, par un accord tacite, le docteur, M. Lecoq et le père Plantat évitaient même la plus legère allusion aux événements de la journée.

Jamais, à les voir si paisibles, si calmes, s'entretenant de choses indifférentes, on ne se serait douté qu'ils venaient d'être témoins, presque acteurs, dans ce drame encore mystérieux du Valfeuillu. De temps à autre, il est vrai, une question restait sans réponse, parfois une réplique arrivait en retard, mais rien à la surface n'apparaissait des sensations ou des pensées que cachaient les phrases banales échangées.

Louis, qui était allé mettre une veste propre, allait et venait derrière les convives, serviette blanche sous le bras, découpant et servant à boire. Mme Petit apportait les plats, faisait trois tours lorsqu'il n'en fallait qu'un, l'oreille au guet, laissant la porte ouverte le plus souvent qu'elle pouvait.

Pauvre gouvernante! Elle avait improvisé un dîner excellent, et personne n'y prenait garde.

Certes, M. Lecoq ne dédaigne pas les bons morceaux, les primeurs ont pour lui des charmes, et cependant, lorsque Louis plaça sur la table une corbeille de magnifiques raisins dorés — au 9 juillet — sa bouche gourmande n'eut pas un sourire.

Le docteur Gendron, lui, eût été bien embarrassé de dire ce qu'il avait mangé.

Le dîner touchait à sa fin, et le père Plantat commençait à souffrir de la contrainte qu'impose la présence des domestiques. Il appela la gouvernante :

— Vous allez, lui dit-il, nous servir le café dans la bibliothèque, vous serez ensuite libre de vous retirer ainsi que Louis.

— Mais ces messieurs ne connaissent pas leurs chambres, insinua Mme Petit, dont ce conseil, donné du ton d'un ordre, déconcertait les projets d'espionnage. Ces messieurs peuvent avoir besoin de quelque chose.

— Je conduirai ces messieurs, répondit le juge de paix d'un ton sec, et si quelque chose leur manque, je suis là.

Il fallut obéir, et on passa dans la bibliothèque.

Le père Plantat, alors, atteignit une boîte de londrès, et la présentant à ses convives :

— Il sera sain, je crois, proposa-t-il, de fumer un cigare avant de gagner nos lits.

M. Lecoq tria soigneusement le plus blond et le mieux fait des londrès, et quand il l'eut allumé :

— Vous pouvez vous coucher, messieurs, répliqua-t-il, pour moi je me vois condamné à une nuit blanche. Encore faut-il qu'avant de me mettre à écrire, je demande quelques renseignements à monsieur le juge de paix.

Le père Plantat s'inclina en signe d'assentiment.

— Il faut nous résumer, reprit l'agent de la sûreté, et mettre en commun nos observations. Toutes nos lumières ne sont pas de trop pour jeter un peu de jour sur cette affaire, une des plus ténébreuses que j'aie rencontrées depuis longtemps. La situation est périlleuse et le temps presse. De notre habileté dépend le sort de plusieurs innocents qu'accablent des charges plus que suffisantes pour arracher un : Oui, à n'importe quel jury. Nous avons un système, mais M. Domini en a un aussi, et le sien, reconnaissons-le, est basé sur des faits maté-

riels, pendant que le nôtre ne repose que sur des sensations très-discutables.

— Nous avons mieux que des sensations, M. Lecoq, répondit le juge de paix.

— Je pense comme vous, approuva le docteur, mais encore faut-il prouver.

— Et je prouverai, mille diables ! répondit vivement M. Lecoq. L'affaire est compliquée, difficile, tant mieux ! Eh ! si elle était simple, je retournerais sur-le-champ à Paris, et demain je vous enverrais un de mes hommes. Je laisse aux enfants les rébus faciles. Ce qu'il me faut, à moi, c'est l'énigme indéchiffrable, pour la déchiffrer ; la lutte, pour montrer ma force ; l'obstacle, pour le vaincre.

Le père Plantat et le docteur n'avaient pas assez d'yeux pour regarder l'homme de la police. Il était comme transfiguré.

C'était encore le même homme, à cheveux et à favoris jaunes, à redingote de propriétaire, et cependant le regard, la voix, la physionomie, les traits même avaient changé. Des paillettes de feu s'allumaient dans ses yeux, sa voix avait un timbre métallique et vibrant, son geste impérieux affirmait l'audace de sa pensée et l'énergie de sa résolution.

— Vous pensez bien, messieurs, poursuivit-il, qu'on ne fait pas de la police comme moi, pour les quelques milliers de francs que donne par an la préfecture. Autant s'établir épicier, si on n'a pas la vocation. Tel que vous me voyez, à vingt ans, après de fortes études, je suis entré comme calculateur chez un astronome. C'est une position sociale. Mon patron me donnait 70 francs par mois et le déjeuner. Moyennant quoi je devais être bien mis et couvrir de chiffres je ne sais combien de mètres carrés par jour.

M. Lecoq tira précipitamment quelques bouffées de son cigare qui s'éteignait, tout en observant curieusement le père Plantat.

Bientôt il reprit :

— Eh bien! figurez-vous que je ne me trouvais pas le plus heureux des hommes. C'est que, j'ai oublié de vous le dire, j'avais deux petits vices, j'aimais les femmes et j'aimais le jeu. On n'est pas parfait. Les 70 francs de mon astronome me semblaient insuffisants, et tout en alignant mes colonnes de chiffres, je songeais au moyen de faire fortune du soir au lendemain. Il n'est en somme qu'un moyen : s'approprier le bien d'autrui assez adroitement pour n'être pas inquiété. C'est à quoi je pensais du matin au soir. Mon esprit, fertile en combinaisons, me présentait cent projets plus praticables les uns que les autres. Je vous épouvanterais si je vous racontais la moitié seulement de ce que j'imaginais en ce temps-là. S'il existait, voyez-vous, beaucoup de voleurs de ma force, il faudrait rayer du dictionnaire le mot propriété. Les précautions aussi bien que les coffres-forts seraient inutiles. Heureusement pour ceux qui possèdent, les malfaiteurs sont des idiots. Les filous de Paris — la capitale de l'intelligence — en sont encore au vol à l'américaine et au vol au poivrier; c'est honteux.

— Où veut-il en venir? pensait le docteur Gendron.

Et alternativement il examinait le père Plantat, dont l'attention ressemblait au recueil de la réflexion, et l'agent de la sûreté, qui déjà poursuivait :

— Moi-même, un jour, j'eus peur de mes idées. Je venais d'inventer une petite opération au moyen de laquelle on enlèverait 200,000 francs à n'importe quel banquier, sans plus de danger et aussi aisément que j'enlève cette tasse. Si bien que je me dis : « Mon garçon, pour peu que cela continue, un moment viendra où, de l'idée, tu passeras naturellement à l'exécution. »

C'est pourquoi, étant né honnête, — une chance, — et tenant absolument à utiliser les aptitudes que m'avait départies la nature, huit jours plus tard je remerciais mon astronome et j'entrais à la préfecture. Dans la crainte de devenir voleur, je devenais agent de police.

— Et vous êtes content du changement? demanda le docteur Gendron.

— Ma foi! monsieur, mon premier regret est encore à venir. Je suis heureux, puisque j'exerce en liberté et utilement mes facultés de calcul et de déduction. L'existence a pour moi un attrait énorme, parce qu'il est encore en moi une passion qui domine toutes les autres : la curiosité. Je suis curieux.

L'agent de la sûreté eut un sourire. Il songeait au double sens de ce mot : curieux.

— Il est des gens, continua-t-il, qui ont la rage du théâtre. Cette rage est un peu la mienne. Seulement, je ne comprends pas qu'on puisse prendre plaisir au misérable étalage des fictions qui sont à la vie ce que le quinquet de la rampe est au soleil. S'intéresser à des sentiments plus ou moins bien exprimés, mais fictifs, me paraît une monstrueuse convention. Quoi! vous pouvez rire des plaisanteries d'un comédien que vous savez un père de famille besoigneux! Quoi! vous plaignez le triste sort de la pauvre actrice qui s'empoisonne, quand vous savez qu'en sortant vous allez la rencontrer sur le boulevard! C'est pitoyable!

— Fermons les théâtres! murmura le docteur Gendron.

— Plus difficile ou plus blasé que le public, continua M. Lecoq, il me faut, à moi, des comédies véritables ou des drames réels. La société, voilà mon théâtre. Mes acteurs, à moi, ont le rire franc ou pleurent de vraies larmes.

Un crime se commet, c'est le prologue.

J'arrive, le premier acte commence. D'un coup d'œil je saisis les moindres nuances de la mise en scène. Puis, je cherche à pénétrer les mobiles, je groupe mes personnages, je rattache les épisodes au fait capital, je lie en faisceau toutes les circonstances. Voici l'exposition.

Bientôt, l'action se corse, le fil de mes inductions me conduit au coupable; je le devine, je l'arrête, je le livre.

Alors, arrive la grande scène, le prévenu se débat, il ruse, il veut donner le change; mais armé des armes

que je lui ai forgées, le juge d'instruction l'accable, il se trouble; il n'avoue pas, mais il est confondu.

Et autour de ce personnage principal, que de personnages secondaires, les complices, les instigateurs du crime, les amis, les ennemis, les témoins ! Les uns sont terribles, effrayants, lugubres, les autres grotesques. Et vous ne savez pas ce qu'est le comique dans l'horrible.

La cour d'assises, voilà mon dernier tableau. L'accusation parle, mais c'est moi qui ai fourni les idées; les phrases sont les broderies jetées sur le canevas de mon rapport. Le président pose les questions aux jurés; quelle émotion ! C'est le sort de mon drame qui se décide. Le jury répond : Non. C'en est fait, ma pièce était mauvaise, je suis sifflé. Est-ce oui, au contraire, c'est que ma pièce était bonne ; on m'applaudit, je triomphe.

Sans compter que le lendemain je puis aller voir mon principal acteur, et lui frapper sur l'épaule en lui disant : « Tu as perdu, mon vieux, je suis plus fort que toi ! »

M. Lecoq, en ce moment même, était-il de bonne foi, ou jouait-il une comédie ! Quel était le but de cette autobiographie ?

Sans paraître remarquer la surprise de ses auditeurs, il prit un nouveau londrès qu'il alluma au-dessus du verre de la lampe. Puis, soit calcul, soit inadvertance, au lieu de replacer cette lampe sur la table, il la posa sur le coin de la cheminée. De cette façon, grâce au grand abat-jour, la figure du père Plantat se trouvait en pleine lumière, tandis que celle de l'agent de la sûreté, demeuré debout, restait dans l'ombre.

— Je dois avouer, reprit-il, sans fausse modestie, que j'ai rarement été sifflé. Et cependant, je ne suis pas aussi fat qu'on veut bien le dire. Comme tout homme, j'ai mon talon d'Achille. J'ai vaincu le démon du jeu, je n'ai pas triomphé de la femme.

Il poussa un gros soupir qu'il accompagna de ce geste tristement résigné des hommes qui ont pris leur parti.

— C'est ainsi. Il est telle femme, pour laquelle je ne

suis qu'un imbécile. Oui, moi, l'agent de la sûreté, la terreur des voleurs et des assassins, moi qui ai éventé les combinaisons de tous les filous de tous les mondes, qui depuis dix ans nage en plein vice, en plein crime, qui lave le linge sale de toutes les corruptions, qui ai mesuré la profondeur de l'infamie humaine, moi qui sais tout, qui ai tout vu, tout entendu, moi, Lecoq, enfin, je suis pour elle plus simple et plus naïf qu'un enfant. Elle me trompe, je le vois, et elle me prouve que j'ai mal vu. Elle ment, je le sais, je le lui prouve... et je la crois.

C'est qu'il est, ajouta-t-il plus bas et d'une voix triste, de ces passions que l'âge, loin d'éteindre, ne fait qu'attiser, et auxquelles un sentiment de honte et d'impuissance donne une âpreté terrible. On aime; et la certitude de ne pouvoir être aimé est une de ces douleurs qu'il faut avoir expérimentées pour en connaître l'immensité. Aux heures de raison, on se voit et on se juge. On se dit : non, c'est impossible, elle est presque un enfant et je suis presque un vieillard. On se dit cela, mais toujours au fond du cœur; plus forte que la raison, que la volonté, que l'expérience, une lueur d'espérance persiste, et on se dit : « Qui sait? Peut-être! » On attend, quoi? un miracle? Il n'y en a plus. N'importe, on espère.

M. Lecoq s'arrêta, comme si l'émotion l'eût empêché de poursuivre.

Le père Plantat avait continué de fumer méthodiquement son cigare, lançant les bouffées de fumée à intervalles égaux, mais la figure avait une indéfinissable expression de souffrance, son regard humide vacillait, ses mains tremblaient.

Il se leva, prit la lampe sur la cheminée, la replaça sur la table et se rassit.

Le sens de cette scène éclatait enfin dans l'esprit de M. Gendron.

En réalité, sans s'écarter précisément de la vérité, l'agent de la sûreté venait de tenter une des plus perfides

expériences de son répertoire, et il jugeait inutile de la pousser plus loin. Il savait désormais ce qu'il avait intérêt à savoir.

Après un moment de silence, M. Lecoq tressaillit comme au sortir d'un songe, et tirant sa montre :

— Mille diables, fit-il, je suis là que je bavarde, et le temps passe.

— Et Guespin est en prison, remarqua le docteur.

— Nous l'en tirerons, monsieur, répondit l'agent de la sûreté, si toutefois il est innocent, car cette fois je tiens mon affaire, mon roman, si vous voulez, et sans la moindre lacune. Il est cependant un fait, d'une importance capitale, que seul je ne puis expliquer.

— Lequel? interrogea le père Plantat.

— Est-il possible que M. de Trémorel eût un intérêt immense à trouver quelque chose, un acte, une lettre, un papier, un objet quelconque d'un mince volume, caché dans sa propre maison?

— Oui, répondit le juge de paix, cela est possible.

— C'est que, reprit Lecoq, il me faudrait une certitude.

Le père Plantat réfléchit un instant.

— Eh bien! donc, reprit-il, je suis sûr, parfaitement sûr que si Mme de Trémorel était morte subitement, le comte aurait démoli la maison pour retrouver certain papier qu'il savait en la possession de sa femme et que j'ai eu, moi, entre les mains.

— Alors, reprit M. Lecoq, voici le drame.

En entrant au Valfeuillu, j'ai été, comme vous, messieurs, frappé de l'affreux désordre de l'appartement. Comme vous, j'ai pensé d'abord que ce désordre était simplement un effet de l'art.

Je me trompais. Un examen plus attentif m'en a convaincu.

L'assassin, c'est vrai, a tout mis en pièces, brisé les meubles, haché les fauteuils, pour faire croire au passage d'une bande de furieux. Mais au milieu de ces actes de vandalisme prémédité, j'ai pu suivre les traces invo-

lontaires d'une exacte, minutieuse, et je dirai plus, patiente perquisition.

Tout semblait, n'est-il pas vrai, mis au pillage au hasard; on avait brisé à coups de hache des meubles qu'on pouvait ouvrir avec la main, on avait enfoncé des tiroirs qui n'étaient pas fermés ou dont la clé était à la serrure, était-ce de la folie? Non. Car, en réalité, il n'est pas un seul endroit pouvant recéler une lettre qui n'ait été visité. Les tiroirs de divers petits meubles avaient été jetés çà et là, mais les espaces étroits qui existent entre la rainure des tiroirs et le corps du meuble avaient été examinés, et j'en ai eu la preuve en relevant des empreintes de doigts sur la poussière qui s'amasse toujours en ces endroits. Les livres gisaient à terre pêle-mêle, mais tous avaient été secoués, et quelques-uns avec une telle violence que la reliure était arrachée. Nous avons retrouvé toutes les planches de cheminée en place, mais toutes avaient été soulevées. On n'a pas haché les fauteuils de coups d'épée pour le seul plaisir de déchirer les étoffes, on sondait ainsi les siéges.

La certitude promptement acquise d'une perquisition acharnée, fit d'abord hésiter mes soupçons.

Je me disais, d'un côté : les malfaiteurs ont cherché l'argent qui avait été caché, donc ils n'étaient pas de la maison.

— Mais, observa le docteur, on peut être d'une maison et ignorer la cachette des valeurs, ainsi Guespin...

— Permettez, interrompit M. Lecoq, je m'explique, d'un autre côté, je trouvais des indices tels que l'assassin ne pouvait être qu'une personne singulièrement liée avec Mme de Trémorel, comme son amant, ou son mari. Voilà quels étaient alors mes idées.

— Et maintenant?

— A cette heure, répondit l'agent, et avec la certitude qu'on a pu chercher autre chose que les valeurs, je ne suis pas fort éloigné de croire que le coupable est l'homme dont on cherche actuellement le cadavre, le comte Hector de Trémorel.

Ce nom, le docteur Gendron et le père Plantat l'avaient deviné, mais personne encore n'avait osé formuler les soupçons. Ils l'attendaient, ce nom de Trémorel, et cependant jeté ainsi, au milieu de la nuit, dans cette grande pièce sombre, par ce personnage au moins bizarre, il les fit tressaillir d'un indicible effroi.

— Remarquez, reprit M. Lecoq, que je dis : je crois. Pour moi, en effet, le crime du comte n'est encore qu'excessivement probable. Voyons, si à nous trois nous arriverons à une certitude.

C'est que voyez-vous, messieurs, l'enquête d'un crime n'est autre chose que la solution d'un problème.

Le crime donné, constant, patent, on commence par en rechercher toutes les circonstances graves ou futiles, les détails, les particularités.

Lorsque circonstances et particularités ont été soigneusement recueillies, on les classe, on les met en leur ordre et à leur date.

On connaît ainsi la victime, le crime et les circonstances, reste à trouver le troisième terme, l'x, l'inconnu, c'est-à-dire le coupable.

La besogne est difficile, mais non tant qu'on croit. Il s'agit de chercher un homme dont la culpabilité explique toutes les circonstances, toutes les particularités relevées, — toutes, vous m'entendez bien. — Le rencontre-t-on, cet homme, il est probable — et neuf fois sur dix la probabilité devient réalité — qu'on tient le coupable.

Ainsi, messieurs, procédait Tabaret, mon maître, notre maître à tous, et en toute sa vie il ne s'est trompé que trois fois.

Si claire avait été l'explication de M. Lecoq, si logique sa démonstration, que le vieux juge et le médecin ne purent retenir une exclamation admirative :

— Très-bien !

— Examinons donc ensemble, poursuivit, après s'être incliné, l'agent de la sûreté, examinons si la culpabilité hypothétique du comte de Trémorel explique toutes les circonstances du crime du Valfeuillu.

Il allait poursuivre, mais le docteur Gendron, assis près de la fenêtre, se dressa brusquement.

— On marche dans le jardin! dit-il.

Tout le monde s'approcha. Le temps était superbe, la nuit très-claire, un grand espace libre s'étendait devant les fenêtres de la bibliothèque, on regarda, on ne vit personne.

— Vous vous êtes trompé, docteur, fit le père Plantat en regagnant son fauteuil.

M. Lecoq continua :

— Nous supposons donc, messieurs, que, — sous l'empire de certains événements que nous aurons à rechercher plus tard, — M. de Trémorel a été amené à prendre la resolution de se défaire de sa femme.

Le crime résolu, il est clair que le comte a dû réfléchir et chercher les moyens de le commettre impunément, peser les conséquences et évaluer les périls de l'entreprise.

Nous devons admettre encore que les événements qui le conduisaient à cette extrémite étaient tels, qu'il dut craindre d'être inquiété et redouter des recherches ultérieures même dans le cas où sa femme serait morte naturellement.

— Voilà la vérité, approuva le juge de paix.

— M. de Tremorel s'est donc arrêté au parti de tuer sa femme brutalement, à coups de couteau, avec l'idée de disposer les choses de façon à faire croire que lui aussi avait été assassiné, décide à tout entreprendre pour laisser les soupçons planer sur un innocent, ou, du moins, sur un complice infiniment moins coupable que lui.

Il se résignait d'avance, en adoptant ce système, à disparaître, à fuir, à se cacher, à changer de personnalité ; à supprimer, en un mot, le comte Hector de Trémorel, pour se refaire, sous un autre nom, un nouvel état civil.

Ces prémices, fort admissibles, suffisent à expliquer toute une série de circonstances inconciliables au premier abord.

Elles nous expliquent d'abord comment, la nuit du crime, précisément, il y avait au Valfeuillu toute une fortune.

Et cette particularité me paraît décisive. En effet, lorsqu'on reçoit, pour les garder chez soi, des valeurs importantes, on le dissimule d'ordinaire autant que possible.

M. de Trémorel n'a pas cette prudence élémentaire.

Il montre à tous ses liasses de billets de banque, il les manie, il les étale, les domestiques les voient, les touchent presque ; il veut que tout le monde sache bien et puisse répéter qu'il a chez lui des sommes considérables, faciles à prendre, à emporter, à cacher.

Et quel moment choisit-il, pour cet étalage imprudent en toute occasion ?

Le moment juste où il sait, où chacun sait dans le voisinage, qu'il passera la nuit seul au château avec Mme de Trémorel.

Car il n'ignore pas que tous ses domestiques sont conviés pour le 8 juillet au soir, au mariage de l'ancienne cuisinière, madame Denis. Il l'ignore si peu, que c'est lui qui fait les frais de la noce et que lui-même a fixé le jour, lorsque madame Denis est venue présenter à ses anciens maîtres son futur mari.

Vous me direz peut-être que c'est par hasard, que cette somme, — qu'une des femmes de chambre qualifiait d'immense, — a été envoyée au Valfeuillu précisément la veille du crime.

A la rigueur on peut l'admettre.

Cependant, croyez-moi, il n'y a pas là de hasard, et je le prouverai. Demain, nous nous présenterons chez le banquier de M. de Trémorel et nous lui demanderons si le comte ne l'a pas prié, par écrit ou verbalement, de lui envoyer les fonds ce jour du 8 juillet, fixe.

Or, messieurs, si ce banquier nous répond affirmativement, s'il nous montre une lettre, s'il nous donne sa parole d'honneur que l'argent lui a été demandé de vive voix, j'aurai, avouez-le, plus qu'une probabilité en faveur de mon système.

Le père Plantat et le docteur hochèrent la tête en signe d'assentiment.

— Donc, demanda l'homme de la préfecture, jusqu'ici pas d'objection.

— Pas la moindre, répondit le juge de paix.

— Mes préliminaires, poursuivit M. Lecoq, ont encore l'avantage d'éclairer la situation de Guespin. Disons-le franchement, son attitude est louche et justifie amplement son arrestation.

A-t-il trempé dans le crime, est-il totalement innocent, voilà ce que nous ne pouvons décider, car je ne vois nul indice qui nous guide.

Ce qui est sûr, c'est qu'il est tombé dans un piége habilement tendu.

Le comte, en le choisissant pour victime, a fort bien pris ses mesures pour faire peser sur lui tous les doutes d'une enquête superficielle. Je gagerais que M. de Trémorel, connaissant la vie de ce malheureux, a pensé non sans motif, que les antécédents ajouteraient à la vraisemblance de l'accusation et pèseraient d'un poids terrible dans les balances de la justice.

Peut-être aussi, se disait-il, que Guespin s'en tirerait infailliblement, et ne voulait-il que gagner du temps et éviter des recherches immédiates en donnant le change.

Nous, investigateurs soucieux de détails, nous ne pouvons être trompés. Nous savons que la comtesse est morte d'un coup, du premier, comme foudroyée. Donc, elle n'a pas lutté, donc elle n'a pu arracher un lambeau d'étoffe au vêtement de l'assassin.

Admettre la culpabilité de Guespin, c'est admettre qu'il a été assez fou pour aller placer un morceau de sa veste dans la main de sa victime. C'est admettre qu'il a été assez simple pour aller jeter cette veste déchirée et pleine de sang dans la Seine, du haut du pont, dans un endroit où il devait bien penser qu'on ferait des recherches, et cela, sans prendre même la vulgaire précaution d'y attacher une pierre pour la maintenir au fond de l'eau.

Ce serait absurde.

Donc, pour moi, ce lambeau de drap, cette veste sanglante affirment et l'innocence de Guespin et la scélératesse du comte de Trémorel.

— Cependant, objecta M. Gendron, si Guespin est innocent, que ne parle-t-il? Que n'invoque-t-il un alibi? Où a-t-il passé la nuit? Pourquoi avait-il de l'argent plein son porte-monnaie?

— Remarquez, monsieur, répondit l'agent de la sûreté, que je ne dis pas qu'il est innocent. Nous en sommes encore aux probalités. Ne peut-on pas supposer que le comte de Trémorel, assez perfide pour tendre un piége à son domestique, a été assez habile pour lui enlever tous moyens de fournir un alibi.

— Mais, vous-même, insista le docteur, vous niez l'habileté du comte.

— Pardon, monsieur, entendons-nous. Le plan de M. de Trémorel était excellent et annonce une perversité supérieure; l'exécution seule a été défectueuse. C'est que le plan avait été conçu et mûri en sûreté, et qu'une fois le crime commis, l'assassin, troublé, épouvanté du danger, a perdu son sang-froid et n'a réalisé ses conceptions qu'à demi.

Mais il est d'autres suppositions.

On peut se demander si, pendant qu'on assassinait la comtesse de Valfeuillu, Guespin ne commettait pas ailleurs un autre crime.

Cette hypothèse parut au docteur Gendron si invraisemblable qu'il ne put s'empêcher de protester.

— Oh! fit-il.

— N'oubliez, pas, messieurs, répliqua Lecoq, que le champ des conjectures n'a pas de bornes. Imaginez telle complication d'événements que vous voudrez, je suis prêt à soutenir que cette complication s'est présentée ou se présentera. Est-ce que Lieuben, un maniaque allemand, n'avait pas parié qu'il parviendrait a retourner un jeu de cartes dans un ordre indiqué par le procès-verbal du pari? Pendant vingt ans, dix heures par jour,

il a battu, tourné, rebattu et retourné ses cartes. Il avait, de son aveu, répété son opération quatre millions deux cent quarante-six mille vingt-huit fois, lorsqu'il gagna.

M. Lecoq allait peut-être continuer ses citations, le père Plantat l'interrompit d'un geste.

— J'admets, dit-il, vos préliminaires; je les tiens pour plus que probables, pour vrais.

M. Lecoq parlait alors en se promenant de long en large, de la fenêtre aux rayons de la bibliothèque, s'arrêtant aux paroles décisives, comme un général qui dicte à ses aides de camp le plan de la bataille du lendemain.

Et les auditeurs s'émerveillaient à le voir et à l'entendre.

Pour la troisième fois, depuis le matin, il se révélait à eux sous un aspect absolument différent. Ce n'était plus ni le mercier retiré de la perquisition, ni le policier cynique et sentimental de la biographie.

C'était un nouveau Lecoq à la physionomie digne, à l'œil pétillant d'intelligence, au langage clair et concis, le Lecoq, enfin, que connaissent les magistrats qui ont utilisé le génie investigateur de ce remarquable agent.

Depuis longtemps il avait rentré la bonbonnière à portrait, et il n'était plus question des carrés de pâte qui, — pour employer une expression à son vocabulaire — constituent un des accessoires de sa physionomie de province.

— Maintenant, disait l'agent de la sûreté, écoutez-moi :

Il est dix heures du soir. Nul bruit au dehors, le chemin est désert, les lumières d'Orcival s'éteignent, les domestiques du château sont à Paris, M. et Mme de Trémorel sont seuls au Valfeuillu.

Ils se sont retirés dans leur chambre à coucher.

La comtesse est assise devant la table sur laquelle est servi le thé. Le comte, tout en causant avec elle, va et vient par la chambre.

Mme de Trémorel est sans pressentiment. — Son mari,

depuis plusieurs jours, n'est-il pas plus aimable, meilleur qu'il n'a jamais été ! Elle est sans défiance, et ainsi le comte peut s'approcher d'elle, par derrière, sans que l'idée lui vienne de retourner la tête. Si elle l'entend venir ainsi, doucement, elle s'imagine qu'il veut la surprendre par un baiser.

Lui, cependant, armé d'un long poignard, est debout près de sa femme. Il sait où il faut frapper pour que la blessure soit mortelle.

De l'œil, il choisit sa place, il l'a trouvée, il frappe un coup terrible, si terrible que la garde du poignard a laissé son empreinte des deux côtés des lèvres de la plaie.

La comtesse tombe sans pousser un cri, heurtant son front à l'angle de la table qui se renverse.

Est-ce qu'ainsi ne s'explique pas la position de la terrible blessure, au-dessous de l'épaule gauche, blessure presque verticale, dont la direction est de droite à gauche ?...

Le docteur fit un signe d'approbation.

— ... Et quel autre homme que l'amant ou le mari d'une femme, peut aller et venir dans sa chambre à coucher, s'approcher d'elle quand elle est assise, sans qu'elle se retourne ?

— C'est évident, murmurait le père Plantat, c'est évident.

— Voilà donc, poursuivait M. Lecoq, voilà la comtesse morte.

Le premier sentiment de l'assassin est un sentiment de triomphe. Enfin ! le voilà débarrassé de cette femme qui était la sienne, qu'il a assez haïe pour se résoudre à un crime, pour se décider à changer son existence heureuse, splendide, enviée, contre la vie épouvantable du scélérat désormais sans patrie, sans ami, sans asile, proscrit par toutes les civilisations, traqué par toutes les polices, puni par les lois du monde entier.

Sa seconde pensée est pour cette lettre, ce papier, cet acte, ce titre, cet objet d'un mince volume qu'il sait en

la possession de sa femme, qu'il a demandé cent fois, qu'elle n'a pas voulu lui remettre, et qu'il lui faut.

— Ajoutez, interrompit le père Plantat, que ce titre a été un des mobiles du crime.

— Cet acte si important, le comte s'imagine savoir où il est. Il croit que du premier coup il va mettre la main dessus. Il se trompe. Il cherche dans tous les meubles à l'usage de sa femme, et il ne trouve rien. Il fouille les tiroirs, il soulève les marbres, il bouleverse tout dans la chambre; rien.

Alors, une idée lui vient. Cette lettre, ne serait-elle pas sous la tablette de la cheminée? D'un revers de bras il jette bas la garniture, la pendule tombe et s'arrête. Il n'est pas encore dix heures et demie.

— Oui! fit à demi-voix le docteur Gendron, la pendule nous l'a dit.

— Sous la tablette de la cheminée, poursuivait l'agent de la sûreté, le comte ne trouve rien encore que de la poussière qui a gardé les traces de ses doigts.

Alors, l'assassin commence à se troubler.

Ce papier si précieux que, pour sa possession, il risque sa vie, où peut-il être? Sa colère s'allume. Comment visiter les tiroirs fermés? Les clés sont sur le tapis, où je les ai retrouvées parmi les débris du service de thé, il ne les aperçoit pas.

Il lui faut une arme, un outil pour tout briser. Il descend chercher une hache.

Dans l'escalier, l'ivresse du sang, de la vengeance, se dissipe, ses terreurs commencent. Tous les recoins obscurs se peuplent de ces spectres qui font cortége aux assassins; il a peur, il se hâte.

Il ne tarde pas à remonter et, armé d'une hache énorme, la hache retrouvée au second étage, il fait tout voler en éclats autour de lui. Il va comme un insensé, c'est au hasard qu'il éventre les meubles; mais, parmi les débris, il poursuit les recherches acharnées dont j'ai suivi la trace.

Rien, toujours rien.

Tout est sens dessus dessous dans la chambre, il passe dans son cabinet et la destruction continue, la hache se lève et s'abat sans relâche. Il brise son propre bureau, non qu'il n'en connaisse tous les tiroirs, mais parce qu'il peut s'y trouver quelque cachette ignorée. Ce bureau, ce n'est pas lui qui l'a acheté, il a appartenu au premier mari, à Sauvresy. Tous les livres de la bibliothèque, il les prend un à un, les secoue furieusement et les lance par la chambre.

L'infernale lettre est introuvable.

Son trouble, désormais, est trop grand pour qu'il puisse apporter à ses perquisitions la moindre méthode. Sa raison obscurcie ne le guide plus. Il erre, sans raison déterminante, sans calcul, d'un meuble à l'autre, fouillant à dix reprises les mêmes tiroirs, pendant qu'il en est, tout près, à côté, qu'il oublie complétement.

C'est alors qu'il songe que cet acte qui le perd peut avoir été caché parmi le crin de quelque siége. Il décroche une épée et, pour sonder exactement, il hache le velours des fauteuils et des canapés du salon et des autres pièces...

La voix de M. Lecoq, son accent, son geste, donnaient à son récit un caractère saisissant. Il semblait qu'on vît le crime, qu'on assistât aux scènes terribles qu'il décrivait.

Ses auditeurs retenaient leur souffle, évitant même un geste approbateur qui eût pu distraire son attention.

— A ce moment, poursuivit l'agent de la sûreté, la rage et l'effroi du comte de Trémorel étaient au comble. Il s'était dit, lorsqu'il préméditait le crime, qu'il tuerait sa femme, qu'il s'emparerait de la lettre, qu'il exécuterait bien vite son plan si perfide, et qu'il fuirait.

Et voilà que tous ses projets étaient déconcertés.

Que de temps perdu, lorsque chaque minute envolée emportait une chance de salut !

Puis la probalité de mille dangers auxquels il n'avait pas réfléchi, se présentait à son esprit. Pourquoi un ami ne viendrait-il pas lui demander l'hospitalité, comme

cela était arrivé vingt fois? Que penserait un passant arrêté sur la route, de cette lumière affolée courant de pièce en pièce? Un des domestiques ne pouvait-il revenir?

Une fois dans le salon, il croit qu'on sonne à la grille, et telle est sa terreur que la bougie qu'il tient à la main lui échappe, et que moi, j'ai retrouvé sur le tapis la marque de cette bougie tombée.

Il entend des bruits étranges, tels que jamais pareils n'ont frappé son oreille. Il lui semble qu'on marche dans la pièce voisine, le parquet craque. Sa femme est-elle vraiment morte, l'a-t-il bien tuée? Ne va-t-elle pas se lever tout à coup, courir à la fenêtre, appeler au secours?

C'est obsédé de ces épouvantements qu'il revient à la chambre à coucher, qu'il reprend son poignard et qu'il frappe de nouveau le cadavre de la comtesse. Mais sa main est si peu assurée qu'il ne fait que des blessures légères.

Vous l'avez remarqué, docteur, et consigné sur votre projet de rapport, toutes ces blessures ont la même direction. Elles forment avec le corps un angle droit qui prouve que la victime était couchée lorsqu'on la hachait ainsi.

Puis, dans l'emportement de sa frénésie, le misérable foule aux pieds le corps de cette femme assassinée par lui, et les talons de ses bottes lui font ces contusions sans ecchymose relevées par l'autopsie...

M. Lecoq s'arrêta pour reprendre haleine.

Il ne racontait pas seulement le drame, il le mimait, il le jouait, ajoutant l'ascendant du geste à l'empire de la parole, et chacune de ses phrases reconstituant une scène, expliquait un fait et dissipait un doute. Comme tous les artistes de génie, qui s'incarnent vraiment dans le personnage qu'ils représentent, l'agent de la sûreté ressentait réellement quelque chose des sensations qu'il traduisait, et son masque mobile avait alors une effrayante expression.

— Voici donc, reprit-il, la première partie du drame.

A ce transport furieux succède chez le comte un irrésistible anéantissement.

Les circonstances diverses que je vous décris, se remarquent d'ailleurs dans presque tous les grands crimes. Toujours, l'assassin, après le meurtre, est saisi d'une haine épouvantable et inexpliquée contre sa victime, et souvent il s'acharne après le cadavre. Puis, vient une période d'affaissement, si grand, de torpeur si invincible, qu'on a vu des misérables s'endormir littéralement dans le sang, qu'on les surprenait endormis, qu'on avait toutes les peines du monde à les réveiller.

Lorsqu'il a eu affreusement mutilé le corps de sa femme, M. de Trémorel a dû se laisser tomber dans un des fauteuils de la chambre. Et, en effet, les lambeaux de l'étoffe d'un des siéges ont gardé certains plis qui indiquent bien qu'on s'est assis dessus.

Quelles sont alors les réflexions du comte? Il songe aux longues heures envolées, aux heures si courtes qui lui restent. Il n'a rien trouvé. Il songe que c'est à peine si, avant le jour, il aura le temps d'exécuter les mesures dont l'ensemble doit dérouter l'instruction et assurer son impunité en faisant croire à sa mort. Et il faut fuir, bien vite, fuir sans ce papier maudit.

Il rassemble ses forces, il se lève, et, savez-vous ce qu'il fait?

Il saisit une paire de ciseaux et coupe sa longue barbe si soignée.

— Ah! interrompit le père Plantat, voilà donc pourquoi vous regardiez tant le portrait.

M. Lecoq mettait trop d'attention à suivre le fil de ses déductions pour relever l'interruption.

— Il est, poursuivait-il, de ces détails vulgaires que leur trivialité précisément rend terribles, lorsqu'ils sont entourés de certaines circonstances.

Vous représentez-vous le comte de Trémorel, pâle, couvert du sang de sa femme, debout devant sa glace et se rasant, faisant mousser le savon sur sa figure, dans

cette chambre bouleversée, lorsqu'à trois pas de lui, à terre, gît le cadavre chaud encore, palpitant.

Se regarder, se voir dans une glace après un meurtre, est, entendez-moi bien, un acte d'épouvantable énergie dont peu de criminels sont capables.

Du reste, les mains du comte tremblaient si fort, qu'à peine il pouvait tenir le rasoir, et sa figure doit être sillonnée de balafres.

— Quoi! s'écria le docteur Gendron, vous supposez que le comte a perdu son temps à se raser.

— J'en suis posivitement sûr, répondit M. Lecoq; po-si-ti-ve-ment, ajouta-t-il en appuyant sur toutes les syllabes.

Une serviette sur laquelle j'ai reconnu une de ces marques — une seule — que laisse le rasoir quand on l'essuie, m'a mis sur la trace de ce détail.

J'ai cherché, et j'ai trouvé une boîte de rasoirs; l'un d'eux avait servi depuis bien peu de temps, car il était encore humide.

J'ai serré soigneusement la serviette et la boîte.

Et si ces preuves ne suffisent pas pour appuyer mon affirmation, je ferai venir de Paris deux de mes hommes, et ils sauront bien découvrir quelque part, dans le château ou dans le jardin, et la barbe de M. de Trémorel et le linge sur lequel il a essuyé son rasoir. J'ai examiné soigneusement le savon resté sur la toilette, et tout me fait supposer que le comte ne s'est pas servi de blaireau.

Quant à l'idée qui vous surprend, monsieur le docteur, elle me paraît à moi naturelle; je dirai plus, elle est la conséquence nécessaire du plan adopté.

M. de Trémorel a toujours porté toute sa barbe, il la coupe, et sa physionomie est à ce point changée que si, dans sa fuite, il rencontre quelqu'un, on ne le reconnaîtra pas.

Le docteur Gendron dut être convaincu, car il eut un geste d'assentiment, et murmura :

— C'est clair, c'est évident!

— Une fois défiguré, continua l'agent de la sûreté, le comte s'est mis, en toute hâte, à réunir les éléments de son plan, à disposer les apparences destinées à vous égarer, à faire croire qu'en même temps que sa femme, il avait été assassiné par une bande de brigands.

Il est allé chercher un vêtement de Guespin, et il l'a déchiré à la poche et en a placé un fragment dans la main de la comtesse.

Prenant alors le cadavre dans ses bras, en travers, il l'a descendu. Les blessures saignaient affreusement, de là les nombreuses taches constatées à toutes les marches.

Arrivé au bas de l'escalier, il est obligé de poser le cadavre à terre pour aller ouvrir la porte du jardin. Cette manœuvre explique parfaitement la tache de sang très-large du vestibule.

La porte ouverte, le comte revient prendre le cadavre et le tient entre ses bras jusque sur le bord de la pelouse. Là, il cesse de le porter, il le traîne en le soutenant par les épaules, marchant à reculons, s'imaginant ainsi préparer des empreintes qui feront supposer que son propre cadavre à lui a été traîné et jeté à la Seine.

Seulement, le misérable a oublié deux choses qui nous le livrent. Il n'a pas réfléchi que les jupons de la comtesse, en traînant sur l'herbe, la foulant et la brisant sur un large espace, dévoileraient la ruse. Il n'a pas songé que son pied élégant et cambré, chaussé de bottes fines à talons très-hauts, se moulerait dans la terre humide de la pelouse, laissant contre lui une preuve plus éclatante que le jour.

Le père Plantat se leva brusquement.

— Ah! interrompit-il, vous ne m'aviez rien dit de cette circonstance.

M. Lecoq eut un joli geste de suffisance.

— Ni de plusieurs autres encore. Mais, à ce moment, j'ignorais, — son regard chercha celui du père Plantat, — j'ignorais absolument beaucoup de choses que je sais maintenant; et, comme j'avais quelques raisons de sup-

poser monsieur le juge de paix bien mieux instruit que moi, je n'étais pas fâché de me venger un peu d'une discrétion, pour moi, incompréhensible.

— Et vous êtes vengé, fit en souriant le docteur Gendron.

— De l'autre côté du gazon, reprit M. Lecoq, le comte a de nouveau enlevé le cadavre. Mais alors, oubliant les effets de l'eau lorsqu'elle jaillit, ou, peut-être, qui sait, craignant de se mouiller, au lieu de pousser violemment le corps dans l'eau, il l'y dépose doucement, avec mille précautions.

Ce n'est pas tout : il veut qu'on croie à une lutte terrible entre la comtesse et les assassins. Que fait-il ? Du bout de son pied il fouille et raie le sable de l'allée. Et il croit que la police s'y trompera.

— Oui ! murmurait le père Plantat, c'est exact, c'est vrai, j'ai vu.

— Débarrassé du cadavre, le comte regagne la maison. L'heure presse, mais il veut encore chercher le titre maudit. Il se dépêche donc de prendre les dernières mesures qui assureront, croit-il, la réussite de ses projets.

Il prend ses pantoufles et un foulard qu'il tache de sang. Il jette sur le gazon son foulard et une de ses pantoufles, il lance l'autre au milieu de la Seine.

Sa précipitation nous explique la défectuosité et l'insuccès de ses manœuvres. Il se presse, il commet bévues sur bévues.

Les bouteilles qu'il place sur la table sont des bouteilles vides, il ne pense pas que son valet de chambre le dira. Il croit verser du vin dans cinq verres, il y verse du vinaigre qui prouvera que personne n'a bu.

Il remonte, il avance l'aiguille de la pendule, mais il l'avance trop, et il oublie d'ailleurs de mettre la sonnerie et les aiguilles d'accord.

Il défait le lit, mais le défait mal, et encore il ne voit pas qu'il est absolument impossible de concilier ces trois choses, le lit défait, la pendule marquant trois heures

vingt minutes, la comtesse habillée comme au milieu du jour.

Autant qu'il peut, il augmente le désordre. Il arrache le ciel de lit. Il trempe un linge dans le sang, et en macule les rideaux et les meubles. Enfin, il marque la porte d'entrée de cette main sanglante, dont l'empreinte est trop nette, trop distincte, trop arrêtée, pour n'être pas volontaire.

Est-il, jusqu'ici, messieurs, je vous le demande, une circonstance, un détail, une particularité du crime, qui n'explique pas la culpabilité de M. de Trémorel?

— Il y a la hache, répondit le père Plantat, la hache retrouvée au second étage, et dont la position vous a semblé si extraordinaire.

— J'y arrive, monsieur le juge de paix, répondit M. Lecoq.

Il est un point de cette affaire ténébreuse sur lequel, grâce à vous, nous sommes parfaitement fixés.

Nous savons que Mme de Trémorel possédait et cachait, au su de son mari, — un papier, un acte, une lettre, dont celui-ci convoitait la possession et qu'elle refusait absolument, en dépit de ses prières, de lui donner.

Vous nous avez affirmé que le désir, — la nécessité peut-être, — de s'emparer de ce papier a contribué puissamment à armer la main du comte.

Nous ne serons donc pas téméraires en supposant à ce titre une importance non-seulement extraordinaire, mais encore tout à fait exceptionnelle.

Il faut croire, à plus forte raison, qu'il est, de sa nature extrêmement compromettant. Mais qui compromet-il? Le comte et la comtesse ensemble, ou seulement le comte? A cet égard j'en suis réduit aux conjectures.

Ce qui est acquis, c'est que ce titre est une menace — exécutable sur-le-champ — suspendue sur la tête de celui ou de ceux qu'elle concerne.

Ce qui est sûr, c'est que Mme de Trémorel considérait cet écrit, soit comme une garantie, soit comme une arme terrible mettant son mari à sa discrétion.

Ce qui est un fait, c'est que, pour se délivrer de cette menace perpétuelle qui troublait sa vie, M. de Trémorel a tué sa femme...

Si logique était la déduction, ses derniers termes faisaient si bien éclater l'évidence, que le docteur et le père Plantat ne purent retenir une exclamation approbative.

Ils s'écrièrent ensemble :

— Très-bien !

— Maintenant, reprit M. Lecoq, des divers éléments qui ont servi à former notre conviction, il faut conclure que le contenu de cette lettre est tel que, retrouvée, elle enlèverait nos dernières hésitations, elle doit expliquer le crime et rendre inutiles les précautions de l'assassin.

Le comte devait donc faire tout au monde, tenter l'impossible, pour ne pas laisser derrière lui ce danger.

C'est pourquoi, les préparatifs qui, à son sens, devaient égarer la justice, terminés, malgré le sentiment d'un péril imminent, malgré l'heure qui passe, malgré le jour qui vient, M. de Tremorel, au lieu de fuir, recommence avec plus d'acharnement que jamais ses inutiles perquisitions.

De nouveau il revoit les meubles à l'usage de sa femme, les tiroirs, les livres, les papiers. En vain.

Alors il se décide à explorer le second étage, et toujours armé de sa hache, il monte.

Déjà il a attaqué un meuble, lorsque dans le jardin un cri retentit. Il court à la fenêtre : Que voit-il ?

Philippe et le vieux La Ripaille sont debout au bord de l'eau, sous les saules du parc, près du cadavre.

Comprenez-vous l'épouvantable effroi de l'assassin !

Désormais, plus une seconde à perdre, il n'a que trop attendu déjà. Le danger est pressant, terrible. Il fait jour, le crime est découvert, on va venir, il se voit perdu sans ressources.

Il faut fuir, fuir à l'instant, au risque d'être vu, d'être rencontré, d'être arrêté.

Violemment il lance sa hache qui entaille le parquet. Il descend, il glisse dans ses poches les liasses de billets de banque, il s'empare de la veste déchirée et sanglante de Guespin, qu'il lancera dans la rivière, du haut du pont, et il se sauve par le jardin.

Oubliant toute prudence, éperdu, hors de lui-même, couvert de sang, il court, il franchit la douve, et c'est lui que le vieux La Ripaille aperçoit, gagnant les bois de Mauprevoir, où il compte réparer le désordre de ses vêtements.

Il est sauve pour le moment. Mais il laisse derrière lui cette lettre qui est, croyez-le, une formidable accusation, qui éclairera la justice, qui dira bien haut et sa scélératesse et la perfidie de ses manœuvres.

Car il ne l'a pas retrouvée, cette lettre, mais nous la retrouverons, nous; elle nous est nécessaire pour ébranler M. Domini, il nous la faut pour changer nos doutes en certitude.

XI

Un silence assez long suivit la déclaration de l'agent de la sûreté. Peut-être ses auditeurs cherchaient-ils des objections.

Enfin, le docteur Gendron prit la parole.

— Dans tout cela, dit-il, je n'aperçois pas le rôle de Guespin.

— Je ne le vois pas non plus, monsieur, répondit M. Lecoq. Et ici, je dois vous confesser le fort et le faible de mon système d'enquête. Avec cette méthode, qui consiste à reconstituer le crime avant de s'occuper du

criminel, je ne puis, ni me tromper, ni avoir raison à demi. Ou toutes mes déductions sont justes, ou il n'en est pas une seule qui le soit. C'est tout ou rien. Si je suis dans le vrai, Guespin n'a pas trempé dans le crime, — au moins directement, puisqu'il n'est pas une circonstance qui fasse soupçonner un concours étranger. Si au contraire, je m'abuse...

M. Lecoq s'interrompit. On eût dit qu'il prêtait l'oreille à quelque bruit insolite venu du jardin.

— Mais je ne m'abuse pas, reprit-il, j'ai contre le comte une autre charge encore, dont je ne vous ai pas parlé, et qui me paraît bien concluante.

— Oh! fit le docteur, à quoi bon désormais?

— Deux sûretés valent mieux qu'une, monsieur, et moi je doute toujours. Donc, laissé seul un moment, ce tantôt, par monsieur le juge de paix, j'ai demandé à François, le valet de chambre, s'il savait exactement le compte des chaussures de son maître. Il m'a répondu que oui, et m'a conduit dans le cabinet où on serre les chaussures.

Il manquait une paire de bottes à tiges de cuir de Russie vert, mises, le matin même, — François en est sûr, — par le comte de Trémorel.

Ces bottes, je les ai cherchées avec un soin minutieux, je ne les ai pas aperçues.

Enfin, la cravate que portait le comte dans la journée du 8, qui est bleue avec des raies blanches, a disparu également.

— Voilà, s'écria le père Plantat, voilà l'indiscutable preuve de vos suppositions au sujet des pantoufles et du foulard.

— Il me paraît en effet, répondit l'agent de la sûreté, que les faits sont assez rétablis pour nous permettre d'aller de l'avant. Recherchons maintenant les événements qui ont dû déterminer...

Depuis un moment déjà M. Lecoq, tout en parlant, observait sournoisement le dehors.

Tout à coup, sans un mot, avec cette foudroyante har-

diesse et cette précision d'élan du chat qui bondit sur la souris qu'il guette, il s'élança sur l'appui de la fenêtre ouverte, et de là dans le jardin.

Presque simultanément, on entendit le bruit de la chute, un cri étouffé, un juron, puis les trépignements d'une lutte.

Le docteur et le père Plantat s'étaient précipités à la fenêtre.

Le jour commençait à poindre, les arbres frissonnaient au vent frais du matin, les objets apparaissaient vaguement distincts, sans formes arrêtées, au travers de ce brouillard blanc qui plane, les nuits d'été, sur la vallée de la Seine.

Au milieu du gazon, devant les fenêtres de la bibliothèque, le médecin et le juge de paix entrevoyaient deux hommes, deux ombres plutôt, qui se démenaient, agitant furieusement les bras.

Par instants, à intervalles très-rapprochés, ils entendaient le bruit mou et clapoteux d'un poing fermé qui s'abat en plein sur la chair vive.

Bientôt, les deux ombres n'en formèrent qu'une, puis elles se séparèrent pour se rejoindre de nouveau; une des deux tomba, se releva aussitôt, et retomba encore.

— Ne vous dérangez pas, messieurs, criait la voix de M. Lecoq, je tiens le gredin.

L'ombre restée debout, qui devait être celle de l'agent de la sûreté, s'inclina, et le combat, qui semblait fini, recommença. L'ombre étendue à terre se défendait avec l'énergie si dangereuse du désespoir. Son torse, au milieu de la pelouse formait comme une grande tache brune, et ses jambes, lançant des coups de pieds, se tendaient et se détendaient convulsivement.

Il y eut un moment de confusion tel, que M. Gendron et le père Plantat cessèrent de distinguer laquelle des deux ombres était celle de l'agent de la sûreté.

Elles s'étaient relevées et luttaient. Soudain, une exclamation de douleur retentit, accompagné d'un juron :

— Ah! canaille!

Et tout aussitôt, un grand cri, un cri déchirant traversa l'espace, et la voix railleuse de l'homme de la préfecture dit :

— Le voilà ! je l'ai décidé à venir nous présenter ses civilités, éclairez-nous un peu.

Le médecin et le juge de paix se précipitèrent ensemble vers la lampe. De leur empressement, un retard résulta, et au moment où le docteur Gendron s'emparant du luminaire l'élevait à sa hauteur, la porte du salon s'ouvrit, brutalement poussée.

— Je vous présente, messieurs, disait l'agent de la sûreté, le sieur Robelot, rebouteux à Orcival, herboriste par prudence et empoisonneur par vocation.

Telle était la stupéfaction du père Plantat et de M. Gendron, que ni l'un ni l'autre ne put répondre.

C'était bien le rebouteux, en effet, remuant dans le vide ses mâchoires désarticulées. Son adversaire l'avait jeté bas au moyen de ce terrible coup du genou qui est la suprême défense et l'*ultima ratio* des pires rôdeurs de barrières parisiens.

Mais ce n'était pas la présence, presque inexplicable pourtant, de Robelot, qui surprenait si fort le juge et son ami.

Leur stupeur venait de l'apparence de cet autre homme qui, de sa poigne d'acier, aussi rigide que des menottes, maintenait l'ancien garçon de laboratoire du docteur et le poussait en avant.

Il avait incontestablement la voix de M. Lecoq, son costume, sa cravate à nœud prétentieux, sa chaîne de montre en crin jaune, et cependant ce n'était pas, non ce n'était plus M. Lecoq.

Sorti par la fenêtre, blond, avec des favoris bien ratissés, il rentrait par la porte, brun et le visage glabre.

Celui qui était sorti, était un homme mûr, à physionomie capricieuse, prenant à volonté, l'air idiot ou l'air intelligent ; celui qui rentrait était un beau garçon de trente-cinq ans à l'œil fier, à la lèvre frémissante : de magnifiques cheveux noirs bouclés faisaient vigoureusement

ressortir la pâleur mate de son teint et le ferme dessin de sa tête énergique.

Il avait au cou, un peu au-dessous du menton, une blessure qui saignait.

— Monsieur Lecoq! exclama le juge de paix, recouvrant enfin la parole.

— Lui-même, répondit l'agent de la sûreté, et, pour cette fois seulement, le vrai.

Et s'adressant au rebouteux, tout en lui donnant un rude coup d'épaule :

— Avance, toi, dit-il.

Le rebouteux tomba à la renverse sur un fauteuil, mais l'homme de la police continua à le tenir.

— Oui, poursuivait-il, ce gredin m'a arraché mes ornements blonds. C'est grâce à lui, et bien malgré moi, que je vous apparais au naturel, avec la tête qui m'a été donnée par le Créateur, et qui est bien à moi.

Il eut un geste insouciant et ajouta, moitié fâché, moitié souriant :

— Je suis le vrai Lecoq, et sans mentir, il n'y a pas plus de trois personnes qui le connaissent après vous, messieurs : deux amis sûrs et une amie qui l'est infiniment moins, celle dont je parlais tout à l'heure.

Les yeux du père Plantat et de M. Gendron interrogeaient avec tant d'instances, que l'agent de la sûreté continua :

— Que voulez-vous! Tout n'est pas roses, dans le métier. On court, à écheniller la société, des dangers qui devraient bien nous concilier l'estime de nos contemporains à défaut de leur affection. Tel que vous me voyez je suis condamné à mort par sept malfaiteurs, les plus dangereux qui soient en France. Je les ai fait prendre, et ils ont juré, — et ce sont des hommes de parole, — que je ne mourrais que de leur main. Où sont-ils, ces misérables? Quatre sont à Cayenne, un est à Brest; j'ai de leurs nouvelles. Mais les deux autres? J'ai perdu leur piste. Qui sait si l'un deux ne m'a pas suivi jusqu'ici, qui me dit que demain, au détour d'un chemin

creux, je ne recevrai pas six pouces de fer dans le ventre.

Il eut un sourire mélancolique.

— Et pas de récompense, poursuivit-il, pour les périls que nous bravons. Que je tombe demain, on ramassera mon cadavre, on le portera à l'un des domiciles officiels qu'on me connaît et tout sera dit.

Le ton de l'homme de la police était devenu amer, la sourde irritation de sa voix trahissait bien des rancunes.

— Heureusement, reprit-il, mes précautions sont prises. Tant que je suis dans l'exercice de mes fonctions, je me défie, et quand je suis sur mes gardes, je ne crains personne. Mais il est des jours où on est las de craindre, où on veut pouvoir tourner court une rue sans redouter le poignard. Ces jours-là je redeviens moi-même; je me débarbouille, je jette mon masque, ma personnalité se dégage des mille déguisements que j'endosse tour à tour. Voici quinze ans que je suis à la préfecture, nul n'y connaît mon visage vrai, ni la couleur de mes cheveux...

Maître Robelot, mal à l'aise sur son fauteuil, essaya un mouvement.

— Ah! ne fais pas le méchant, lui dit M. Lecoq, changeant subitement de ton, il t'en cuirait, lève-toi plutôt et dis-nous ce que tu faisais dans ce jardin?

— Mais vous êtes blessé! s'écria le juge de paix, remarquant le filet de sang qui glissait le long de la chemise de l'agent de la sûreté.

— Oh! ce n'est rien, monsieur, une égratignure, ce drôle avait un grand coutelas fort pointu dont il a voulu jouer....

Le juge de paix voulut absolument examiner cette blessure, et c'est seulement quand le docteur eut reconnu sa parfaite innocuité, qu'il s'occupa du rebouteux.

— Voyons, maître Robelot, demanda-t-il, que veniez-vous faire chez moi?

Le misérable ne répondit pas.

— Prenez garde, insista le père Plantat, votre silence nous confirmera dans l'idée que vous êtes venu avec les pires desseins.

Mais c'est en vain que le père Plantat épuisa son éloquence persuasive, le rebouteux se renfermait dans une farouche et silencieuse immobilité.

Alors M. Gendron se décida à prendre la parole, espérant, non sans raison, qu'il aurait quelque influence sur son ancien domestique.

— Réponds, interrogea-t-il, que voulais-tu?

Le rebouteux fit un effort, et ses yeux dénoncèrent une vive souffrance. Parler, avec sa mâchoire démise, était douloureux.

— Je venais pour voler, répondit-il, je l'avoue.

— Voler!... quoi?

— Je ne sais pas.

— On n'escalade pas un mur, on ne risque pas la prison sans une intention bien arrêtée d'avance.

— Eh bien, donc je voulais...

Il s'arrêta.

— Quoi? parle.

— Prendre des fleurs rares dans la serre.

— Avec ton coutelas, n'est-ce pas? fit en ricanant M. Lecoq.

Le rebouteux lui lançant un regard terrible, il continua :

— Ne me regarde pas ainsi, tu ne me fais pas peur. Puis, toi qui es fin, ne nous dis donc pas de niaiseries. Si tu nous crois beaucoup plus bêtes que toi, tu te trompes, je t'en préviens.

— Je voulais prendre les pots, balbutia maître Robelot, pour les revendre.

— Allons donc! fit l'agent de la sûreté en haussant les épaules, ne répète donc pas tes inepties. Toi, un homme qui achète et paie comptant des terres excellentes, voler des pots de bruyère! A d'autres. Ce soir, mon garçon, on t'a retourne comme un vieux gant. Bien malgré toi,

tu as donné la volée à un secret qui te tourmente diablement, et tu venais ici pour tâcher de le reprendre. En y réfléchissant, tu t'es dit, toi rusé, que sans doute M. Plantat n'avait encore parlé à qui que ce soit et tu arrivais avec le projet ingénieux de l'empêcher de parler désormais à âme qui vive.

Le rebouteux voulut protester.

— Tais-toi donc, lui dit M. Lecoq, et ton coutelas?

Pendant cet interrogatoire sommaire du rebouteux, le père Plantat réfléchissait.

— Peut-être, murmura-t-il, peut-être ai-je parlé trop tôt.

— Pourquoi donc? répondit l'agent de la sûreté, je cherchais une preuve palpable à donner à M. Domini, nous lui servirons ce joli garçon, et s'il n'est pas content, c'est qu'il est trop difficile.

— Mais que faire de ce misérable?

— Il doit bien y avoir dans la maison un endroit pour l'enfermer; s'il le faut, je le ficellerai.

— J'ai là, proposa le juge de paix, un cabinet noir.

— Est-il sûr?

— Trois des côtés sont formés de murs épais, le quatrième qui donne ici même est fermé par une double porte, pas d'ouvertures, pas de fenêtres, rien.

— C'est notre affaire.

Le père Plantat ouvrit alors le cabinet qui sert de décharge à sa bibliothèque, sorte de trou noir, humide faute d'air, étroit, et tout plein de livres de rebut, de paquets de journaux et de vieux papiers.

— Tu seras, là-dedans, comme un petit roi, dit l'agent au rebouteux.

Et, après l'avoir fouillé, il le poussa dans le cabinet.

Robelot ne résista pas, mais il demanda à boire et une lumière. On lui passa une carafe pleine d'eau et un verre.

— Quant à de la lumière, lui dit M. Lecoq, tu t'en passeras. Tu n'aurais qu'à nous jouer quelque mauvais tour!

La porte du cabinet noir refermée, le père Plantat tendit la main à l'agent de la sûreté.

— M. Lecoq, lui dit-il, d'une voix émue, vous venez probablement de me sauver la vie au péril de la vôtre ; je ne vous remercie pas. Un jour viendra, je l'espère, où il me sera possible...

L'homme de la préfecture l'interrompit d'un geste.

— Vous savez, monsieur, fit-il, combien ma peau est compromise, la risquer une fois de plus n'est pas un mérite ; puis, sauver la vie à un homme, ce n'est pas toujours lui rendre service...

Il resta pensif quelques secondes et ajouta :

— Vous me remercierez plus tard, monsieur, lorsque j'aurai acquis d'autres droits à votre gratitude.

M. Gendron, lui aussi, avait donné une cordiale poignée de main à l'agent de la sûreté.

— Laissez-moi, lui disait-il, vous exprimer toute mon admiration. Je n'avais pas idée de ce que peuvent être les investigations d'un homme de votre trempe. Arrivé ce matin, sans details, sans renseignements, vous êtes parvenu par le seul examen du théâtre du crime, par la seule force du raisonnement et de la logique, à trouver le coupable ; et, bien plus, à nous démontrer, à nous prouver que le coupable ne peut pas être un autre que celui que vous dites.

M. Lecoq s'inclina modestement. En réalité, les éloges de ce juge si compétent chatouillaient delicieusement sa vanité.

— Et cependant, répondit-il, je ne suis pas encore parfaitement satisfait. Certes, la culpabilité de M. de Trémorel m'est surabondamment prouvée. Mais quels mobiles l'ont poussé ? Comment a-t-il été conduit à cette épouvantable détermination de tuer sa femme et d'essayer de faire croire que lui-même avait été assassiné ?

— Ne peut-on supposer, objecta le docteur, que dégouté de Mme de Trémorel, il s'est défait d'elle pour rejoindre une autre femme aimée, adorée jusqu'à la folie ?

M. Lecoq hocha la tête.

— On ne tue pas sa femme, dit-il, pour cette seule raison qu'on ne l'aime plus et qu'on en adore une autre. On quitte sa femme, on va vivre avec sa maîtresse, et tout est dit. Cela se voit tous les jours, et ni la loi, ni l'opinion ne condamnent bien sévèrement l'homme qui agit ainsi.

— Mais, objecta le médecin, quand c'est la femme qui possède la fortune !...

— Ce n'est pas ici le cas, répondit l'agent de la sûreté ; je suis allé aux informations, M. de Trémorel possédait de son chef cent mille ecus, debris d'une fortune colossale sauvés par son ami Sauvresy, et sa femme, par leur contrat de mariage, lui a de plus reconnu un demi-million. Avec huit cent mille francs, on peut vivre à l'aise partout. D'ailleurs, le comte était parfaitement maître de toutes les valeurs de la communauté. Il pouvait vendre, acheter, réaliser, emprunter, placer et déplacer les fonds à sa fantaisie.

Le docteur Gendron n'avait rien à répondre. M. Lecoq continua, parlant avec une certaine hésitation, tandis que ses yeux interrogeaient le père Plantat.

— C'est dans le passé, je le sens, qu'il faut chercher les raisons de ce meurtre d'aujourd'hui et les motifs de la terrible résolution de l'assassin.

Un crime liait le comte et la comtesse si indissolublement, que la mort seule de l'un pouvait rendre la liberté à l'autre.

Ce crime, je l'ai soupçonné du premier coup, je l'ai entrevu à chaque moment depuis ce matin, et l'homme que nous venons d'enfermer la, Robelot le rebouteux, qui voulait assassiner monsieur le juge de paix, en a été l'agent ou le complice.

Le docteur Gendron n'avait pas assisté aux diverses scenes qui, dans la journee au Valfeuillu, le soir chez le maire d'Orcival, avaient etabli une tacite entente entre le père Plantat et l'homme de la prefecture. Il lui fallait toute la perspicacité dont il est doué pour combler les lacunes et deviner les sous-entendus de la conversation

qu'il écoutait depuis deux heures. Les derniers mots de l'agent de la sûreté furent pour lui un trait de lumière, et il s'écria :

— Sauvresy !...

— Oui, répondit M. Lecoq, oui, Sauvresy !... Et ce papier que cherchait le meurtrier avec tant d'acharnement, cette lettre pour laquelle il négligeait le soin de son salut, doit contenir l'irrécusable preuve du crime.

En dépit des regards les plus significatifs, des provocations les plus directes à une explication, le vieux juge de paix se taisait. Il semblait à cent lieues de l'explication actuelle, et son regard perdu dans le vide, paraissait suivre dans les brumes du passé des événements oubliés.

M. Lecoq, après une courte délibération intérieure, se décida à frapper un grand coup.

— Quel passé, fit-il, que celui dont le fardeau est si écrasant que, pour s'y soustraire, un homme jeune, riche, heureux, M. le comte Hector de Trémorel, arrive à combiner froidement un crime, résigné d'avance à disparaître ensuite, à cesser d'exister legalement, à perdre tout ensemble, sa personnalité, sa situation, son honneur et son nom! Quelle passé, que celui dont le poids peut décider au suicide une jeune fille de vingt ans !

Le père Plantat s'était redressé, pâle, plus ému peut-être qu'il ne l'avait été de la journée.

— Ah! s'écria-t-il d'une voix altérée, ce que vous dites là vous ne le pensez pas. Laurence n'a jamais rien su !

M. Gendron qui étudiait sérieusement le vrai Lecoq, crut voir un fin sourire éclairer la figure si intelligente du policier.

Le vieux juge de paix, cependant, poursuivait calme et digne désormais, d'un ton qui n'etait pas exempt d'une certaine hauteur :

— Il n'était besoin, M. Lecoq, ni de ruses ni de subterfuges pour me déterminer à dire ce que je sais. Je vous ai temoigné assez d'estime et de confiance, pour vous ôter le droit de vous armer contre moi du secret

douloureux — ridicule, si vous voulez — que vous avez surpris.

Si grand que soit son aplomb, l'agent de la sûreté fut quelque peu décontenancé et essaya de protester.

— Oui, interrompit le père Plantat, votre surprenant génie d'investigations vous a conduit à la vérité. Mais vous ne savez pas tout, et maintenant encore, je me tairais si les raisons qui me commandaient le silence n'avaient cessé d'exister.

Il ouvrit le tiroir à secret d'un bureau de vieux chêne placé près de la cheminée, et en sortit un dossier assez volumineux qu'il déposa sur la table.

— Voici quatre ans, reprit-il, que jour par jour, je devrais dire : heure par heure, je suis les phases diverses du drame affreux qui, cette nuit, au Valfeuillu, s'est dénoué dans le sang. Dans le principe, ce fut curiosité pure d'ancien avoué désœuvré. Plus tard, j'espérais sauver l'existence et l'honneur d'une personne bien chère.

Pourquoi je n'ai rien dit de mes découvertes? C'est, messieurs, le secret de ma conscience, elle ne me reproche rien. Et d'ailleurs, hier encore, je fermais les yeux à l'évidence, il m'a fallu le brutal témoignage du fait...

Le jour était venu. Dans les allées du jardin, les merles effrontés couraient en sifflant. Le pavé de la route d'Evry sonnait sous le sabot des attelages matineux se rendant aux champs. Aucun bruit ne troublait le morne silence de la bibliothèque, aucun, sinon le bruissement des feuilles de papier que tournait le vieux juge de paix et de temps à autre une plainte du rebouteux qui, enfermé dans le cabinet noir, souffrait et geignait.

— Avant de commencer, dit le père Plantat, je devrais, messieurs, consulter vos forces, voici vingt-quatre heures que nous sommes debout...

Mais le docteur et l'agent de la sûreté prostestèrent qu'ils n'avaient nul besoin de repos. La fièvre de la curiosité avait chassé la lassitude. Enfin, ils allaient avoir le mot de cette sanglante énigme.

— Soit, reprit le juge de paix, alors écoutez-moi.

XII

A vingt-six ans, le comte Hector de Trémorel était le modèle achevé, le parfait idéal du gentilhomme viveur, tel qu'il peut l'être à notre époque, inutile à soi et aux autres, nuisible même, semblant mis sur terre expressément pour jouir aux dépens de tout et de tous.

Jeune, très-noble, élégant, riche à millions, doué d'une santé de fer, ce dernier descendant d'une grande race, gaspillait le plus follement, d'aucuns disaient le plus indignement du monde, et sa jeunesse et son patrimoine.

Il est vrai, qu'à ces excès de tous les genres, il avait conquis une magnifique et peu enviable célébrité.

On citait ses écuries, ses équipages, ses gens, son mobilier, ses chiens, ses maîtresses.

Ses chevaux de rebut faisaient encore prime, et une drôlesse distinguée par lui acquérait aussitôt une valeur plus grande, comme un effet de commerce sur lequel tomberait la signature de M. de Rotchschild.

N'allez pas croire, au moins, que ce jeune homme fût né mauvais! Il avait eu du cœur et même de généreuses idées, autrefois, à vingt ans. Six années de bonheurs malsains l'avaient gâté jusqu'à la moelle.

Vaniteux jusqu'à la folie, il était prêt à tout pour garder sa famosité. Il avait l'égoïsme farouche et terrible de quiconque n'a jamais eu à s'occuper que de soi et n'a jamais souffert. Enivré jusqu'au vomissement des plates flagorneries de soi-disant amis qu'attirait son argent, il s'admirait en conscience, prenant pour de l'esprit son cynisme brutal, et pour du caractère son superbe dédain

de toute morale, son manque absolu de principes et son scepticisme idiot.

Et faible, avec cela. Ayant des caprices, jamais une volonté. Faible comme l'enfant, comme la femme, comme la fille.

On retrouve sa biographie dans tous les petits journaux du moment, qui colportaient à l'envi les mots qu'il faisait ou qu'il aurait pu faire à ses heures de loisir.

Ses moindres faits et gestes sont relatés.

Une nuit, soupant au café de Paris, il jette toute la vaisselle par la fenêtre; c'est mille louis qu'il en coûte. Bravo ! Le lendemain, après boire, il fait scandale avec une drôlesse dans une loge d'avant-scène, et il faut l'intervention du commissaire de police. On n'est pas plus régence.

Un matin, Paris-badaud apprend avec stupeur qu'il s'envole en Italie avec la femme du banquier X... une mère de famille de dix-neuf ans.

Il se bat en duel et blesse son adversaire. Quel courage ! La semaine suivante, c'est lui qui reçoit un coup d'épée. C'est un héros !

Une fois, il va à Bade et fait sauter la banque. Une autre fois, après une séance de jeu de soixante heures, il réussit à perdre 120,000 francs contre un prince russe.

Il est de ces esprits que le succès exalte, qui convoitent les applaudissements, mais qui jamais ne s'inquiètent de la nature de ceux qu'ils obtiennent. Le comte Hector était un peu plus que ravi du bruit qu'il faisait par le monde. Avoir sans cesse son nom ou ses initiales dans les bulletins du *Monde parisien* lui paraissait le comble de l'honneur et de la gloire.

Il n'en laissait rien paraître, toutefois, et même avec une désinvolture charmante, il disait après chaque nouvelle aventure :

— Ne cessera-t-on donc jamais de s'occuper de moi ?

Puis, dans les grandes occasions, empruntant un mot à Louis XV, il disait :

— Après moi le déluge.

Le déluge arriva de son vivant.

Un matin du mois d'avril, son valet de chambre, qui était un bâtard scrofuleux de quelque portier parisien, par lui formé, dressé et stylé, l'éveilla sur les neuf heures en lui disant :

— Monsieur, il y a dans l'antichambre, en bas, un huissier qui vient, à ce qu'il prétend, pour saisir les meubles de monsieur.

Hector se retourna sur ses oreillers, bâilla, se détira et répondit :

— Eh bien, dis-lui de commencer l'opération par les écuries et les remises et remonte m'habiller.

Il ne parut pas autrement ému, et le domestique se retira surpris et émerveillé du flegme de son maître.

C'est que le comte avait du moins ce mérite de savoir au juste à quoi s'en tenir sur sa situation financière, et cette invasion de l'huissier, il la prévoyait, je dirai plus, il l'attendait.

Il y avait trois ans qu'à la suite d'une chute de cheval qui le mit sur le lit six semaines, le comte de Trémorel avait mesuré la profondeur du gouffre où il courait.

Alors, il pouvait encore se sauver. Mais quoi ! il lui eût fallu changer son genre de vie, réformer sa maison, apprendre qu'il faut vingt pièces d'un franc pour faire un louis ! Fi, jamais !

Il lui parut que, donner un louis de moins par mois à sa maîtresse en titre, ce serait rogner d'un centimètre le piédestal que lui avaient élevé ses contemporains. Plutôt mourir !

Et après mûres réflexions, il se dit qu'il irait jusqu'au bout. Ses aïeux ne mouraient-ils pas tout d'une pièce ? Le mauvais quart d'heure venu, il s'enfuirait à l'autre bout de la France, démarquerait son linge et se ferait sauter la cervelle au coin de quelque bois.

L'échéance fatale était arrivée.

C'est qu'à force de contracter des obligations, de signer des lettres de change, de renouveler des billets, de payer des intérêts et les intérêts des intérêts, de donner des

commissions et des pots de vin, d'emprunter toujours et de ne jamais rendre, Hector avait dévoré le patrimoine princier, — près de quatre millions en terres, — recueilli à la mort de son père.

L'hiver qui venait de s'écouler lui avait coûté cinquante mille écus. Il y avait huit jours qu'ayant tenté un dernier emprunt de cent mille francs, il avait échoué.

On l'avait refusé, non que ses propriétés ne valussent plus qu'il ne devait, mais les prêteurs sont prudents et ils savent l'incroyable dépréciation des biens vendus aux enchères.

C'est pourquoi le valet de chambre du comte de Trémorel, entrant et disant : « Monsieur, c'est l'huissier, » semblait en réalité quelque spectre de commandeur criant : « Au pistolet, maintenant. »

Il prit crânement l'avertissement et se leva en murmurant :

— Allons, c'est fini.

Il etait fort calme et plein d'un beau sang-froid, bien qu'un peu étourdi. Mais le vertige est assez excusable, lorsque, sans transition, on passe de tout à rien.

Sa conviction étant qu'il faisait sa dernière toilette, il ne voulait pas qu'elle fût inférieure à ses toilettes de tous les jours.—Parbleu! C'est en grande tenue de cour que la noblesse française allait au combat.

En moins d'une heure, il fut prêt. Il passa, comme d'ordinaire, sa chaîne de montre à coulants de brillants dans la boutonnière de son gilet, puis il glissa dans la poche de côté de son léger pardessus une paire de mignons pistolets à deux coups, à crosse d'ivoire, chef-d'œuvre de Brigt, l'artiste armurier anglais.

Alors, il renvoya son domestique, et ouvrant son secrétaire il inventoria ses suprêmes ressources.

Il lui restait dix mille et quelques cents francs.

Avec cette somme, il pouvait entreprendre un voyage, prolonger son existence de deux ou trois mois, mais il repoussa avec horreur la pensée — indigne de son beau

caractère — d'un misérable subterfuge, d'un sursis déguisé, d'un recours en grâce.

Il songea, au contraire, que ces dix billets de mille francs allaient lui permettre une somptueuse largesse dont il serait parlé dans le monde.

Il se dit qu'il serait chevaleresque d'aller demander à déjeuner à sa maîtresse et de lui faire cadeau de cet argent au dessert.

Pendant le déjeuner, il serait étourdissant de verve, de gaîté, de scepticisme railleur, puis, à la fin, il annoncerait son suicide.

Cette fille ne manquerait pas d'aller partout raconter la scène ; elle répéterait sa dernière conversation, — son testament politique, — et le soir on en causerait dans tous les cafés, il en serait question dans tous les journaux.

Cette idée, ces perspectives d'éclat le réjouirent singulièrement et le réconfortèrent tout à fait. Il allait sortir, lorsque son regard tomba sur l'amas de paperasses que contenait son secrétaire. Peut-être s'y trouvait-il un écrit oublié capable de ternir la pureté d'acier de sa mémoire.

Vivement il vida les tiroirs dans la cheminée sans regarder, sans choisir, et il mit le feu à cette masse de papiers.

C'est avec un sentiment d'orgueil bien légitime qu'il regardait s'enflammer tous ces chiffons, lettres d'amour ou lettres d'affaires, doubles obligations, titres de noblesse ou de propriété. N'était-ce pas son passé éblouissant qui flambait à mettre le feu dans la cheminée !

Le dernier chiffon était consumé, il songea à l'huissier et descendit.

Cet officier ministériel dans l'exercice de ses fonctions, n'était autre que M⁰ Z..., huissier audiencier, le mieux mis et le plus poli des huissiers, homme de goût et d'esprit, ami des artistes, poète lui-même, à ses heures.

Il avait déjà saisi dans les écuries huit chevaux, avec leurs harnachements, selles, brides, mors, couvertes ; et

dans la remise, cinq voitures avec leurs apparaux, coussins doubles, capotes mobiles, timons de rechange, lorsqu'il aperçut dans la cour le comte Hector.

— Je procédais fort lentement, monsieur le comte, lui dit-il, après l'avoir salué, peut-être désirez-vous arrêter les poursuites. La somme est importante, il est vrai, mais dans votre position...

— Sachez, monsieur, répondit superbement M. de Trémorel, que si vous êtes ici c'est que cela me convient. Mon hôtel ne me plaît plus, je n'y remettrai jamais les pieds, ainsi vous êtes le maître ; allez.

Et pirouettant sur ses talons, il s'éloigna.

Et Mᵉ Z... bien désillusionné se remit à l'œuvre. Il allait de pièce en pièce, admirant et saisissant. Il décrivait les coupes de vermeil gagnees aux courses, les collections de pipes, les trophées d'armes. Il saisit la bibliothèque, un meuble splendide, et tous les volumes qu'elle contenait : Un *Manuel d'hippiatrique, la Chasse et la pêche, les Mémoires de Casanova, le Duel et les duellistes, Thérèse, la Chasse au chien d'arrêt...*

Pendant ce temps, le comte de Trémorel plus que jamais résolu au suicide, remontait le boulevard, se rendant chez sa maîtresse, qui occupait près de la Madeleine un petit appartement de six mille francs.

Cette maîtresse, Hector l'avait huit ou dix mois auparavant lancée dans le demi-monde sous le nom de miss Jenny Fancy.

La vérité est qu'elle s'appelait Pélagie Taponnet, et qu'elle était, sans que le comte s'en doutât, la sœur adultérine de son valet de chambre.

Protégée par le comte de Trémorel, miss Fancy a eu dans le demi-monde parisien un réel et bruyant succès de toilettes et de beauté.

Elle était loin cependant d'être belle, dans l'acception classique du mot. Mals elle présentait le type accompli du « joli » parisien, type qui, pour être de pure convention, n'en a pas moins des admirateurs passionnés. Elle avait des mains délicates d'un dessin parfait, un pied mi-

gnon, de superbes cheveux chatains, la dent blanche du chat, et par-dessus tout, de grands yeux noirs insolents ou langoureux, caressants, provocants, des yeux à faire descendre les saints de pierre de leur niche.

Miss Fancy n'était pas fort intelligente, mais elle eut vite pris le facile « bagout » des coureuses de premières représentations ; enfin, elle faisait valoir ses toilettes excentriques.

Le comte l'avait ramassée dans un bal public de bas étage, où, un soir, par le plus grand des hasards, il était entré pendant qu'elle dansait des pas risqués en bottines percées.

En moins de douze heures, sans transition, elle passa de la plus affreuse misère à un luxe dont évidemment elle ne pouvait même avoir l'idée.

Éveillée un matin sur le grabat malpropre d'un cabinet garni à douze francs par mois, elle s'endormit le soir sous les courtines de satin d'un lit de palissandre.

Cet éblouissant changement ne la surprit pas autant qu'on le pourrait supposer.

Il n'est pas, à Paris, de fillette un peu jolie qui n'attende, pleine de confiance, des aventures plus surprenantes encore. Il faut à l'artisan enrichi quinze ans pour s'habituer à l'habit noir ; la Parisienne quitte sa robe de six sous pour le velours et la moire, et on jurerait que jamais elle n'a porté autre chose.

Quarante-huit heures après son installation, miss Fancy avait mis ses domestiques sur un bon pied ; on lui obéissait au doigt et à l'œil, et elle faisait marcher comme il faut ses couturières et ses modistes.

Cependant le premier étourdissement d'un plaisir absolument nouveau se dissipa vite.

Bientôt, Jenny, seule une partie de la journée, dans son bel appartement, ne sut plus à quelles distractions se prendre.

Ses toilettes qui d'abord l'avaient transportée ne lui disaient plus rien. La jouissance d'une femme n'est complète, que doublée de la jalousie des rivales.

Or, les rivales de Fancy habitaient au faubourg du Temple, tout en haut, près de la barrière ; elles ne pouvaient envier sa splendeur qu'elles ne connaissaient pas, et il lui était absolument interdit d'aller se montrer à elles, d'aller les éclabousser. A quoi bon, alors, une voiture !

Quant à Trémorel, Jenny le subissait, ne pouvant faire autrement. Il lui semblait le plus ennuyeux des hommes. Ses amis, elle les considérait tous comme des êtres assommants.

Peut-être sentait-elle un écrasant mépris sous les manières ironiquement polies, et comprenait-elle combien peu elle était, pour tous ces gens riches, ces viveurs, ces joueurs, ces blasés, ces repus.

Ses plaisirs, et encore elle les goûtait modérément, étaient une soirée chez quelque femme dans sa position, une nuit de baccarat où elle gagnait, un souper où elle gâchait tout.

Le reste du temps, elle s'ennuyait.

Elle s'ennuyait à périr, elle avait la nostalgie de la ruelle fangeuse de son quartier, de son garni infect.

Cent fois elle eut envie de planter là Trémorel, de renoncer à son luxe, à son argent, à ses domestiques et de reprendre son ancienne existence. Dix fois, elle fit son paquet, toujours l'amour-propre la retint au dernier moment.

Telle est, aussi exactement que possible, la femme chez laquelle ce matin de la saisie, le comte Hector se présenta sur les onze heures.

Certes, elle ne l'attendait guère si matin, et elle fut bien surprise quand il lui annonça qu'il venait lui demander à déjeuner, la priant de faire se dépêcher la cuisinière, parce qu'il était fort pressé.

Jamais miss Fancy n'avait vu son amant si aimable, jamais surtout elle ne l'avait vu si gai. Tant que dura le déjeuner, il fut, comme il se l'était promis, étincelant de verve.

Le café servi, Hector jugea le moment opportun pour parler.

— Tout ceci, mon enfant, dit-il, n'est qu'une préface destinée à te préparer à une nouvelle assez surprenante. Donc, tu sauras que je suis ruiné.

Elle le regarda ébahie, paraissant ne pas comprendre.

— J'ai dit ruiné, insista-t-il en riant très-fort, tout ce qu'il y a de plus ruiné, ruiné à plates coutures.

— Ah! tu veux te moquer de moi, tu plaisantes!...

— Jamais je n'ai parlé si sérieusement, reprit Hector. Cela te semble invraisemblable, n'est-ce pas? Eh bien! c'est pourtant très-vrai.

Les grands yeux de Jenny interrogeaient toujours.

— Que veux-tu, continua-t-il avec une superbe insouciance, la vie est comme une grappe de raisin qu'on mange lentement grain à grain ou dont on exprime le suc dans un verre pour le boire d'un trait. J'ai choisi la seconde méthode. Ma grappe à moi se composait de quatre millions, ils sont bus. Je ne les regrette pas, j'ai eu de la vie pour mon argent. Mais à présent, je puis me flatter d'être aussi gueux que n'importe quel gueux de France. Tout à cette heure est saisi chez moi, je suis sans domicile, je n'ai plus le sou.

Il parlait, il parlait, s'animant au choc des pensées diverses qui se pressaient tumultueusement dans son cerveau, s'exaltant au cliquetis des mots.

Et il ne jouait pas la comédie. Sa bonne foi était complète, intacte, entière. Il ne songeait même pas à se trouver bien.

— Mais... alors... hasarda miss Fancy...

— Quoi? tu te trouves libre? Cela va sans se dire.

Elle ne savait trop encore si elle devait s'affliger ou se réjouir.

— Oui! déclara-t-il, je te rends ta liberté.

Jenny eut un geste sur lequel Hector se méprit.

— Oh! mais, sois tranquille, ajouta-t-il vivement je ne te quitte pas ainsi, je ne veux pas que demain tu te

trouves dans l'embarras. Le loyer ici étant à ton nom, le mobilier te reste, et, de plus, j'ai songé à toi. J'ai là, dans ma poche, cinq cents louis, c'est toute ma fortune, je te l'apporte.

Il lui présentait en même temps sur une assiette, — imitant en riant les garçons de restaurant qui rapportent la monnaie, — ses dix derniers billets de mille francs.

Elle les repoussa avec horreur.

— Eh bien! fit-il, reprenant son ton d'homme supérieur, voilà un beau mouvement, mon enfant, c'est bien, très-bien. Je l'ai toujours pensé, vois-tu, et toujours dit, tu es une bonne fille, trop bonne même, il faudra te corriger.

Oui, elle était bonne fille, miss Fanny Fancy, autrement dit Pelagie Taponnet, car au lieu de serrer les billets de banque et de mettre Hector à la porte comme c'était incontestablement son droit, elle essaya, le croyant très-malheureux, de le consoler, de le réconforter.

Depuis que Trémorel lui avait confessé qu'il était sans le sou, elle ne le haïssait presque plus, et même, par un revirement fréquent chez les femmes de cette trempe, elle commençait à l'aimer.

Hector saisi, sans asile, n'était plus l'homme terrible, payant pour être le maître, le millionnaire dont un caprice rejette au ruisseau la femme qu'il en a tirée par fantaisie. Ce n'était plus le tyran, l'être exécré. Ruiné, il descendait de son piédestal, il rentrait dans le droit commun, il redevenait un homme comme les autres, préférable aux autres, étant vraiment remarquablement beau.

Puis prenant pour un généreux élan du cœur le dernier artifice d'une vanité malade, Fancy était extrêmement touchée de ce don de dix mille francs.

— Tu n'es pas si pauvre que tu dis, reprit-elle, puisque tu as encore cette somme.

— Eh! chère enfant, c'est à peine ce que tu me coûtes par mois, je t'ai donné tout autant deux ou trois fois pour quelques petits diamants que tu portais une soirée.

Elle réfléchit un moment, et tout étonnée, comme après une découverte :

— Tiens ! dit-elle, c'est pourtant vrai.

Depuis longtemps Hector ne s'était autant amusé.

— Mais, reprit gravement miss Fancy, je puis dépenser moins, oh! oui, beaucoup moins, et être, je te l'assure, tout aussi heureuse. Autrefois, avant de te connaître, quand j'étais jeune, — elle avait dix-neuf ans, — dix mille francs me semblaient une de ces sommes fabuleuses dont on parle, mais que peu d'hommes ont vue réunie en un seul tas, que bien peu ont tenue entre les mains.

Elle essayait de glisser les billets dans la poche du comte qui se défendait.

— Ainsi, tiens, reprends, garde...

— Que veux-tu que j'en fasse?

— Je ne sais, mais il me semble que cet argent peut en rapporter d'autre. Ne peux-tu jouer à la Bourse, parier aux courses, gagner à Bade, tenter quelque chose enfin? J'ai entendu parler de gens qui maintenant sont riches comme des rois, qui ont commencé avec rien, et qui n'avaient pas ton éducation à toi, qui as tout vu, qui connais tout. Que ne fais-tu comme eux?

Elle parlait vivement, avec cet entraînement de la femme qui cherche à faire triompher son idée.

Et lui, la regardait, stupéfait de lui trouver cette sensibilité, cet intérêt désintéressé à sa personne, plus étonné qu'un prosecteur de l'école, qui, préparant sa leçon, rencontrerait le cœur de son sujet à droite au lieu de le découvrir à gauche.

— Tu veux bien, n'est-ce pas? insistait-elle, tu veux bien...

Il secoua l'espèce de torpeur pleine de charmes où le plongeait la mine câline de sa maîtresse.

— Oui, lui dit-il, tu es une bonne fille, mais prends ces cinq cents louis puisque je te les donne, et ne t'inquiète de rien.

— Mais toi? as-tu encore de l'argent? que te reste-t-il?

— J'ai encore...

Il s'arrêta, inspectant ses poches, comptant l'or de son porte-monnaie, ce qui ne lui était jamais arrivé.

— Ma foi! il me reste trois cent quarante francs, c'est bien plus qu'il ne me faut, aussi, avant de partir, je veux donner dix louis à tes domestiques, ils m'ont bien servi.

— Et que deviendras-tu après! mon Dieu?

Il se posa sur sa chaise, caressant négligemment sa belle barbe, et ajouta :

— Je vais me brûler la cervelle.

— Oh! s'écria-t-elle effrayée.

Hector supposa que la jeune femme doutait. Il sortit de sa poche ses petits pistolets à crosse d'ivoire, et les lui montrant :

— Tu vois, lui dit-il ces joujoux? Eh bien, en te quittant, je vais aller quelque part, n'importe où, j'appuierai les canons comme cela, sur mes tempes, — il faisait le geste — je presserai la détente, et tout sera dit.

Elle le regardait, la pupille dilatée par l'épouvante, pâle, le sein ému.

Mais en même temps elle l'admirait. Elle était émerveillée de tant de courage, de ce calme, de cette insouciance railleuse. Quel dédain superbe de la vie! Dévorer sa fortune et se tuer après, sans cris, sans pleurs, sans regrets, lui paraissait un acte d'héroïsme inouï, sans exemple, sans pareil. Et, dans son extase, il lui semblait que devant elle se dressait un homme nouveau, inconnu, beau, radieux, éblouissant. Elle se sentait prise pour lui de tendresses infinies; elle l'aimait comme jamais elle n'avait aimé, en elle s'éveillaient des ardeurs ignorées.

— Non! s'écria-t-elle, non! cela ne sera pas.

Et, se levant brusquement, elle bondit jusqu'à Hector.

Elle s'était suspendue au cou de son amant, et la tête rejetée en arrière pour le bien voir, pour plonger ses yeux dans les siens, elle continuait :

— Tu ne te tueras pas, n'est-ce pas? tu me le pro-

mets, tu me le jures. Non, ce n'est pas possible, tu ne le voudrais pas. C'est que je t'aime, vois-tu, je t'aime... moi qui ne pouvais pas te souffrir autrefois. Ah! je ne te connaissais pas, tandis que maintenant... Va! nous serons heureux. Toi qui as toujours vécu dans les grandeurs, tu ne sais pas ce que c'est que dix mille francs, mais je le sais, moi.

On peut vivre longtemps, très-longtemps et très-bien, avec cela. Sans compter que si nous voulons vendre tout ce qu'il y a ici d'inutile, les chevaux, la voiture, mes diamants, mon cachemire vert, nous en tirerons bien le triple, le quadruple même, de cette somme. Trente mille francs! c'est une fortune. Songe à ce que cette somme représente de jours de bonheur!...

Le comte de Trémorel secouait la tête négativement, souriant, ravi.

Oui, il était ravi; sa vanité, délicieusement chatouillée, s'épanouissait à la chaleur de cette passion qui jaillissait des yeux si beaux de miss Fancy.

Voilà comment on l'aimait, lui, comment on le regrettait. Quel héros le monde allait perdre!

— Car nous ne resterons pas ici, poursuivit Jenny, nous irons nous cacher à l'autre bout de Paris dans un petit logement. Tu ne sais pas, toi, que du côté de Belleville, sur les hauteurs, on trouve pour mille francs par an des logements délicieux entourés de jardins. Comme nous y serions bien, serrés l'un contre l'autre! Tu ne me quitterais jamais, car je serais jalouse, vois-tu, oh! mais jalouse! Nous n'aurions pas de domestiques, et tu verrais comme je sais bien tenir notre petit ménage...

Hector ne répondait toujours pas.

— Tant que durera l'argent, continuait Jenny, nous rirons. Quand il n'y en aura plus, si tu es toujours décidé, tu te tueras, c'est-à-dire, nous nous tuerons ensemble. Mais pas avec un pistolet, n'est-ce pas? cela doit faire trop de mal. Nous allumerons un grand réchaud de charbon, nous nous endormirons dans les bras l'un de l'autre, et tout sera dit. Il paraît qu'on ne souffre pas

du tout. Une de mes amies qui avait déjà perdu connaissance quand on a enfoncé sa porte, m'a dit qu'elle n'avait rien senti, qu'un peu de mal à la tête.

Cette proposition tira Hector de l'engourdissement voluptueux où l'avaient maintenu les regards et l'étreinte de sa maîtresse.

Elle réveillait en lui un souvenir qui froissait toutes ses vanités de gentilhomme et de viveur.

Trois ou quatre jours auparavant, il avait lu, dans un journal, le récit du suicide d'un marmiton de chez Vachette qui, dans un accès de désespoir amoureux, avait dérobé chez son patron un réchaud, et était allé s'asphyxier bravement dans son taudis. Même, avant de mourir, il avait écrit à son infidèle, une lettre très-touchante.

Cette idée de finir comme le cuisinier le fit frémir. Il entrevit la possibilité d'une comparaison horrible. Quel ridicule ! Et le comte de Trémorel qui avait passé sa vie à faire profession de tout braver, avait une peur folle du ridicule.

Aller se « faire périr » par le charbon à Belleville, avec une grisette. Horreur !

Il dénoua presque brutalement les bras de miss Fancy et la repoussa.

— Assez de sentiment comme cela, dit-il de son ton d'autrefois. Tout ce que tu dis, ma chère enfant, est fort joli, mais complètement absurde. Un homme de mon nom ne déchoit pas, il meurt.

En retirant de sa poche les billets qu'y avait glissés miss Fancy, il les rejeta sur la table.

— Allons, adieu !

Il voulait sortir, mais rouge, échevelée, l'œil flamboyant de résolution, Jenny courut se placer devant la porte.

— Tu ne sortiras pas, criait-elle, je ne veux pas, tu es à moi, entends-tu, puisque je t'aime; si tu fais un pas, j'appelle.

Le comte de Trémorel haussa les épaules.

— Il faut pourtant en finir, dit-il.

— Tu ne passeras pas.

— Fort bien ! ce sera donc ici que je me ferai sauter la cervelle.

Et sortant un de ses pistolets, il l'appuya contre sa tempe en disant :

— Si tu appeles, si tu ne me laisses pas le passage libre, je tire.

Si miss Fancy eût appelé, très-certainement le comte de Trémorel eût pressé la détente, il était mort.

Mais elle n'appela pas, elle ne le put, elle poussa un grand cri et tomba évanouie.

— Enfin ! fit Hector, remettant son arme dans sa poche.

Aussitôt, sans prendre le soin de relever sa maîtresse qui gisait à terre, il sortit, refermant la porte à double tour.

Puis, dans l'antichambre, ayant appelé les domestiques, il leur remit dix louis pour se les partager et s'éloigna rapidement.

XIII

Arrivé dans la rue, le comte de Trémorel s'apprêtait à remonter le boulevard, lorsque l'idée de ses amis traversa son esprit. L'histoire de sa saisie, colportée par ses gens, devait déjà courir la ville.

— Non, pas par là, murmura-t-il.

C'est qu'en effet, de ce côté, il rencontrerait infailliblement quelqu'un de ses « très-chers » et il lui semblait entendre les compliments de condoléances et les ridicules offres de service.

Il voyait les grimaces contrites dissimulant mal une intime et délicieuse satisfaction. Il avait, en sa vie, blessé tant de vanités, écrasé tant d'amours-propres, qu'il devait s'attendre à de terribles représailles.

Et pourquoi ne pas tout dire? Les amis d'un homme que favorise une insolente prospérité, ressemblent tous, plus ou moins, — volontairement ou sans s'en douter, — à cet exentrique Anglais qui suivait un dompteur de bêtes féroces avec le doux espoir de le voir dévorer. La fortune, aussi, dévore parfois ceux qui la domptent.

Hector traversa donc la chaussée, prit la rue Duphot et gagna les quais.

Où allait-il? Il n'en savait rien, il ne se le demandait même pas.

Il marchait au hasard, longeant les parapets, respirant à pleins poumons l'air pur et vif, savourant cette béatitude physique qui suit un bon repas, heureux de se sentir vivre, aux tièdes rayons du soleil d'avril.

Le temps était splendide, et Paris entier était dehors. La ville avait un air de fête, les flâneurs encombraient les rues, la foule affairée ralentissait sa course, toutes les femmes étaient jolies.

A un angle des ponts, des marchandes tenaient leur éventaire plein de violettes qui embaumaient.

Près du Pont-Neuf, le comte acheta un de ces bouquets qu'on crie à dix centimes, et le passa à sa boutonnière. Il jeta vingt sous à la marchande, et sans attendre qu'on lui rendit la monnaie, il continua sa route.

Arrivé à cette grande place qui est au bout du boulevard Bourdon, et qui est toujours encombrée de saltimbanques et de montreurs de curiosités en plein vent, la foule, le bruit, le déchirement des musiques, l'arrachèrent à sa torpeur, le ramenant brusquement à la situation présente.

— Il s'agit, pensa-t-il, de quitter Paris.

Et, d'un pas plus rapide, il s'achemina vers la gare d'Orléans, dont on aperçoit les bâtiments en face, de l'autre côté de la Seine.

Arrivé à la salle de départ, il demanda l'heure d'un train pour Etampes. Pourquoi choisissait-il Etampes ?

Il lui fut répondu qu'un train venait de partir, il n'y avait pas cinq minutes, et qu'il n'y en aurait pas d'autre avant deux heures.

Il éprouva une vive contrariété, et comme il ne pouvait rester là deux heures à attendre, il sortit, et, pour tuer le temps, il entra au Jardin des Plantes.

Certes, il y avait bien dix ou douze ans qu'il n'y avait mis les pieds. Il n'y était pas venu depuis le temps où, lorsqu'il était au lycée, on y conduisait les elèves, les jours de promenade, pour visiter la ménagerie ou jouer aux barres.

Rien n'avait changé. C'étaient bien les mêmes marronniers, les mêmes treillages vermoulus, les mêmes petites allees coupant des carrés pleins de plantes portant leur nom sur une étiquette au bout d'une tige de fil de fer.

Les grandes allées de ce côté étaient presque désertes Il s'assit sur un banc en face du musée de minéralogie. Qui sait ! Peut-être lorsqu'il était au lycée, dix ans plus tôt, las de courir, de s'amuser, il était venu se reposer sur ce même banc.

Entre ce temps et aujourd'hui, quelle différence !

La vie alors lui apparaissait comme une longue avenue, si longue qu'on n'en voyait pas la fin, sablée de sable d'or, ombragée, délicieuse, réservant à chaque pas une surprise, une volupté nouvelle.

Eh bien, il venait de la parcourir, cette allée, il était arrivé au bout. Qu'y avait-il trouvé ? Rien.

Non, rien. Car à cette heure où il récapitulait les années écoulées, il ne se trouvait pas, entre tant de jours, un seul jour lui ayant laissé un de ces souvenirs délicieux qui ravissent et consolent. Des millions avaient glissé entre ses mains prodigues, et il ne se rappelait pas une dépense utile, veritablement généreuse, de vingt francs. Lui qui avait eu tant d'amis, tant de maîtresses, il cherchait vainement dans sa mémoire un nom d'ami, un nom de femme à murmurer.

Le passé lui apparaissant comme en un miroir fidèle, il était surpris, consterné, de l'imbécilité de ses plaisirs, de l'inanité des jouissances qui avaient été le but et comme la fin de son existence.

Et pour qui avait-il vécu, en définitive ? Pour les autres. Il avait cru poser sur un piédestal, il avait paradé sur un tréteau.

— Ah ! j'étais fou, se disait-il, j'étais fou !

Ne voyant pas qu'après avoir vécu pour les autres, pour les autres il allait se tuer.

Il s'attendrissait. Qui penserait à lui, dans huit jours ? Personne. Ah ! si, miss Fancy, peut-être, une fille ! Et encore, non. Dans huit jours elle serait consolée et rirait de lui avec un nouvel amant. Mais il se souciait bien de Fancy, vraiment !…

Cependant, les tambours battaient la retraite autour du jardin.

La nuit était venue, et avec la nuit un brouillard épais et froid se levait. Le comte de Trémorel quitta son banc, il était glacé jusqu'aux os.

— Retournons au chemin de fer, murmura-t-il.

Hélas ! en ce moment, l'idée de se brûler la cervelle au coin d'un bois, comme il le disait si allègrement le matin, lui fit horreur. Il se représenta son cadavre défiguré, sanglant, gisant sur le revers de quelque fossé. Que deviendrait-il ? Des mendiants passeraient, ou des maraudeurs, qui le dépouilleraient. Et après ? La justice viendrait, on enlèverait ce corps inconnu, et sans doute, en attendant la constatation de l'identité, on le portrait à la Morgue.

Il frissonna. Il se voyait étendu sur une de ces larges dalles de marbre qu'arrose un jet continu d'eau glacée ; il entendait le frémissement de la foule qu'attire en ce lieu sinistre une malsaine curiosité.

— Non ! jamais, s'écria-t-il, jamais !

Alors, comment mourir ? Il chercha et s'arrêta à l'idée de se tuer dans quelque hôtel garni de la rive gauche.

— Voilà qui est décidé, dit-il.

Et, sortant du jardin avec les derniers promeneurs, il gagna le quartier latin.

Son insouciance du matin avait fait place à une résignation morne. Il souffrait, il se sentait la tête lourde, il avait froid.

— Si je ne devais mourir cette nuit, pensa-t-il, je serais bien enrhumé demain.

Cette saillie de son esprit ne le fit pas sourire, mais elle lui donna la conscience d'être un homme très-fort.

Il s'était engagé dans la rue Dauphine et cherchait des yeux un hôtel. Puis il pensa qu'il n'était pas sept heures et que demander une chambre, ce serait peut-être éveiller certains soupçons. Il réfléchit qu'il avait encore 140 fr. dans sa poche et résolut d'aller dîner. Ce serait son dernier repas.

En effet, il entra dans un restaurent, rue Contrescarpe, et se fit servir.

Mais il s'efforçait en vain de secouer la tristesse de plus en plus anxieuse qui l'envahissait. Il se mit à boire. Il vida trois bouteilles sans parvenir à changer le cours de ses idées. Retrouvant dans le vin l'amertume de ses réflexions, il lui semblait détestable, bien qu'il fût excellent et le plus cher de l'établissement, coté vingt-cinq francs sur la carte.

Et les garçons regardaient avec surprise ce dîneur lugubre qui touchait à peine aux mets qu'il demandait et qui, à mesure qu'il vidait son verre, devenait plus sombre.

La carte de son dîner s'éleva à 90 francs. Il jeta sur la table son dernier billet de cent francs et sortit.

Il n'était pas tard encore, il entra dans un estaminet plein d'étudiants qui buvaient, et alla s'asseoir à une table isolée, tout au fond de la salle, derrière les billards.

On lui apporta du café, et il vida dans sa tasse tout le carafon qu'on lui servit, puis un second, puis un troisième...

Il ne voulait pas en convenir, se l'avouer, il cherchait

à s'exalter, à se monter au niveau du courage dont il allait avoir besoin ; il n'y réussissait pas.

Pendant le dîner, et depuis qu'il était au café, il avait prodigieusement bu ; à tout autre moment il eût été ivre, mais l'alcool, loin de lui donner sa folie passagère, lui tournait sur l'estomac et l'anéantissait.

Il était là, à sa table, le front entre ses mains, lorsqu'un garçon qui traversait la salle lui tendit un journal.

Machinalement il le prit, l'ouvrit et lut :

« Au moment de mettre sous presse, on nous apprend
« la disparition d'un personnage bien connu qui aurait,
« ajoute-t-on, annoncé son intention formelle de se
« suicider.

« Si étranges sont les faits qu'on nous raconte, que,
« n'ayant pas le temps d'aller aux renseignements, nous
« renvoyons les détails à demain. »

Ces quelques lignes éclatèrent comme des obus dans le cerveau du comte de Trémorel.

C'était son arrêt de mort, sans sursis, signé par ce tyran dont, pendant des années, il avait été l'assidu courtisan : l'opinion.

— On ne cessera donc jamais de s'occuper de moi ! murmura-t-il avec une rage sourde — et sincèrement pour la première fois de sa vie.

Puis, résolûment, il ajouta :

— Allons, il faut en finir.

Cinq minutes plus tard, en effet, muni d'un livre et de quelques cigares, il frappait à la porte de l'hôtel du Luxembourg.

Conduit par le domestique à la meilleure chambre de la maison, il fit allumer un grand feu et demanda de l'eau sucrée et tout ce qu'il fallait pour écrire.

Sa résolution à ce moment était aussi inébranlable que le matin.

— Il n'y a plus à hésiter, murmurait-il, il n'y a plus à reculer.

Il s'assit devant la table, près de la cheminée, et d'une

main ferme écrivit la déclaration destinée au commissaire de police.

« Qu'on n'accuse personne de ma mort... » commencait-il, et il terminait en recommandant d'indemniser le propriétaire de l'hôtel.

La pendule marquait onze heures moins cinq minutes, il posa ses pistolets sur la cheminée, en murmurant :

— A minuit, je me brûle la cervelle, j'ai encore une heure à vivre.

Le comte de Trémorel s'était laissé tomber sur son fauteuil, la tête renversée sur le dossier, les pieds appuyés à la tablette de la cheminée.

Pourquoi ne se tuait-il pas de suite? Pourquoi s'accorder, s'imposer cette heure d'attente, d'angoisses, de tortures.

Il n'aurait su le dire. Il cherchait à réfléchir aux circonstances diverses de sa vie. Il était frappé de la vertigineuse rapidité des évenements qui l'avaient amené dans cette misérable chambre d'hôtel garni. Comme le temps passe! Il lui semblait que c'était hier que, pour la première fois, il était allé emprunter cent mille francs. Mais que sert à l'homme qui a roulé au fond de l'abîme la connaissance des causes de sa chute !

La grande aiguille de la pendule avait dépassé la demie de onze heures.

Il songeait encore à cet article du journal qui venait de lui tomber sous les yeux. A qui attribuer la communication de la nouvelle?

A miss Fancy, sans aucun doute. La porte de la salle à manger ouverte, elle était revenue à elle et s'était élancée sur ses pas, à demi habillée, échevelée, tout en larmes. Où était-elle allee, ne l'apercevant pas sur le boulevard? Chez lui d'abord, puis au club, puis chez quelques-uns des amis.

Si bien que ce soir, à ce moment même, il n'était question que de lui, dans son monde. Tous ceux qui l'avaient connu, et ils étaient nombreux, s'abordaient en se disant :

— Vous savez la nouvelle?

— Ah! oui, ce pauvre Trémorel, quel plongeon! C'était un excellent garçon. Seulement...

Il lui semblait entendre la litanie des « seulement » saluée de ricanements et de plaisanteries de mauvais goût. Puis, son suicide constaté ou non, on se partageait ses dépouilles. L'un prenait sa maîtresse, l'autre achetait ses chevaux, le troisième s'arrangeait du mobilier.

Le temps passait. La vibration stridente qui annonce la sonnerie d'une pendule se fit entendre. C'était l'heure.

Le comte se leva, saisit ses pistolets et alla se placer près du lit, s'arrangeant de façon à ne pas rouler à terre,
— précaution absurde, incompréhensible quand on est de sang-froid, et que prennent cependant tous ceux qui se suicident.

Le premier coup de minuit sonna... Il ne tira pas.

Hector était brave et sa réputation de courage n'était plus à faire. Il s'était battu en duel dix fois au moins, et toujours sur le terrain on avait admiré son insouciance railleuse. Un jour, il avait tué son homme, et, le soir, il s'était endormi fort paisiblement. On citait de lui des paris effrayants, des traits d'une témérité folle.

Oui, mais il ne tirait toujours pas.

C'est qu'il est deux sortes de courage. L'un, le faux, brille de loin comme le manteau pailleté du baladin, mais il lui faut le plein soleil, l'excitation de la lutte, le transport de la colère, l'incertitude du résultat, et pardessus tout la galerie qui applaudit ou qui siffle. C'est le vulgaire courage du duelliste et du coureur de courses au clocher. L'autre, le vrai, ne se drape pas; il méprise l'opinion, il obéit à la conscience et non à la passion, le succès ne le préoccupe pas, et il fait son œuvre sans bruit. C'est le courage de l'homme fort qui, ayant mesuré froidement le péril, dit : « Je ferai ceci! » et qui le fait.

Depuis plus de deux minutes, minuit avait sonné, et Hector était toujours là, le pistolet appuyé sur la tempe.

— Aurais-je peur? se demanda-t-il.

Il avait peur en effet, et ne voulait pas se l'avouer. Il remit ses armes sur la table et revint s'asseoir près du feu. Tous ses membres tremblaient.

— C'est nerveux, se disait-il, ça va passer.

Et il se donna jusqu'à une heure.

Il faisait des efforts inouïs pour se prouver, pour se démontrer la nécessité du suicide. Que deviendrait-il, s'il ne se tuait pas ? Comment vivrait-il ? Lui faudrait-il donc se résigner à travailler !

Pouvait-il, d'ailleurs, reparaître, alors que, par la bouche de sa maîtresse, il avait annoncé son suicide à tout Paris ? Quelles huées, s'il se montrait, quels quolibets !

Il eut un mouvement de fureur qu'il prit pour un éclair de courage et il sauta sur ses pistolets. Le froid de l'acier sur sa peau lui causa une sensation telle, qu'il faillit s'évanouir, lâchant son arme qui retomba sur le lit.

— Je ne peux pas, répétait-il dans son angoisse, je ne peux pas.

La douleur physique lui faisait horreur. Tout son être se révoltait à cette idée d'une balle brutale qui déchirerait sa peau, labourerait ses chairs, broyant les muscles, brisant les os. Il tomberait sanglant, mutilé, et les débris de sa cervelle éclabousserait les murs.

Ah ! que n'avait-il cherché une mort plus douce ! Que n'avait-il choisi le poison, ou le charbon encore ; le charbon, comme le petit cuisinier de chez Vachette. Mais le ridicule d'outre-tombe ne l'épouvantait plus. Il n'avait peur que d'une chose, de n'avoir pas le courage de se tuer.

Et toujours de demi-heure en demi-heure il se remettait. Ce fut une nuit horrible, une agonie comme doit l'être celle des condamnés à mort dans leur cachot. Il pleura de douleur et de rage, il se tordit les mains, il cria grâce, il pria.

Enfin, au matin, brisé, anéanti, il s'endormit sur son fauteuil.

Trois ou quatre coups frappés à la porte le tirèrent d'un sommeil peuplé de fantômes. Il alla ouvrir. C'était le garçon qui venait prendre ses ordres et qui resta pétrifié sur le seuil, à la vue de cet homme aux vêtements en désordre, la cravate dénouée, livide, les yeux gonflés, les cheveux collés aux tempes par la sueur.

— Je n'ai besoin de rien, répondit Hector, je descends.

Il descendit. Il lui restait assez d'argent pour payer sa dépense, bien juste, car il ne put donner au garçon que six sous de pourboire.

C'est sans but, sans idée, qu'il quitta cet hôtel où il avait tant souffert. Plus que jamais il était décidé à mourir, seulement il souhaitait quelques jours de répit, une semaine, pour se remettre, pour se reconnaître. Mais comment vivre une semaine? Il n'avait plus un centime sur lui.

Une idée de salut lui vint : le mont-de-piété.

Il ne connaissait cette providence à douze pour cent que de nom, précisément assez pour savoir que, sur ses bijoux, on lui avancerait une certaine somme. Mais où prendre un bureau d'engagement? N'osant s'en faire indiquer un, il cherchait au hasard, à travers le quartier latin qu'il connaissait à peine. Il avait relevé la tête, il marchait d'un pas plus ferme, il cherchait quelque chose, il avait un but.

Rue de Condé, au-dessus d'une grande maison noire, il vit une enseigne : Mont-de-Piété. Il entra.

La salle était petite, humide, malpropre et pleine de monde. Il est vrai que si l'endroit était lugubre les emprunteurs semblaient porter gaîment leur misère.

C'étaient des étudiants et des femmes du quartier des écoles, qui causaient et riaient en attendant leur tour.

Le comte de Trémorel s'avançait, tenant à la main sa montre, sa chaîne et un fort beau brillant qu'il avait retiré de son doigt. La timidité de la misère le prenait, il ne savait à qui s'adresser. Une jeune femme eut pitié de son embarras.

— Tenez, lui dit-elle, mettez vos objets là, sur ce bout de planchette, devant ce grillage garni de rideaux verts.

Au bout d'un moment, une voix qui paraissait venir d'une pièce voisine, cria :

— Douze cents francs, la montre et la bague.

L'énormité de la somme produisit une telle sensation que toutes les conversations s'arrêtèrent. Tous les yeux cherchaient le millionnaire qui allait empocher tant de louis. Le millionnaire ne répondait pas.

Heureusement la même femme qui avait déjà conseillé Hector lui poussa le bras.

— C'est pour vous, les douze cents francs, lui dit-elle, répondez si vous acceptez, ou non.

— J'accepte ! cria Hector.

Une joie profonde, immense, lui faisait oublier jusqu'à ses tortures de la nuit. Douze cents francs ! Que de jours représentait cette somme. N'avait-il pas entendu dire qu'il y a des employés qui ne gagnent guère que cela par an.

Les autres emprunteurs se moquaient de lui. Ils semblaient là comme chez eux. Ils avaient certaines façons de répondre : Oui, qui faisaient beaucoup rire. Quelques-uns causaient familièrement avec les employés ou faisaient des remarques.

Hector attendait depuis bien longtemps, lorsqu'un des employés qui écrivaient derrière un autre grillage, cria :

— A qui les douze cents francs ?...

Le comte s'avança, il comprenait le mécanisme.

— A moi, répondit-il.

— Votre nom ?

Hector hésita. Prononcer son noble nom tout haut, en pareil lieu, jamais. Il dit un nom en l'air :

— Durand.

— Où sont vos papiers ?

— Quels papiers ?

— Un passe-port, une quittance de loyer, un permis de chasse...

— Je n'ai rien de tout cela.

— Allez le chercher, ou amenez deux témoins patentés.

— Mais, monsieur...

— Il n'y à pas de monsieur ! A un autre...

Si étourdi du contre-temps que fût Hector, le ton de l'employé l'indigna.

— Alors, dit-il, rendez-moi mes bijoux.

L'employé le regarda d'un air goguenard.

— Impossible. Tout nantissement enregistré ne peut être rendu que sur justification de possession légitime.

Et sans vouloir rien entendre, il continua sa besogne.

— Un châle français, 35 francs, à qui ?

C'est au milieu des quolibets qu'Hector sortit du mont-de-piété.

Jamais le comte de Trémorel n'avait autant souffert et même il n'avait pas idée d'angoisses pareilles. Après cette lueur d'espoir, brusquement éteinte, les ténèbres lui semblaient plus profondes et plus inexorables. Il restait plus nu, plus dépouillé que le naufragé auquel la mer a arraché ses dernières épaves, le mont-de-piété lui avait pris ses dernières ressources.

Toute la poésie fanfaronne dont il se plaisait autrefois à parer son suicide, s'évanouissait, laissant voir la réalité la plus triste, la plus ignoble.

Il allait finir, non plus comme le beau joueur qui volontairement quitte le tapis vert où il laisse sa fortune, mais comme le grec qui, surpris et chassé, sait que toutes les portes lui seront fermées. Sa mort n'avait rien de volontaire, il ne pouvait ni hésiter, ni choisir son heure, il allait se tuer faute de pouvoir vivre un seul jour de plus.

Et jamais l'existence ne lui avait paru chose si bonne. Jamais il ne s'était senti cette exubérance de force et de jeunesse.

Il découvrait tout à coup autour de lui, comme en un pays inexploré, une foule de jouissances plus enviables les unes que les autres, et qu'il n'avait pas goûtées. Lui

qui se vantait d'avoir tordu la vie pour en exprimer le plaisir, il n'avait pas vécu. Il avait eu tout ce qui se vend et s'achète, rien de ce qui se donne ou se conquiert, il n'avait rien eu.

Déjà il n'en était plus à se reprocher les dix mille francs offerts à Jenny. Il regrettait moins. Il regrettait les deux cents francs partagés aux domestiques, le pourboire abandonné la veille au garçon du restaurant; moins encore, les vingt sous jetés sur l'éventaire de la marchande de violettes.

Il pendait à sa boutonnière, ce bouquet fané, passé, flétri. A quoi lui servait-il? Tandis que ces vingt sous!... Il ne pensait plus aux millions dissipés, il ne pouvait chasser la pensée de ce misérable franc.

C'est que le viveur, l'heureux du monde, l'homme qui la veille avait son hôtel, dix domestiques, huit chevaux dans ses écuries, le crédit qui résulte d'une colossale fortune dissipée, le comte de Trémorel avait envie de fumer et il n'avait pas de quoi acheter un cigare; il avait faim et il n'avait pas de quoi payer un repas dans la plus infime des gargotes.

Certes, s'il l'eût voulu, il eût pu se procurer bien de l'argent encore, et bien facilement. Il lui suffisait de rentrer tranquillement chez lui, de tenir tête aux huissiers, de se débattre au milieu de la ruine.

Mais quoi! il affronterait donc son monde, il confesserait donc ses terreurs invincibles au dernier moment, il subirait des regards plus cruels qu'une balle de pistolet. On n'a pas le droit de tromper ainsi son public; quand on a annoncé son suicide : on se tue.

Ainsi Hector allait mourir parce qu'il avait parlé, parce que le journal avait annoncé l'événement. Cela, au moins il se l'avouait, et tout en marchant, il s'adressait les reproches les plus amers.

Il se souvenait d'un joli endroit où il s'était battu en duel, une fois, dans les bois de Viroflay; il s'était dit qu'il se tuerait là, et il s'y rendait, suivant cette route charmante, du Point-du-Jour.

Comme la veille, le temps était superbe, et à tout moment des groupes de femmes et de jeunes gens le dépassaient. Ils se rendaient, ceux-là, à quelque partie de campagne, et ils étaient déjà loin, qu'on entendait encore leurs éclats de rire.

Dans les guinguettes, au bord de l'eau, sous les tonnelles dont les chèvrefeuilles bourgeonnaient, des ouvriers buvaient, choquant leurs verres.

Tous ces gens paraissaient heureux et contents, et cette gaîté semblait à Hector insulter sa misère présente. N'y avait-il donc que lui de malheureux au monde! Il avait soif, cependant, une soif intense, insupportable.

Aussi, arrivé au pont de Sèvres, il quitta la route et descendant la berge, assez rapide à cet endroit, il gagna le bord de la Seine. Il se baissa, puisa de l'eau dans le creux de sa main, et but.

Une lassitude invincible l'accablait. Il y avait là de l'herbe, il s'assit ou plutôt se laissa tomber. La fièvre du désespoir venait, et la mort maintenant lui apparaissait comme un refuge; il songeait presque avec joie que sa pensée allait être anéantie et qu'il ne souffrirait plus.

Au-dessus de lui, à quelques mètres, étaient les fenêtres ouvertes d'un des restaurants de Sèvres.

On pouvait le voir de là aussi bien que du pont, mais il ne s'en inquiétait pas, il ne s'inquiétait plus de rien.

— Autant ici qu'ailleurs ! se dit-il.

Déjà il armait son pistolet lorsqu'il s'entendit appeler.

— Hector! Hector!...

D'un bond il fut debout, cachant son arme, cherchant qui criait ainsi son nom.

Sur la berge, à cinq pas, un homme courait vers lui, les bras tendus.

C'était un homme de son âge, un peu gros peut-être, mais bien pris, avec une bonne figure épanouie, éclairée par de grands yeux noirs, où éclataient la franchise et la bonté, un de ces hommes sympathiques à première vue, qu'on aime quand on les connaît depuis huit jours.

Hector le reconnut. C'était son plus ancien ami, un camarade de collége; ils avaient eté aussi liés que possible autrefois, mais le comte, ne le trouvant pas assez fort pour lui, avait cessé peu à peu de le voir et il l'avait perdu de vue depuis deux ans.

— Sauvresy! fit-il, stupéfait.

— Moi-même, repartit le jeune homme, qui arrivait essoufflé et fort rouge; voici bien deux minutes que je suis tes mouvements, que faisais-tu là?

— Mais... rien, répondit Hector, embarrassé.

— Insensé! reprit Sauvresy, c'est donc vrai ce qu'on m'a dit chez toi, ce matin, car je suis allé chez toi...

— Et que t'a-t-on dit?

— Qu'on ne savait ce que tu étais devenu, que tu avais la veille quitté ta maîtresse en lui déclarant que tu allais te brûler la cervelle. Déjà un journal a annoncé ta mort avec force détails.

Cette nouvelle parut causer au comte de Trémorel une impression terrible.

— Tu vois donc bien, répondit-il d'un ton tragique, qu'il faut que je me tue!

— Pourquoi? pour éviter à ce journal le désagrément d'une rectification?

— On dira que j'ai reculé...

— Très-joli! Alors, selon toi, on est forcé de faire une folie par cette raison qu'on a dit qu'on la ferait! C'est absurde. Pourquoi veux-tu te tuer?

Hector réfléchissait, il entrevoyait la possibilité de vivre.

— Je suis ruiné, répondit-il tristement.

— Alors c'est pour cela que... Tiens mon ami, laisse-moi te le dire, tu es fou! Ruiné!... c'est un malheur, mais quand on a notre âge, on refait sa fortune. Sans compter que tu n'es pas si ruiné que tu le dis, puisque j'ai, moi, cent mille livres de rentes.

— Cent mille livres...

— Au bas mot, toute ma fortune étant en terres qui ne rapportent pas quatre pour cent.

Trémorel savait son ami riche, mais non tant que cela. Peut-être est-ce un mouvement irraisonné d'envie qui lui fit dire :

— Eh bien! moi qui ai eu plus que cela, je n'ai pas déjeuné ce matin.

— Malheureux! et tu ne me dis rien! Mais c'est vrai, tu es dans un état à faire pitié; viens du moins, viens vite !

Et il l'entraînait vers le restaurant.

Trémorel suivait de mauvaise grâce cet ami qui venait de lui sauver la vie. Il avait la conscience d'avoir été surpris dans une situation affreusement ridicule. Un homme bien résolu à se brûler la cervelle, si on l'appelle, presse la détente et ne cache pas son arme. Entre tous ses amis un seul l'aimait assez pour ne pas voir le ridicule, un seul était assez généreux pour ne pas le railler outrageusement, celui-là était Sauvresy.

Mais installé dans un cabinet devant une bonne table, Hector n'eut pas la force de conserver sa raideur. Il eut cette heure de sensibilité folle, d'expansion abandonnée qui suit le salut, après un péril immense. Il fut lui, il fut jeune, il fut vrai. Il dit tout à Sauvresy, absolument tout, ses forfanteries d'autrefois, ses terreurs au dernier moment, son agonie de l'hôtel, ses rages, ses regrets, ses angoisses au mont-de-piété...

— Ah! disait-il, tu me sauves, tu es mon ami, mon seul ami, mon frère !...

Ils restèrent là à causer plus de deux heures.

— Voyons, dit enfin Sauvresy, arrêtons nos plans. Tu veux disparaître quelques jours; je comprends cela. Mais tu vas ce soir même adresser quatre lignes aux journaux. Demain, je vais prendre tes affaires en main; je m'y connais, sans savoir où tu en es, je me charge de te sauver encore une jolie aisance, nous avons de l'argent, tes créanciers seront coulants.

— Mais que deviendrai-je? demanda Hector qu'effrayait la seule pensée de l'isolement.

— Comment! Mais je t'emmène, parbleu! chez moi,

au Valfeüillu. Ne sais-tu donc pas que je suis marié ? Ah! mon ami, il n'est pas d'homme plus heureux que moi. J'ai épousé, par amour, la plus belle et la meilleure des femmes. Tu seras un frère pour nous... Mais viens, ma voiture est là, devant la grille.

XIV

Le père Plantat s'arrêta.

Ses auditeurs, depuis qu'il parlait, ne s'étaient permis ni un geste ni un mot.

Tout en écoutant, M. Lecoq réfléchissait.

Il se demandait d'où pouvaient venir ces détails précis jusqu'à la minutie. Qui avait rédigé cette terrible biographie de Trémorel ?

Et son regard se coulant jusqu'au dossier, il distinguait fort bien que tous les feuillets n'étaient pas de la même écriture.

Mais déjà le vieux juge de paix poursuivait :

Devenue Mme Sauvresy, grâce à un coup inespéré du sort, Berthe Lechaillu n'aimait pas son mari.

Cette fille d'un pauvre maître d'école de campagne, dont les plus folles visées d'ambition ne dépassaient pas, jadis, une place de sous-maîtresse dans un des pensionnats de Versailles, n'était pas satisfaite de sa situation.

Reine absolue du plus beau domaine du pays, entourée de toutes les satisfactions du luxe, disposant à son gré d'une fortune considérable, aimée, adorée, elle se trouvait à plaindre.

Cette vie si bien ordonnée, si constamment heureuse, sans inquiétudes, sans secousses, lui paraissait d'une

écœurante insipidité. N'était-ce pas toujours les mêmes plaisirs fades, revenant dans un certain ordre monotone selon les saisons! On recevait ou on allait dans le monde, on montait à cheval, on chassait, on se promenait en voiture. Et ce serait toujours ainsi !

Ah! ce n'était pas là une vie telle qu'elle l'avait rêvée. Elle était née pour des jouissances plus vives et plus âpres. Elle avait soif d'émotions et de sensations inconnues, souhaitant l'incertitude de l'avenir, l'imprévu, les transitions brusques, des passions, des aventures, bien d'autres choses encore.

Puis, Sauvresy lui avait déplu dès le premier jour, et sa secrète aversion allait grandissant à mesure qu'elle devenait plus sûre de son empire sur lui.

Elle le trouvait commun, vulgaire, ridicule. Il ne posait jamais et elle prenait pour de la niaiserie la parfaite simplicité de ses manières. Elle l'examinait, et elle ne lui voyait aucun relief où accrocher une admiration. S'il parlait, elle ne l'écoutait pas, ayant depuis longtemps décidé dans sa sagesse qu'il ne pouvait rien dire que d'ennuyeux ou de banal.

Elle lui en voulait de ce qu'il n'avait pas eu une de ces jeunesses orageuses qui épouvantent les familles. Elle lui reprochait de n'avoir pas vécu.

Il avait cependant fait comme les autres, tant bien que mal. Il était allé à Paris, autrefois, et avait essayé le genre de vie de son ami Trémorel. Au bout de six mois il en avait par-dessus les yeux et revenait bien vite au Valfeuillu, se reposer de jouissances si laborieuses. L'expérience lui coûtait cent mille francs, et il ne regrettait pas, disait-il, d'avoir, à ce prix, étudié ce qu'est au juste la « vie de plaisir. »

Berthe était excédée encore de l'adoration perpétuelle et sans bornes de Sauvresy. Elle n'avait qu'à souhaiter, pour être à l'instant obéie, et cette soumission aveugle à toutes ses volontés lui paraissait de la servilité chez un homme.

Un homme, se disait-elle, est né pour commander et

non pour obéir, pour être le maître et non l'esclave.

Elle aurait, à tout prendre, préféré un de ces maris qu'on guette à la fenêtre, qui rentrent au milieu de la nuit, chauds encore de l'orgie, ayant perdu au jeu, ivres, et qui, si on se plaint, frappent. Des tyrans, mais des hommes.

Quelques mois après son mariage, tout à coup, elle se mit à avoir les fantaisies les plus absurdes, les caprices les plus extravagants. C'était une épreuve.

Elle voulait voir jusqu'où irait la complaisance inaltérable de son mari; elle pensait le lasser. Ce fut elle qui se lassa, furieuse de n'avoir rencontré ni une résistance ni une objection.

Être sûre de son mari, mais sûre absolument; savoir qu'on emplit assez son cœur pour qu'il n'y ait aucune place pour une autre; n'avoir rien à redouter, pas même un entraînement ou un caprice d'un jour, lui paraissait désolant, intolérable. A quoi bon être belle alors, spirituelle, jeune, coquette à faire tourner toutes les têtes?

Peut-être l'aversion de Berthe datait-elle de plus loin.

Elle se connaissait et s'avouait que, pour peu que Sauvresy l'eût voulu, elle eût été sa maîtresse et non pas sa femme. Il n'avait qu'à vouloir, l'honnête homme, l'imbecile!...

Elle s'ennuyait tant, chez son père, égratignant jusqu'au sang toutes ses vanités aux épines de la misère, que sur une promesse d'un bel appartement et d'une voiture à Paris, elle serait partie sans seulement retourner la tête pour envoyer un dernier adieu au toit paternel.

Une voiture!... elle aurait décampé pour bien moins. L'occasion seule avait manqué à ses instincts. Et elle méprisait son mari de ce qu'il ne l'avait pas assez méprisée!

Sans cesse, cependant, on lui répétait qu'elle était la plus heureuse des femmes. Heureuse! Et il y avait des jours où elle pleurait en songeant à son mariage.

Heureuse! Mais il y avait des instants où elle se sen-

tait une envie folle de fuir, de partir en quête d'émotions, d'aventures, de plaisirs, de tout ce qu'elle desirait. de tout ce qu'elle n'avait pas et qu'elle n'aurait jamais.

L'effroi de la misère — elle la connaissait — la retenait.

Il venait un peu, cet effroi, d'une très-sage précaution de son père, mort depuis peu, dont elle portait le deuil avec ostentation, qu'elle pleurait à chaudes larmes, mais dont elle maudissait la mémoire.

Lors de son mariage, Sauvresy désirait, par le contrat, reconnaître à sa future un apport de 500,000 francs. Le bonhomme Lechaillu s'était formellement opposé à cet acte de munificence.

— Ma fille ne vous apporte rien, avait-il déclaré, vous lui reconnaîtrez quarante mille francs de dot si vous voulez, mais pas un sou avec ; sinon... pas de mariage.

Et comme Sauvresy insistait.

— Laissez-moi donc, avait-il répondu, ma fille sera, je l'espère, une bonne et digne épouse, et en ce cas votre fortune est la sienne. Si, au contraire, elle venait à se mal conduire, quarante mille francs seraient encore trop. Après ça, si vous craignez de mourir le premier, vous êtes libre de faire un testament.

Force fut d'obéir. Peut-être le père Lechaillu, le digne maître d'école, connaissait-il sa fille.

Il était seul, en ce cas, à l'avoir devinée, car jamais une hypocrisie plus consommée ne fut mise au service d'une perversité si profonde qu'elle peut sembler exagérée, d'une dépravation inconcevable chez une femme jeune et ayant peu vu le monde.

Si elle se jugeait au fond du cœur la plus infortunée des créatures, il n'en parut jamais rien, ce fut un secret bien gardé.

Tous ses actes furent si bien marqués au coin d'une politique savante que son admirable comédie fit illusion, même à l'œil si perçant de la jalousie.

Elle avait su se composer pour son mari, à défaut de l'amour qu'elle ne ressentait pas, les apparences d'une

passion à la fois brûlante et discrète, que trahissaient certains regards jetés à la dérobée — et surpris — un mot, sa contenance dans un salon quand il entrait.

Si bien que tout le monde disait :

— La belle Berthe est folle de son mari.

C'était la conviction de Sauvresy, et il était le premier à dire, sans cacher la joie qu'il en éprouvait :

— Ma femme m'adore.

Telle était, exactement la situation des maîtres du Valfeuillu, lorsque Sauvresy recueillit à Sèvres, sur le bord de la Seine, le pistolet à la main, son ami Trémorel.

Ce soir-là, pour la première fois depuis son mariage, Sauvresy manqua le dîner après avoir promis d'arriver à l'heure, et se fit attendre.

Si incompréhensible était l'inexactitude, que Berthe eut dû être inquiète. Elle n'était qu'indignée de ce qu'elle appelait un manque absolu d'égards.

Même, elle se demandait quelle punition elle infligerait au coupable, lorsque sur les dix heures du soir, la porte du salon de Valfeuillu s'ouvrit brusquement. Sauvresy était sur le seuil, gai, souriant.

— Berthe, dit-il, je t'amène un revenant.

C'est à peine si elle daigna lever la tête, et encore sans perdre l'alinéa du journal qu'elle lisait. Sauvresy continuait :

— Un revenant que tu connais, dont je t'ai parlé bien souvent, que tu aimeras puisque je l'aime, et qu'il est mon plus vieux camarade, mon meilleur ami.

Et s'effaçant, il poussa Hector dans le salon, en disant :

— Madame Sauvresy, permettez-moi de vous présenter M. le comte Hector de Trémorel.

Berthe se leva brusquement, rouge, émue, agitée d'une emotion inexprimable, comme à une apparition effrayante. Pour la première fois de sa vie elle était confuse, intimidée, et n'osait lever ses grands yeux d'un bleu clair à reflets couleur d'acier.

— Monsieur, balbutia-t-elle, monsieur, croyez... du moment où mon mari... soyez le bienvenu.

C'est que ce nom de Trémorel, qui éclatait là tout à coup dans son salon, elle le connaissait bien. Sans compter que Sauvresy le lui avait appris, elle l'avait épelé dans les journaux, tous ses amis des châteaux voisins l'avaient prononcé.

Dans son esprit, d'après ce qu'elle avait lu ou entendu dire, celui qui le portait devait être un personnage immense, presque surnaturel. C'était, lui avait-on dit, un héros d'un autre âge, un fou, un viveur à outrance.

C'était un de ces hommes dont la vie épouvante le vulgaire, que le bourgeois idiot juge sans foi ni loi, dont les passions exorbitantes font éclater le cadre étroit des préjugés. Un de ces hommes qui dominent les autres, qu'on redoute, qui tuent pour un regard de travers, qui sèment l'or d'une main prodigue, dont la santé de fer résiste à d'effroyables excès, qui conduisent de la même cravache leurs maîtresses et leurs chevaux, les plus belles et les plus extravagantes créatures de Paris, les plus nobles bêtes de l'Angleterre.

Souvent, dans ses rêveries désespérées, elle avait cherché à imaginer ce que pouvait être ce redoutable comte de Trémorel. Elle parait des qualités qu'elle lui supposait, les héros au bras desquels elle s'enfuyait, bien loin de son mari, au pays des aventures. Et voilà que tout à coup il lui apparaissait.

— Donne donc la main à Hector, dit Sauvresy.

Elle tendit sa main, Trémorel la serra légèrement, et à ce contact il lui sembla qu'elle recevait la secousse d'une batterie électrique.

Sauvresy s'était jeté sur un fauteuil.

— Vois-tu bien, Berthe, disait-il, notre ami Hector est épuisé par la vie qu'il mène; on le serait à moins. On lui a ordonné du repos, et ce repos il vient le chercher ici, près de nous.

—-Mais, mon ami, répondait Berthe, ne crains-tu pas que monsieur le comte ne s'ennuie un peu ici?

17

— Lui ! pourquoi ?

— Le Valfeuillu est bien tranquille, nous sommes de pauvres campagnards...

Berthe parlait pour parler, pour rompre un silence qui lui pesait, pour forcer Trémorel à répondre et entendre sa voix.

Tout en parlant elle l'observait et étudiait l'effet qu'elle lui produisait. D'ordinaire, sa rayonnante beauté frappait ceux qui la voyaient pour la première fois, d'un visible étonnement.

Lui restait impassible.

Ah ! qu'elle reconnaissait bien à cette froide, à cette superbe indifférence, le grand seigneur blasé, le viveur qui a tout essayé, tout éprouvé, tout épuisé. Et de ce qu'il ne l'admirait pas, elle l'admirait davantage.

— Quelle différence, pensait-elle, avec ce vulgaire Sauvresy, qu'un rien étonne, qui s'ébahit de tout, dont la physionomie trahit toutes les impressions, dont l'œil annonce tout ce qu'il va dire bien avant qu'il ouvre la bouche !

Berthe se trompait, Hector n'était ni si froid ni si impassible qu'elle le supposait. Hector tombait simplement de lassitude. Ses nerfs bandés outre mesure pendant vingt-quatre heures se détendaient, et c'est à peine s'il pouvait se soutenir.

Bientôt il demanda la permission de se retirer.

Resté seul avec sa femme, Sauvresy racontait à Berthe les circonstances déplorables — ce fut son mot — qui amenaient le comte au Valfeuillu. Ami sincère, il évitait tous les détails capables de donner un ridicule à son ami.

— C'est un grand enfant, disait-il, un fou, son cerveau est malade, mais nous le soignerons, nous le guérirons.

Jamais Berthe n'avait écouté son mari avec cette attention. Elle semblait l'approuver, mais en réalité elle admirait Trémorel. Oui, comme miss Fancy, elle était frappée de cette héroïsme : Gaspiller sa fortune et se tuer après.

— Ah! soupirait-elle, ce n'est pas Sauvresy qui en ferait autant.

Non, Sauvresy n'était pas homme à se conduire comme le comte de Trémorel.

Dès le lendemain de l'arrivée du comte au Valfeuillu, il annonça son intention de s'occuper sans retard des affaires de son ami.

C'était à l'issue du déjeuner, dans la jolie serre disposée en salon qui suit la salle de billard.

Bien reposé, après une bonne et longue nuit dans un lit excellent, sans inquiétudes pressantes pour le moment, le désordre de ses vêtements réparé, Hector n'avait plus rien du naufragé de la veille.

Il était de ces natures sur lesquelles les événements n'ont pas de prise, que vingt-quatre heures consolent des pires catastrophes, qui oublient les plus sévères leçons de la vie.

Chassé par Sauvresy, il n'eût su où aller, et cependant il avait repris déjà l'insouciance hautaine du viveur millionnaire, habitué à plier à son gré les hommes et les circonstances.

Il était redevenu impassible, froidement railleur, comme si des années s'étaient écoulées depuis sa nuit d'hôtel garni, comme si les désastres de sa fortune eussent été réparés.

Et Berthe s'étonnait de ce calme après de si surprenants revers, prenant pour de la force d'âme ce qui n'était chez Trémorel que puérile imprévoyance.

— Çà, disait Sauvresy, puisque je deviens ton homme d'affaires, donne-moi mes instructions et quelques notions indispensables. Quel est, ou était, comme tu voudras, le chiffre de ta fortune?

— Je l'ignore absolument.

Sauvresy qui s'était armé d'un crayon et d'une grande feuille de papier blanc, prêt à ranger des chiffres en bataille, parut un peu surpris.

— Soit, reprit-il, mettons x à l'actif et passons au passif. Que dois-tu?

Hector eut un geste superlativement dédaigneux.

— Je n'en sais, ma foi ! rien, répondit-il.

— Quoi ! pas même vaguement ?

— Oh ! si fait. Par exemple, je dois entre cinq et six cent mille francs à la maison Clair ; à Dervoy, cinq cent mille francs ; pareille somme à peu près aux Dubois d'Orléans...

— Et ensuite ?

— Mes souvenirs précis s'arrêtent là.

— Mais tu as bien au moins quelque part un carnet sur lequel tu inscrivais le chiffre de tes emprunts successifs ?

— Non.

— Au moins tu as conservé des titres, des états d'inscription, les grosses de tes diverses obligations ?

— Rien. J'ai fait hier matin une flambée de toutes mes paperasses.

Le châtelain du Valfeuillu fit un bond sur sa chaise. De telles façons d'agir lui semblaient monstrueuses ; il ne pouvait pas supposer qu'Hector posait. Il posait cependant, et cette affectation d'ignorance absolue était une suprême fatuité de viveur et de bon ton. Se ruiner sans savoir comme, est très-noble, très-distingué, très-ancien régime.

— Mais malheureux, s'écria Sauvresy, comment m'y prendre pour nettoyer ta position.

— Eh ! ne la nettoie pas ; fais comme moi, laisse agir mes créanciers, ils sauront bien se débrouiller, sois tranquille ; laisse-les mettre mes biens en vente...

— Jamais ! si on arrive à une vente aux enchères, tu es absolument ruiné.

— Bast ! un peu plus ou un peu moins !

Quel sublime désintéressement, pensait Berthe, quelle insouciance, quel mépris admirable de l'argent, quel noble dédain des détails mesquins et petits qui agitent le vulgaire !

Sauvresy serait-il capable d'un pareil détachement ?

Certes, elle ne pouvait l'accuser d'avarice, il devenait

pour elle, prodigue comme un voleur, il ne lui avait jamais rien refusé, il courait au-devant de ses plus coûteuses fantaisies, mais enfin, il avait pour le gain l'âpreté d'un fils de paysan, et, en dépit de sa haute fortune, il gardait quelque chose de la vénération paternelle pour l'argent.

Quand il avait un marché à passer avec un de ses fermiers, il ne craignait pas de se lever de grand matin, de monter à cheval, même en plein hiver, de faire trois ou quatre lieues sous la pluie pour attraper quelques centaines d'écus.

Il se serait ruiné pour elle, si elle l'eût voulu, elle en était convaincue, mais il se serait ruiné économiquement, avec ordre, comme le plat bourgeois qui ouvre un compte à ses vices.

Sauvresy réfléchissait.

— Tu as raison, dit-il à Hector, tes créanciers doivent connaître exactement ta situation; qui sait s'ils ne s'entendent pas? La façon dont ils t'ont refusé cent mille francs avec le plus touchant ensemble me le ferait supposer. Je vais aller les trouver...

— La maison Clair, où j'ai contracté mes premiers emprunts doit être la mieux renseignée.

— Soit, je verrai MM. Clair. Mais, tiens, si tu étais raisonnable, sais-tu ce que tu ferais !

— Parle.

— Tu m'accompagnerais à Paris, et, à nous deux...

Hector, à cette proposition, s'était dressé tout pâle, l'œil étincelant.

— Jamais, interrompit-il violemment, jamais !...

Ses « très-chers » du club l'épouvantaient encore. Quoi ! déchu, tombé, ridiculisé par son suicide manqué, il oserait reparaître sur le théâtre de sa gloire !

Sauvresy lui ouvrait les bras. Sauvresy était un brave cœur l'aimant assez pour ne pas s'arrêter à la fausseté de sa situation, pour ne pas le juger un lâche de ce qu'il avait reculé, mais les autres !...

— Ne me reparle plus de Paris, ajouta-t-il d'un ton

plus calme, de ma vie, je le jure, je n'y remettrai les pieds.

— Soit, tant mieux, reste avec nous, ce n'est pas moi qui m'en plaindrai, ni ma femme non plus, et un beau jour nous te trouverons une héritière dans les environs.

Elle fit, de la tête, sans lever les yeux, un signe affirmatif.

— Allons, reprit Sauvresy, il est temps que je parte si je veux ne pas manquer le chemin de fer.

— Mais je t'accompagne à la gare, fit vivement Trémorel.

Ce n'était pas de sa part une prévenance purement amicale. Il voulait prier son ami de s'informer des objets restés au mont-de-piété de la rue de Condé, et aussi lui demander de passer chez miss Fancy.

De la fenêtre de sa chambre, Berthe suivait les deux amis qui, bras dessus bras dessous, remontaient la route d'Orcival.

Quelle différence, pensait-elle, entre ces deux hommes ! Mon mari disait, tout à l'heure, qu'il voulait être l'intendant de son ami ; il n'a que trop l'air, en effet, de son intendant.

Quelle démarche vraiment noble a le comte, quelle aisance gracieuse, quelle distinction suprême ! Et cependant, mon mari, j'en suis sûre, le méprise, parce qu'il s'est ruiné à faire des folies. Ah ! que n'est-il, lui-même, capable d'en faire. Il affectait, j'ai cru m'en apercevoir, certains airs de protection. Pauvre garçon !

Mais est-ce que tout chez M. de Trémorel n'annonce pas une supériorité innée ou acquise, tout, jusqu'à son prénom : Hector ! Comme il sonne, ce nom ! Et elle prenait plaisir à le répéter avec des intonations différentes : Hector ! Hector ! Mon mari, lui, s'appelle Clément !...

M. de Trémorel revenait seul du chemin de fer, gai comme un convalescent à ses premières sorties.

Dès que Berthe l'aperçut, elle quitta vivement la fenêtre. Elle voulait rester seule, réfléchir à cet événement

qui, tout à coup, tombait dans sa vie, analyser ses sensations, écouter ses pressentiments, étudier ses impressions pour s'en rendre maîtresse, enfin, arrêter, si elle pouvait, un plan de conduite.

Elle ne reparut que pour se mettre à table, quand son mari, qu'on avait attendu, revint sur les onze heures du soir.

Sauvresy mourait de faim et de soif, il paraissait brisé de fatigue, mais son excellente figure rayonnait.

— Victoire! ami Hector, disait-il, tout en avalant son potage trop chaud, nous te tirerons des mains des Philistins. Dame! les plus brillantes plumes de tes ailes y resteront, mais on te sauvera assez de duvet pour te faire un bon nid.

Berthe eut pour son mari un regard reconnaissant.

— Et comment cela? demanda-t-elle.

— C'est bien simple. Du premier coup j'ai deviné le jeu des créanciers de notre ami. Ils comptaient obtenir la mise en vente de ses propriétés, ils les achetaient en bloc, à vil prix, comme toujours en ces occasions, les revendaient ensuite fort bien en détail et partageaient le bénéfice.

— Et tu empêcheras cela? fit Trémorel d'un air incrédule.

— Parfaitement. Ah! j'ai dérangé le plan de ces messieurs. J'ai réussi, ce qui est une chance, mais j'ai du bonheur, moi, à les tous réunir le soir même. Vous allez, leur ai-je dit, nous laisser vendre volontairement de gré à gré, sinon, je me mets de la partie et je brouille les cartes. Ils me regardaient d'un air goguenard. Mais mon notaire, que j'avais amené, ayant ajouté : — « Monsieur est M. Sauvresy, et s'il veut deux millions, demain le Crédit foncier les lui avancera. » Nos hommes ont ouvert de grands yeux et ont consenti à tout ce que je voulais.

Quoi qu'il en eût dit, Hector connaissait assez ses affaires pour savoir qu'avec cette transaction on lui sauverait une fortune, petite, en comparaison de celle qu'il possédait, mais enfin une fortune.

Cette certitude le ravit, et dans un mouvement de reconnaissance vraie, serrant entre ses mains les mains de Sauvresy :

— Ah ! mon ami, s'écria-t-il, c'est l'honneur après la vie, que tu me donnes, comment m'acquitter jamais !...

— En ne faisant plus que des folies raisonnables. Tiens, comme moi, ajouta-t-il, en se penchant vers sa femme et en l'embrassant.

— Et plus rien à redouter !

— Rien ! C'est que j'aurais, morbleu ! emprunté les deux millions, oui, et ils l'ont bien vu. Mais ce n'est pas tout. Les poursuites sont arrêtées. Je suis allé à ton hôtel, et j'ai pris sur moi de renvoyer tous tes domestiques, à l'exception de ton valet de chambre et d'un palefrenier. Si tu veux m'en croire, nous enverrons dès demain tous tes chevaux au Tattersal où ils se vendront très-bien. Quant au cheval que tu as l'habitude de monter, il sera ici demain.

Ces détails choquaient Berthe. Elle trouvait que son mari exagérait l'obligeance, descendant jusqu'à la servilité.

— Décidément, pensait-elle, il était né pour être intendant.

Sauvresy poursuivait :

— Enfin, sais-tu ce que j'ai fait ? Songeant que tu es arrivé ici comme un petit Saint-Jean, j'ai donné l'ordre de remplir trois ou quatre malles de tes effets, on les a portées au chemin de fer, et en arrivant j'ai envoyé un domestique les chercher.

— Hector, lui aussi, commençait à trouver l'obligeance de Sauvresy excessive, et qu'il le traitait par trop en enfant ne sachant rien prévoir. Cette circonstance de son dénûment racontée devant une femme, le blessait. Il oubliait que le matin même, il avait trouvé tout simple de faire demander du linge à son ami.

Il cherchait une de ces plaisanteries fines, qui sauvent une situation, lorsqu'il se fit un grand bruit dans le vestibule. Sans doute les malles arrivaient. Berthe sortit pour donner des ordres.

— Vite, pendant que nous sommes seuls, dit Sauvresy, voici tes bijoux. Ah! j'ai eu du mal à les avoir. Ils sont méfiants au mont-de-piété. Je pense bien qu'ils ont commencé par me prendre pour l'associé d'une bande de filous.

— Tu n'as pas dit mon nom, au moins !

— Ça été inutile. Mon notaire, par bonheur, était avec moi. Non, on ne saura jamais tout ce qu'un notaire peut rendre de services. Ne penses-tu pas que la société est injuste envers les notaires ?

Trémorel pensait que son ami parlait bien lestement de choses sérieuses, tristes même, et cette légèreté de ton le contrariait.

— Pour finir, poursuivait Sauvresy, j'ai rendu visite à miss Fancy. Elle était au lit depuis la veille, on l'y avait portée après ton départ, et depuis la veille, m'a dit sa femme de chambre, elle ne cessait de sangloter à fendre l'âme.

— Elle n'avait reçu personne ?

— Personne absolument. Elle te croyait bien mort, et quand je lui ai affirmé que tu étais chez moi, très-vivant et très-bien portant, j'ai cru qu'elle deviendrait folle de joie. Sais-tu qu'elle est vraiment jolie ?

— Oui... elle n'est pas mal.

— Puis c'est, je crois, une bonne personne. Elle m'a dit des choses extrêmement touchantes. Je parierais presque, mon cher ami, qu'elle ne tient pas seulement à ton argent, et qu'elle a pour toi une sincère affection.

Hector eut un beau sourire de fatuité. Affection!... le mot était pâle.

— Bref, ajouta Sauvresy, elle voulait à toute force me suivre, pour te voir, pour te parler. J'ai dû, pour obtenir qu'elle me laissât me retirer, lui jurer, avec d'épouvantables-serments, qu'elle te verrait demain, non à Paris puisque tu m'as déclaré que tu n'y voulais plus y remettre les pieds, mais à Corbeil.

— Ah! comme cela...

— Donc, demain à midi, elle sera à la gare. Nous par-

tirons d'ici ensemble ; pendant que je prendrai le train de Paris, tu monteras, toi, dans celui de Corbeil. Arrange-toi de façon à faire semblant de manger et tu pourras, là-bas, offrir à déjeuner à miss Fancy à l'hôtel de la *Belle-Image*.

— Il n'y a pas d'inconvénients ?

— Pas le moindre. La *Belle-Image* est une grande auberge que sa position à l'entrée de la ville, à 500 mètres du chemin de fer, met absolument à l'abri des curieux et des indiscrets. On peut, d'ici, s'y rendre sans être vu de personne, en suivant le bord de l'eau et en prenant la rue qui tourne le moulin Darblay.

Hector préparait une objection, Sauvresy, d'un geste lui ferma la bouche.

— Voici ma femme, dit-il, plus un mot.

XV

En montant se coucher, ce soir là, le comte de Trémorel était déjà beaucoup moins enthousiasmé du dévoûment de son ami Sauvresy. Il n'est pas de diamant où on ne trouve une tache en l'examinant à la loupe.

— Le voici, se disait-il, prêt à abuser de son rôle de sauveur. Il se pose en mentor et fait des phrases. Les gens ne sauraient-ils donc vous obliger sans vous le faire sentir. Ne semblerait-il pas que par cette raison qu'il m'a empêché de me brûler la cervelle, je deviens quelque chose à lui appartenant ? Pour un peu plus il allait ce soir me reprocher les magnificences de Fancy ! Où s'arrêtera son zèle ?

Ce qui n'empêche pas que le lendemain, au déjeuner,

il prétexta un malaise pour ne pas manger et qu'il fit remarquer à Sauvresy qu'il allait manquer le train.

Comme la veille, Berthe accoudée à sa fenêtre, les regardait s'éloigner.

Si grand était son trouble depuis quarante-huit heures qu'elle ne se reconnaissait plus elle-même. Déjà elle en etait à n'oser plus ni réfléchir ni descendre au fond de son cœur. Quelle puissance mystérieuse possédait-il donc, cet homme, pour être entré ainsi violemment dans sa vie ! Elle souhaitait qu'il s'éloignât pour ne plus revenir jamais, et en même temps elle s'avouait qu'en partant il emporterait sa pensée tout entière. Et elle se débattait sous le charme, ne sachant si elle devait se réjouir ou s'affliger des inexprimables émotions qui l'agitaient, s'irritant de subir une domination plus forte que sa volonté.

Elle avait décidé que, ce jour-là, elle descendrait au salon. Il ne manquerait pas — ne fût-ce que par politesse — d'y descendre, et alors elle pensait que le voyant de plus près, le faisant causer, le connaissant mieux, son prestige s'évanouirait.

Sans doute il allait revenir, et elle guettait son retour, prête à descendre dès qu'elle le verrait au detour du chemin d'Orcival.

Elle l'attendait avec des frémissements fébriles, anxieuse comme on l'est au moment d'une lutte, sentant bien que ce premier tête à tête, en l'absence de son mari, serait décisif.

Mais le temps passait. Il y avait plus de deux heures qu'il etait sorti avec Sauvresy et il ne reparaissait pas. Où pouvait-il être.

En ce moment même, Hector arpentait la salle d'attente du chemin de fer de Corbeil, attendant miss Fancy.

Enfin, il se fit, dans la gare, un grand remue ménage. Les employés couraient, les hommes d'équipe traversaient la voie roulant des brouettes, les portes s'ouvraient et se refermaient bruyamment. Le train arrivait.

Bientôt miss Fancy parut.

Sa douleur, sa joie, ses émotions ne l'avaient pas empêchée de songer à sa toilette, et jamais elle n'avait été plus tapageusement élégante et jolie. Elle portait une robe vert d'eau avec une traîne d'un demi-mètre, un manteau de velours qui n'en finissait plus et un de ces chapeaux nommés « chapeaux à accidents » parce qu'ils font cabrer les chevaux de fiacre sur le boulevard.

Dès qu'elle aperçut Hector, resté debout près de la porte de sortie, elle poussa un cri, écarta brusquement les gens qui se trouvaient sur son passage et courut se pendre à son cou, riant et pleurant tout à la fois.

Elle parlait très-haut, avec des gestes que sa toilette faisait paraître plus désordonnés, et tout le monde pouvait l'entendre.

— Tu ne t'es donc pas tué, disait-elle, comme j'ai souffert, mais quel bonheur aujourd'hui !

Trémorel, lui, se débattait de son mieux, tâchant de calmer les bruyantes démonstrations de Fancy, la repoussant doucement, enchanté et irrité tout ensemble, et exaspéré de tous ces gros yeux fixés sur lui, en Parisien habitué à passer inaperçu au milieu de la foule.

C'est qu'aucun des voyageurs ne sortait. Ils restaient tous là, béants, regardant, attendant. On les regardait, on les entourait, on faisait cercle, on était sur eux.

— Allons, viens ! fit Hector à bout de patience.

Et il l'entraîna, espérant échapper à cette curiosité naïve et imprudente de désœuvrés pour qui tout est une distraction.

Mais ils n'y échappèrent pas. On les suivit de loin. Même quelques habitants de Corbeil, montés sur l'impériale de l'omnibus qui fait le service entre la gare et le chemin de fer, prièrent le conducteur d'aller au pas afin de ne pas perdre de vue ces singuliers étrangers. Et ce n'est que lorsqu'ils eurent disparu sous le porche de l'hôtel que la voiture prit le trot.

Ainsi furent déconcertées les prévisions de Sauvresy. L'entrée trop triomphale de Jenny fit sensation. On s'in-

quiéta, on alla aux renseignements; l'hôtesse fut adroitement questionnée, et bientôt on sut que ce monsieur qui allait attendre à la gare des dames si excentriques, était un intime ami du propriétaire du Valfeuillu.

Ni Hector ni Fancy ne se doutaient alors qu'ils étaient le sujet de toutes les conversations.

Ils déjeunaient gaîment dans la plus belle chambre de la *Belle-Image,* qui est une pièce immense, à deux lits, avec une seule fenêtre donnant sur la place, décorée de tableaux bien vernis et bien encadrés, représentant des messieurs à cheval.

Trémorel avait imaginé pour expliquer sa résurrection un petit roman assez probable, où il jouait un rôle héroïque très-propre à redoubler l'admiration de sa maîtresse.

Puis, à son tour, miss Fancy déroulait ses plans d'avenir qui étaient, il faut lui rendre cette justice, des plus raisonnables.

Résolue à rester, quand même et plus que jamais, fidèle à son Hector ruiné, elle allait donner congé de son appartement de 6,000 francs, vendre son mobilier et entreprendre un commerce honnête.

Justement, elle avait retrouvé une de ses anciennes amies, très-habile ouvrière en modes et qui ne demandait pas mieux que de s'associer avec une camarade qui apporterait l'argent, pendant qu'elle apporterait son savoir-faire. Elles achèteraient un fonds de modiste dans le quartier Breda, et entre leurs mains il ne pouvait manquer de prospérer et de donner de beaux bénéfices.

Jenny parlait d'un petit air entendu, épuisant son répertoire de termes techniques, et Hector riait. Ces projets de négoce lui semblaient du dernier comique, mais il était très-sensible à cette abnégation d'une femme jeune et jolie, consentant à travailler, à faire quelque chose, et cela pour lui plaire.

Malheureusement, il fallait se séparer.

Fancy était venue à Corbeil avec l'intention d'y passer une semaine; mais le comte lui déclara que c'était abso-

lument impossible. Elle pleura d'abord beaucoup, se fâcha, puis finalement se consola à l'idée de revenir le mardi suivant.

— Allons, adieu, répétait-elle en embrassant Hector, au revoir, pense à moi !

Et souriante, avec un geste mutin, elle ajouta :

— Je devrais être inquiète, cependant, il y avait dans le chemin de fer des messieurs qui connaissent ton ami et qui disaient que sa femme est peut-être la plus belle femme de France. Est-ce vrai ?

— Je n'en sais ma foi rien ! J'ai oublié de la regarder.

Hector ne mentait pas. Sans qu'il y parût, il était encore sous l'empire des angoisses de son suicide manqué. Il subissait cet étourdissement qui suit les grandes crises morales aussi bien que les chocs violents sur la tête, et qui empêche l'attention de s'arrêter aux choses extérieures.

Mais ces mots : « la plus belle femme de France, » éveillèrent son attention, et il put, le soir même, réparer son oubli. Quand il rentra au Valfeuillu, son ami n'était pas encore de retour, et Mme Sauvresy était seule, lisant, dans le salon très-vivement éclairé.

Assis en face d'elle, mais un peu de côté, Hector pouvait l'observer à son aise, tout en égrenant quelques phrases banales.

Sa première impression fut défavorable à Berthe. Il trouvait sa beauté trop sculpturale et aussi par trop accomplie. Il lui cherchait des imperfections, et, n'en trouvant pas, il s'effrayait presque de cette belle physionomie immobile, de ces yeux si clairs, dont le regard vous arrivait comme une pointe d'épée. Peut-être son instinct seul lui faisait-il redouter à lui, l'homme faible, vacillant, irrésolu, une nature énergique, déterminée, d'une audace implacable.

Peu à peu, cependant, il s'habitua à passer avec Berthe une grande partie des après-midi, pendant que Sauvresy courait pour sa liquidation, vendant, négociant,

usant ses journées à débattre des intérêts, à discuter avec des avoués et des agents d'affaires.

Il s'était vite aperçu du plaisir qu'elle prenait à l'entendre, et, par cela, il la jugeait une femme éminemment spirituelle et bien au-dessus de son mari.

Il n'avait aucun esprit lui-même, mais seulement un fonds, inépuisable pour des années, d'anecdotes et d'aventures. Il avait vu tant de choses, il s'était frotté à tant de gens, qu'il était intérressant à feuilleter comme une chronique. Il avait encore une certaine verve mousseuse qui ne manquait pas de brillant, et un cynisme poli qui, au premier abord, surprenait.

Moins subjuguée, Berthe l'eût jugé à sa valeur, mais elle avait perdu son libre arbitre.

Elle l'écoutait, plongée dans une sorte d'extase idiote, comme on écoute un voyageur revenu de ces pays étranges dont on ne revient pas, qui a visité des peuples dont on ignore même l'existence, vécu au milieu des mœurs et de civilisations incompréhensibles pour nous.

Les jours, cependant, se passaient, les semaines, les mois, et le comte de Trémorel ne s'ennuyait pas au Valfeuillu autant qu'il l'aurait supposé.

Insensiblement il glissait sur cette pente douce du bien-être matériel qui mène droit à l'abrutissement. A sa fièvre des premiers jours avait succédé un engourdissement physique et moral, exempt de sensations désagréables, s'il manquait de piquant.

Il mangeait et buvait beaucoup, et dormait ses douze heures. Le reste du temps, quand il ne causait pas avec Berthe, il vaguait dans le parc, se balançait sur un fauteuil américain ou montait à cheval. Il alla même jusqu'à pêcher à la ligne, au bout du jardin, sous les saules. Il engraissait.

Ses meilleures journées étaient celles qu'il passait à Corbeil, en compagnie de miss Fancy. En elle, il retrouvait quelque chose de son passé, et toujours pour le réveiller elle avait quelque querelle à lui faire.

D'ailleurs, elle lui rapportait des bouffées d'air de Pa-

ris, dans les plis de sa robe, et, à ses bottines, de la boue des boulevards.

Jenny venait très-exactement toutes les semaines, et son amour pour Hector, loin de diminuer, semblait croître à chaque entrevue.

Peut-être ne s'expliquait-elle pas parfaitement tous ses sentiments. Les affaires de la pauvre fille tournaient assez mal. Elle avait acheté son fonds bien trop cher et son associée, au bout d'un mois avait décampé, lui emportant trois mille francs. Elle n'entendait rien au commerce qu'elle avait entrepris et on la volait sans pudeur de tous les côtés.

Elle ne disait rien de ses soucis à Hector, mais elle comptait bien lui demander de lui venir en aide. C'était bien le moins qu'il pût faire, après l'immense sacrifice auquel elle s'était résignée pour lui.

Dans les commencements, les habitués du Valfeuillu s'étonnèrent un peu de la continuelle présence de ce grand jeune homme qui traînait comme un boulet son désœuvrement, puis ils s'accoutumèrent à lui.

Hector avait fini par se composer une physionomie mélancolique, ainsi qu'il convient à un être éprouvé par des malheurs inouis et pour lequel la vie a menti à ses promesses. Il paraissait inoffensif, on l'adopta. On disait :

— Le comte de Trémorel est d'une simplicité charmante.

Mais il avait, à certains moments, lorsqu'il était seul, des retours soudains et terribles. — « Cette vie ne peut durer, » pensait-il; et des rages puériles le transportaient, s'il venait à comparer le passé au présent.

Comment secouer cette morne existence, comment se délivrer de tous ces gens étroits comme la morale, plus plats que la réalité, qui l'entouraient, qui étaient les amis de Sauvresy ?

Mais où fuir, où se réfugier ? La tentation de reparaître à Paris ne lui venait pas. Et d'ailleurs, qu'y ferait-il ? Son hôtel avait été vendu à un ancien marchand de cuirs

vernis. Il n'avait d'argent que celui qu'il empruntait à Sauvresy.

Et c'était, ce Sauvresy, dans la pensée d'Hector, un ami terrible, envahissant, implacable, dur comme le chirurgien qui s'inquiète peu de faire crier, sous le bistouri, le malade qu'il doit sauver. Il ne comprenait, dans les situations désespérées, ni les demi-partis, ni les transactions.

— Ta barque sombre, avait-il dit à Hector, jetons à la mer tout le superflu pour commencer. Ne gardons rien du passé, il est mort; enterrons-le, et que rien ne le rappelle. Ta situation liquidée, nous verrons.

Elle était fort laborieuse, cette liquidation. Les créanciers naissaient sous les pas, de tous côtés, et jamais la liste n'en était close. Il en venait même de l'étranger, de l'Angleterre. Plusieurs avaient certainement été payés, mais on ne pouvait leur représenter de reçus, et ils se fachaient. Quelques-uns, dont les prétentions par trop exorbitantes furent repoussées, déclarèrent qu'ils plaideraient, espérant qu'on reculerait devant le scandale d'un procès.

Et Sauvresy fatiguait son ami par son incessante activité. Tous les deux ou trois jours il se rendait à Paris, et il fit plusieurs voyages lors de la vente des propriétés de la Bourgogne et de l'Orléanais.

Après l'avoir d'abord pris en guignon, le comte de Trémorel le détestait nettement. Il le haïssait. L'air constamment heureux de Sauvresy faisait son désespoir. La jalousie le poignait. Une seule pensée, une pensée détestable le consolait un peu.

— Le bonheur de Sauvresy, se disait-il, vient surtout de ce qu'il est un imbécile. Il croit sa femme folle de lui, et la vérité est qu'elle ne peut le souffrir.

Berthe, en effet, en était venue à laisser deviner à Hector son aversion pour son mari.

Elle n'en était plus à étudier les mouvements de son cœur, elle aimait Trémorel et elle se l'avouait. A ses yeux prévenus, il réalisait absolument l'idéal de ses rêves enfiévrés.

Mais elle était en même temps exaspérée de ne lui voir aucun amour pour elle. Sa beauté n'était donc pas irrésistible, comme elle l'avait souvent entendu dire. Il était avec elle, empressé, galant même, mais rien de plus.

— S'il m'aimait, pensait-elle, non sans colère, hardi comme il l'est avec les femmes, ne redoutant rien ni personne, il me le dirait.

Et elle se prenait à détester cette femme — cette rivale — qu'il allait retrouver toutes les semaines à Corbeil. Elle eût voulu la connaître, la voir. Qui pouvait-elle être? Était-elle bien belle?

Hector avait été impénétrable au sujet de miss Fancy. Adroitement interrogé, il avait répondu très-vaguement, n'étant pas fâché de laisser l'imagination de Berthe s'égarer en suppositions qui ne pouvaient être que très-flatteuses pour lui.

Enfin, un jour arriva où elle ne sut plus résister aux obsessions de sa curiosité. Elle prit la plus simple de ses toilettes noires, jeta sur son chapeau un voile très-épais, et courut à la gare de Corbeil à l'heure où elle supposait que l'inconnue devait repartir.

Elle s'était établie dans la cour, sur un banc que dissimulaient deux lourds camions. Elle n'attendit pas longtemps.

Bientôt, à l'extrémité de l'avenue, qu'elle pouvait surveiller de sa place, elle vit s'avancer le comte de Trémorel et sa maîtresse. Ils se donnaient le bras et avaient l'air des plus heureux amoureux de la terre.

Ils passèrent à trois pas d'elle, et comme ils marchaient fort lentement, elle put examiner miss Fancy à son aise. Elle la trouva jolie et sans la moindre distinction.

Ayant vu ce qu'elle voulait voir, rassurée par cette certitude, prouvant son inexpérience, que Jenny, étant une fille de rien, n'était pas à craindre, Berthe ne songea plus qu'à se retirer bien vite.

Mais elle prit mal son temps! Au moment où elle dépassait les voitures qui la cachaient, Hector sortait de la

gare. Ils se croisèrent à la grille et leurs yeux se rencontrèrent.

La reconnut-il ? Son visage exprima la plus vive surprise, cependant il ne salua point.

— Oui, il m'a reconnue, pensait Berthe en regagnant le Valfeuillu par le chemin du bord de l'eau.

Et surprise, un peu épouvantée de son audace, elle se demandait si elle devait s'affliger ou se réjouir de cette rencontre. Qu'en résulterait-il ?

A dix minutes de distance, Hector la suivait le long de cette route qui côtoie la Seine.

Il était, lui aussi, singulièrement étonné. Depuis longtemps déjà sa vanité, toujours en éveil, l'avait prévenu de ce qui se passait dans l'esprit de Berthe, mais bien que la modestie ne fût pas son defaut, il était loin de croire à un sentiment assez vif pour déterminer une pareille démarche.

— Elle m'aime, se répétait-il tout en marchant, elle m'aime !

Il ne savait encore à quoi se résoudre. Fuirait-il ? Resterait-il le même avec elle, feignant de ne la pas avoir aperçue ? Cependant, il n'y avait guère à hésiter. Il devait fuir vite, le soir même, sans hésiter, sans détourner la tête ; fuir comme si la maison eût été sur le point de s'écrouler sur sa tête.

Ce fut sa première pensée. Elle fut promptement étouffée sous l'explosion des passions basses et viles qui fermentaient en lui.

Ah ! Sauvresy lui avait tendu la main quand il se noyait ! Sauvresy le recueillait après l'avoir sauvé, il lui ouvrait son cœur, sa maison et sa bourse ; en ce moment même, il s'épuisait en efforts pour lui reconstituer une fortune.

Les hommes de la trempe du comte de Trémorel ne peuvent recevoir que comme des outrages tant et de si grands services.

Est-ce que son séjour au Valfeuillu n'était pas une souffrance continuelle ? Est-ce que du matin au soir son

amour-propre n'était pas à la torture? Il pouvait compter les jours par les humiliations. Quoi! il lui fallait subir, sinon reconnaître, la supériorité d'un homme qu'il avait traité en inférieur!

— D'ailleurs, pensait-il, jugeant sur le sien le cœur de son ami, n'est-ce pas uniquement par orgueil, par ostentation, qu'il se conduit si bien en apparence avec moi? Que suis-je à son château, sinon le vivant témoignage de sa munificence, de sa générosité et de son dévouement? Il semble ne plus vivre que pour moi : Trémorel par ci, Trémorel par là! Il triomphe de ma défaite, il se pare de ma ruine, il s'en fait une gloire et un titre à l'admiration publique.

Décidément, il ne pouvait pardonner à son ami d'être si riche, si heureux, si estimé, d'avoir su régler sa vie, tandis que lui, à trente ans, il avait gaspillé la sienne.

Et il ne saisirait pas l'occasion si belle qui se présentait de se venger de tant de bienfaits qui l'accablaient? Oh! si!

— En définitive, se disait-il, essayant d'imposer silence aux sourds murmures de sa conscience, suis-je allé la chercher, sa femme? Elle vient à moi de son plein gré, d'elle-même, sans la moindre tentative de séduction; la repousser serait une duperie.

L'envie a d'irrésistibles arguments. La détermination d'Hector était irrévocable lorsqu'il entra au Valfeuillu.

Il ne partit pas.

Et il n'avait cependant ni l'excuse de la passion, ni l'excuse de l'entraînement, il n'aimait pas, il n'aima jamais la femme de son ami, et son infamie fut réfléchie, raisonnée, froidement préméditée.

Mais entre elle et lui, une chaîne se riva, plus solide que les liens fragiles de l'adultère : leur haine commune pour Sauvresy.

Ils lui devaient trop, l'un et l'autre. Sa main les avait retenus au bord du cloaque où ils allaient rouler. Car Hector ne se serait pas brûlé la cervelle, car Berthe n'aurait pas trouvé de mari. Fatalement ils en seraient arri-

vés, lui, à traîner en compagnie de chevaliers d'industrie un grand nom déshonoré; elle, à étaler sur les chaises du boulevard une beauté flétrie.

Les heures de leurs premiers rendez-vous se consumèrent en paroles de colère, bien plutôt qu'en propos d'amour. Ils sentaient trop profondément, trop cruellement l'ignominie de leur conduite, pour ne pas chercher à se rassurer contre leurs remords.

Ils s'efforçaient de se prouver mutuellement que Sauvresy était ridicule et odieux. Comme s'ils eussent été absous par ses ridicules — en admettant qu'il en eût.

Si, en effet, notre monde est horrible à ce point que la confiance y soit une sottise, il fut un sot, cet homme de cœur qu'on trompait sous ses yeux, dans sa maison. Il fut un sot, car il avait foi en sa femme et en son ami.

Il ne se doutait de rien, et tous les jours il se félicitait d'avoir réussi à retenir Tremorel, à le fixer. A tout venant, il répétait sa fameuse phrase.

— Je suis trop heureux!

Berthe, il est vrai, dépensait pour entretenir ses riantes illusions des trésors de duplicité.

Elle, si souvent capricieuse autrefois, nerveuse, volontaire, elle devint peu à peu soumise jusqu'à l'abnégation et d'une angélique douceur.

De son mari dépendait l'avenir de sa liaison, et rien ne lui coûtait pour empêcher le plus léger soupçon d'effleurer sa naïve sécurité. Elle payait l'horrible tribut des femmes adultères, réduites par la peur, par leurs anxiétés de tous les instants, aux feintes les plus honteuses et les plus déshonorantes de la passion.

Telle fut d'ailleurs leur prudence que, chose rare, personne, dans leur entourage, ne se douta jamais de rien.

Et cependant, Berthe n'était pas heureuse.

Cet amour ne lui donnait rien des joies célestes qu'elle en avait attendues. Elle espérait être emportée dans les nuages, et elle restait terre à terre, s'embarrassant à toutes les misérables vulgarités d'une vie de transes et de mensonges.

Peut-être s'aperçut-elle, que pour Hector elle était surtout une vengeance, qu'en elle il aimait surtout la femme enlevée à un ami lâchement envié.

Et pour comble, elle était jalouse !

Après plusieurs mois, elle n'avait pu obtenir de Trémorel qu'il rompît avec miss Fancy. Toutes les fois qu'elle se résignait à aborder cette question si humiliante pour elle, il avait la même réponse, prudente et sensée peut-être, mais à coup sûr injurieuse et irritante :

— Songez, je vous prie, Berthe, répondait-il, que miss Fancy est notre sécurité.

Le fait est, cependant, qu'il songeait aux moyens de se débarrasser de Jenny. L'entreprise présentait des difficultés. Tombée dans une misère relative, la pauvre fille devenait plus tenace que le lierre et désespérément se cramponnait à Hector.

Elle lui faisait souvent des scènes, prétendant qu'il n'était plus le même, qu'il changeait; et elle était triste, elle pleurait, elle avait les yeux rouges.

Un soir, dans un accès de colère, après avoir attendu en vain son amant une partie de la journée, elle lui avait fait des menaces singulières.

— Tu as une autre maîtresse, lui avait-elle dit, je le sais, j'en ai la preuve. Prends garde ! Si jamais tu me quittais, c'est sur elle que tomberait ma colère, et crois que je ne ménagerais rien.

Le comte de Trémorel eut le tort de n'attacher aucune importance aux propos de miss Fancy. Cependant ils hâtèrent la séparation.

— Elle devient insupportable, pensait-il, et si un jour je ne venais pas, elle serait capable de me relancer jusqu'au Valfeuillu et d'y faire un scandale affreux.

C'est pourquoi, les plaintes et les larmes de Berthe aidant, il s'arma de courage et partit pour Corbeil, résolu à rompre à tout prix.

Il prit, pour annoncer ses intentions, toutes les précautions imaginables, cherchant de bonnes raisons, des prétextes plausibles.

— Il faut être sage, vois-tu, Jenny, disait-il, et pour un temps cesser de nous voir. Je suis ruiné, tu le sais, un mariage seul peut me sauver.

Hector s'était préparé à une explosion terrible de fureur, à des cris perçants, à des attaques de nerfs, à des évanouissements. Rien. A sa grande stupéfaction, miss Fancy ne répondit pas un seul mot.

Seulement, elle devint plus blanche que sa colerette, ses lèvres d'ordinaire si rouges blêmirent, ses grands yeux s'injectèrent, non de sang, mais de bile.

— Ainsi, fit-elle, les dents serrées par sa colère contenue, ainsi tu te maries !

— Il le faut bien, hélas ! répondit-il, avec un soupir hypocrite, songe que dans ces derniers temps je n'ai pu t'être utile qu'en empruntant de l'argent à mon ami; sa bourse ne sera pas éternellement à ma disposition.

Miss Fancy prit les mains d'Hector et l'attira au jour, près de la fenêtre. Là, le fixant, comme si l'obstination de son regard eût pu faire tressaillir la vérité en lui, elle lui dit lentement, en scandant ses mots :

— C'est bien vrai, n'est-ce pas, si tu m'abandonnes, c'est pour te marier ?

Hector dégagea une de ses mains pour l'appuyer sur son cœur.

— Je te le jure sur mon honneur, affirma-t-il.

— Alors, je dois te croire.

Jenny était revenue au milieu de la chambre. Debout, devant la glace, elle remettait son chapeau, disposant gracieusement les brides, tranquillement, comme si rien ne s'était passé.

Quand elle fut prête à sortir, elle revint à Trémorel :

— Une dernière fois, demanda-t-elle d'un ton qu'elle s'efforçait de rendre ferme et que démentaient ses yeux brillants d'une larme près de rouler, une dernière fois, Hector, c'est bien fini ?

— Il le faut.

Fancy eut un geste que Trémorel ne vit pas, sa figure prit une expression méchante, ses lèvres s'entr'ouvrirent

pour quelque réponse ironique, mais elle se ravisa presque aussitôt.

— Je pars, Hector, dit-elle, après un moment de réflexion. Si c'est vraiment pour te marier que tu me quittes, jamais tu n'entendras parler de moi.

— Eh! mon enfant, j'espère bien que je resterai ton ami.

— Bien! bien! Si au contraire, comme je le crois, c'est pour une autre maîtresse que tu m'abandonnes, rappelle-toi ce que je te dis : Tu es un homme mort, et elle est une femme perdue.

Elle ouvrait la porte, il voulut lui prendre la main, elle le repoussa.

— Adieu!

Hector courut à la fenêtre pour s'assurer de son départ. Oui, elle se résignait, elle remontait l'avenue qui conduit à la gare.

— Allons, se dit-il, ç'a été dur, mais moins que je ne croyais. Vraiment, Jenny était une bonne fille.

XVI

Lorsqu'il parlait à miss Fancy d'un mariage conclu, le comte de Trémorel ne mentait qu'à demi. Il était, en effet, question pour lui d'un mariage, et si les choses n'étaient pas aussi avancées qu'il lui plaisait de le dire, au moins les préliminaires faisaient-ils prévoir une prompte et favorable issue.

L'idée venait de Sauvresy, plus que jamais désireux de compléter son œuvre de sauvetage et de restauration.

Un soir, il y avait de cela un peu plus d'un mois, il

avait, après le dîner, entraîné Trémorel dans son cabinet.

— Accorde-moi, lui avait-il dit, un quart d'heure d'attention, et, surtout, ne me réponds pas à l'étourdie ; les propositions que je vais te faire méritent les plus sérieuses réflexions.

— Va! je sais être sérieux quand il le faut.

— Commençons donc par la liquidation. Elle n'est pas terminée encore, mais elle est assez avancée pour qu'on puisse prédire les résultats. J'ai, dès aujourd'hui, la certitude qu'il te restera de trois à quatre cent mille francs.

Jamais, en ses rêves les plus optimistes, Hector n'avait osé espérer un tel succès.

— Mais je vais être riche, s'écria-t-il joyeusement.

— Riche, non, mais bien au-dessus du besoin. Et maintenant il est, je crois, un moyen de reconquerir la position que tu as perdue.

— Un moyen! Lequel? bon Dieu!

Sauvresy fut un moment à répondre, il cherchait les yeux de son ami pour se rendre bien compte de l'impression que sa proposition allait produire.

— Il faut te marier, dit-il enfin.

L'ouverture parut surprendre Trémorel, mais non désagréablement.

— Me marier! répondit-il, le conseil est plus aisé à donner qu'à suivre.

— Pardon, tu devrais savoir que je ne parle jamais à la légère. Que dirais-tu d'une jeune fille appartenant à une famille honorable, jeune, jolie, bien élevée, si charmante qu'après ma femme je n'en connais pas de plus charmante, et qui t'apporterait un million de dot?

— Ah! mon ami, je dirais que je l'adore. Et tu connais cet ange?

— Oui, et toi aussi, car l'ange est Mlle Laurence Courtois.

A ce nom, la figure radieuse d'Hector s'assombrit, et il eut un geste de découragement.

— Jamais, répondit-il, jamais! M. Courtois, cet ancien négociant, positif comme un chiffre, ce fils de ses œuvres, pour parler comme lui, ne consentira à donner sa fille à un homme assez fou pour avoir gaspillé sa fortune.

Le châtelain du Valfeuillu haussa les épaules.

— Voilà bien, répliqua-t-il, l'homme qui a des yeux pour ne pas voir. Sache donc que ce Courtois, que tu dis si positif, est tout bonnement le plus romanesque des hommes, comme un ambitieux qu'il est. Donner sa fille au comte Hector de Tremorel, le cousin du duc de Samblemeuse, l'allié des Commarin-d'Arlange, lui semblerait une spéculation superbe, alors même que tu n'aurais pas le sou. Que ne ferait-il pas pour se procurer cette rare et délicate jouissance de pouvoir dire à pleine bouche : « Monsieur le comte mon gendre ! » ou « Ma fille, madame la comtesse Hector ! » Et tu n'es plus ruiné, tu as ou tu vas avoir vingt mille francs de rentes qui, ajoutés à deux livres de parchemins que tu possèdes, valent bien un million.

Hector se taisait. Il avait cru sa vie finie, et voilà que tout à coup de magnifiques perspectives se déroulaient devant lui.

Il allait donc pouvoir se dérober à l'humiliante tutelle de son ami ! Il serait libre, riche, il aurait une femme supérieure — à son avis — à Berthe; son train de maison écraserait celui de Sauvresy.

Car l'image de Berthe traversa son esprit, et il songea qu'ainsi il échappait à cette maîtresse si belle, si aimante, mais altière, mais envahissante, dont les exigences et la domination commençaient à lui peser.

— Je t'affirme, répondit-il sérieusement à son ami, que j'ai toujours considéré M. Courtois comme un homme excellent et des plus honorables, et Mlle Laurence me paraît une de ces personnes accomplies qu'on serait encore heureux d'épouser sans dot.

— Tant mieux, mon cher Hector, tant mieux, car il est, à ce mariage, une condition que je te crois, d'ail-

leurs, fort capable de remplir. Avant tout, il faut plaire à Laurence. Son père l'adore, et il ne la donnerait pas, j'en suis sûr, à un homme qu'elle n'aurait pas choisi.

— Sois tranquille, répondit Hector avec un geste triomphant, elle m'aimera.

Et, dès le lendemain, en effet, il prit ses mesures pour rencontrer M. Courtois, qui l'emmena visiter des poulains qu'il venait d'acheter et qui finit par l'inviter à dîner.

Pour Laurence, le comte de Trémorel déploya toutes ses séductions, superficielles, il est vrai et de mauvais aloi, mais si brillantes, si habiles, qu'elles devaient surprendre, éblouir et charmer une jeune fille.

Bientôt, dans la maison du maire d'Orcival, on ne jura plus que par ce cher comte de Trémorel.

Il n'y avait rien encore d'officiel, il n'y avait eu ni une ouverture, ni une démarche, ni même une allusion, et pourtant M. Courtois comptait bien qu'Hector, un de ces jours, lui demanderait la main de sa fille, et il se réjouissait d'autant plus de répondre : oui, qu'il pensait bien que Laurence ne dirait pas : non.

Et Berthe ne se doutait de rien.

Berthe, lorsqu'un danger si grand menaçait, ce qu'elle appelait « son bonheur, » en était encore à s'inquiéter de miss Jenny Fancy.

C'est après une soirée chez M. Courtois, soirée pendant laquelle le prudent Hector n'avait pas quitté une table de whist, que Sauvresy se décida à parler à sa femme de ce mariage dont il se proposait de lui faire une agréable surprise.

Elle pâlit dès les premiers mots. Si grande fut son émotion, que sentant qu'elle allait se trahir, elle n'eut que le temps de se jeter dans son cabinet de toilette.

Tranquillement assis dans un des fauteuils de la chambre à coucher, Sauvresy continuait à exposer les avantages considérables de ce mariage, haussant la voix pour que sa femme l'entendît de la pièce voisine.

—Vois-tu, d'ici, disait-il, notre ami à la tête de soixante

mille livres de rentes? Nous lui dénicherons quelque propriété à notre porte, et, de cette façon, nous le verrons tous les jours, ainsi que sa femme. Ce sera pour nous une société très-agréable et précieuse pour nos soirées d'automne. Hector est en somme un brave et digne garçon, et Laurence, tu me l'as dit cent fois, est charmante.

Berthe ne répondait pas. Si terrible était ce coup si inattendu, qu'elle n'y voyait plus clair dans le désordre épouvantable de ses pensées.

— Tu ne dis rien, poursuivait Sauvresy, est-ce que tu n'approuves pas mon projet? Je pensais que tu serais enchantée.

Elle comprit que si elle gardait plus longtemps le silence, son mari viendrait, il la verrait affaissée sur une chaise, il devinerait tout. Elle fit donc un effort, et d'une voix étranglée, sans attacher aucun sens aux mots qu'elle prononçait, elle répondit :

— Oui! oui! c'est une idée excellente.

— Comme tu dis cela! fit Sauvresy; verrais-tu des objections?

Justement, elle en cherchait, des objections, et n'en apercevait pas de raisonnables qu'elle put mettre en avant.

— Je tremble un peu pour l'avenir de Laurence, dit-elle enfin.

— Bah! et pourquoi.

— Je ne parle que d'après toi. M. de Trémorel a été, m'as-tu dit, un libertin, un joueur, un prodigue...

— Raison de plus pour avoir confiance en lui. Ses folies passées garantissent sa sagesse future. Il a reçu une leçon qu'il n'oubliera jamais. D'ailleurs, il aimera sa femme.

— Qu'en sais-tu?

— Dame! il l'aime déjà.

— Qui te l'a dit?

— Lui-même.

Et Sauvresy se mit à plaisanter la belle passion d'Hector qui tournait, assurait-il, à la bergerade.

— Croirais-tu, disait-il en riant, qu'il en est à trouver ce brave Courtois amusant et spirituel ! Ah ! les amoureux chaussent de singulières lunettes ! Il passe avec lui tous les jours deux ou trois heures à la mairie. Mais que diable, fais-tu dans ce cabinet? m'entends-tu.

Au prix d'efforts surhumains, Berthe avait réussi à dominer son trouble affreux; elle reparut la physionomie presque souriante.

Elle allait et venait, calme en apparence, déchirée par les pires angoisses qu'une femme puisse endurer.

Et ne pouvoir courir à Hector pour savoir, de sa bouche la vérité !

Car Sauvresy devait mentir, il la trompait. Pourquoi? Elle n'en savait rien. N'importe. Et elle sentait son aversion pour lui redoubler jusqu'au dégoût. Car elle excusait son amant, elle le pardonnait, et c'est à son mari seul qu'elle s'en prenait. Qui avait eu l'idée de ce mariage? Lui. Qui avait éveillé les espérances d'Hector, qui les encourageait? Lui, toujours lui.

Ah ! tant qu'il était resté inoffensif, elle avait pu lui pardonner de l'avoir épousée ; elle se contraignait à le subir, elle se résignait à feindre un amour bien loin de son cœur. Mais voici qu'il devenait nuisible. Supporterait-elle, que bêtement, par caprice, il rompît une liaison qui était sa vie à elle. Après l'avoir traîné comme un boulet, allait-elle le trouver en travers de son bonheur !

Elle ne ferma pas l'œil. Elle eut une de ces nuits horribles pendant lesquelles se conçoivent les crimes.

Ce n'est qu'après le déjeuner, le lendemain, qu'elle put se trouver seule avec Hector, dans la salle de billard.

— Est-ce vrai? demanda-t-elle.

L'expression de son visage était si atroce qu'il eut peur. Il balbutia :

— Vrai... quoi ?

— Votre mariage.

Il se tut d'abord, se demandant s'il devait accepter

l'explication ou l'esquiver. Enfin, froissé du ton impérieux de Berthe, il répondit :

— Oui !

Cette réponse la foudroya. Jusqu'alors elle avait eu une lueur d'espoir. Elle pensait que, dans tous les cas, il chercherait à la rassurer, à la tromper. Il est des circonstances ou le mensonge est un suprême hommage. Mais non; il avouait. Et elle restait anéantie, les expressions manquant à ses sensations.

Alors, Trémorel bien vite se mit à lui exposer les motifs de sa conduite.

Pouvait-il habiter éternellement le Valfeuillu ! Avec ses goûts et ses habitudes, que ferait-il de quinze mille livres de rentes? A trente ans, il est temps ou jamais de songer à l'avenir. M. Courtois donnait un million à sa fille, et, à sa mort, on recueillerait une somme plus considérable encore. Fallait-il laisser échapper cette occasion unique. Certes, il se souciait fort peu de Laurence, la dot seule le décidait.

Et il se faisait ignoble et bas à plaisir, se calomniant, jurant que ce mariage n'était qu'une affaire, un marché qu'il échangeait simplement son nom et son titre contre de l'argent.

Berthe l'arrêta d'un regard écrasant de mépris.

— Epargnez-vous d'autres lâchetés, dit-elle, vous aimez Laurence.

Il voulut protester; il se révoltait.

— Assez reprit Berthe. Une autre femme vous ferait des reproches, moi je vous déclare simplement que le mariage ne se fera pas; je ne le veux pas. Croyez-moi, renoncez-y franchement, ne me forcez pas à agir.

Elle se retira, fermant la porte avec violence, laissant Hector furieux.

— Comme elle me traite, se disait-il. Une reine ne parlerait pas autrement à un manant qu'elle aurait élevé jusqu'à elle. Ah! elle ne veut pas que j'épouse Laurence !...

Mais, avec le sang-froid, les réflexions les plus inquié-

tantes lui venaient. S'il s'obstinait à poursuivre ce mariage, Berthe ne mettrait-elle pas ses menaces à exécution? Si, évidemment; c'était, il ne le sentait que trop, une de ces femmes qui ne reculent jamais, que rien ne touche, que nulle considération humaine n'est capable d'arrêter.

Quant à ce qu'elle ferait, il le devinait, ou plutôt il le savait d'après ce qu'elle lui avait dit une fois, dans une grande querelle, à propos de miss Fancy. Elle lui avait dit :

— J'irai tout avouer à Sauvresy, et nous serons plus liés par la honte que par toutes les formules de l'église et de la mairie.

Voilà certainement le moyen qu'elle comptait employer pour rompre ce mariage, qui lui semblait si odieux.

Et à l'idée que son ami saurait tout, le comte de Trémorel frissonnait.

— Que fera-t-il, pensait Hector, si Berthe lui dit tout? Il tâchera de me tuer roide, c'est ainsi que j'agirais à sa place. Supposons qu'il me manque. Me voilà obligé de me battre en duel avec lui, et forcé, si je m'en tire, de quitter le pays. Et quoi qu'il arrive, mon mariage est irrévocablement rompu et Berthe me retombe sur les bras pour l'éternité.

En vain il réfléchissait, il ne voyait nulle issue à l'horrible situation qu'il s'était faite.

— Il faut attendre, s'était-il dit.

Et il attendait, se cachant pour aller chez M. Courtois, car il aimait vraiment Laurence. Il attendait, dévoré d'anxiétés, se débattant entre les instances de Sauvresy et les menaces de Berthe.

Comme il la détestait, cette femme, qui le tenait, dont la volonté le faisait plier comme l'osier! Rien ne pouvait ébranler son entêtement féroce. Elle n'était sensible qu'à son idée fixe. Il avait pensé qu'il lui serait agréable en congédiant Jenny. Erreur. Lorsque le soir de la rupture, il lui dit :

— Berthe, je ne reverrai de ma vie miss Fancy.

Elle lui répondit ironiquement :

— Mlle Courtois vous en sera fort reconnaissante.

Ce soir là même, Sauvresy traversant la cour vit devant la grille un mendiant qui lui faisait des signes.

Il s'approcha :

— Que demandez-vous, mon brave homme ?

Le mendiant jeta autour de lui un coup d'œil pour s'assurer que personne ne l'épiait.

— Je suis chargé, monsieur, répondit-il rapidement et à voix basse, de vous faire tenir un mot d'écrit que j'ai là. On m'a bien recommandé de ne le remettre qu'à vous, et encore, en vous priant de le lire sans être vu.

Et il glissait mystérieusement dans la main de Sauvresy un billet soigneusement cacheté.

— Ça vient d'une jolie dame, ajouta-t-il en clignant de l'œil, on connaît ça.

Sauvresy, le dos tourné à la maison, avait ouvert le billet et lisait :

« Monsieur,
« Vous rendrez un immense service à une pauvre fille,
« bien malheureuse, en prenant la peine de venir de-
« main jusqu'à Corbeil, à l'hôtel de la *Belle Image,* où
« on vous attendra toute la journée.

« Votre humble servante,   FANNY FANCY. »

Il y avait encore en post-scriptum :

« De grâce, monsieur, je vous en conjure, pas un mot de ma démarche à M. le comte de Trémorel. »

— Eh ! eh ! pensa Sauvresy, il y a de la brouille dans le ménage illégitime de ce cher Hector, c'est bon signe pour le mariage.

— Monsieur, insista le mendiant, on m'a dit qu'il y avait une réponse.

— Dites, répondit Sauvresy en lui jetant une pièce de quarante sous, dites que j'irai.

XVII

Le lendemain, le temps était froid et humide. Il faisait un brouillard si épais qu'on ne distinguait pas les objets à dix pas devant soi. Cependant, à l'issue du déjeuner, Sauvresy prit son fusil et siffla ses chiens.

— Je vais faire un tour dans les bois de Mauprévoir, dit-il.

— Singulière idée ! remarqua Hector, une fois sous bois, tu ne verras seulement pas le bout du canon de ton fusil.

— Que m'importe, pourvu que j'aperçoive quelques faisans.

Ce n'était qu'un prétexte, car en sortant du Valfeuillu, Sauvresy prit à droite la route de Corbeil, et une demi-heure plus tard, fidèle à sa promesse, il entrait à l'hôtel de la *Belle Image*.

Miss Fancy l'attendait dans cette grande chambre à deux lits qu'on lui réservait toujours depuis qu'elle était une des bonnes clientes de l'hôtel.

Ses yeux étaient rouges de larmes récentes, elle était fort pâle et son teint marbré annonçait bien qu'elle ne s'était pas couchée.

Sur la table, près de la cheminée où brûlait un grand feu, se trouvait encore son déjeuner auquel elle n'avait pas touché.

Lorsque Sauvresy entra, elle se leva pour aller à sa rencontre, lui tendant amicalement la main :

— Merci, lui disait-elle, merci d'être venu. Ah ! vous êtes bon, vous.

Jenny n'était qu'une fille et Sauvresy détestait les filles ; pourtant sa douleur était si évidente et semblait si profonde, qu'il fut sincèrement ému.

— Vous souffrez, madame ? demanda-t-il.

— Oh! oui, monsieur, oui, cruellement.

Les larmes l'étouffaient, elle cachait sa figure sous son mouchoir.

— J'avais deviné, pensait Sauvresy, Hector lui a signifié son congé. A moi, maintenant, de panser délicatement la blessure, tout en rendant un raccommodement impossible.

Et comme Fancy pleurait toujours, il lui prit les mains, et doucement, bien que malgré elle, il lui découvrit le visage.

— Du courage, lui disait-il, du courage.

Elle leva sur lui ses grands yeux noyés, auxquels la douleur donnait une ravissante expression.

— Vous savez donc? interrogea-t-elle.

— Je ne sais rien, car sur votre prière je n'ai rien demandé à Trémorel, mais je devine.

— Il ne veut plus me revoir, fit douloureusement miss Fancy, il me chasse.

Sauvresy fit appel à toute son éloquence. Le moment était venu d'etre à la fois persuasif et banal, paternel mais ferme.

Il traîna une chaise près de miss Fancy et s'assit.

— Voyons, mon enfant, poursuivit-il, soyez forte, sachez vous résigner. Hélas! votre liaison a le tort de toutes les liaisons semblables, que le caprice noue, que la nécessité rompt. On n'est pas éternellement jeune. Une heure sonne, dans la vie, où bon gré malgré il faut écouter la voix impérieuse de la raison. Hector ne vous chasse pas, vous le savez bien, mais il comprend la necessité d'assurer son avenir, d'asseoir son existence sur les bases plus solides de la famille, il sent le besoin d'un intérieur...

Miss Fancy ne pleurait plus. Le naturel reprenait le dessus, et ses larmes s'étaient sechées au feu de la colère qui lui revenait. Elle s'était levée, renversant sa chaise, et elle allait et venait par la chambre incapable de rester en place.

— Vous croyez cela, monsieur, disait-elle, vous croyez

qu'Hector s'inquiète de l'avenir? On voit bien que vous ne savez rien de son caractère. Lui, songer à un intérieur, à une famille! Il n'a jamais pensé et ne pensera jamais qu'à lui. Est-ce que s'il avait eu du cœur, il serait allé se pendre à vos crocs comme il l'a fait. N'avait-il donc pas deux bras, pour gagner son pain et le mien. J'avais honte, moi qui vous parle, de lui demander de l'argent, sachant que ce qu'il me donnait venait de vous.

— Mais il est mon ami, ma chère enfant.

— Agiriez-vous comme lui?

Sauvresy ne savait vraiment que répondre, embarrassé par la logique de cette fille du peuple, jugeant son amant comme on juge dans le peuple, brutalement, sans souci des conventions imaginées dans la bonne compagnie.

— Ah! je le connais, moi, poursuivait Jenny, s'exaltant à mesure que se présentaient ses souvenirs, il ne m'a trompée qu'une fois, le matin où il est venu m'annoncer qu'il allait se détruire. J'ai été assez bête pour le croire mort et pleurer. Lui, se tuer! Allons donc, il a bien trop peur de se faire mal, il est bien trop lâche. Oui, je l'aime, oui, c'est plus fort que moi, mais je ne l'estime pas. C'est notre sort, à nous autres, de ne pouvoir aimer que des hommes que nous méprisons.

On devait entendre Jenny de toutes les pièces voisines, car elle parlait à pleine voix, gesticulant, et parfois donnant sur la table un coup de poing qui secouait les bouteilles et les verres.

Et Sauvresy s'inquiétait un peu de ce que penseraient les gens de l'hôtel, qui le connaissaient, qui l'avaient vu entrer. Il commençait à regretter d'être venu, et faisait tous ses efforts pour calmer miss Fancy.

— Mais Hector ne vous abandonne pas, répétait-il, Hector vous assurera une petite position.

— Eh! je me moque bien de sa position! Est-ce que j'ai besoin de lui? Tant que j'aurai dix doigts et de bons yeux, je ne serai pas à la merci d'un homme. Il m'a fait

changer de nom, il a voulu m'habituer aux grandeurs ; la belle affaire ! Il n'y a plus aujourd'hui ni miss Fancy ni opulence, mais il y a encore Pélagie qui se charge de gagner ses cinquante sous par jour sans se gêner.

— Non, essayait Sauvresy, vous n'aurez plus besoin...

— De quoi ? De travailler. Mais cela me plaît, à moi, je ne suis pas une fainéante. Tiens ! je reprendrai mon existence d'autrefois. Pensez-vous que j'étais bien malheureuse ? Je déjeunais d'un sou de pain et d'un sou de *frites* et je n'en étais pas moins fraîche. Le dimanche, on me conduisait dîner au Turc, pour trente sous. C'est là, qu'on s'amuse ! J'y ai plus ri en une seule soirée que depuis des années que je connais Tremorel.

Elle ne pleurait plus, elle n'était plus en colère, elle riait. Elle pensait aux cornets de *frites* et aux dîners du Turc.

Sauvresy était stupéfait. Il n'avait pas idée de cette nature parisienne, détestable et excellente, mobile à l'excès, nerveuse, toute de transition, qui pleure et rit, caresse et frappe dans la même minute, qu'une fugitive idée qui passe entraine à cent lieues des sensations présentes.

— Donc, conclut Jenny devenue plus calme, je me moque d'Hector, — elle venait de dire précisément le contraire et l'oubliait, — je me soucie de lui comme de l'an huit, mais je ne souffrirai pas qu'il m'abandonne ainsi. Non, il ne sera pas dit qu'il m'aura quittée pour une autre maîtresse, je ne le veux pas.

Miss Fancy était de ces femmes qui ne raisonnent pas, qui sentent, avec lesquelles discuter est folie, car toujours en dépit des plus victorieux arguments leur idée fixe se représente, comme un bouchon qui, enfoncé dans une bouteille, revient toujours, quoi qu'on fasse, aussitôt qu'on verse.

Tout en se demandant pourquoi elle l'avait fait venir, Sauvresy se disait que le rôle qu'il s'était proposé tout d'abord serait difficile à remplir. Mais il était patient.

— Je vois, ma chère enfant, recommença-t-il, que vous ne m'avez ni compris ni même écouté. Je vous l'ai dit, Hector a un mariage en vue.

— Lui! repondit Fancy, avec un de ces gestes ironiques du boulevard, qui sont l'argot du geste, lui se marier !

Elle réfléchit un moment et ajouta :

— Si c'était vrai, pourtant ?...

— Je vous l'affirme, prononça Sauvresy.

— Non, s'écria Jenny, non, mille fois non, ce n'est pas possible. Il a une maîtresse, je le sais, j'en suis sûre, j'ai des preuves.

Un sourire de Sauvresy triompha d'une hésitation qui l'avait arrêtée.

— Qu'est-ce donc alors, reprit-elle avec violence, que cette lettre que j'ai trouvée dans sa poche il y a plus de six mois ? Elle n'est pas signée, c'est vrai, mais elle ne peut venir que d'une femme.

— Une lettre ?

— Oui, et qui ne laisse pas de doutes. Vous vous demandez comment je ne lui en ai pas parlé ? Ah ! voilà, je n'ai pas osé. Je l'aime, j'ai été lâche. Je me suis dit : Si je parle, et que vraiment il aime l'autre, c'est fini, je le perds. Entre le partage et l'abandon, j'ai choisi un partage ignoble. Et je me suis tue, je me résignais à l'humiliation, je me cachais pour pleurer, je l'embrassais d'un air riant pendant que sur son front je cherchais la place des baisers de l'autre. Je me disais : il me reviendra. Pauvre folle ! Et je ne le disputerais pas à cette femme qui m'a tant fait souffrir.

— Eh ! mon enfant, que voulez-vous faire ?

— Moi ? Je n'en sais rien ; tout. Je n'ai rien dit de cette lettre, mais je l'ai gardée : c'est mon arme à moi. Je m'en servirai. Quand je le voudrai bien, je saurai de qui elle est, et alors...

— Vous forcerez Tremorel, si bien disposé pour vous, à user de moyens violents.

— Lui ! Que peut-il contre moi ? Je m'attacherai à lui,

20

je le suivrai comme son ombre, j'irai partout crier le nom de l'autre. Il me fera jeter à Saint-Lazare? On en sort. J'inventerai contre lui les plus horribles calomnies, on ne me croira pas sur le moment; il en restera toujours quelque chose plus tard. Je n'ai rien à craindre, moi, je n'ai ni parents, ni amis, ni personne au monde qui se soucie de moi. Voilà ce que c'est que de prendre ses maîtresses dans la rue. Je suis tombée si bas que je le défie de me pousser plus bas encore. Ainsi, tenez, monsieur, vous êtes son ami, croyez-moi, conseillez-lui de me revenir.

Sauvresy ne laissait pas que d'être effrayé, il sentait vivement tout ce que les menaces de Jenny avaient de réel. Il est des persécutions contre lesquelles la loi est absolument désarmée. Et quand même! A frapper dans la boue on s'éclabousse toujours plus ou moins.

Mais il dissimula la frayeur sous l'air le plus paternel qu'il put prendre.

— Écoutez, ma chère enfant, reprit-il, si je vous donne ma parole, vous m'entendez bien? ma parole d'honneur de vous dire la vérité, me croirez-vous?

Elle hésita une seconde, et dit :

— Oui! vous avez de l'honneur, vous; je vous croirai.

— Alors, je vous jure que Trémorel espère épouser une jeune fille, immensément riche, dont la dot assure son avenir.

— Il vous le dit, il vous le fait croire.

— Dans quel but? Je vous affirme que depuis qu'il est au Valfeuillu. Il n'a eu, il ne peut avoir eu d'autre maîtresse que vous. Il vit dans ma maison, comme mon frère, entre ma femme et moi, et je pourrais dire l'emploi de toutes les heures de ses journées aussi bien que des miennes.

Miss Fancy ouvrait la bouche pour répondre, mais une de ces réflexions soudaines qui changent les déterminations les mieux arrêtées glaça la parole sur ses lèvres. Elle se tut et devint fort rouge, regardant Sauvresy avec un expression indéfinissable.

Lui, ne l'observait pas. Il était agité d'un de ces mouvements de curiosité puérile, sans but précis, qu'on ne s'explique pas et qui n'en sont pas moins pressants. Cette preuve dont parlait Jenny l'intriguait.

— Cependant, dit-il, si vous vouliez me montrer cette fameuse lettre...

Elle ressentit à ces mots comme une commotion électrique.

— A vous, fit-elle frissonnante, à vous, monsieur ! Jamais.

On dort. Le tonnerre gronde, l'orage éclate sans que le sommeil soit troublé ; puis, tout à coup, à un certain moment, l'imperceptible vibration de l'aile de l'insecte qui passe, éveille.

Le frisson de Fancy fut pour Sauvresy cette vibration à peine saisissable. L'éclair sinistre du doute illumina son âme. C'en était fait de sa sécurité, de son bonheur, de son repos, de sa vie.

Il se redressa, l'œil étincelant, les lèvres tremblantes.

— Donnez-moi cette lettre, dit-il d'un ton impérieux.

Jenny eut une telle frayeur qu'elle recula de trois pas. Elle dissimulait tant bien que mal ses impressions, même elle essayait de sourire, de tourner la chose en plaisanterie.

— Pas aujourd'hui, répondait-elle, une autre fois, vous êtes trop curieux.

Mais la colère de Sauvresy grandissait, terrible, effrayante, il était devenu pourpre comme s'il eût été sur le point d'être frappé d'un coup de sang, et il répétait d'une voix à peine distincte.

— Cette lettre, je veux cette lettre.

— Impossible, bégayait Fancy, impossible.

Et se raccrochant à une inspiration suprême, elle ajouta :

— D'ailleurs, je ne l'ai pas ici ?

— Où est-elle ?

— Chez moi, à Paris.

— Partons alors, venez.

Elle se sentait prise. Et elle ne trouvait, elle si fine, elle si rouée, comme elle se plaisait à le dire, ni une ruse, ni un expédient. Il lui était bien facile, cependant, de suivre Sauvresy, d'endormir ses soupçons à force de gaieté, puis, une fois dans les rues de Paris, de le perdre, de s'esquiver.

Non, elle ne songeait pas à cela, elle ne songeait qu'à fuir vite, sur-le-champ. Elle crut qu'elle aurait le temps de gagner la porte, de l'ouvrir, de se jeter dans les escaliers... elle se précipita.

D'un bond, Sauvresy fut sur elle, refermant la porte déjà entr'ouverte, d'un coup de pied qui ébranla les cloisons.

— Misérable femme! disait-il, d'une voix rauque et sourde, misérable créature, tu veux donc que je t'écrase!

D'un mouvement terrible, la repoussant, il la lança dans un fauteuil. Puis donnant un double tour à la porte il mit la clé dans sa poche.

— Maintenant, reprit-il, revenant à Fancy, la lettre.

De sa vie, la pauvre fille n'avait éprouvé une terreur pareille. La colère de cet homme l'épouvantait, elle comprenait qu'il était hors de lui, qu'elle était entre ses mains, à sa merci, qu'elle pouvait être brisée, et cependant elle se débattait encore.

— Vous m'avez fait mal, murmurait-elle, essayant la puissance de ses larmes, bien mal, je ne vous ai cependant rien fait.

Il lui reprit les poignets, et se penchant sur elle jusqu'à effleurer son visage :

— Une dernière fois, dit-il, cette lettre, donne-la-moi ou je la prends de force.

Résister plus longtemps était folie. Par bonheur, elle n'eut pas l'idée de crier, on serait venu et peut-être en était-ce fait d'elle.

— Lâchez-moi, répondit-elle, vous allez l'avoir.

Il la lâcha, restant debout, devant elle, pendant qu'elle fouillait dans toutes ses poches.

Ses cheveux, dans la lutte, s'étaient dénoués, sa collerette était déchirée, elle était livide, ses dents claquaient, mais ses yeux brillaient d'une audace et d'une résolution viriles.

Tout en paraissant chercher, elle murmurait :

— Attendez... la voilà... Non. C'est singulier, je suis pourtant sûre de l'avoir, je la tenais il n'y a qu'un instant...

Et tout à coup, d'un geste plus prompt que l'éclair, elle porta à sa bouche la lettre qu'elle avait roulée en boule, essayant de l'avaler.

Elle ne le put, Sauvresy lui serrait la gorge à l'étrangler. Elle râla, puis poussa un cri étouffé :

— Ah!...

Enfin! il était le maître de cette lettre.

Il fut plus d'une minute à l'ouvrir, tant ses mains tremblaient; pourtant il l'ouvrit.

— Ah! ses soupçons étaient justes, il ne s'était pas trompé.

C'était bien l'écriture de Berthe.

Il eut une sensation horrible, indescriptible, un vertige, puis une épouvantable commotion, la sensation d'un homme qui, d'une hauteur vertigineuse, serait précipité à terre, et se rendraient compte de la chute et du choc. Il n'y voyait plus clair; il avait comme un nuage rouge devant les yeux; ses jambes se dérobaient sous lui, il chancelait, et ses mains battaient l'air cherchant un point d'appui.

Un peu revenu à elle, Jenny l'épiait du coin de l'œil, elle pensa qu'il allait tomber et s'élança pour le soutenir. Mais le contact de cette femme lui fit horreur, il la repoussa.

Qu'était-il arrivé? Il n'eût su le dire. Ah! il voulait lire cette lettre et il ne pouvait pas. Alors, il s'approcha de la table, se versa et but coup sur coup deux grands verres d'eau. L'impression du froid le ranimait, le sang

qui tout à coup avait afflué à la tête reprenait son cours, il y voyait.

C'était un billet de cinq lignes, il lut :

« N'allez pas demain à Petit-Bourg, ou plutôt revenez-
« en avant déjeuner. Il vient de me dire à l'instant qu'il
« lui faut aller à Melun et qu'il rentrera tard. Toute une
« journée ! »

Il... c'était lui. Cette autre maîtresse d'Hector, c'était sa femme, c'était Berthe.

Pour le moment, il ne voyait rien au-delà. Toute pensée en lui était anéantie. Ses tempes battaient follement, il entendait dans ses oreilles un bourdonnement insupportable, il lui semblait que l'univers s'abîmait avec lui.

Il s'était laissé tomber sur une chaise. De pourpre qu'il était, il était devenu livide ; le long de ses joues, de grosses larmes roulaient qui le brûlaient.

En voyant cette douleur immense, ce désespoir silencieux, en voyant cet homme de cœur foudroyé, Jenny comprit l'infamie de sa conduite. N'était-elle pas la cause de tout ? Le nom de la maîtresse d'Hector, elle l'avait deviné. En demandant une entrevue à Sauvresy, elle se proposait bien de lui tout dire, se vengeant ainsi à la fois et d'Hector et de l'autre. Puis, à la vue de cet homme d'honneur refusant de comprendre ses allusions, n'ayant pas l'ombre d'un soupçon, elle avait été saisie de pitié. Elle s'était dit que le plus cruellement puni, ce serait lui, et alors elle avait reculé, mais trop tard, mais maladroitement, et il lui avait arraché son secret.

Elle s'était approchée de Sauvresy et cherchait à lui prendre les mains, il la repoussa encore.

— Laissez-moi, disait-il.

— Monsieur, pardon, je suis une malheureuse, je me fais horreur.

Il se redressa tout d'une pièce, revenant peu à peu au sentiment de l'affreuse réalité.

— Que me voulez-vous ?

— Cette lettre, j'avais deviné...

Il eut un éclat de rire navrant, sinistre, l'éclat de rire d'un fou.

— Dieu me pardonne! ma chère, fit-il, vous avez osé soupçonner ma femme!

Et pendant que Fancy balbutiait des excuses inintelligibles, il sortit son portefeuille et en retira tout ce qu'il contenait, sept ou huit billets de cent francs, qu'il posa sur la table.

— Prenez toujours ceci de la part d'Hector, dit-il, on ne vous laissera manquer de rien, mais, croyez-moi, laissez-le se marier.

Puis, toujours de ce même mouvement automatique qui terrifiait miss Fancy, il prit son fusil qu'il avait posé dans un coin, ouvrit la porte et sortit.

Ses chiens, restés dehors, se précipitèrent sur lui pour le caresser, il les repoussa à coups de pieds.

Où allait-il? qu'allait-il faire?

XVIII

Au brouillard du matin avait succédé une petite pluie fine, pénétrante, glaciale. Mais Sauvresy ne s'en apercevait pas. Il allait, la tête nue, dans la campagne, par les chemins de traverse, au hasard, sans direction, sans but. Il parlait haut, tout en marchant, s'arrêtait tout à coup, puis reprenait sa course, et des exclamations bizarres lui échappaient.

Les paysans des environs qu'il rencontrait, et qui tous le connaissaient, se retournaient ébahis après l'avoir salué, et le suivant des yeux, se demandaient si le maître du Valfeuillu n'était pas devenu fou.

Il n'était pas fou, malheureusement. Foudroyé par une catastrophe invraisemblable, inouïe, qui l'atteignait en plein bonheur, son cerveau avait été pour un moment frappé de paralysie. Mais il recueillait une à une ses idées éparses, et avec la faculté de penser, la faculté de souffrir lui revenait.

Il en est des crises morales comme des crises physiques. Aussitôt après un choc terrible qui fracture le crâne ou qui brise un membre, on ressent une douleur épouvantable, il est vrai, mais vague, mais indéterminée et que suit un engourdissement plus ou moins prolongé. C'est plus tard qu'on éprouve véritablement le mal : il va grandissant, redoublant d'intensité de minute en minute, poignant, intolérable, jusqu'au moment où il arrive à son apogée.

Ainsi chacune des réflexions de cet homme si malheureux augmentait sa mortelle angoisse.

Quoi ! c'était Berthe et Hector qui le trompaient, qui le déshonoraient. Elle, une femme aimée jusqu'à l'idolâtrie ; lui, son meilleur, son plus ancien ami. Une malheureuse qu'il avait arrachée à la misère, qui lui devait tout ; un gentilhomme ruiné qu'il avait ramassé le pistolet sur la tempe et qu'il avait recueilli ensuite.

Et c'est chez lui, sous son toit, que se tramait cette infamie sans nom. S'était-on assez joué de sa noble confiance, avait-il été assez miserablement pris pour dupe !

L'affreuse découverte empoisonnait non-seulement l'avenir, mais encore le passé.

Il eût voulu pouvoir rayer de sa vie, anéantir ces années écoulées près de Berthe, que la veille encore il appelait ses seules années de bonheur. Le souvenir de ses félicités d'autrefois emplissait son âme de dégoût, de même que la pensée de certains aliments soulève l'estomac.

Mais comment cela s'était-il fait ? Quand ? Comment ne s'était-il aperçu de rien ?

Mille détails lui revenaient à la mémoire qui eussent

dû l'éclaircir s'il n'eût été frappé d'aveuglement. Il se rappelait maintenant certains regards de Berthe, certaines inflexions de voix qui étaient un aveu.

Et dans toute cette histoire du mariage de Trémorel avec Mlle Courtois, s'était-on assez moqué de sa crédulité! Ainsi s'expliquaient, croyait-il, les hésitations d'Hector, ses enthousiasmes soudains, ses revirements inattendus.

Ce projet, qui traînait depuis si longtemps, c'était un bandeau plus épais appliqué sur ses yeux.

Par moments, il essayait de douter. Il est de ces malheurs si grands qu'il faut plus que l'évidence pour qu'on y croie absolument.

— Ce n'est pas possible, murmurait-il, ce n'est pas possible!

Assis sur un tronc d'arbre renversé, au milieu de la forêt de Mauprévoir, il étudiait, pour la dixième fois depuis quatre heures, cette lettre fatale.

— Elle prouve tout, disait-il, et elle ne prouve rien.

Et il relisait encore :

« *N'allez pas demain à Petit-Bourg...* »

Eh bien! n'avait-il pas été, dans sa confiance imbécile, jusqu'à dire maintes et maintes fois au comte de Trémorel :

— Je serai absent demain, reste donc pour tenir compagnie à Berthe.

Cette phrase n'avait donc aucune signification positive. Mais pourquoi avoir ajouté :

« *..... Ou plutôt revenez-en avant déjeuner.* »

Voilà qui décélait la crainte, c'est-à-dire la faute. Partir, revenir aussitôt, c'était prendre une précaution, aller au-devant d'un soupçon.

Puis, pourquoi « *il,* » et non pas Clément? L'expression de ce mot est saisissante. « *Il,* » c'est l'être cher, l'adoré, ou le maître que l'on exècre. Pas de milieu : c'est le mari ou l'amant. « *Il* » n'est jamais un indifférent. Un mari est perdu le jour où sa femme, en parlant de lui, dit : « *Il.* »

Mais quand Berthe avait-elle écrit ces cinq lignes? Un soir, sans doute, après qu'ils s'étaient retirés dans la chambre conjugale. Il lui avait dit : « Je vais demain à Melun, » et aussitôt elle avait à la hâte griffonné ce billet et l'avait envoyé plié dans un livre à son amant.

Son amant! Il prononçait ce mot tout haut, comme pour se l'apprendre, comme pour se bien convaincre de l'horrible réalité. Il disait :

— Ma femme, ma Berthe, a un amant!...

L'édifice de son bonheur qui lui avait paru solide à défier tous les orages de la vie s'écroulait, et il restait là, éperdu, au milieu des décombres.

Plus de bonheur, de joies, d'espérances, rien. Sur Berthe seule reposaient tous ses projets d'avenir, son nom était mêlé à tous ses rêves, ou plutôt elle était à la fois l'avenir et le rêve.

Il l'avait tant aimée, qu'elle était devenue quelque chose de lui, et qu'il ne pouvait se comprendre sans elle. Berthe perdue, il ne voyait aucun but vers lequel se diriger, il n'avait plus de raison de vivre.

Il sentait si bien que tout, en lui, était brisé qu'il eut l'idée d'en finir. Il avait son fusil, des balles, on attribuerait sa mort à un accident de chasse, et tout serait dit.

Oui, mais eux!

Ah! Sans doute, continuant leur comédie infâme, ils feraient semblant de le pleurer, tandis qu'en réalité leur cœur déborderait de joie. Plus de mari, plus de contrainte, de ruses, de frayeurs. Son testament assurant toute sa fortune à Berthe, ils seraient riches. Ils vendraient tout, et ils s'en iraient gaîment s'aimer en liberté, bien loin, en Italie, à Venise, à Florence.

Quant à son souvenir, à lui, pauvre mari trop confiant, il resterait pour eux le souvenir d'un être ridicule, qu'on trompe, qu'on bafoue et qu'on méprise.

— Jamais! s'écria-t-il, ivre de fureur, jamais! Je veux me tuer, mais il faut auparavant que je me venge.

Mais il avait beau chercher, il ne trouvait aucun châ-

timent assez cruel, assez terrible. Quel supplice pouvait faire expier les effroyables tortures qu'il endurait?

Il se dit que pour mieux assurer sa vengeance il lui faudrait attendre, et il se jura qu'il attendrait. Il se jura qu'il saurait feindre une inaltérable sécurité, qu'il saurait se résigner à tout voir, à tout entendre.

— Ma perfidie. pensait-il, égalera la leur.

C'est qu'une duplicité savante était indispensable. Berthe était la finesse même et elle était femme, au premier soupçon que son mari se doutait de quelque chose, à fuir avec son amant. Hector, maintenant, ne possédait-il pas, grâce à lui, tout près de quatre cent mille francs?

Cette idée qu'ils pourraient échapper à sa vengeance lui rendit avec son énergie toute la lucidité de son esprit.

Alors seulement il songea au temps écoulé, à la pluie qui tombait à torrents, à l'état de ses vêtements.

— Bast! pensa-t-il, j'arrangerai une histoire selon ce qu'on me dira.

Il n'était guère qu'à une lieue de chez lui, mais il lui fallut, à lui, excellent marcheur, plus d'une heure et demie pour faire cette lieue. Il était brisé, anéanti, il se sentait glacé jusque dans la moelle des os.

Mais lorsqu'il rentra au Valfeuillu, il avait réussi à reprendre son visage habituel, sa gaieté qui exprimait si bien sa sécurité parfaite.

On l'avait attendu, mais il ne put prendre sur lui, en dépit de ses serments, de s'asseoir à table entre cet homme et cette femme, ses deux plus cruels ennemis. Il déclara qu'ayant pris froid il ne se sentait pas bien et allait se mettre au lit.

Vainement Berthe insista pour qu'il avalât au moins un bol de bouillon bien chaud avec un verre de bordeaux.

— Sérieusement, fit-il, je ne me sens pas bien.

Lorque Sauvresy se fut retiré :

— Avez-vous remarqué, Hector? demanda Berthe.

— Quoi?

— Mon mari a quelque chose d'extraordinaire.

— C'est fort possible, après être resté toute la journée sous la pluie.

— Non. Son œil avait une expression que je ne lui connais pas.

— Il m'a semblé à moi fort gai, comme toujours.

— Hector!... mon mari a un soupçon.

— Lui! Ah! le pauvre cher ami, il a bien trop confiance en nous, pour songer à être jaloux.

— Vous vous trompez, Hector, il ne m'a pas embrassée en rentrant, et c'est la première fois depuis notre mariage.

Ainsi, pour son début, il avait commis une faute. Il l'avait fort bien sentie; mais embrasser Berthe en ce moment était au-dessus de ses forces.

Cependant, il était beaucoup plus souffrant qu'il ne l'avait dit et qu'il ne l'avait cru surtout.

Lorsque sa femme et son ami montèrent à sa chambre, après le dîner, ils le trouvèrent grelottant sous ses couvertures, rouge, le front brûlant, la gorge sèche, les yeux brillants d'un éclat inquiétant.

Bientôt une fièvre terrible le prit, accompagnée d'un affreux délire.

On envoya chercher un médecin qui tout d'abord déclara qu'il ne pouvait répondre de lui. Le lendemain il était au plus mal.

De ce moment le comte de Trémorel et Mme Sauvresy firent preuve du plus admirable dévoûment. Pensaient-ils ainsi racheter quelque chose de leur crime? C'est douteux. Ils cherchaient, plus vraisemblablement, à en imposer à l'opinion publique, tout le monde s'intéressant à l'état de Sauvresy. Toujours est-il qu'ils ne le quittèrent pas une minute, passant les nuits à tour de rôle à son chevet.

Et certes, le veiller était pénible. Le délire, un délire furieux, ne le quittait pas. A deux ou trois reprises, il fallut employer la force pour le maintenir dans son lit, il voulait se jeter par la fenêtre.

Le troisième jour, il eut une fantaisie singulière. Il ne voulait pas absolument rester dans sa chambre. Il criait comme un fou :

— Emportez-moi d'ici, emportez-moi d'ici.

Sur les conseils du médecin, on se rendit à ses désirs et on lui dressa un lit dans le petit salon du rez-de-chaussée qui donne sur le jardin.

Mais la fièvre ne lui arracha pas un mot ayant trait à ses soupçons. Peut-être, ainsi que l'a indiqué Bichat, une ferme volonté peut-elle régler jusqu'au délire.

Enfin, le neuvième jour, dans l'après-midi, la fièvre céda. Sa respiration haletante devint plus calme, il s'endormit. Il avait toute sa raison lorsqu'il se réveilla.

Ce fut un moment affreux. Il lui fallait pour ainsi dire rapprendre son malheur. Il crut d'abord que c'était le souvenir d'un cauchemar odieux, qui lui revenait. Mais non. Il n'avait pas rêvé. Il se rappelait l'hôtel de la *Belle Image,* miss Fancy, les bois de Mauprévoir et la lettre. Qu'était-elle devenue, cette lettre ?

Puis, comme il avait la certitude vague d'une maladie grave, d'accès de délire, il se demandait s'il n'avait pas parlé. Cette inquiétude l'empêcha de faire le plus léger mouvement, et c'est avec des précautions infinies, doucement, qu'il se risqua à ouvrir les yeux.

Il était onze heures du soir, tous les domestiques étaient couchés. Seuls, Hector et Berthe veillaient. Il lisait un journal, elle travaillait à un ouvrage de crochet.

A leur calme physionomie, Sauvresy comprit qu'il n'avait rien dit. Mais pourquoi était-il dans cette pièce ?

Il fit un léger mouvement, et aussitôt Berthe se leva et vint à lui.

— Comment te trouves-tu, mon bon Clément ? demanda-t-elle en l'embrassant tendrement sur le front.

— Je ne souffre pas.

— Vois, pourtant, les suites d'une imprudence.

— Depuis combien de jours suis-je malade ?

— Depuis huit jours.

21

— Pourquoi m'a-t-on porté ici?

— C'est toi qui l'as voulu.

Trémorel à son tour s'était approché.

— Et bien voulu même, affirma-t-il, tu refusais de rester là-haut, tu t'y démenais comme un diable dans un bénitier.

— Ah!

— Mais ne te fatigue pas, reprit Hector, rendors-toi et demain tu seras guéri. Et bonne nuit, je vais me coucher bien vite pour venir relever ta femme demain à quatre heures.

Il se retira, et Berthe, après avoir donné à boire à son mari, regagna sa place.

— Quel ami incomparable que M. de Trémorel! murmurait-elle.

Sauvresy ne répondit pas à cette exclamation si affreusement ironique. Il avait refermé les yeux. Il faisait semblant de dormir et songeait à la lettre. Qu'en avait-il fait? Il se rappelait fort bien l'avoir pliée soigneusement et serrée dans la poche du côté droit de son gilet. Il lui fallait cette lettre. Tombée aux mains de sa femme elle compromettait sa vengeance, et elle pouvait y tomber d'un moment à l'autre. C'était miracle que son valet de chambre ne l'eût pas posée sur la cheminée comme il faisait de tous les objets qu'il trouvait dans ses poches. Il songeait aux moyens de la ravoir, à la possibilité de monter à sa chambre où devait se trouver son gilet, lorsque doucement Berthe se leva. Elle vint au lit et murmura bien bas:

— Clément! Clément!

Il n'ouvrit pas les yeux, et persuadée qu'il dormait, légère, sur la pointe des pieds, retenant son souffle, elle sortit.

— Oh! la misérable! fit Sauvresy, elle va rejoindre son amant.

En même temps, avec l'idée de se venger, la nécessité de rentrer en possession de la lettre se présentait à son esprit, plus poignante, plus impérieuse,

— Je puis, pensait-il, gagner ma chambre sans être vu par le jardin et l'escalier de service. Elle me croit endormi, je serai revenu et couché avant son retour.

Aussitôt, sans se demander s'il n'était pas trop faible pour risquer le trajet, sans s'inquiéter du danger qu'il courait à s'exposer au froid, il se jeta à bas de son lit, passa une robe de chambre déposée sur une chaise, et, les pieds nus dans ses pantoufles, il se dirigea vers la porte. Il se disait :

— Si on vient, si on me rencontre, je mettrai tout sur le compte du délire.

La lampe du vestibule était éteinte, il eut quelque peine à ouvrir la porte. Il y réussit cependant et descendit dans le jardin.

Le froid était intense et il était tombé de la neige. Le vent agitait lugubrement les branches des arbres durcies par la gelée. La façade de la maison était sombre. Une seule fenêtre était éclairée, celle du comte de Trémorel, et elle l'était vivement, par une lampe sans abat-jour et par un grand feu clair.

Sur les rideaux de fine mousseline, se dessinait très-nettement, avec les contours les plus précis, l'ombre d'un homme, l'ombre d'Hector. Il était debout devant la croisée, le front appuyé contre une vitre.

Instinctivement Sauvresy s'arrêta pour regarder cet ami, qui dans sa maison était comme chez lui, et qui en échange de la plus fraternelle des hospitalités apportait le déshonneur, le désespoir, la mort.

Quelles réflexions le clouaient à cette fenêtre, le regard perdu dans les ténèbres ? Songeait-il à l'infamie de sa conduite ?

Mais il eut un mouvement brusque, il se retourna comme s'il eut été surpris par quelque bruit insolite. Qu'était-ce ?

Sauvresy ne le sut que trop. Une seconde ombre se dessina sur le léger rideau, l'ombre d'une femme, l'ombre de Berthe.

Et lui qui s'efforçait de douter quand même ! Des

preuves nouvelles lui arrivaient sans qu'il les eût cherchées.

Quelle raison l'amenait, dans cette chambre, à cette heure? Elle parlait avec une certaine animation.

Il lui semblait entendre cette voix pleine et sonore, tantôt timbrée comme le métal, tantôt molle et caressante, et qui faisait vibrer en lui toutes les cordes de la passion. Il revoyait ces yeux si beaux qui avaient régné despotiquement sur son cœur et dont il pensait connaître si bien toutes les expressions.

Mais que faisait-elle?

Sans doute elle était venue demander quelque chose à Hector, il le lui refusait, et voici qu'elle le priait. Oui, elle le priait; et Sauvresy le devinait bien aux gestes de Berthe, qui nettement se reproduisaient sur la mousseline, comme le spectre noir des ombres chinoises sur le papier huilé. Il connaissait si bien ce geste ravissant de supplication qui lui était familier, quand elle désirait obtenir quelque chose! Elle levait ses deux mains jointes à la hauteur de son front, inclinait la tete, fermant à demi les yeux pour en redoubler l'éclat. Quelle langueur voluptueuse avait sa voix quand elle disait :

— Dis, mon bon Clément, tu veux bien n'est-ce pas? tu veux bien !...

Et c'est pour un autre homme qu'elle avait ce geste charmant, ce regard, ces intonations.

Sauvresy fut obligé de s'appuyer à un arbre pour ne pas tomber.

Evidemment Hector lui refusait ce qu'elle souhaitait. Elle agitait maintenant l'index relevé de la main droite, avec des mouvements mutins, hochant la tete d'un air de bouderie. Elle devait lui dire :

— Tu ne veux pas, tu vois, tu ne veux pas...

Cependant, elle revenait à la prière.

— Ah! pensait Sauvresy, il sait résister à une prière de sa bouche; je n'ai jamais eu ce courage, moi. Il peut garder sa raison, son sang-froid, sa volonté, quand elle le regarde. Je ne lui ai jamais dit non, moi, ou plutôt

je n'ai jamais attendu qu'elle me demandât rien. J'ai passé ma vie à épier ses moindres fantaisies pour les prévenir. Peut-être est-ce là ce qui m'a perdu ?

Hector s'obstinait et Berthe peu à peu s'animait, elle devait être en colère. Elle reculait, étendant le bras, le buste en arrière ; elle le menaçait.

Enfin, il était vaincu. De la tête il fit : « Oui. »

Alors elle se précipita, elle se jeta sur lui, les bras ouverts et les deux ombres se confondirent en une longue étreinte.

Sauvresy ne put retenir un cri terrible qui se perdit au milieu des mugissements du vent.

Il avait demandé une certitude ; il l'avait. La vérité éclatait, indiscutable, évidente. Il n'avait plus à rien chercher, maintenant, rien, que le moyen de punir sûrement, terriblement.

Berthe et Hector causaient amicalement, elle appuyée contre sa poitrine, lui baissant la tête par moments pour embrasser ses beaux cheveux.

Sauvresy comprit qu'elle allait descendre, qu'il ne pouvait songer à aller chercher la lettre et en toute hâte il rentra, oubliant, tant il redoutait d'être surpris, de remettre les verrous à la porte du jardin.

Ce n'est qu'une fois arrivé dans sa chambre qu'il s'aperçut qu'il était resté les pieds nus dans la neige ; même il gardait quelques gros flocons à ses sandales, et elles étaient toutes mouillées. Vivement il les lança sous le lit tout au fond, et se recoucha, faisant semblant de dormir.

Il était temps : Berthe rentrait. Elle s'approcha de son mari, et croyant qu'il ne s'était pas réveillé, elle revint prendre sa broderie près du feu.

Elle n'avait pas fait dix points que Trémorel reparut. Il n'avait pas pensé à monter son journal et revenait le chercher. Il semblait inquiet.

— Êtes-vous sortie, ce soir, madame ? lui demanda-t-il, de cette voix chuchotante qu'on prend involontairement dans la chambre des malades.

— Non.

— Tous les domestiques sont bien couchés ?

— Je le suppose, du moins. Mais pourquoi ces questions ?

— C'est que depuis que je suis monté, c'est-à-dire depuis moins d'une demi-heure, quelqu'un est allé dans le jardin et est rentré.

Berthe le regarda d'un air singulièrement inquiet.

— Êtes-vous sûr de ce que vous dites ?

— Parfaitement. Il y a de la neige, et la personne qui est sortie en a rapporté à ses chaussures. Cette neige, tombée sur les dalles du vestibule, a fondu...

Mme Sauvresy prit brusquement la lampe, interrompant Hector.

— Venez, disait-elle.

Trémorel ne s'était pas trompé. On voyait çà et là de petites flaques d'eau, très-apparentes sur les carreaux noirs.

— Peut-être cette eau est-elle là depuis assez longtemps, hasarda Berthe.

— Non. Il n'y avait rien tout à l'heure, j'en mettrais ma main au feu, et d'ailleurs, voyez, là, tenez, il y a encore un peu de neige qui n'a pas fondu.

— C'est sans doute un domestique ?

Hector était allé examiner la porte.

— Je ne le crois pas, répondit-il, un domestique aurait remis les verrous et, vous le voyez, ils sont tirés. C'est cependant moi qui, ce soir, ai fermé la porte, et je me rappelle parfaitement les avoir poussés.

— C'est extraordinaire.

— Et de plus, remarquez-le, les traces d'eau ne vont pas plus loin que la porte du salon.

Ils restèrent silencieux, palpitants, échangeant des regards pleins d'anxiété. La même pensée terrifiante leur venait à tous deux.

— Si c'était lui ?

Mais pourquoi serait-il allé au jardin ? Ce ne pouvait être pour les épier. Ils ne songeaient pas à la fenêtre.

— Ce ne peut-être Clément, dit enfin Berthe, il dormait lorsque je suis sortie, et il dort encore maintenant du sommeil le plus calme et le plus profond.

Penché sur son lit, Sauvresy écoutait ceux qui étaient devenus ses ennemis les plus abhorrés. Il maudissait son imprudence, comprenant bien qu'il n'était pas fait pour les machinations perfides.

— Pourvu, pensait-il, qu'ils n'aient pas l'idée de visiter ma robe de chambre et de chercher mes sandales.

Heureusement cette idée si simple ne leur vint pas, et ils se séparèrent après avoir tout fait pour se rassurer mutuellement. Mais chacun, au fond de son âme, emportait un doute poignant.

Cette nuit-là même, Sauvresy eut une crise affreuse. Après cette lueur de raison, le délire, cet hôte terrible, emplit de nouveau son cerveau de ses fantômes.

Le docteur R..., le lendemain matin, le déclara plus en danger que jamais; à ce point, qu'il expédia une dépêche à Paris pour prévenir de son absence, et annonça qu'il allait rester deux ou trois jours au Valfeuillu.

Le mal redoublait de violence, mais sa marche devenait de plus en plus certaine. Les symptômes les plus contradictoires se produisaient. C'était chaque jour un phénomène nouveau, déconcertant toutes les prévisions des médecins.

C'est qu'aussitôt que Sauvresy avait une heure de rémission, il revoyait l'abominable scène de la fenêtre, et le mieux s'envolait.

Il ne s'était d'ailleurs pas trompé. Berthe avait, ce soir-là, une grâce à demander à Hector.

Le maire d'Orcival devait, le surlendemain, se rendre à Fontainebleau avec toute sa famille, et il avait proposé au comte de Trémorel de l'accompagner. Hector avait accepté l'offre avec empressement, on devait atteler à une grande voiture de chasse quatre chevaux qu'il conduirait à grandes guides, M. Courtois ayant, — et avec raison, — la plus grande confiance en son habileté..

Or, Berthe qui ne pouvait tolérer cette idée, qu'il passerait toute une journée avec Laurence, venait le conjurer de se dégager. Il ne manquait pas, elle le lui prouvait, de prétextes excellents. Etait-il convenable qu'il s'en allât en partie de plaisir pendant que l'existence de son ami était en péril !

Il ne voulait pas absolument d'abord. Mais à force de prières et surtout de menaces, elle le decida, et elle ne descendit qu'après qu'il lui eût juré qu'il écrirait, le soir même une lettre d'excuses à M. Courtois.

Il tint sa parole, mais il finissait par être excédé de cette tyrannie. Il était las d'immoler sans cesse sa volonté, de sacrifier sa liberté à ce point qu'il ne pouvait rien projeter, rien dire, rien promettre, avant d'avoir consulté l'œil clair de cette femme jalouse qui ne permettait pas qu'il s'écartât du cercle de ses jupons.

De plus en plus, la chaîne devenait lourde et le meurtrissait, et il commençait à comprendre qu'elle ne se delierait pas seule, à la longue, mais que tôt ou tard il lui faudrait la briser.

Il n'avait jamais aimé Berthe, ni Fancy, ni personne probablement, et il aimait la fille du maire d'Orcival. Le million qui devait former sa couronne de mariée avait commencé par l'eblouir, mais peu à peu il avait subi le charme pénétrant qui s'exhalait de la personne de Laurence. Il était séduit, lui, le viveur blasé, par tant de grâces, tant d'innocence naïve, par tant de candeur et de beauté. Si bien qu'il eût epousé Laurence pauvre, comme Sauvresy avait épousé Berthe.

Mais cette Berthe, il la redoutait trop pour la braver ainsi tout à coup, et il se résigna à attendre encore, à ruser. Dès le lendemain de la scène au sujet de Fontainebleau, il se déclara souffrant, attribuant son malaise au manque d'exercice, et tous les jours il monta à cheval deux ou trois heures.

Il n'allait pas bien loin ; il allait jusque chez M. Courtois.

Berthe, tout d'abord, n'avait rien vu de suspect à ces

promenades du comte de Trémorel. Il sortait à cheval et cela la rassurait, comme certains maris qui se croient à l'abri de tout malheur parce que leur femme ne se promène qu'en voiture.

Mais après quelques jours, l'examinant mieux, elle crut découvrir en lui une certaine satisfaction intime qu'il s'efforçait de voiler sous une contenance fatiguée. Il avait beau faire, il se dégageait de toute sa personne comme un rayonnement de bonheur.

Elle eut des doutes, et ils grandirent à chaque sortie nouvelle. Les plus tristes conjectures l'agitaient tant qu'Hector était absent. Où allait-il? Probablement rendre visite à cette Laurence qu'elle redoutait et qu'elle détestait.

Ses pressentiments de maîtresse jalouse ne la trompaient pas, elle le vit bien.

Un soir, Hector reparut, portant à sa boutonnière une branche de bruyère que Laurence elle-même y avait passée et qu'il avait oublié de retirer.

Berthe prit doucement cette fleur, l'examina, la flaira, et se contraignant à sourire alors qu'elle endurait les plus cruels déchirements de la jalousie :

— Voici, dit-elle, une charmante variété de bruyère.

— C'est ce qu'il m'a semblé, répondit Hector d'un ton dégagé, bien que je ne m'y connaisse pas.

— Y a-t-il de l'indiscrétion à vous demander qui vous l'a donnée ?

— Aucune. C'est un cadeau de notre cher juge de paix, le père Plantat.

Tout Orcival savait parfaitement que, de sa vie, le juge de paix, ce vieil horticulteur maniaque, n'avait donné une fleur à qui que ce fût, sauf à Mlle Courtois. La défaite était malheureuse, et Berthe ne pouvait en être dupe.

— Vous m'aviez promis, Hector, commença-t-elle, de cesser de voir Mlle Courtois, de renoncer à ce mariage.

Il essaya de répondre.

— Laissez-moi parler, fit-elle, vous vous expliquerez après. Vous avez manqué à votre parole, vous vous êtes

joué de ma confiance, je suis folle de m'en étonner. Seulement, aujourd'hui, après mûres réflexions, je viens vous dire que vous n'épouserez pas Mlle Courtois.

Aussitôt, sans attendre sa réplique, elle entama l'éternelle litanie des femmes séduites ou qui prétendent l'avoir été. Pourquoi était-il venu ? Elle était heureuse dans son ménage, avant de le connaître. Elle n'aimait pas Sauvresy, il est vrai, mais elle l'estimait, il était bon pour elle. Ignorant les félicités divines de la passion vraie, elle ne les désirait pas. Mais il s'était montré et elle n'avait pas su résister à la fascination. Pourquoi avait-il abusé de ce qu'irrésistiblement elle se sentait entraînée vers lui. Et voilà que maintenant, après l'avoir perdue, il prétendait se retirer, en épouser un autre, lui laissant pour tout souvenir de son passage, la honte et le remords d'une faute abominable.

Trémorel l'écoutait abasourdi de son audace. C'était à n'y pas croire ! quoi ! elle osait prétendre que c'était lui qui avait abusé de son inexpérience, quand, au contraire, la connaissant mieux, il avait été parfois épouvanté de sa perversité. Telle était la profondeur de la corruption qu'il découvrait en elle, qu'il se demandait s'il était son premier amant ou le vingtième.

Mais elle l'avait si bien poussé à bout, elle lui avait si rudement fait sentir son implacable volonté, qu'il était décidé à tout plutôt que de subir davantage ce despotisme. Il s'était promis qu'à la première occasion il résisterait. Il résista.

— Eh bien, oui, déclara-t-il nettement, je vous trompais, je n'ai pas d'avenir, ce mariage m'en assure un, je me marie.

Et il reprit tous ses raisonnements passés jurant que moins que jamais il aimait Laurence, mais que de plus en plus il convoitait l'argent.

— La preuve, continuait-il, c'est que si demain vous me trouviez une femme ayant douze cent mille francs au lieu d'un million, je l'épouserais préférablement à Mlle Courtois.

Jamais elle ne lui aurait cru tant de courage. Il y avait

si longtemps qu'elle le pétrissait comme la cire molle, que cette résistance inattendue la déconcerta. Elle était indignée, mais en même temps elle éprouvait cette satisfaction malsaine qui délecte certaines femmes lorsqu'elles rencontrent un maître qui les bat, et son amour pour Trémorel, qui s'en allait faiblissant, reprenait une nouvelle énergie.

Puis il avait trouvé cette fois des accents pour la convaincre. Elle le méprisait assez pour le supposer très-capable de se marier uniquement pour de l'argent.

Quand il eut terminé :

— C'est donc bien vrai, lui dit-elle, vous ne tenez qu'au million.

— Je vous l'ai juré cent fois.

— Vous n'aimez vraiment pas Laurence ?

— Berthe, ma bien-aimée, je n'ai jamais aimé, je n'aimerai jamais que vous.

Il pensait qu'ainsi, berçant Berthe de paroles d'amour, il parviendrait à l'endormir jusqu'au jour de son mariage. Et une fois marié, il se souciait bien, vraiment, de ce qui adviendrait. Que lui importait Sauvresy ! La vie de l'homme fort n'est qu'une suite d'amitiés brisées. Qu'est-ce, en somme, qu'un ami ? Un être qui peut et doit vous servir. L'habileté consiste précisément à rompre avec les gens, le jour où ils cessent de vous être utiles.

De son côté, Berthe réfléchissait.

— Écoutez, dit-elle enfin à Hector, je ne saurais là, froidement, me résigner au sacrifice que vous exigez. De grâce, laissez-moi quelques jours encore pour m'habituer au coup terrible. Attendez... vous me devez bien cela, laissez Clément se rétablir.

Il n'en revenait pas de la voir si facile et si douce. Qui se serait attendu à de telles concessions si aisément obtenues. L'idée d'un piége ne lui venait pas. Dans son ravissement, il eut un transport d'enthousiasme qui eût pu éclairer Berthe, mais qui passa inaperçu. Il lui prit la main et l'embrassa avec transport en disant :

— Ah ! vous êtes bonne, et vous m'aimez vraiment.

XIX

Le comte de Trémorel ne supposait pas que le répit demandé par Berthe dût être de longue durée. Depuis une semaine, Sauvresy semblait aller mieux. Il se levait maintenant, il commençait à aller et venir dans la maison, et même il recevait sans trop de fatigue la visite de ses nombreux amis du voisinage.

Mais, hélas! le maître du Valfeuillu n'était plus que l'ombre de lui-même. Jamais, à le voir plus blême que la cire, exsangue, chancelant, la joue creuse, l'œil brillant d'un feu sombre, on n'aurait reconnu ce robuste jeune homme aux lèvres rouges, au visage épanoui, qui, le long du restaurant de Sèvres, avait arrêté la main de Trémorel.

Il avait tant souffert! Vingt fois la maladie avait failli le terrasser, vingt fois l'énergie de son indomptable volonté avait repris le dessus. Il ne voulait pas, non il ne voulait pas mourir avant de s'être vengé de ces infâmes qui lui avaient pris son bonheur et sa vie.

Mais quel châtiment leur infliger. Il cherchait, et c'était là l'idée fixe qui, brûlant son cerveau, allumait la flamme de son regard.

Dans les circonstances ordinaires de la vie, trois partis se présentent pour servir la colère et la haine du mari trompé.

Il a le droit, presque le devoir, de livrer sa femme et son complice aux tribunaux. La loi est pour lui.

Il peut épier adroitement les coupables, les surprendre et les tuer. Il y a un article du code qui ne *l'absout* pas, mais qui *l'excuse*.

Enfin, rien ne l'empêche d'affecter une philosophique indifférence, de rire le premier et le plus haut de son

malheur, de chasser purement et simplement sa femme et de la laisser manquer de tout.

Mais quelles pauvres, quelles misérables vengeances!

Livrer sa femme aux tribunaux? N'est-ce pas, de gaîté de cœur, courir au-devant de l'opprobre, offrir son nom, son honneur, sa vie, à la risée publique? N'est-ce pas se mettre à la merci d'un avocat qui vous traîne dans la boue. On ne défend pas la femme adultère, on attaque son mari, c'est plus commode. Et quelle satisfaction obtiendrait-il? Berthe et Trémorel seraient condamnés à un an de prison, à dix-huit mois, à deux ans au plus.

Tuer les coupables lui semblait plus simple; et encore! Il entrerait, déchargerait sur eux un revolver, ils n'auraient pas le temps de se reconnaître, leur agonie ne durerait pas une minute; et après? Après, il lui faudrait se constituer prisonnier, subir un jugement, se défendre, invoquer l'indulgence du législateur, risquer une condamnation.

Quant à chasser sa femme, c'était la livrer bénévolement à Hector. Il devait supposer qu'ils s'adoraient, et il les voyait, quittant le Valfeuillu la main dans la main, heureux, riants, se moquant de lui, pauvre niais!

A cette pensée, il était pris d'accès de rage froide, tant il est vrai que les pointes aigues de l'amour-propre ajoutent une douleur aux plus douloureuses blessures.

Aucune de ces vengeances vulgaires ne pouvait le satisfaire. Il voulait quelque chose d'inouï, de bizarre, d'excessif, comme l'offense, comme ses tortures.

Et il se reprenait à songer à toutes les histoires sinistres qu'il avait lues, cherchant un supplice applicable aux circonstances présentes. Il avait le droit d'être difficile, il était déterminé à attendre et, d'avance, il avait fait le sacrifice de sa vie.

Une seule chose pouvait renverser ses projets, la lettre arrachée à Jenny Fancy. Qu'était-elle devenue? L'avait-il donc perdue dans les bois de Mauprevoir? Il l'avait cherchée partout et ne l'avait pas retrouvée.

Il s'accoutumait, d'ailleurs, à feindre, trouvant cor

une jouissance cruelle dans la contrainte qu'il s'imposait. Il avait su se composer une contenance qui ne laissait rien deviner des pensées qui le hantaient. C'est sans frissonnements apparents qu'il subissait les flétrissantes caresses de cette femme jadis tant aimée; jamais il n'avait tendu à son ami Hector une main plus largement ouverte.

Le soir, lorsqu'ils se trouvaient tous trois réunis sous la lampe, il prenait sur lui d'être gai. Il bâtissait mille riants châteaux en Espagne, pour plus tard, quand on lui permettrait de sortir, quand il irait tout à fait bien.

Le comte de Trémorel se réjouissait.

— Voici Clément sur pied pour tout de bon cette fois, dit-il un soir à Berthe.

Elle ne comprenait que trop le sens de cette phrase.

— Vous songez donc toujours à Mlle Courtois? demanda-t-elle.

— Ne m'avez-vous pas permis d'espérer?

— Je vous ai prié d'attendre Hector, et vous avez bien fait de ne pas vous hâter. Je sais une femme qui vous apporterait non pas un, mais trois millions de dot.

Il fut péniblement surpris. En vérité, il ne songeait qu'à Laurence, et voici qu'un nouvel obstacle se dessinait!

— Et quelle est cette femme?

Elle se pencha à son oreille, et d'une voix frémissante :

— Je suis la seule héritière de Clément, dit-elle, il peut mourir, je puis être veuve demain.

Hector fut comme pétrifié.

— Mais Sauvresy, répondit-il, se porte, Dieu merci! à merveille.

Berthe fixa sur lui ses grands yeux clairs, et, avec un calme effrayant, dit :

— Qu'en savez-vous?

Trémorel ne voulut pas, n'osa pas demander la signification de ces paroles étranges. Il était de ces hommes faibles qui fuient les explications, qui, plutôt que de se

mettre en garde lorsqu'il en est temps encore, se laissent niaisement acculer par les circonstances. Êtres mous et veules qui, avec une lâche préméditation, se bandent les yeux pour ne pas voir le danger qui les menace, et qui, à une situation nette et définie qu'ils n'ont pas le courage d'envisager, préfèrent les langueurs du doute et les transactions de l'incertitude.

D'ailleurs, bien que redoutant Berthe et la détestant un peu, il éprouvait, à mesurer ses angoisses, une puérile satisfaction. A voir l'acharnement et la persistance qu'elle déployait pour le défendre, pour le conserver, il concevait de sa valeur et de son mérite une estime plus grande.

— Pauvre femme, pensait-il, voici que dans sa douleur de me perdre, de me voir à une autre, elle est venue à souhaiter la mort de son mari.

Et telle était son absence de sens moral, qu'il ne comprenait pas tout ce qu'il y avait de vil, de répugnant, d'odieux, dans les idées qu'il supposait à Mme Sauvresy et dans ses propres réflexions.

Cependant, les alternatives de mieux et de plus mal de Sauvresy donnaient tort à l'assurance du comte de Trémorel.

Ce jour-là même, et lorsqu'on croyait bien qu'enfin la convalescence de Sauvresy allait désormais marcher rapidement, il fut obligé de se remettre au lit.

Cette rechute se déclara après un verre de quinquina qu'il avait l'habitude, depuis une semaine, de prendre avant son repas du soir.

Seulement, cette fois, les symptômes changèrent de tout au tout, comme si, à la maladie qui avait failli l'emporter, succédait une autre maladie complétement différente.

Il se plaignait de picotements à la peau, de vertiges, de commotions convulsives qui contractaient et tordaient tous ses membres, particulièrement ses bras. D'intolérables névralgies faciales lui arrachaient des cris par moments. Un affreux goût de poivre, persistant, tenace, que

rien ne pouvait atténuer, lui faisait sans cesse ouvrir et fermer la bouche. Il ressentait une agitation inquiète qui se traduisait par des insomnies dont la morphine à hautes doses ne triomphait pas. Enfin, il éprouvait un affaissement mortel et un froid de plus en plus intense, venant non de l'extérieur mais de l'intérieur, comme si la température du corps eut graduellement diminué.

Quant au délire, il avait complétement disparu, et le malade conservait la parfaite lucidité de son intelligence.

Au milieu de telles épreuves, Sauvresy montrait la plus indomptable vaillance, réagissant tant qu'il pouvait contre la douleur.

Jamais il n'avait paru attacher une importance si grande à l'administration de son immense fortune. Perpétuellement il était en conférence avec des gens d'affaires. Il mandait à tout propos des notaires et des avocats et s'enfermait avec eux des journées entières.

Puis, sous prétexte qu'il lui fallait des distractions, il recevait tous les gens d'Orcival qui le venaient voir, et quand par hasard il n'avait pas de visiteur, vite il envoyait chercher quelqu'un, assurant que seul il ne pouvait s'empêcher de songer à son mal, souffrant par là même bien davantage.

De ce qu'il faisait, de ce qu'il tramait, pas un mot, et Berthe, réduite aux conjectures, était dévorée d'anxiété.

Souvent, lorsqu'un homme d'affaires était resté avec son mari plusieurs heures, elle le guettait à sa sortie, et se faisant aussi aimable, aussi séduisante que possible, elle mettait en œuvre toute sa finesse pour obtenir quelque renseignement qui l'éclairât.

Mais nul de ceux auxquels elle s'adressait ne pouvait ou ne voulait rassurer sa curiosité. Ils n'avaient tous que des réponses vagues, soit que Sauvresy leur eût recommandé la discretion, soit qu'en effet, ils n'eussent rien à dire.

Personne, d'ailleurs, n'entendit Sauvresy se plaindre. Ses conversations roulaient d'habitude sur Berthe et sur

Hector. Il voulait que tout le monde sût bien leur dévoûment. Il ne les appelait que ses « anges gardiens, » bénissant le ciel de lui avoir donné une telle femme et un tel ami.

Avec tout cela, si grave était son état que l'opticisme de Trémorel commençait à désespérer. Ses alarmes étaient vives. Quelle situation lui ferait la mort probable de son ami? Berthe, veuve, deviendrait implacable, elle serait libre de tout oser, et que n'oserait-elle pas?

Il se promit qu'à la première occasion il s'efforcerait de démêler les sentiments exacts de Mme Sauvresy. Elle vint d'elle-même au-devant de ses intentions.

C'était dans l'après-midi, le père Plantat était près du malade, ils avaient la certitude de n'être ni écoutés, ni interrompus.

— Il me faut un conseil, Hector, commença Berthe, et seul vous pouvez me le donner. Comment savoir si, dans ces derniers jours, Clément n'a pas changé ses dispositions à mon égard?

— Ses dispositions?

— Oui. Je vous ai dit que par un testament dont j'ai la copie, Sauvresy me lègue toute sa fortune. Je tremble qu'il ne l'ai révoqué.

— Quelle idée!

— Ah! j'ai des raisons pour craindre. Est-ce que la présence au Valfeuillu de tous ces gens de loi ne trahit pas quelque machination perfide? Savez-vous que d'un trait de plume cet homme peut me ruiner. Savez-vous qu'il peut m'enlever ses millions et me réduire aux cinquante mille francs de ma dot!

— Mais il ne le fera pas, répondit-il, cherchant sottement à la rassurer, il vous aime...

— Qui vous le garantit? interrompit-elle brusquement. Je vous ai annoncé trois millions, c'est trois millions qu'il me faut, non pour moi, Hector, mais pour vous; je les veux, je les aurai. Mais comment savoir, comment savoir?...

L'indignation de Trémorel était grande. Voilà donc

où l'avaient conduit ses atermoiements, l'étalage de ses convoitises d'argent. Elle se croyait le droit, maintenant, de disposer de lui sans se soucier de sa volonté, l'achetant en quelque sorte. Et ne pouvoir, n'oser rien dire !

— Il faut patienter, conseilla-t-il, attendre...

— Attendre quoi ? reprit-elle avec violence, qu'il soit mort ?

— Ne parlez pas ainsi, fit-il.

— Pourquoi donc ?

Berthe se rapprocha de lui, et, d'une voix sourde, sifflante :

— Il n'a plus huit jours à vivre, dit-elle, et tenez...

Elle sortit de sa poche et lui montra un petit flacon de verre bleu bouché à l'emeri.

— ... Voici qui m'assure que je ne me trompe pas.

Hector devint livide et ne put retenir un cri d'horreur. Il comprenait tout, maintenant, il s'expliquait l'inexplicable facilité de Berthe, son affectation à ne plus parler de Laurence, ses propos bizarres, son assurance.

— Du poison, balbutiait-il, confondu de tant de perversité, du poison !

— Oui, du poison.

— Vous ne vous en êtes pas servie ?

Elle arrêta sur lui son regard insupportable de fixité, ce regard qui brisait sa volonté, sous lequel d'ordinaire il se débattait en vain, et d'une voix calme, appuyant sur chaque mot, elle répondit :

— Je m'en suis servie.

Certes, le comte de Trémorel était un homme dangereux, sans prejugés, sans scrupules, ne reculant devant aucune infamie quand il s'agissait de l'assouvissement de ses passions, capable de tout ; mais ce crime horrible réveilla en lui tout ce qui lui restait encore d'énergie honnête.

— Eh bien ! s'écria-t-il révolté, vous ne vous en servirez plus.

Il se dirigeait déjà vers la porte, frémissant, éperdu ; elle l'arrêta.

— Avant d'agir, fit-elle froidement, refléchissez. Vous êtes mon amant, j'en fournirai la preuve; à qui ferez-vous entendre qu'étant mon amant vous n'ètes pas mon complice?

Il sentit toute la portée de cette terrifiante menace dans la bouche de Berthe.

— Allez, poursuivit-elle d'un ton ironique, parlez, demandez à faire des révélations. — Quoi qu'il arrive, dans le bonheur ou dans l'infamie, nous ne serons plus séparés, nos destinées seront pareilles.

Hector s'était laissé tomber pesamment sur un fauteuil, plus assommé que s'il eût reçu un coup de massue. Il prenait entre ses mains crispées son front qui lui semblait près d'éclater. Il se voyait, il se sentait enfermé dans un cercle infernal sans issue.

— Mais je suis perdu, balbutia-t-il sans savoir ce qu'il disait, je suis perdu!...

Il était à faire pitié; sa figure était affreusement décomposée, de grosses gouttes de sueur perlaient à la racine de chacun de ses cheveux, ses yeux avaient l'égarement de la folie.

Berthe lui secoua rudement le bras, sa misérable lâcheté l'indignait.

— Vous avez peur, lui disait-elle, vous tremblez! Perdu! Vous ne prononceriez pas ce mot, si vous m'aimiez autant que je vous aime. Serez-vous perdu parce que je serai votre femme, parce qu'enfin nous nous aimerons librement, à la face de toute la terre. Perdu! Mais vous n'avez donc pas idée de ce que j'ai enduré? Vous ne savez donc pas que je suis lasse de souffrir, lasse de craindre, lasse de feindre!

— Un si grand crime!

Elle eut un éclat de rire qui le fit frissonner.

— Il fallait, reprit-elle avec un regard écrasant de mépris, faire vos reflexions le jour où vous m'avez prise à Sauvresy, le jour où vous avez volé la femme de cet ami qui vous avait sauvé la vie. Pensez-vous que ce crime soit moins grand, moins affreux? Vous saviez, comme

moi, tout ce qu'il y avait pour moi d'amour au fond du cœur de mon mari, vous saviez qu'entre mourir et me perdre de cette façon, s'il lui eût fallu choisir, il n'eût pas hésité.

— Mais il ne sait rien, balbutiait Hector, il ne se doute de rien.

— Vous vous trompez, Sauvresy sait tout.

— C'est impossible.

— Tout, vous dis-je, et cela depuis le jour où il est revenu si tard de la chasse. Vous souvient-il qu'observant son regard, je vous ai dit : « Hector, mon mari, se doute de quelque chose ! » Vous avez haussé les épaules. Vous rappelez-vous les pas dans le vestibule, le soir où j'étais allée vous rejoindre dans votre chambre ? Il nous avait épiés. Enfin, voulez-vous une preuve plus forte, plus décisive ? Examinez cette lettre que j'ai retrouvée froissée, mouillée, dans la poche d'un de ses vêtements.

En parlant ainsi, elle mettait sous ses yeux la lettre arrachée à miss Jenny Fancy, et il la reconnaissait bien.

— C'est une fatalité, répétait-il, visiblement accablé, vaincu ; mais nous pouvons rompre. Berthe, je puis m'éloigner.

— Il est trop tard. Croyez-moi, Hector, c'est notre vie aujourd'hui que nous défendons. Ah ! vous ne connaissez pas Clément. Vous ne vous doutez pas de ce que peut être la fureur d'un homme comme lui lorsqu'il s'aperçoit qu'on s'est odieusement joué de sa confiance, qu'on l'a trahi indignement. S'il ne m'a rien dit, s'il ne nous a rien laissé voir de son implacable ressentiment, c'est qu'il médite quelque affreux projet de vengeance.

Tout ce que disait Berthe n'était que trop probable, et Hector le comprenait bien.

— Que faire ? demanda-t-il, sans idée, presque sans voix, que faire ?

— Savoir quelles dispositions il peut avoir prises ?

— Mais comment ?

— Je l'ignore encore. J'étais venue vous demander conseil et je vous trouve plus lâche qu'une femme. Laissez-moi donc agir, ne vous occupez plus de rien, puisque je prends tout sur moi.

Il voulut essayer une objection.

— Assez, dit-elle, il ne faut pas qu'il puisse nous ruiner, je verrai, je réfléchirai...

On l'appelait en bas. Elle descendit, laissant Hector perdu dans ses mortelles angoisses.

Le soir, après bien des heures, pendant que Berthe paraissait heureuse et souriante, sa figure à lui portait si bien la trace de ses poignantes émotions que Sauvresy lui demanda affectueusement s'il ne se trouvait pas indisposé.

— Tu t'épuises à me veiller, mon bon Hector, disait-il, comment reconnaître jamais ton paternel dévoûment?

Trémorel n'avait pas la force de répondre.

— Et cet homme-là saurait tout! pensait-il. Quelle force, quelle courage! Quel sort nous réserve-t-il donc?

Cependant, le spectacle auquel il assistait lui faisait horreur.

Toutes les fois que Berthe donnait à boire à son mari, elle retirait de ses cheveux une grande épingle noire, la plongeait dans la bouteille de verre bleu et en détachait ainsi quelques grains blanchâtres qu'elle faisait dissoudre dans les potions ordonnées par le médecin.

On devrait supposer que, dominé par des circonstances atroces, harcelé de terreurs croissantes, le comte de Trémorel avait renoncé complètement à la fille de M. Courtois. On se tromperait. Autant et plus que jamais il songeait à Laurence. Les menaces de Berthe, les obstacles devenus infranchissables, les angoisses, le crime ne faisaient qu'augmenter les violences non de son amour, mais de sa passion pour elle, et attisaient la flamme de ses convoitises pour sa personne.

Une lueur, petite, chetive, tremblante, qui éclairait les ténèbres de son désespoir, le consolait, le ranimait, lui rendait le présent plus facile à supporter.

Il se disait que Berthe ne pouvait songer à l'épouser au lendemain de la mort de son mari. Des mois se passeraient, une année entière, et après il saurait encore gagner du temps. Enfin, un jour, il signifierait ses volontés.

Qu'aurait-elle à dire? Parlerait-elle du crime? Voudrait-elle le compromettre comme complice? Qui la croirait? Comment arriverait-elle à prouver que lui, aimant et épousant une autre femme, avait intérêt à la mort de Sauvresy? On ne tue pas un homme, son ami, pour son plaisir. Provoquerait-elle une exhumation?

Elle se trouvait actuellement, supposait-il, dans une de ces crises qui ne souffrent ni le libre arbitre, ni l'exercice de la raison.

Plus tard, elle réfléchirait, et alors elle serait arrêtée par la seule probabilité de dangers dont la certitude, en ce moment, ne l'effrayait aucunement.

Il ne voulait d'elle pour femme à aucun prix, jamais.

Il l'eût détestée riche à millions, il la haïssait pauvre, ruinée, réduite à ses propres moyens. Et elle pouvait être ruinée, elle devait l'être, si on admettait que Sauvresy fût instruit de tout.

Attendre ne l'inquiétait pas. Il se savait assez aimé de Laurence pour être sûr qu'elle l'attendrait un an, trois ans s'il le fallait.

Déjà, il exerçait sur elle un empire d'autant plus absolu qu'elle ne cherchait ni à combattre, ni à repousser cette pensée d'Hector qui doucement l'envahissait, pénétrait tout son être, remplissait son cœur et son intelligence.

Hector, en y appliquant tout l'effort de sa réflexion, se disait que peut-être, dans l'intérêt de sa passion, autant valait que Berthe agît comme elle le faisait.

Il s'efforçait de dompter les révoltes de sa conscience, en se prouvant qu'en somme il n'était pas coupable.

De qui venait l'idée? D'elle. Qui l'exécutait? Elle seule.

On ne pouvait lui reprocher qu'une complicité morale,

et encore involontaire, forcée, imposée en quelque sorte par le soin de sa defense légitime.

Parfois, pourtant, d'amères repugnances lui montaient à la gorge. Il eût compris un meurtre soudain, violent, rapide. Il se fût expliqué le coup de couteau ou le coup de poignard. Mais cette mort lente, versée goutte à goutte, édulcorée de tendresses, voilée sous des baisers, lui paraissait particulièrement hideuse.

Il avait peur et horreur de Berthe, comme d'un reptile, comme d'un monstre. Si parfois ils se trouvaient seuls et qu'elle l'embrassât, il frissonnait de la tête aux pieds.

Elle était si calme, si avenante, si naturelle ; sa voix avait si bien les mêmes inflexions molles et caressantes, qu'il n'en revenait pas. C'était sans s'interrompre de causer qu'elle glissait son epingle à cheveux dans le flacon bleu, et il ne surprenait en elle, lui qui l'etudiait, ni un tressaillement, ni un frémissement, ni même un battement de paupières. Il fallait qu'elle fût de bronze.

Cependant il trouvait qu'elle ne prenait pas assez de précautions, elle pouvait etre decouverte, surprise. Il lui dit ses frayeurs, et combien elle le faisait fremir à tout moment.

— Ayez donc confiance en moi, répondit-elle ; je veux reussir, je suis prudente.

— On peut avoir des soupçons ?

— Qui ?

— Eh ! le sais-je ? tout le monde, les domestiques, le médecin.

— Il n'y a nul danger ? Et quand même !...

— On chercherait. Berthe, y songez-vous ? On descendrait aux plus minutieuses investigations.

Elle eut un sourire où eclatait la plus magnifique certitude.

— On peut chercher, reprit-elle, examiner, expérimenter, on ne retrouvera rien. Vous imagineriez-vous que j'emploie niaisement l'arsenic ?

— De grâce, taisez-vous !...

— J'ai su me procurer un de ces poisons inconnus en-

core, qui défient toutes les analyses; un de ces poisons dont bien des médecins, à cette heure, et je parle des vrais, des savants, ne sauraient seulement pas dire les symptômes.

— Mais où avez-vous pris...

Il s'arrêta net devant ce mot : poison; il n'osait le prononcer.

— Qui vous a donné *cela?* reprit-il.

— Que vous importe ! J'ai su prendre de telles précautions que celui qui me l'a donné court les mêmes dangers que moi, et il le sait. Donc, rien à craindre de ce côté. Je l'ai payé assez cher pour qu'il n'ait jamais l'ombre d'un regret.

Une objection abominable lui vint sur les lèvres. Il avait envie de dire : « C'est bien lent! » Il n'eut pas ce courage, mais elle lut sa pensée dans ses yeux.

— C'est bien lent parce que cela me convient ainsi, dit-elle. Avant tout, il faut que je sache à quoi m'en tenir au sujet du testament, et j'y travaille.

Elle ne s'occupait que de cela, en effet, et pendant les longues heures qu'elle passait près du lit de Sauvresy, peu à peu, avec des nuances insaisissables à force de délicatesse, avec les plus infinies précautions, elle amenait la pensée défiante du malade à ses dispositions dernières.

Si bien que lui-même il aborda ce sujet d'un si poignant intérêt pour Berthe.

Il ne comprenait pas, disait-il, qu'on n'eût pas toujours ses affaires en ordre, et ses volontés suprêmes écrites, en cas de malheur. Qu'importe qu'on soit bien portant ou malade?

Aux premiers mots, Berthe essaya de l'arrêter. De telles idées lui faisaient, gémissait-elle, trop de peine.

Même, elle pleurait des larmes très-réelles, qui glissaient, brillantes comme des diamants, le long de ses joues et la rendaient plus belle et plus irrésistible, des larmes vraies, qui mouillaient son mouchoir de fine batiste.

— Folle, lui disait Sauvresy, chère folle, crois-tu donc que cela fait mourir ?

— Non, mais je ne veux pas.

— Laisse donc. Avons-nous été moins heureux parce que le lendemain de mon mariage j'ai fait un testament qui te donne toute ma fortune ? Et, tiens, tu dois en avoir une copie ; si tu étais complaisante, tu irais me la chercher.

Elle devint toute rouge, puis fort pâle. Pourquoi demandait-il cette copie ? Voulait-il la déchirer ? Une rapide réflexion la rassura. On ne déchire pas une pièce que d'un mot sur une autre feuille de papier on peut anéantir.

Cependant, elle se défendit un peu.

— J'ignore où est cette copie.

— Je le sais, moi. Elle est dans le tiroir à gauche de l'armoire à glace : Va, tu me feras bien plaisir.

Et pendant qu'elle était sortie :

— Pauvre femme, dit Sauvresy à Hector, pauvre Berthe adorée, si je mourais, elle ne me survivrait pas.

Tremorel ne trouvait rien à répondre, son anxiété était inexprimable et visible.

— Et cet homme là se douterait de quelque chose ! pensait-il, non, ce n'est pas possible.

Berthe rentrait.

— J'ai trouvé, disait-elle.

— Donne.

Il prit cette copie de son testament, et la lut avec une satisfaction évidente, hochant la tête à certains passages où il rappelait son amour pour sa femme.

Quand il eut fini sa lecture :

— Maintenant, demanda-t-il, donnez-moi une plume avec de l'encre.

Hector et Berthe lui firent remarquer qu'écrire allait le fatiguer, mais il fallut le contenter.

Placés au pied du lit, hors de la vue de Sauvresy, les deux coupables échangeaient les regards les plus inquiets. Que pouvait-il écrire ainsi ? Mais il venait de terminer.

— Prends, dit-il à Trémorel, lis tout haut ce que je viens d'ajouter.

Hector se rendit au désir de son ami, bien que sentant que l'émotion devait faire chevroter sa voix, et il lut :

« Aujourd'hui (le jour et la date), sain d'esprit, bien que souffrant, je déclare n'avoir pas une ligne à changer à ce testament. Jamais je n'ai plus aimé ma femme, jamais je n'ai tant désiré la faire héritière, si je viens à mourir avant elle, de tout ce que je possède.

« Clément SAUVRESY. »

Si forte était Berthe, si parfaitement et toujours maîtresse de ses impressions, qu'elle parvint à refouler la satisfaction immense qui l'inondait. Tous ses vœux étaient comblés, et pourtant elle parvint à voiler de tristesse l'éclat de ses beaux yeux.

— A quoi bon ! fit-elle avec un soupir.

Elle disait cela, mais une demi-heure plus tard, seule avec Trémorel, elle se livrait à tous les enfantillages de la joie la plus folle.

— Plus rien à craindre, disait-elle, plus rien ! A nous maintenant la liberté, la fortune, l'ivresse de notre amour, le plaisir, la vie, toute la vie ! Trois millions, Hector, nous avons trois millions au moins ! Je le tiens donc, ce testament ! Désormais il n'entrera plus un homme d'affaires ici. C'est maintenant que je vais me hâter !

Incontestablement, le comte était content de la savoir libre, parce qu'on se défait bien plus facilement d'une veuve millionnaire que d'une pauvre femme sans le sou. L'action de Sauvresy calmait ainsi bien des anxiétés aiguës.

Cependant, cette expansion de gaîté pareille à un éclat de rire, cette inaltérable sécurité lui semblèrent monstrueuses. Il eût souhaité plus de solennité dans le crime, quelque chose de grave et de recueilli. Il jugea qu'il devait au moins calmer ce délire.

— Vous penserez plus d'une fois à Sauvresy, fit-il d'une voix sombre.

Elle fit une roulade : prrrr, et vivement répondit :

— A lui ? quand et pourquoi faire ? Ah ! son souvenir ne sera pas lourd. J'espère bien que nous ne cesserons pas d'habiter le Valfeuillu qui me plaît, seulement nous aurons un hôtel à Paris, le vôtre que nous rachèterons. Quel bonheur, mon Hector, quelle félicité !

La seule perspective de ce bonheur entrevu l'épouvantait à ce point de lui inspirer un bon mouvement.

Il espéra toucher Berthe.

— Une dernière fois, je vous en conjure, lui dit-il, renoncez à ce terrible, à ce dangereux projet. Vous voyez bien que vous vous abusiez, que Sauvresy ne se doute de rien, qu'il vous aime toujours.

L'espression de la physionomie de la jeune femme changea brusquement, elle restait pensive.

— Ne parlons plus de cela, dit-elle enfin. Il se peut que je me trompe. Il se peut qu'il n'ait que des doutes, il se peut que, même ayant découvert quelque chose, il espère me ramener à force de bonté. C'est que voyez-vous...

Elle se tut. Peut-être ne voulait-elle pas l'effrayer.

Il ne l'était déjà que trop. Le lendemain, ne pouvant supporter la vue de cette agonie, craignant sans cesse de se trahir, il partit pour Melun sans rien dire. Mais il avait laissé son adresse, et, sur un mot d'elle, lâchement il revint. Sauvresy le redemandait à grands cris.

Elle lui avait écrit une lettre d'une inconcevable imprudence, absurde, qui lui fit dresser les cheveux sur la tête.

Il comptait à son retour lui adresser des reproches, c'est elle qui lui en adressa.

— Pourquoi cette fuite ?

— Je ne saurais rester ici, je souffre, je tremble, je meurs.

— Quel lâche vous faites ! dit-elle.

Il voulait répliquer, mais elle mit un doigt sur sa bouche, en montrant de l'autre main la porte de la pièce voisine.

— Chut !... Il y a là trois médecins en consultation depuis une heure, et je n'ai pu réussir à surprendre une seule de leurs paroles. Qui sait ce qu'ils disent? Je ne serai tranquille qu'après leur départ.

Les transes de Berthe n'étaient pas sans quelque fondement. Lors de la dernière rechute de Sauvresy, quand il s'était plaint de névralgies très-douloureuses à la face, et d'un odieux goût de poivre, le docteur R... avait laissé échapper un singulier mouvement de lèvres.

Ce n'était rien, ce mouvement, mais Berthe l'avait surpris, elle avait cru y deviner l'involontaire traduction d'un soupçon rapide, et il était resté présent à son esprit comme un avertissement et une menace.

Le soupçon, cependant, s'il y en eut jamais un, dut s'évanouir bien vite. Douze heures plus tard, les phénomènes avaient complètement changé et le lendemain le malade éprouvait toute autre chose. Même, cette variété d'indices, cette inconsistance des symptômes n'avait pas dû peu contribuer à égarer les conjectures des médecins.

Depuis ces derniers jours, Sauvresy ne souffrait presque plus, affirmait-il, et reposait assez bien la nuit. Mais il accusait des accidents bizarres, déconcertants et parfois excessifs.

Evidemment il allait s'affaiblissant d'heure en heure, il s'éteignait et tout le monde s'en apercevait.

C'est en cet état de choses que le docteur R... avait demandé une consultation et lorsque Trémorel reparut, Berthe, le cœur serré, en attendait les résultats.

Enfin, la porte du petit salon s'ouvrit et la placide figure des hommes de l'art dut rassurer l'empoisonneuse.

Désolantes étaient les conclusions de cette consultation. Tout avait été tenté, épuisé, on n'avait négligé aucune des ressources humaines; on ne pouvait plus rien attendre que de l'énergique constitution du malade.

Plus froide que le marbre, immobile, les yeux pleins

de larmes, Berthe, en écoutant cet arrêt cruel, offrait si bien l'image parfaite de la Douleur ici-bas, que tous ces vieux médecins en furent remués.

— N'y a-t-il donc plus d'espoir, ô mon Dieu ! s'écria-t-elle d'une voix déchirante.

C'est à peine si le docteur R... osa essayer de la rassurer un peu. Il lui répondit vaguement quelques-unes de ces phrases banales qui signifient tout et ne veulent rien dire, et qui sont comme le lieu commun des consolations qu'on sait inutiles.

— Il ne faut jamais désespérer, disait-il, chez des malades de l'âge de Sauvresy, la nature, lorsqu'on s'y attend le moins, fait souvent des miracles.

Mais ayant pris Hector à part, le docteur l'engagea à préparer au coup terrible cette pauvre malheureuse jeune femme, si dévouée, si intéressante et qui aimait tant son mari.

— Car, voyez-vous, ajouta-t-il, je ne crois pas que M. Sauvresy puisse vivre plus de deux jours.

L'oreille au guet, Berthe avait surpris le fatal ultimatum de la Faculté, et Trémorel en revenant de conduire les médecins consultants la trouva rayonnante. Elle lui sauta au cou.

— C'est maintenant, disait-elle, que l'avenir vraiment nous appartient. Un seul point noir, imperceptible, obscurcissait notre horizon et il s'est dissipé. A moi de réaliser la prédiction du docteur R...

Ils dînèrent tous deux comme d'ordinaire dans la salle à manger, pendant qu'une des femmes de chambre restait près du malade.

Berthe était d'une gaîté expansive qu'elle avait peine à dissimuler. La certitude du succès et de l'impunité, l'assurance de toucher au but la faisaient se départir de sa dissimulation si habile. Malgré la présence des domestiques, elle parlait vivement à mots couverts de sa délivrance prochaine. Ce mot : délivrance, fut prononcé.

Elle fut ce soir là l'imprudence même. Un doute, chez

un seul des domestiques, moins que cela, une mauvaise disposition, et elle pouvait être compromise, perdue.

A tout moment Hector, qui sentait ses cheveux se dresser sur sa tête, lui donnait des coups de pied sous la table en roulant de gros yeux pour la faire taire; en vain. C'est qu'il est de ces heures où l'armure de l'hypocrisie devient si lourde a porter, qu'on est forcé coûte que coûte de la déposer, ne fût-ce qu'un instant, pour se délasser, pour se détirer.

Heureusement on apporta le café et les gens se retirèrent.

Pendant qu'Hector fumait son cigare, Berthe, plus librement, poursuivait son rêve. Elle comptait passer au Valfeuillu tout le temps de son deuil, et Hector, pour garder les apparences, louerait dans les environs quelque jolie petite maison où elle irait le surprendre, le matin.

L'ennui, c'est qu'il lui faudrait faire semblant de pleurer Sauvresy mort, comme elle avait fait semblant de l'aimer vivant. Elle n'en aurait donc jamais fini avec cet homme! Enfin un jour viendrait où, sans scandaliser les imbéciles, elle pourrait quitter les vêtements noirs. Quelle fête! Puis ils se marieraient. Où? A Paris ou à Orcival?

Puis, elle s'inquiétait du délai après lequel une veuve a le droit de choisir un nouveau mari, car il y a une loi, à ce sujet, et elle disait qu'elle avait envie d'en finir le soir même, que ce serait un jour de gagné.

Hector dut lui prouver longuement qu'attendre était indispensable; on courait à brusquer des dangers réels.

Lui aussi cependant il eût voulu voir son ami sous la terre, pour en finir avec ses terreurs, pour secouer l'obsession épouvantable de Berthe.

XX

L'heure s'avançait, Hector et Berthe durent passer dans la chambre de Sauvresy. Il dormait. Ils s'installèrent sans bruit chacun d'un côté du feu comme tous les soirs, la femme de chambre se retira.

Afin que la lumière de la lampe ne gênât pas le malade, on avait disposé les rideaux de la tête du lit de telle façon que, couché, il ne pouvait voir la cheminée. Pour l'apercevoir, il lui fallait se hausser sur ses oreillers et se pencher en s'appuyant sur le bras droit.

Mais il dormait, d'un sommeil pénible, fiévreux, agité de frissons convulsifs. Sa respiration pressée et sifflante soulevait la couverture à intervalles égaux.

Berthe et Trémorel n'échangeaient plus une parole. Le silence morne, sinistre, n'était troublé que par le tic-tac de la pendule, ou par le froissement des feuillets du livre que lisait Hector.

Dix heures sonnèrent.

Peu après, Sauvresy fit un mouvement, il se retournait, il s'éveillait.

Légère et attentive comme une épouse dévouée, d'un saut, Berthe fut près du lit. Son mari avait les yeux ouverts.

— Te sens-tu un peu mieux, mon bon Clément? demanda-t-elle.

— Ni mieux, ni plus mal.

— Souhaites-tu quelque chose?

— J'ai soif.

Hector, qui avait levé les yeux aux premières paroles de son ami, se replongea dans sa lecture.

Debout devant la cheminée, Berthe préparait avec des soins minutieux la dernière potion prescrite par le docteur R... et qui nécessitait certaines précautions.

La potion prête, elle sortit de sa poche la fiole de cristal bleu et y trempa, comme tous les soirs, une de ses épingles à cheveux.

Elle n'eut pas le temps de la retirer, on la touchait légèrement à l'épaule.

Un frisson la secoua jusqu'aux talons ; brusquement elle se retourna et poussa un cri terrible, un cri d'épouvante et d'horreur.

— Oh !...

Cette main qui l'avait touchée, c'était celle de son mari.

Oui, pendant qu'elle était là devant la cheminée, dosant le poison, Sauvresy bien doucement s'était soulevé ; plus doucement, il avait ecarté le rideau, et c'était son bras décharné qui s'allongeait vers elle, c'etaient ses yeux effrayants de haine et de colère qui flamboyaient devant les siens.

Au cri de Berthe, un autre cri sourd, un râle plutôt, avait répondu.

Trémorel avait tout vu, tout compris, il était anéanti.

« Tout est découvert ! » Ces trois mots éclataient dans leur intelligence comme des obus. Partout autour d'eux, ils éblouissaient, écrits en lettres de feu.

Il y eut un moment d'indicible stupeur, une minute de silence si profond qu'on entendit battre les tempes d'Hector.

Sauvresy était rentré sous ses couvertures. Il riait d'un rire éclatant et lugubre, comme le serait le ricanement d'un squelette dont les mâchoires et les dents s'entrechoqueraient.

Mais Berthe n'était pas de ces créatures qu'un seul coup, si terrible qu'il soit, peut abattre. Elle tremblait plus que la feuille, ses jambes fléchissaient, mais déjà sa pensée s'égarait en subterfuges possibles. Qu'avait vu Sauvresy, avait-il même vu quelque chose ? Que savait-il ? Et quand il aurait vu le flacon de verre bleu, ces choses-là s'expliquent. Ce pouvait être, ce devait être par un simple effet du hasard que son mari l'avait touchée à l'épaule juste au moment du crime.

Toutes ces pensées ensemble traversèrent son esprit en une seconde, rapides comme l'eclair rayant les ténèbres.

Et alors, elle osa, elle eut la force d'oser s'approcher du lit, et de dire avec un sourire affreusement contraint, mais enfin avec un sourire :

— Quelle peur tu viens de me faire !

Il la regarda pendant une seconde qui lui parut durer un siècle, et simplement répondit.

— Je le comprends !

Plus d'incertitude possible. Aux yeux de son mari, Berthe ne vit que trop clairement qu'il savait. Mais quoi ? mais jusqu'où ? Elle parvint à prendre sur elle de continuer :

— Souffrirais-tu davantage ?
— Non.
— Alors, pourquoi t'es-tu levé !
— Pourquoi ?...

Il réussit à se hausser sur ses oreillers et avec une force dont on ne l'eût pas cru capable, une minute auparavant, il poursuivit :

— Je me suis levé pour vous dire que c'est assez de tortures comme cela, que j'en suis arrivé aux limites de l'énergie humaine, que je ne saurais endurer un jour de plus ce supplice inouï de me voir, de me sentir mesurer la mort lentement, goutte à goutte, par les mains de ma femme et de mon meilleur ami.

Il s'arrêta. Hector et Berthe etaient foudroyés.

— Je voulais vous dire encore : Assez de ménagements cruels, assez de raffinements, je souffre. Ah ! ne voyez-vous pas que je souffre horriblement. Hâtez-vous, abrégez mon agonie. Tuez-moi, mais tuez-moi d'un coup, empoisonneurs !

Sur ce dernier mot : empoisonneurs, le comte de Trémorel se dressa comme s'il eût été mû par un ressort, tout d'une pièce, les yeux hagards, les bras étendus en avant.

Sauvresy, lui, à ce mouvement, glissa rapidement sa

main sous les oreillers et en retira un revolver dont il dirigea le canon vers Hector, en criant :

— N'approche pas.

Il avait cru que Trémorel allait se précipiter sur lui, et, puisque le poison était découvert, l'étrangler, l'étouffer.

Il se trompait. Hector se sentait devenir fou. Il retomba comme une masse.

Berthe, plus forte, essayait de se débattre, s'efforçant de secouer les torpeurs de l'épouvante qui l'envahissait.

— Tu es plus mal, mon Clément, disait-elle, c'est encore cette affreuse fièvre qui me fait tant de peur qui te reprend. Le délire...

— Ai-je vraiment le délire? interrompit-il d'un air surpris.

— Hélas! oui, mon bien-aimé, c'est lui qui te hante, qui peuple d'horribles visions ta pauvre tête malade.

Il la regarda curieusement. Réellement, il était stupéfait de cette audace qui croissait avec les circonstances...

— Quoi! ce serait nous qui te sommes si chers, tes amis, moi ta...

L'implacable regard de son mari la força, oui la força de s'arrêter, les paroles expirèrent sur ses lèvres.

— Assez de mensonges, va, Berthe, reprit Sauvresy, ils sont inutiles. Non, je n'ai pas rêvé, non, je n'ai pas eu le délire. Le poison n'est que trop réel et je pourrais te le nommer sans le retirer de ta poche.

Elle recula épouvantée comme si elle eût vu la main de son mari étendue pour lui arracher le flacon de cristal bleu.

— Je l'ai deviné et reconnu dès le premier moment, car vous avez choisi un de ces poisons qui ne laissent guère de traces, il est vrai, mais dont les indices ne trompent pas. Vous souvient-il du jour où je me suis plaint d'une saveur poivrée? Le lendemain j'étais fixé, et j'ai failli ne pas l'être seul. Le docteur R... a eu un doute.

Berthe voulut balbutier quelques mots. Sauvresy l'interrompit.

— On s'exerce au poison, poursuivait-il, d'un ton d'effrayante ironie, avant de s'en servir. Vous ne connaissez donc pas le vôtre, vous ne savez donc rien de ses effets? Maladroits! Comment! votre poison donne d'intolérables névralgies, des insomnies dont rien ne triomphe, et vous me regardez sottement, sans surprise, dormir des nuits entières. Comment! je me plains d'un feu intérieur dévorant, pendant que votre poison charrie des glaces dans les veines et dans les entrailles, et vous ne vous en étonnez pas! Vous voyez disparaître et changer tous les symptômes, et vous n'êtes pas éclairés. Vous êtes donc fous. Savez-vous ce qu'il m'a fallu faire pour écarter les soupçons du docteur R... J'ai dû taire les souffrances réelles de votre poison, et me plaindre de maux imaginaires, ridicules, absurdes. J'accusais précisément le contraire de ce que j'éprouvais. Vous étiez perdus, je vous ai sauvés.

Sous tant de coups redoublés, la criminelle énergie de Berthe chancelait. Elle se demandait si elle ne devenait pas folle. Entendait-elle bien? Était-ce bien vrai que son mari s'était aperçu qu'on l'empoisonnait et qu'il n'avait rien dit, qu'il avait même trompé et dérouté le médecin? Pourquoi? dans quel but?

Sauvresy avait fait une pause de quelques minutes, bientôt il reprit :

— Si je me suis tu, si je vous ai sauvés, c'est que le sacrifice de ma vie était fait. Oui, j'ai été frappé au cœur pour ne plus me relever, le jour où j'ai appris qu'abusant de ma confiance vous me trompiez.

C'est sans émotion apparente qu'il parlait de sa mort, du poison qu'on lui versait; mais sur ces mots : « Vous me trompiez, » sa voix s'altéra et trembla.

— Je ne voulais pas, je ne pouvais pas le croire d'abord. Je doutais du témoignage de mes sens plutôt que de vous. Il a bien fallu me rendre à l'évidence. Je n'étais plus dans ma maison, qu'un de ces tyrans grotesques

qu'on berne et qu'on bafoue. Cependant, je vous gênais encore. Il fallait à vos amours plus d'espace et de liberté. Vous étiez las de contrainte, excédés de feintes. Et c'est alors que, songeant que ma mort vous faisait libres et riches, vous avez chargé le poison de vous débarrasser de moi.

Berthe avait du moins l'heroisme du crime. Tout était découvert, elle jetait le masque. Elle essaya de défendre son complice, qui restait aneanti dans un fauteuil.

— C'est moi qui ai tout fait, s'écria-t-elle, il est innocent.

Un mouvement de rage empourpra le visage pâle de Sauvresy.

— Ah! vraiment, reprit-il, mon ami Hector est innocent! Ce n'est donc pas lui, qui pour me payer — non la vie, il était trop lâche pour se tuer, mais l'honneur, qu'il me doit, — m'a pris ma femme? Miserable! Je lui tends la main quand il se noie, je l'accueille comme un frère aimé, et pour prix de mes services, il installe l'adultère à mon foyer… non cet adultère brillant qui a l'excuse de la passion et la poésie du péril bravé, mais l'adultère bourgeois, bas, ignoble, de la vie commune…

Et tu savais ce que tu faisais, mon ami Hector, tu savais — je te l'avais dis cent fois — que ma femme était tout pour moi, ici-bas, le present et l'avenir, la réalite, le reve, le bonheur, l'espérance, la vie, enfin? Tu savais que, pour moi, la perdre, c'était mourir.

Si encore tu l'avais aimee! Mais non, ce n'est pas elle que tu aimais. C'est moi que tu haissais. L'envie te dévorait, et vraiment tu ne pouvais pas me dire en face : « Tu es trop heureux, rends-m'en raison! » Alors, lachement, dans l'ombre, tu m'as déshonoré. Berthe n'etait que l'instrument de tes rancunes. Et aujourd'hui, elle te pèse, tu la meprises et tu la crains. Mon ami Hector, tu as eté chez moi le vil laquais qui pense venger sa bassesse en souillant de sa salive les mets qu'il porte a la table du maitre!

Le comte de Trémorel ne répondit que par un gémissement.

Les paroles terribles de cet homme mourant tombaient sur sa conscience plus cruelles que des soufflets sur sa joue.

— Voilà, Berthe, continuait Sauvresy, voilà l'homme que tu m'as préféré, pour lequel tu m'as trahi. Tu ne m'a jamais aimé, moi, je le reconnais maintenant, jamais ton cœur ne m'a appartenu. Et moi je t'aimais tant!...

Du jour où je t'ai vue, tu es devenue mon unique pensée, ou plutôt ma pensée même, comme si ton cœur à toi eût battu à la place du mien.

En toi tout m'était cher et précieux. J'adorais tes caprices, tes fantaisies, j'adorais jusqu'à tes défauts. Il n'est rien que je n'eusse entrepris pour un de tes sourires, pour me faire dire : merci ! entre deux baisers. Tu ne sais donc pas, que bien des années après notre mariage, ce m'était encore un bonheur, une fête, de m'éveiller le premier pour te regarder dormir d'un sommeil d'enfant, pour admirer, pour toucher tes beaux cheveux blonds épandus sur la batiste des oreillers. Berthe!...

Il s'attendrissait au souvenir de ces félicités passées, de ces jouissances immatérielles à force d'être profondes, et qui ne reviendraient plus.

Il oubliait leur présence, la trahison infâme, le poison.

Il oubliait qu'il allait mourir assassiné par cette femme tant aimée, et ses yeux s'emplissaient de larmes, sa voix s'étouffait dans sa gorge ; il s'arrêta.

Plus immobile et plus blanche que le marbre, Berthe écoutait, essayant de pénétrer le sens de cette scène.

— Il est donc vrai reprit le malade, que ces beaux yeux limpides éclairent une âme de boue! Ah! qui n'eût été trompé comme moi! Berthe, à quoi rêvais-tu lorsque tu t'endormais bercée entre mes bras? quelles chimères caressait ta folie?

Trémorel est arrivé, et tu as cru voir en lui l'idéal de tes songes. Tu admirais les rides précoces du viveur épuisé, comme le sceau fatal qui marque le front de l'ar-

change déchu. Tu as pris pour des lambeaux de pourpre les guenilles pailletées de son passé qu'il secouait sous tes yeux.

Ton amour, sans souci du mien, s'est élancé au-devant de lui qui ne songeait même pas à toi. Tu allais au mal comme à ton essence même. Et moi qui croyais ta pensée plus immaculée que la neige des Alpes. En toi il n'y a même pas eu de lutte. Tu ne t'es pas abandonnée, tu t'es offerte. Nul trouble ne m'a révélé ta première faute. Tu m'apportais sans rougir ton front mal essuyé des baisers de ton amant.

La lassitude domptait son énergie. Sa voix peu à peu se voilait et devenait plus faible.

— Tu as eu ton bonheur entre les mains, Berthe, et tu l'as brisé insoucieusement comme l'enfant brise le jouet dont il ignore la valeur. Qu'attendais-tu de ce misérable pour lequel tu as eu l'affreux courage de me tuer le baiser aux lèvres, doucement, lentement, heure par heure ? Tu as cru l'aimer. mais le dégoût à la longue doit t'être venu. Regarde-le et juge-nous. Vois quel est l'homme, de moi étendu sur ce lit où je vais rendre le dernier soupir dans quelques heures, et de lui qui agonise de peur dans son coin. Du crime, tu as l'énergie, et il n'en a que la bassesse. Ah ! si je m'appelais Hector de Trémorel et qu'un homme eût osé parler comme je viens de le faire, cet homme n'existerait plus, eût-il pour se défendre dix revolvers comme celui que je tiens.

Ainsi remué du pied dans la boue, Hector essaya de se lever, de répondre. Ses jambes ne le portaient plus, sa gorge ne rendait que des sons rauques et inarticulés.

Et Berthe, en effet, examinant ces deux hommes, reconnaissait avec rage son erreur.

Son mari, en ce moment, lui apparaissait sublime : ses yeux avaient des profondeurs inouïes, son front rayonnait, tandis que l'autre, l'autre !... à le considérer seulement elle se sentait prise de nausées.

Ainsi, toutes ces chimères décevantes après lesquelles

elle avait couru, amour, passion, poésie, elle les avait eues entre les mains, elle les avait tenues, et elle n'avait pas su s'en apercevoir. Mais où en voulait venir Sauvresy, quelle idée poursuivait-il? Il continuait péniblement :

— Ainsi donc, voici notre situation : vous m'avez tué, vous allez être libres, mais vous vous haissez, vous vous méprisez...

Il dut s'interrompre, il étouffait. Il essaya de se hausser sur ses oreillers, de s'asseoir sur son lit, il était trop faible.

Alors, il s'adressa à sa femme.

— Berthe, dit-il, aide-moi à me soulever.

Elle se pencha sur le lit, s'appuyant au dossier, et prenant son mari sous les bras, elle parvint à le placer comme il le désirait. Dans cette nouvelle position, il parut plus à l'aise, et à deux ou trois reprises, il respira longuement.

— Maintenant, fit-il, je voudrais boire. Le médecin m'a permis un peu de vin vieux, si fantaisie m'en prenait; donne-moi trois doigts de vin vieux.

Elle se hâta de lui en apporter un verre, il le vida et le lui rendit.

— Il n'y avait pas de poison dedans? demanda-t-il.

Cette question effrayante, le sourire qui l'accompagnait brisèrent l'endurcissement de Berthe.

Depuis un moment, avec son dégoût pour Trémorel, les remords en elle s'étaient éveillés et déjà elle se faisait horreur.

— Du poison! répondit-elle avec violence, jamais!

— Il va pourtant falloir m'en donner tout l'heure, pour m'aider à mourir,

— Toi! mourir, Clément! non; je veux que tu vives pour que je puisse racheter le passé. Je suis une infâme, j'ai commis un crime abominable, mais tu es bon. Tu vivras; je ne te demande pas d'être ta femme, mais ta servante, je t'aimerai, je m'humilierai, je te servirai à genoux, je servirai tes maîtresses si tu en as, et je ferai

tant qu'un jour, après dix ans, après vingt ans d'expiation, tu me pardonneras.

C'est à peine si, dans son trouble mortel, Hector avait pu suivre cette scène. Mais aux gestes de Berthe, à son accent, à ses dernières paroles surtout, il eut comme une lueur d'espoir, il crut que peut-être tout allait être fini, oublié, que Sauvresy allait pardonner. Se soulevant à demi, il balbutia :

— Oui, grâce, grâce !

Les yeux de Sauvresy lançaient des éclairs, la colère donnait à sa voix des vibrations puissantes.

— Grâce ! s'écria-t-il, pardon !.. Avez-vous eu pitié de moi pendant une année que vous vous êtes joués de mon bonheur, depuis quinze jours que vous mêlez du poison à toutes mes tisanes ! Grâce ? Mais vous êtes fous ? Pourquoi donc pensez-vous que je me suis tû en découvrant votre infamie, que je me suis laissé tranquillement empoisonner, que j'ai pris soin de dérouter les médecins ? Espérez-vous que j'ai agi ainsi uniquement pour préparer une scène d'adieux déchirants et vous donner à la fin ma bénédiction ? Ah ! connaissez-moi mieux !

Berthe sanglotait. Elle essaya de prendre la main de son mari, il la repoussa durement.

— Assez de mensonges, dit-il, assez de perfidies ! Je vous hais !... Vous ne sentez donc pas qu'il n'y a plus que la haine de vivante en moi !

L'expression de Sauvresy était atroce en ce moment.

— Voici bientôt deux mois, reprit-il, que je sais la vérité. Tout se brisa en moi, l'âme et le corps. Ah ! il m'en a coûté de me taire, j'ai failli en mourir. Mais une pensée me soutenait : je voulais me venger. Aux heures de répit, je ne songeais qu'à cela. Je cherchais un châtiment proportionné à l'offense. Je n'en trouvais pas, non. je ne pouvais en trouver, lorsque vous avez pris le parti de m'empoisonner. Le jour où j'ai deviné le poison, j'ai eu un tressaillement de joie, je tenais ma vengeance.

Une terreur toujours croissante envahissait Berthe et la stupéfiait autant que Trémorel.

— Pourquoi voulez-vous ma mort? continuait Sauvresy, pour être libres, pour vous marier? Eh bien! c'est là ce que je veux aussi. Le comte de Trémorel sera le second mari de Mme veuve Sauvresy.

— Jamais! s'ecria Berthe, non jamais!

— Jamais! répéta Hector comme un écho.

— Cela sera pourtant, puisque moi je le veux. Oh! mes précautions sont bien prises, allez, et vous ne sauriez m'échapper. Ecoutez-moi donc: Dès que j'ai été certain du poison, j'ai commencé par écrire notre histoire très-détaillée a tous les trois; j'ai de plus, tenu jour par jour, heure par heure, pour ainsi dire, un journal fort exact de mon empoisonnement; enfin, j'ai recueilli du poison que vous me donniez...

Berthe eut un geste que Sauvresy prit pour une dénégation, car il insista:

— Certainement, j'en ai recueilli, et je puis même vous dire comment. Toutes les fois que Berthe me donnait une potion suspecte, j'en gardais une gorgée dans ma bouche, et fort soigneusement je crachais cette gorgée dans une bouteille cachée sous mon traversin.

Ah! vous vous demandez comment j'ai pu faire toutes ces choses sans que vous vous en soyez doutés, sans qu'aucun domestique s'en soit aperçu? Sachez donc que la haine est plus forte encore que l'amour, et que jamais l'adultère n'aura les perfidies de la vengeance. Soyez sûrs que je n'ai rien laissé au hasard, rien oublié.

Hector et Berthe regardaient Sauvresy avec cette attention fixe, voisine de l'hébêtement. Ils s'efforçaient de comprendre, ils ne comprenaient pas encore.

— Finissons-en, reprit le mourant, mes forces s'épuisent. Donc, ce matin même, cette bouteille contenant un litre environ de potion, notre biographie et la relation de mon empoisonnement ont été remises aux mains d'un homme sûr et dévoué que vous n'arriveriez pas à corrompre si vous le connaissiez. Rassurez-vous, il ignore la nature du dépôt. Le jour où vous vous marierez, cet ami vous rendra le tout. Si au contraire, d'aujourd'hui

en un an, vous n'êtes pas mariés, il a ordre de remettre le dépôt confié à son honneur entre les mains du procureur impérial.

Un double cri d'horreur et d'angoisse apprit à Sauvresy qu'il avait bien choisi sa vengeance.

— Et songez-y bien, ajouta-t-il, le paquet remis à la justice, c'est le bagne, pour vous, sinon l'échafaud.

Sauvresy avait abusé de ses forces. Il retomba sur son lit haletant, la bouche entr'ouverte, les yeux éteints; les traits si décomposés qu'on eût pu croire qu'il allait expirer.

Mais ni Berthe ni Trémorel ne songeaient à le secourir.

Ils restaient là, en face l'un de l'autre, la pupille dilatée, hébétés, comme si leurs pensées se fussent rencontrées dans les tourments de cet avenir que leur imposait l'implacable ressentiment de l'homme qu'ils avaient outragé.

Ils étaient, maintenant, indissolublement unis, confondus dans une destinée pareille, sans que rien pût les séparer, rien que la mort. Une chaîne les liait plus étroite et plus dure que celle des forçats, chaîne d'infamies et de crimes, dont le premier anneau était un baiser et le dernier un empoisonnement.

Désormais Sauvresy pouvait mourir, sa vengeance planait sur leur tête, faisant ombre à leur soleil. Libres en apparence, ils iraient dans la vie écrasés par le fardeau du passé, plus esclaves que les noirs des marais empestés de l'Amérique du Sud.

Séparés par la haine et le mépris, ils se voyaient rivés par la terreur commune du châtiment, condamnés à un embrassement éternel.

Mais ce serait méconnaître Berthe que de croire qu'elle en voulut à son mari. C'est en ce moment qu'il l'écrasait du talon qu'elle l'admirait.

Agonisant, si faible qu'un enfant eût eu raison aisément de son dernier souffle, il prenait pour elle des proportions supra-humaines.

Elle n'avait idée ni de tant de constance ni de tant de courage s'alliant à tant de dissimulation et de génie. Comme il les avait devinés ! Comme il avait su se jouer d'eux ! Pour être le plus fort, le maître, il n'avait eu qu'à vouloir. Jusqu'à un certain point elle jouissait de l'étrange atrocité de cette scène, trop excessive pour être de celles qui entrent dans les prévisions humaines. Elle ressentait quelque chose comme un âpre orgueil à s'y trouver mêlée, à y jouer un rôle. En même temps elle était transportée de rage et de regrets en songeant que cet homme elle l'avait eu à elle, en son pouvoir, qu'il avait été à ses genoux. Elle était bien près de l'aimer. Entre tous les hommes, maîtresse de ses destinées, c'est lui qu'elle eût choisi. Et il allait lui échapper.

Cependant, il faut bien le dire : le caractère de Berthe n'est pas une exception.

On rencontre assez souvent des caractères pareils, seulement le sien fut poussé à l'extrême. L'imagination est, selon les circonstances, le foyer qui vivifie la maison ou l'incendie qui la dévore. L'imagination de Berthe, faute d'aliments pour sa flamme, mit le feu à tous ses mauvais instincts.

Les femmes douées de cette effroyable énergie ne sont médiocres ni pour le crime ni pour la vertu, ce sont des héroïnes sublimes ou des monstres. Elles peuvent être des anges de dévoûment, des Sophie Gleire, des Jane Lebon, alors elles partagent le martyre de quelque obscur inventeur ou donnent leur vie pour une idée. D'autres fois, elles épouvantent la société par leur cynisme, elles empoisonnent leur mari en écrivant des lettres en beau style et finissent dans les maisons centrales.

Et à tout prendre, mieux vaut une nature passionnée comme celle de Berthe, qu'un tempérament flasque et mou comme celui de Tremorel.

La passion, au moins, va de son mouvement propre, terrible comme celui du boulet, mais de son mouvement. La faiblesse est comme une masse de plomb suspendue au bout d'une corde, et qui va heurtant et bles-

sant de droite et de gauche, selon la direction que lui imprime le premier venu.

Trémorel, lui, pendant que les sentiments les plus violents bouillonnaient dans l'âme de Berthe, Trémorel commençait à revenir à lui. Comme toujours, la crise passée, il se relevait, pareil à ces roseaux que le vent couche dans la vase et qui se redressent plus boueux après chaque bourrasque.

La certitude que Laurence désormais était perdue pour lui commençait à entrer dans son entendement, et son désespoir était sans bornes.

Le silence dura ainsi un bon quart d'heure au moins.

Enfin, Sauvresy triompha du spasme qui l'avait abattu. Il respirait, il parlait.

— Je n'ai pas tout dit encore... commença-t-il.

Sa voix était faible comme un murmure, et cependant elle retentit comme un mugissement formidable aux oreilles des empoisonneurs.

— ... Vous allez voir si j'ai tout calculé, tout prévu. Moi mort, l'idée vous viendrait peut-être de fuir, de passer à l'étranger. C'est ce que je ne permettrai pas. Vous devez rester à Orcival, au Valfeuillu. Un ami — non celui qui a reçu le dépôt, un autre — est chargé, sans en savoir la raison, de vous surveiller. Si l'un de vous, retenez bien mes paroles, disparaissait huit jours, le neuvième l'homme du dépôt recevrait une lettre qui le déterminerait à aller prévenir immédiatement le procureur impérial.

Oui, il avait tout prévu, et Trémorel à qui cette idée de fuite était venue déjà, fut accablé.

— Je me suis arrangé d'ailleurs, continuait Sauvresy, pour que cette tentation de fuite ne vous soit pas trop forte. Je laisse, il est vrai, toute ma fortune à Berthe, mais je la lui laisse en usufruit seulement. La nue propriété ne lui appartiendra que le lendemain de votre mariage.

Berthe eut un geste de répugnance que son mari in-

terpréta mal. Il crut qu'elle pensait à cette copie à laquelle il avait ajouté quelques lignes.

— Tu songes à la copie du testament que tu as entre les mains, lui dit-il, c'est une copie inutile, et si j'y ai ajouté quelques mots sans valeur, c'est que je redoutais vos convoitises et qu'il me fallait endormir vos défiances. Mon testament, le vrai — et il insista sur ce mot : vrai ; — celui qui est déposé chez le notaire d'Orcival et qui vous sera communiqué, porte une date postérieure de deux jours. Je puis vous donner lecture du brouillon.

Il tira d'un portefeuille, caché comme le revolver sous son chevet, une feuille de papier et lut :

« Atteint d'une maladie qui ne pardonne pas et que je
« sais être incurable, j'exprime ici, librement et dans la
« plénitude de mes facultés, mes volontés dernières.

« Mon vœu le plus cher est que ma bien aimée veuve,
« Berthe, épouse, aussitôt que les délais légaux seront
« expirés, mon cher ami le comte Hector de Trémorel.
« Ayant été à même d'apprécier la grandeur d'âme, et la
« noblesse de sentiment de ma femme et de mon ami,
« je sais qu'ils sont dignes l'un de l'autre et que, l'un par
« l'autre, ils seront heureux. Je meurs plus tranquille,
« sachant que je laisse à ma Berthe un protecteur dont
« j'ai éprouvé... »

Il fut impossible à Berthe d'en entendre davantage.

— Grâce ! s'écria-t-elle, assez !

— Assez, soit, répondit Sauvresy. Je vous ai lu ce brouillon pour vous montrer que si, d'un côté, j'ai tout disposé pour assurer l'exécution de mes volontés, de l'autre j'ai tout fait pour vous conserver la considération du monde. Oui, je veux que vous soyez estimés et honorés, c'est sur vous seuls que je compte pour ma vengeance. J'ai noué autour de vous un réseau que vous ne sauriez briser. Vous triomphez. La pierre de ma tombe sera bien comme vous l'espériez, l'autel de vos fiançailles ; sinon, le bagne.

Sous tant d'humiliations, sous tant de coups de fouet

le cinglant en plein visage, la fierté de Trémorel se révolta, à la fin.

— Tu n'as oublié qu'une chose, ami Sauvresy, s'écria-t-il, on peut mourir.

— Pardon, reprit froidement le malade, j'ai prévu le cas et j'allais vous en avertir. Si l'un de vous mourait brusquement avant le mariage, le procureur impérial serait prévenu.

— Tu te méprends ; j'ai voulu dire : on peut se tuer.

Sauvresy toisa Hector d'un regard outrageant.

— Toi, te tuer ! fit-il, allons donc ! Jenny Fancy, qui te méprise presque autant que moi, m'a éclairé sur la portée de tes menaces de suicide. Te tuer !..... Tiens, voici mon revolver, brûle-toi la cervelle, et je pardonne à ma femme.

Hector eut un geste de rage, mais il ne prit pas l'arme que lui tendait son ami.

— Tu vois bien, insista Sauvresy, je le savais bien, tu as peur...

Et s'adressant à Berthe :

— Voilà ton amant, dit-il.

Les situations excessives ont ceci de bizarre que les acteurs y restent naturels dans l'exception. Ainsi, Berthe, Hector et Sauvresy acceptaient, sans s'en rendre compte, les conditions anormales dans lesquelles ils se trouvaient placés, et ils parlaient presque simplement, comme s'il se fût agi de choses de la vie ordinaire et non de faits monstrueux.

Mais les heures volaient, et Sauvresy sentait la vie se retirer de lui.

— Il ne reste plus qu'un acte à jouer, fit-il ; Hector, va appeler les domestiques, qu'on fasse lever ceux qui sont couchés, je veux les voir avant de mourir.

Trémorel hésitait.

— Va donc, veux-tu que je sonne, veux-tu que je tire un coup de pistolet pour attirer ici toute la maison !

Hector sortit.

Berthe était seule avec son mari ; seule !

Elle eut l'espoir que peut-être elle parviendrait à le faire revenir sur ses résolutions, qu'elle obtiendrait son pardon. Elle se rappelait le temps où elle était toute puissante, le temps où son regard fondait les résolutions de cet homme qui l'adorait.

Elle s'agenouilla devant le lit.

Jamais elle n'avait été si belle, si séduisante, si irrésistible. Les poignantes émotions de la soirée avaient fait monter toute son âme à son front, ses beaux yeux noyés de larmes suppliaient, sa gorge haletait, sa bouche s'entr'ouvrait comme pour des baisers, cette passion pour Sauvresy née dans la fièvre éclatait en délire.

— Clément, balbutiait-elle, d'une voix pleine de caresses, énervante, lascive, mon mari, Clément!...

Il abaissa sur elle un regard de haine.

— Que veux-tu?

Elle ne savait comment commencer, elle hésitait, elle tremblait, elle se troublait... elle aimait.

— Hector ne saurait pas mourir, fit-elle, mais moi...

— Quoi, que veux-tu dire? parle.

— C'est moi, misérable, qui te tue, je ne te survivrai pas.

Une inexprimable angoisse contracta les traits de Sauvresy. Elle, se tuer! Mais alors, c'en était fait de sa vengeance; sa mort, à lui, ne serait plus qu'un suicide absurde, ridicule, grotesque. Et il savait que le courage ne manquerait pas à Berthe au dernier moment.

Elle attendait, il réfléchissait.

— Tu es libre, répondit-il enfin, ce sera un dernier sacrifice à ton amant. Toi morte, Trémorel épousera Laurence Courtois et, dans un an, il aura oublié jusqu'au souvenir de notre nom.

D'un bond, Berthe fut debout, terrible. Elle voyait Trémorel marié, heureux!....

Un sourire de triomphe, pareil à un rayon de soleil, éclaira le pâle visage de Sauvresy. Il avait touché juste. Il pouvait s'endormir en paix dans sa vengeance. Berthe vivrait. Il savait quels ennemis il laissait en présence.

Mais déjà les domestiques arrivaient un à un.

Presque tous étaient au service de Sauvresy depuis de longues années déjà, et ils l'aimaient, c'était un bon maître. En le voyant sur son lit, hâve, défait, portant déjà sur sa figure l'empreinte de la mort, ils étaient émus, ils pleuraient.

Alors, Sauvresy dont les forces étaient vraiment à bout, se mit à leur parler d'une voix à peine distincte, et entrecoupée de hoquets sinistres. Il avait tenu, disait-il, à les remercier de leur attachement à sa personne, et à leur apprendre que par ses dernières dispositions il leur laissait à chacun une petite fortune.

Puis arrivant à Berthe et à Hector, il poursuivait :

— Vous avez été témoins, mes amis, des soins dont j'ai été l'objet de la part de cet ami incomparable et de ma Berthe adorée. Vous avez vu leur devoûment. Helas! je sais quels seront leurs regrets! Mais s'ils veulent adoucir mes derniers instants et me faire une mort heureuse, ils se rendront à la prière que je ne cesse de leur adresser, ils me jureront de s'épouser après ma mort. Oh! mes amis bien aimés, cela vous semble cruel en ce moment; mais ne savez-vous pas que toute douleur humaine s'émousse. Vous êtes jeunes, la vie a encore bien des félicités pour vous. Je vous en conjure, rendez-vous aux vœux d'un mourant.

Il fallait se rendre. Ils s'approchèrent du lit et Sauvresy mit la main de Berthe dans celle d'Hector :

— Vous jurez de m'obéir? demanda-t-il.

Ils frissonnaient à se tenir ainsi, ils semblaient près de s'évanouir. Cependant ils répondirent, et on put les entendre :

— Nous le jurons.

Les domestiques s'étaient retirés, navrés de cette scène déchirante, et Berthe murmurait :

— Oh! c'est infâme, c'est horrible!

— Infâme, oui, murmura Sauvresy, mais non plus infâme que tes caresses, Berthe, que tes poignées de main,

Hector... non plus horrible que vos projets, que vos convoitises... que vos espérances...

Sa voix s'éteignait dans un râle.

Bientôt son agonie commença. D'horribles convulsions tordaient ses membres, comme des sarments, dans son lit; deux ou trois fois il cria :

— J'ai froid, j'ai froid !

Son corps, en effet, était glacé, et rien ne pouvait le réchauffer.

Le désespoir était dans la maison, on ne croyait pas à une fin si prompte. Les domestiques allaient et venaient effarés, ils se disaient : — Il va passer, ce pauvre monsieur; pauvre madame !

Mais bientôt les convulsions cessèrent. Il restait étendu sur le dos, respirant si faiblement que par deux fois on crut que tout était fini.

Enfin, un peu avant deux heures, ses joues tout à coup se colorèrent, un frisson le secoua. Il se dressa sur son séant et, l'œil dilaté, le bras roidi dans la direction de la fenêtre, il s'écria :

— Là, derrière le rideau, je les vois.

Une dernière convulsion le rejeta sur son oreiller.

Clément Sauvresy était mort.

. . . .
. . . .
. . . .
. . . .

XXI

Depuis plus de cinq minutes le vieux juge de paix avait achevé la lecture de son volumineux dossier, et ses auditeurs, l'agent de la sûreté et le médecin, subissaient encore l'impression de ce récit désolant.

Il est vrai que le père Plantat avait une façon de dire singulière et bien propre à frapper ceux qui l'écoutaient.

Il se passionnait en parlant comme si sa personnalité eût été en jeu, comme s'il eût été pour quelque chose dans cette ténébreuse affaire, et que ses intérêts s'y fussent trouvés engagés.

M. Lecoq, le premier, revint au sentiment de la situation.

— Un crâne homme, ce Sauvresy, dit-il.

L'envoyé de la préfecture de police était tout entier dans cette exclamation.

Ce qui le frappait, dans cette affaire, c'était la conception extraordinaire de Sauvresy. Ce qu'il admirait, c'était son « bien jouer » dans une partie où il savait devoir laisser sa vie.

— Je ne connais pas, ajouta-t-il, beaucoup de gens capables d'une si effroyable fermeté. Se laisser empoisonner tout doucement par sa femme, brrr... cela donne froid rien que d'y penser.

— Il a su se venger, murmura le docteur Gendron.

— Oui, répondit le père Plantat, oui, docteur, il a su se venger et plus terriblement encore qu'il ne le supposait et que vous ne sauriez l'imaginer.

Depuis un moment l'agent de la sûreté s'était levé. Pendant plus de trois heures, cloué sur son fauteuil par l'intérêt du récit, il était resté immobile et il sentait ses jambes engourdies.

— Monsieur le juge de paix m'excusera, dit-il, pour ma part, je me fais très-bien une idée de l'infernale existence qui a commencé pour les empoisonneurs le lendemain de la mort de leur victime. Quels caractères! Et vous nous les avez, monsieur, esquissés de main de maître. On les connaît après votre analyse comme si on les eût étudiés à la loupe pendant dix ans.

Il parlait fort délibérément, mais il cherchait en même temps l'effet de son compliment sur la physionomie du père Plantat.

— Où diable ce bonhomme a-t-il eu ces détails? se demandait-il. Est-ce lui qui a rédigé ce mémoire, et, si ce n'est pas lui, qui ce peut-il être? Comment, possédant de tels renseignements, n'a-t-il rien dit?

M. Plantat ne voulut pas remarquer la muette interrogation de M. Lecoq.

— Je sais, dit-il, que le corps de Sauvresy n'était pas refroidi que déjà ses assassins en étaient à échanger des menaces de mort.

— Malheureusement pour eux, observa le docteur Gendron, Sauvresy avait prévu le cas où sa veuve aurait voulu utiliser le restant du flacon de verre bleu.

— Ah! il était fort, fit Lecoq, d'un ton convaincu, très-fort.

— Berthe, continuait le père Plantat, ne pouvait pardonner à Hector de ne pas avoir pris le revolver qu'on lui tendait, et de ne pas s'être fait sauter la cervelle. Sauvresy avait encore prévu cela. Berthe s'imaginait que son amant mort son mari aurait tout oublié, et on ne peut dire si elle se trompait.

— Et le public n'a jamais rien su de l'horrible guerre intérieure.

— Le public n'a jamais rien soupçonné.

— C'est merveilleux!

— Dites, monsieur Lecoq, que c'est à peine croyable. Jamais dissimulation ne fut si habile, ni surtout si merveilleusement soutenue. Interrogez le premier venu des habitants d'Orcival, il vous répondra comme ce brave

Courtois, ce matin, au juge d'instruction que le comte et la comtesse étaient des époux modèles et qu'ils s'adoraient. Eh! tenez, j'y ai été pris moi-même, moi qui savais ce qui s'était passé, qui m'en doutais, veux-je dire.

Si prompt qu'eût été le père Plantat à se reprendre, l'inadvertance n'échappa pas à M. Lecoq.

— N'est-ce vraiment qu'une inadvertance, qu'un lapsus? se demandait-il.

Mais le vieux juge de paix poursuivait :

— De vils criminels ont été atrocement punis, on ne saurait les plaindre; tout serait donc pour le mieux si Sauvresy enivré par la haine, n'ayant qu'une idée fixe, la vengeance, n'avait lui-même commis une imprudence que je regarde presque comme un crime.

— Un crime! exclama le docteur stupéfait, un crime, Sauvresy!

M. Lecoq eut un fin sourire et murmura, oh! bien bas :

— Laurence.

Si bas qu'il eût parlé, le père Plantat l'entendit.

— Oui, monsieur Lecoq, répondit-il d'un ton sévère, oui, Laurence. Sauvresy a commis une détestable action le jour où il a songé à faire de cette malheureuse enfant la complice, je veux dire l'instrument de ses colères. C'est lui qui l'a jetée sans pitié entre deux êtres exécrables sans se demander si elle n'y serait pas brisée. C'est avec le nom de Laurence qu'il a décidé Berthe à vivre. Et cependant il savait la passion de Trémorel, il savait l'amour de cette malheureuse jeune fille, et il connaissait son ami capable de tout. Lui qui a si bien prévu tout ce qui pouvait servir sa vengeance, il n'a pas daigné prévoir que Laurence pouvait être séduite et déshonorée, et il l'a laissée désarmée devant la séduction du plus lâche et du plus infâme des hommes.

L'agent de la sûreté réfléchissait.

— Il est une circonstance, objecta-t-il, que je ne puis m'expliquer. Comment ces complices qui s'exécraient,

que la volonté implacable de leur victime enchaînait l'un à l'autre contre tous leurs instincts, ne se sont-ils pas séparés d'un commun accord le lendemain de leur mariage, le lendemain du jour où ils sont rentrés en possession du titre qui établissait leur crime?

Le vieux juge de paix hocha la tête.

— Je vois bien, répondit-il, que je ne suis point arrivé à vous bien faire comprendre l'épouvantable caractère de Berthe. Hector eût accepté avec transport une séparation, sa femme ne pouvait pas y consentir. Ah! Sauvresy la connaissait bien. Elle sentait sa vie perdue, d'horribles regrets la déchiraient, il lui fallait une victime, une créature à qui faire expier ses erreurs et ses crimes, à elle. Cette victime fut Hector. Acharnée à sa proie, elle ne l'eût lâchée pour rien au monde.

— Ah! ma foi! remarqua le docteur Gendron, votre Trémorel est aussi par trop pusillanime. Qu'avait-il tant à redouter, une fois le manuscrit de Sauvresy anéanti?

— Qui vous dit qu'il l'ait été, interrompit le vieux juge de paix.

Sur cette réponse, M. Lecoq interrompit sa promenade de long en large dans la bibliothèque et vint s'asseoir en face du père Plantat.

— Les preuves ont-elles ou n'ont-elles pas été anéanties, fit-il, pour moi, pour l'instruction tout est là.

Le père Plantat ne jugea pas à propos de répondre directement.

— Savez-vous, demanda-t-il, qui était le dépositaire choisi par Sauvresy.

— Ah! s'écria l'agent de la sûreté en se frappant le front comme s'il eût été illuminé par une idée soudaine, ce dépositaire, c'était vous, monsieur le juge de paix.

Et en lui-même il ajouta :

— Maintenant, mon bonhomme, je commence à comprendre d'où viennent tes informations.

— Oui, c'était moi, reprit le père Plantat. Le jour du mariage de Mme veuve Sauvresy et du comte Hector, me conformant aux dernières volontés de mon ami mou-

rant, je me suis rendu au Valfeuillu, et j'ai fait demander M. et Mme de Trémorel.

Bien que très-entourés, très-occupés, ils me reçurent immédiatement dans le petit salon du rez-de-chaussée où ce pauvre Clément a été assassiné. Ils étaient fort pâles l'un et l'autre, et affreusement troublés. Certainement ils devinaient l'objet de ma visite, ils l'avaient deviné en m'entendant nommer puisqu'ils me recevaient.

Après les avoir salués l'un et l'autre, je m'adressai à Berthe, ainsi que le prescrivaient les minutieuses instructions qui m'avaient été données par écrit, et où éclate l'infernale prévoyance de Sauvresy.

« Madame, lui dis-je, j'ai été chargé par feu votre premier mari de vous remettre, le jour de vos secondes noces, le dépôt qu'il m'avait confié. »

Elle me prit le paquet renfermant la bouteille et le manuscrit, d'un air fort riant, joyeux même, me remercia beaucoup et aussitôt sortit.

A l'instant la contenance du comte changea. Il me parut très-inquiet, très-agité. Il était comme sur des charbons. Je voyais bien qu'il brûlait de s'élancer sur les pas de sa femme et qu'il n'osait pas. J'allais me retirer, mais il n'y tenait plus. — « Pardon ! me dit-il brusquement, vous permettez, n'est-ce pas ? Je suis à vous dans l'instant. » Et il sortit en courant.

Lorsque je le revis ainsi que sa femme quelques minutes plus tard, ils étaient fort rouges l'un et l'autre ; leurs yeux avaient un éclat extraordinaire et leur voix frémissait encore pendant qu'ils me reconduisaient avec des formules polies. Ils venaient certainement d'avoir une altercation de la dernière violence.

— Et le reste se devine, interrompit M. Lecoq. Elle était allée, la chère dame, mettre en sûreté le manuscrit du défunt. Et quand son nouveau mari lui a demandé de le lui livrer, elle lui a répondu : Cherche.

— Sauvresy m'avait bien recommandé de ne remettre le paquet qu'entre ses mains à elle.

— Oh ! il s'entendait à monter une vengeance. Il don-

nait à sa veuve, pour tenir Trémorel sous ses pieds, une arme terrible toujours prête à frapper. C'est là cette cravache magique qu'elle employait si, par hasard, il se révoltait. Ah! c'était un misérable, cet homme, mais elle a dû le faire terriblement souffrir...

— Oui, interrompit le docteur Gendron, jusqu'au jour où il l'a tuée.

L'agent de la sûreté avait repris sa promenade à travers la bibliothèque.

— Reste maintenant, disait-il, la question du poison, question simple à résoudre, puisque nous tenons-là, dans ce cabinet, celui qui l'a vendu.

— D'ailleurs, répondit le docteur, pour ce qui est du poison, j'en fais mon affaire. C'est dans mon laboratoire que ce gredin de Robelot l'a volé, et je ne saurais que trop quel il est, le poison, alors même que les symptômes, si bien décrits par le père Plantat, ne m'eussent pas appris son nom. Je m'occupais d'un travail sur l'aconit lors de la mort de M. Sauvresy, c'est avec de l'aconitine qu'il a été empoisonné.

— Ah! fit M. Lecoq surpris, de l'aconitine; c'est la première fois que je rencontre ce poison-là dans ma pratique. C'est donc une nouveauté?

— Pas précisément, dit en souriant M. Gendron. C'est de l'aconit que Médée extrayait, dit-on, ses plus effroyables toxiques, et Rome et la Grèce l'employaient concurremment avec la ciguë comme agent d'exécutions judiciaires.

— Et je ne le connaissais pas! J'ai, il est vrai, si peu de temps pour travailler. Après cela, il était peut-être perdu, ce poison de Médée, comme celui des Borgia; il se perd tant de choses!

— Non, il n'est pas perdu, rassurez-vous. Seulement, nous ne le connaissons guère maintenant que par les expériences de Mathiole, sur les condamnés à mort, au XVIe siècle; par les travaux de Hers, qui en 1833 isola le principe actif, l'alcaloïde, et enfin par quelques essais de Bouchardat qui prétend...

Quand par malheur on a mis le docteur Gendron sur les poisons, il est difficile de l'arrêter. Mais, d'un autre côté, M. Lecoq ne perd jamais son but de vue.

— Pardon de vous interrompre, docteur, fit-il, retrouverait-on des traces d'aconitine dans un cadavre inhumé depuis près de deux ans. Car enfin, M. Domini va vouloir l'exhumation.

— Les réactifs de l'aconitine, monsieur, ne sont pas assez connus pour en permettre l'isolément dans les produits cadavériques. Bourchardat a bien proposé l'iodure de potassium ioduré qui donnerait un précipité orange, mais cette expérience ne m'a pas réussi.

— Diable, fit M. Lecoq, voilà qui est contrariant.

Le docteur eut un sourire de triomphe.

— Rassurez-vous, dit-il, le procédé n'existait pas, je l'ai inventé.

— Ah! s'écria le père Plantat, votre papier sensibilisé.

— Précisément.

— Et vous retrouveriez de l'aconitine dans le corps de Sauvresy.

— Je retrouverais, monsieur l'agent, un milligramme d'aconitine dans un tombereau de fumier.

M. Lecoq paraissait radieux, comme un homme qui acquiert la certitude de mener à bonne fin une tâche qui lui avait paru un peu lourde.

— Eh bien! s'écria-t-il, voici qui est terminé, notre instruction est complète. Les antécédents des victimes exposés par monsieur le juge de paix nous donnent la clé de tous les événements qui suivent la mort de ce malheureux Sauvresy. Ainsi, on comprend la haine de ces époux si bien unis en apparence. Ainsi, on s'explique que le comte Hector ait fait sa maîtresse et non sa femme d'une jeune fille charmante, qui avait un million de dot. Il n'y a plus rien de surprenant, à ce que M. de Trémorel se soit résigné à jeter à la Seine son nom et sa personnalité pour se refaire un état civil. S'il a tué sa femme, c'est qu'il y a été contraint par la logique des

événements. Elle vivante, il ne pouvait pas fuir, et cependant il ne pouvait plus continuer à vivre au Valfeuillu. Enfin, ce papier qu'il cherchait avec tant d'acharnement, lorsque chaque minute pouvait lui coûter la vie, c'était sa condamnation, la preuve de son premier crime, le manuscrit de Sauvresy.

M. Lecoq parlait avec une animation extraordinaire, et comme s'il eût eu quelques motifs personnels d'animosité contre le comte de Trémorel. Il est ainsi fait, et l'avoue volontiers en riant, il ne peut s'empêcher « d'en vouloir » aux criminels qu'il est chargé de poursuivre. Entre eux et lui, c'est un compte à régler. De là, l'ardeur désintéressée de ses recherches. Peut-être est-ce chez lui simple affaire d'instinct, pareil à celui qui pousse le chien de chasse sur la trace du gibier.

— Il est clair maintenant, poursuivait-il, que c'est Mlle Courtois qui a mis fin aux éternelles irrésolutions du comte de Trémorel. Sa passion pour elle, irritée par les obstacles, devait toucher au délire. En apprenant la grossesse de sa maîtresse, — car elle est réellement enceinte, je le parierais — ce misérable, perdant la tête, a oublié toute prudence et toute mesure. Il devait être si las d'un supplice qui, pour lui, recommençait tous les matins ! Il s'est vu perdu, il a vu sa terrible femme se livrant pour avoir le bonheur de le livrer. Epouvanté, il a pris les devants et s'est décidé au meurtre. Cet événement a été le coup de fouet qui fait franchir le fossé.

Bien des circonstances qui établissaient la certitude de l'agent de la sûreté avaient nécessairement échappé au docteur Gendron.

— Quoi ! s'écria-t-il stupéfait, vous croyez à la complicité de Mlle Laurence.

L'homme de la préfecture eut un geste d'énergique protestation.

— Non, monsieur le docteur, répondit-il, non certainement, le ciel me préserve d'une pareille idée. Mademoiselle Courtois a ignoré et ignore le crime. Mais elle savait que Trémorel abandonnerait sa femme pour elle.

Cette fuite avait été discutée entre eux, convenue, arrêtée ; ils s'étaient donné rendez-vous pour un certain jour, à un endroit déterminé.

— Mais cette lettre, fit le médecin, cette lettre !

Depuis qu'il était question de Laurence, le père Plantat dissimulait mal ses angoisses et ses émotions.

— Cette lettre, s'écria-t-il, qui plonge toute une famille dans la plus affreuse douleur, qui tuera peut-être mon pauvre Courtois, n'est qu'une scène de la comédie infâme imaginée par le comte.

— Oh ! fit le docteur révolté, est-ce possible ?

— Je suis absolument de l'avis de monsieur le juge de paix, affirma l'agent de la sûreté. Hier soir, chez monsieur le maire, nous avons eu en même temps le même soupçon. J'ai lu et relu la lettre de Mlle Laurence, et je parierais qu'elle n'est pas d'elle. Le comte de Trémorel lui a imposé un brouillon qu'elle a copié. Ne nous abusons pas, messieurs, cette lettre a été méditée, réfléchie, composée à loisir. Non, ce ne sont pas, ce ne peuvent être là les expressions d'une malheureuse jeune fille de vingt ans qui va se tuer pour échapper au déshonneur.

— Peut-être êtes-vous dans le vrai, fit le docteur, visiblement ébranlé ; mais comment pouvez-vous imaginer que M. de Trémorel a réussi à décider Mlle Courtois à cet abominable expédient ?

— Comment ! Tenez, docteur, je ne suis pas un grand Grec en pareille matière, ayant eu rarement l'occasion d'étudier sur le vif les sentiments des demoiselles bien nées, et pourtant la chose me semble fort simple. Une jeune fille, dans la situation où se trouve Mlle Courtois, qui sent approcher le moment fatal où sa honte sera publique, doit être prête à tout, décidée à tout, même a mourir.

Le père Plantat eut comme un gémissement. Une conversation qu'il avait eue avec Laurence lui revenait à l'esprit. Elle lui avait demandé, — il se le rappelait, — des renseignements sur certaines plantes vénéneuses qu'il

cultivait, s'inquiétant beaucoup des moyens qu'on emploie pour en extraire les sucs mortels.

— Oui, dit-il, elle a songé à mourir.

— Eh bien! reprit l'agent de la sûreté, c'est au moment où ces pensées funèbres hantaient l'esprit de la pauvre enfant, que le comte de Trémorel a pu facilement achever son œuvre de perdition. Elle lui disait sans doute qu'elle préférait la mort à la honte, il lui a prouvé qu'étant enceinte, elle n'avait pas le droit de se tuer. Il lui a dit qu'il était bien malheureux, que n'étant pas libre, il ne pouvait réparer l'horrible faute, mais il lui a offert en même temps de lui sacrifier sa vie.

Que devait-elle faire pour tout sauver? Abandonner sa famille, faire croire à son suicide, pendant que lui, de son côté, déserterait sa maison et abandonnerait sa femme.

Sans doute, elle a dû se défendre, résister. Mais ne devait-il pas tout obtenir d'elle, lui arracher les plus invraisemblables consentements — en lui parlant de cet enfant qu'elle sentait tressaillir dans son sein, qu'ils élèveraient entre eux, qui ainsi aurait un père!

Et elle a consenti à tout, elle a fui, elle a recopié et jeté à la poste la lettre infâme préparée par son amant.

Le docteur était convaincu.

— Oui, murmura-t-il, oui, voilà bien les moyens de séduction qu'il a dû employer.

— Mais quel maladroit, reprit l'agent de la sûreté, quel niais, qui n'a pas pensé qu'infailliblement on remarquerait cette bizarre coïncidence entre la disparition de son cadavre et le suicide de Mlle Laurence. Les cadavres ne se perdent pas comme cela, que diable! Mais non, monsieur s'est dit : On me croira bel et bien assassiné tout comme ma femme, et la justice ayant son coupable, c'est-à-dire Guespin, n'en demandera pas davantage.

Le père Plantat eut un geste désespéré de rage impuissante.

— Ah! s'écria-t-il, ne savoir où le misérable se cache pour lui arracher Laurence.

L'agent de la sûreté prit le bras du vieux juge de paix et le serra énergiquement.

— Rassurez-vous, monsieur, dit-il d'un ton froid, nous le retrouverons, ou je perdrai mon nom de Lecoq; et, pour être franc, je dois vous avouer que la tâche ne me paraît pas bien difficile.

Trois ou quatre coups discrets frappés à la porte interrompirent M. Lecoq.

L'heure s'avançait, et depuis bien longtemps déjà, la maison était éveillée et remuante. Dix fois au moins, Mme Petit, dévorée d'inquiétude, malade et pleurant presque de curiosité déçue, etait venue coller son oreille à la serrure. Vainement, hélas !

— Que peuvent-ils machiner là-dedans? disait-elle à Louis, son tranquille commensal. Voici douze heures qu'ils sont enfermés, sans boire ni manger; cela a-t-il du bon sens ! Enfin, je vais toujours leur preparer à déjeuner.

Ce n'était pourtant pas Mme Petit, qui se risquait à frapper.

C'était Louis, le jardinier, qui venait rendre compte à son maître de dégâts tout à fait extraordinaires commis dans le jardin. Le gazon avait été abîmé, piétiné, saccagé.

Il apportait en même temps des objets singuliers, laissés par les malfaiteurs sur la pelouse, et qu'il avait ramassés. Ces objets M. Lecoq les reconnut du premier coup d'œil.

— Ciel ! s'écria-t-il, je m'oubliais. Je suis là que je cause tranquillement à visage découvert, comme si nous n'étions pas en plein jour, comme si quelque indiscret ne pouvait pas entrer d'un moment à l'autre !

Et s'adressant à Louis, fort surpris de retrouver là ce jeune homme brun qu'il n'y avait pas vu entrer la veille :

— Donne, mon garçon, lui dit-il, donne-moi ces accessoires de toilette qui m'appartiennent.

Puis, en un tour de main, pendant que le maître de

la maison était allé donner quelques ordres, il rajusta sa physionomie de la veille. Si bien que le père Plantat, en rentrant, n'en pouvait croire ses yeux; il voyait là, près de la cheminée, son Lecoq, à l'air benin, de l'instruction. C'étaient bien les mêmes cheveux plats, ces favoris d'un blond fauve, ce sourire idiot; il jouait avec sa même bonbonnière à portrait.

Le déjeuner était servi et le vieux juge venait de prévenir ses hôtes. Silencieux comme le dîner de la veille, ce repas dura peu. Les convives sentaient le prix des minutes. M. Domini les attendait à Corbeil, et, sans doute, il commençait à s'impatienter de leur retard.

Louis venait de poser sur la table une magnifique corbeille de fruits, lorsque M. Lecoq pensa au rebouteux.

— Le misérable, dit-il, a peut-être besoin de quelque chose.

Le père Plantat voulait envoyer son domestique chercher maître Robelot, l'agent de la sûreté s'y opposa.

— C'est un gaillard dangereux, dit-il, j'y vais moi-même.

Il sortit, et dix secondes ne s'étaient pas écoulées que sa voix se fit entendre :

— Messieurs, criait-il, messieurs !!!

Le docteur et le juge de paix accoururent.

En travers de la porte du cabinet gisait le corps inanimé du rebouteux.

Le misérable s'était suicidé.

XXII

Il avait fallu au rebouteux d'Orcival une présence d'esprit singulière et un rare courage, pour se donner la mort dans ce cabinet obscur, sans éveiller par aucun bruit suspect l'attention des hôtes de la bibliothèque.

Un bout de ficelle, trouvé en tâtant dans l'ombre parmi les vieux livres et les liasses de journaux, avait été l'instrument de son suicide. Il l'avait lié solidement autour de son cou, et se servant d'un morceau de crayon en guise de tourniquet il s'était étranglé.

Il n'offrait rien, d'ailleurs, de cet aspect hideux que la croyance populaire attribue aux individus qui périssent par la strangulation.

Il avait la face pâle, les yeux à demi-ouverts, la bouche béante et l'air hébété de l'homme qui, sans grandes douleurs, perd peu à peu connaissance, sous l'influence d'une congestion cérébrale.

— Peut-être est-il encore possible de le rappeler à la vie, dit le docteur Gendron?

Et sortant bien vite sa trousse de sa poche, il s'agenouilla près du cadavre.

Ce suicide paraissait contrarier vivement et même affecter M. Lecoq. Au moment où tout allait comme sur des roulettes, voilà que son principal témoin, celui qu'il avait arrêté au péril de ses jours, lui échappait.

Le père Plantat au contraire semblait presque satisfait, comme si cette mort eût servi certains projets dont il n'avait pas parlé encore et répondu à de secrètes espérances. Peu importait, d'ailleurs, s'il ne s'agissait que de combattre les opinions de M. Domini et de lui fournir les éléments d'un conviction nouvelle. Ce cadavre avait une bien autre éloquence que le plus explicite des aveux.

Le docteur venait de se relever; il reconnaissait l'inutilité de ses soins.

Vainement il s'était livré à toutes les manœuvres qu'indique l'expérience en matière de strangulation. Il avait, sans succès, pratiqué l'ouverture de la jugulaire.

— C'est bien fini, dit-il; la pression a porté particulièrement entre l'os hyoïde et le cartilage thyroïde : l'asphyxie a dû être complète en très-peu d'instants.

Le corps du rebouteux était alors étendu à terre, sur le tapis de la bibliothèque.

— Il n'y a plus qu'à le faire reporter chez lui, dit le père Plantat; nous l'y accompagnerons pour mettre les scellés sur tous ses meubles, qui pourraient bien contenir des papiers importants.

Et se retournant vers son domestique :

— Cours, lui dit-il, jusqu'à la mairie, demander un brancard et deux hommes de bonne volonté.

La présence du docteur Gendron n'était plus nécessaire; il promit au père Plantat qu'il le rejoindrait, et sortit pour aller s'informer de l'état de M. Courtois.

Cependant, Louis n'avait pas tardé à reparaître, suivi non pas d'un homme de bonne volonté, mais de dix. On plaça sur le brancard le corps de Robelot et le funèbre cortège se mit en route.

C'est tout en bas de la côte, à droite du pont de fil de fer que demeurait le rebouteux d'Orcival. Il occupait seul une petite maison composée de trois pièces, dont une lui servait de boutique, et était encombrée de paquets de plantes, d'herbes sèches, de graines et de cent autres articles de son commerce d'herboristerie. Il couchait dans la pièce du fond, mieux meublée que ne le sont d'ordinaire les chambres à coucher de campagne.

Les porteurs déposèrent sur le lit leur triste fardeau.

Ils auraient été fort embarrassés, sans doute, si parmi eux ne s'était trouvé le « tambour de ville, » qui est en même temps fossoyeur d'Orcival. Cet homme, expert en tout ce qui concerne les funérailles, donna toutes les in-

dications pour la dernière toilette. Lui-même, d'une main habile et prompte, disposait les matelas selon le rite, pliant les draps et les bordant ainsi qu'on a coutume de le faire.

Pendant ce temps, le père Plantat visitait tous les meubles dont on avait pris les clés dans les poches du suicidé.

Les valeurs trouvées en possession de cet homme qui, deux ans plus tôt, vivait au jour le jour et ne possédait pas un sou vaillant, devaient être contre lui un témoignage accablant et ajouter une preuve aux preuves, moralement indiscutables, mais non évidentes pourtant de sa complicité.

Mais le vieux juge de paix avait beau chercher, il ne rencontrait rien qu'il ne connût déjà.

C'étaient les titres de propriété du pré Morin, des champs de Frapesle et des pièces de terre Peyron. A ces titres étaient jointes deux obligations, une de 150 francs et l'autre de 820 francs, souscrites au profit du sieur Robelot par deux habitants de la commune.

Le père Plantat dissimulait mal son désappointement.

— Pas de valeurs, fit-il à l'oreille de M. Lecoq, comprenez-vous cela ?

— Très-bien, répondit l'agent de la sûreté. C'était un rusé gaillard, ce Robelot, assez prudent pour cacher sa fortune subite, assez patient pour paraître mettre des années à s'enrichir. Vous n'apercevez, monsieur, dans son secrétaire que les valeurs qu'il croyait pouvoir avouer sans danger. Pour combien y en a-t-il là ?

Le juge de paix additionna rapidement les différentes sommes et repondit :

— Pour 14,500 francs.

— Mme Sauvresy lui a donné davantage, déclara péremptoirement l'homme de la préfecture. N'ayant que quatorze mille francs, il n'aurait pas été assez fou pour les placer en terres. Il faut qu'il ait un magot caché quelque part.

— Sans doute, je suis de cet avis, mais où ?

— Ah! je cherche.

Il cherchait en effet, sans en avoir l'air, il rôdait tout autour de la chambre, dérangeant les meubles, faisant à certains endroits sonner le carreau du talon de ses bottes, auscultant le mur par places.

Enfin, il revint à la cheminée, devant laquelle plusieurs fois déjà il s'était arrêté.

— Nous sommes au mois de juillet, disait-il, et cependant voici bien des cendres dans ce foyer.

— On ne les retire pas toujours à la fin de l'hiver, objecta le juge de paix.

— C'est vrai, monsieur, mais celles-ci ne vous semblent-elles pas bien propres et bien nettes? Je ne leur vois pas cette légère couche de poussière et de suie qui devrait les recouvrir alors que depuis plusieurs mois on n'a pas allumé de feu.

Il se retourna vers la seconde pièce où il avait fait retirer les porteurs, une fois leur besogne terminée, et dit :

— Tâchez donc de me procurer une pioche.

Tous les hommes se précipitèrent; il revint près du juge de paix.

— Certainement, murmurait-il, comme en aparté, ces cendres ont été remuées récemment, et si elles ont été remuées...

Il s'était baissé déjà, et, écartant les cendres, il avait mis à nu la pierre du foyer. Prenant alors un mince morceau de bois, il le promena facilement dans les jointures de la pierre.

— Voyez, monsieur le juge de paix, disait-il, pas un atome de ciment, et la pierre est mobile : le magot doit être là.

On lui apporta une pioche, il ne donna qu'un coup. La pierre du foyer bascula, laissant béant un trou assez profond.

— Ah! s'écria-t-il d'un air de triomphe, je savais bien.

Ce trou était plein de rouleaux de pièces de vingt francs. On compta, il s'y trouvait 19,500 francs.

La physionomie du vieux juge de paix portait en ce moment l'empreinte d'une douleur profonde.

— Hélas! pensait-il, voici pourtant le prix de la vie de mon pauvre Sauvresy.

En même temps que l'or, l'agent de la sûreté avait retiré de la cachette un petit papier couvert de chiffres. C'était comme le grand-livre du rebouteux. D'un côté, à gauche, il avait porté la somme de 40,000 francs. De l'autre côté, à droite, il avait inscrit diverses sommes, dont le total s'élevait à 21,500 francs. Ces différentes sommes se rapportaient au prix de ses acquisitions. C'était par trop clair. Mme Sauvresy avait payé 40,000 francs à Robelot son flacon de cristal bleu.

Le père Plantat et l'agent de la sûreté n'avaient plus rien à apprendre chez le rebouteux.

Ils serrèrent dans le secrétaire l'or de la cachette et apposèrent partout les scellés qui devaient rester à la garde de deux des hommes présents.

Mais M. Lecoq n'était pas encore complètement satisfait.

Qu'était-ce donc que ce manuscrit lu par le vieux juge de paix? Un instant il avait pensé que c'était simplement une copie de la dénonciation à lui confiée par Sauvresy. Mais non, ce ne pouvait être cela; Sauvresy n'avait pas pu décrire les dernières scènes si terribles de son agonie.

Ce point, resté obscur, tracassait prodigieusement l'homme de la préfecture de police et empoisonnait la joie qu'il éprouvait d'avoir mené à bonne fin cette enquête si difficile.

Une fois encore il voulut essayer d'arracher la vérité au père Plantat. Le prenant sans trop de façon par le collet de sa redingote, il l'attira dans l'embrasure de la fenêtre, et de son air le plus innocent :

— Pardon, monsieur, lui dit-il à voix basse, est-ce que nous n'allons pas retourner chez vous?

— A quoi bon, puisque le docteur Gendron, en sortant de chez le maire, doit nous rejoindre ici?

— C'est que, monsieur, nous aurions, je crois, besoin du dossier que vous nous avez lu cette nuit, afin de le communiquer à monsieur le juge d'instruction.

L'agent de la sûreté s'attendait à voir son interlocuteur bondir à cette proposition, ses prévisions furent trompées.

Le père Plantat eut un triste sourire, et le regardant fixement dans les yeux :

— Vous êtes bien fin, cher M. Lecoq, dit-il, mais je le suis assez pour garder le dernier mot dont vous avez deviné une bonne partie.

M. Lecoq faillit rougir sous ses favoris blonds.

— Croyez, monsieur.... balbutia-t-il.

— Je crois, interrompit le père Plantat, que vous seriez peut-être bien aise de connaître la source de mes renseignements. Vous avez trop de mémoire pour ne pas vous rappeler que, hier soir, en commençant, je vous ai prévenu que cette relation était pour vous seul et que je n'avais en vous la communiquant, qu'un seul but : faciliter nos recherches. Que voulez-vous que fasse le juge d'instruction de notes absolument personnelles, n'ayant aucun caractère d'authenticité ?

Il réfléchit quelques secondes, comme s'il eût cherché à ajouter une phrase à sa pensée, et ajouta :

— J'ai en vous trop de confiance, M. Lecoq, je vous estime trop pour ne pas être certain d'avance que vous ne parlerez aucunement de documents absolument confidentiels. Ce que vous direz vaudra tout ce que j'ai pu écrire, maintenant qu'à l'appui de vos assertions vous avez le cadavre de Robelot et la somme considérable trouvée en sa possession. Si M. Dómini hésitait encore à vous croire, vous savez que le docteur se fait fort de retrouver le poison qui a tué Sauvresy...

Le père Plantat s'arrêta, il hésitait.

— Enfin, reprit-il, je crois que vous saurez taire ce que vous avez su pénétrer.

La preuve que M. Lecoq est vraiment un homme fort, c'est que trouver un partenaire de sa force ne lui déplaît pas.

Certes, il était, en tant que policier, bien supérieur au père Plantat, mais il lui fallait bien reconnaître qu'il ne manquait à ce vieux juge de paix de campagne qu'un peu de pratique et moins de passion. Plusieurs fois déjà depuis la veille, il s'était incliné devant sa perspicacité supérieure.

Cette fois il lui prit la main et la serrant d'une façon significative :

— Comptez sur moi, monsieur, dit-il.

En ce moment, le docteur Gendron parut sur le seuil.

— Courtois, cria-t-il, va mieux, il pleure comme un enfant, il s'en tirera.

— Le ciel soit loué ! répondit le vieux juge de paix, mais puisque vous voici, partons, hâtons-nous. M. Domini, qui nous attendait ce matin, doit être fou d'impatience.

XXIII

Lorsqu'il parlait de l'impatience du juge d'instruction, le père Plantat était certes bien au-dessous de la réalité. M. Domini était furieux, ne comprenant rien à l'absence si prolongée de ses collaborateurs de la veille, du juge de paix, du médecin et de l'agent de la sûreté.

Dès le grand matin, il était venu s'installer dans son cabinet, au palais de justice, drapé de sa robe de juge, et il comptait les minutes.

C'est que les réflexions de la nuit loin d'ébranler et de troubler ses convictions n'avaient fait que les affirmer. A mesure qu'il s'éloignait de l'heure du crime, il le trouvait plus simple, plus naturel, plus aisé à expliquer.

Mais la conviction où il était que son avis n'était pas celui des autres agents de l'enquête le taquinait, quoi qu'il pût se dire, et lui faisait attendre leur rapport dans un état d'irritation nerveuse dont son greffier ne s'apercevait que trop.

Même, dans la crainte de n'être pas là au moment de l'arrivée de M. Lecoq, redoutant de rester une minute de plus dans l'incertitude, il s'était fait apporter à déjeuner dans son cabinet.

Précaution inutile. L'aiguille tournait autour du joli cadran à dessins bleus qui orne le palais, et personne n'arrivait.

Il avait bien, pour tuer le temps, interrogé Guespin et La Ripaille; ces nouveaux interrogatoires ne lui avaient rien appris. L'un des prévenus jurait ses grands dieux qu'il ne savait rien de plus que ce qu'il avait dit, l'autre se renfermait dans un silence farouche, on ne peut plus irritant, se bornant à répéter : — « Je sais que je suis perdu, faites de moi ce que vous voudrez. »

M. Domini allait faire monter un gendarme à cheval et l'envoyer à Orcival s'enquérir des causes de cette inexplicable lenteur, lorsque enfin l'huissier de service lui annonça ceux qu'il attendait.

Vite, il donna l'ordre de les faire entrer, et si violente était sa curiosité, que lui-même, en dépit de ce qu'il appelait sa dignité, se leva pour aller au-devant d'eux.

— Comme vous êtes en retard! disait-il.

— Et cependant, fit le juge de paix, nous n'avons pas perdu une minute, et nous ne nous sommes pas couchés.

— Il y a donc du nouveau? demanda-t-il. A-t-on retrouvé le cadavre du comte de Trémorel?

— Il y a du nouveau, monsieur, répondit M. Lecoq, et beaucoup. Mais on n'a pas retrouvé le cadavre du comte, et même j'ose affirmer qu'on ne le retrouvera pas; par une raison bien simple, c'est qu'il n'a pas été tué; c'est qu'il n'est pas une des victimes comme on a pu le supposer un instant, c'est qu'il est l'assassin.

A cette déclaration, fort nettement articulée par l'homme de la police, le juge d'instruction bondit dans son fauteuil.

— Mais c'est de la folie! s'écria-t-il.

M. Lecoq ne s'est jamais permis un sourire en présence d'un magistrat.

— Je ne pense pas, répondit-il froidement. Je suis même persuadé que si monsieur le juge d'instruction veut bien me prêter une demi-heure d'attention, j'aurai l'honneur de l'amener à partager mes convictions.

Un imperceptible haussement d'épaules de M. Domini n'échappa pas à l'homme de la rue de Jérusalem, aussi crut-il devoir insister.

— Bien plus, je suis certain que monsieur le juge ne me laissera pas sortir de son cabinet, sans m'avoir remis un mandat d'amener décerné contre le comte Hector de Trémorel que présentement il croit mort.

— Soit, fit M. Domini, parlez.

Rapidement alors M. Lecoq se mit à exposer les faits recueillis tant par lui que par le juge de paix depuis le commencement de l'instruction. Il les exposait, non comme il les avait appris ou devinés, mais dans leur ordre chronologique et de telle sorte, que chaque incident nouveau qu'il abordait, découlait naturellement du précédent.

Plus que jamais, il était rentré dans son personnage de mercier benin, s'exprimant d'une petite voix flûtée, outrant les formules obséquieuses : « J'aurai l'honneur, » ou « Si monsieur le juge daigne me permettre. » Il avait ressorti la bonbonnière à portrait et, comme la veille au Valfeuillu, aux passages palpitants ou décisifs, il avalait un morceau de réglisse.

Et à mesure qu'avançait son récit, la surprise de M. Domini devenait plus manifeste. Par moments il laissait échapper une exclamation.

— Est-ce possible! C'est à n'y pas croire.

M. Lecoq avait terminé. Il goba tranquillement un carré de guimauve, et ajouta :

— Que pense maintenant monsieur le juge d'instruction?

M. Domini, il faut l'avouer, était médiocrement satisfait. Ce n'est jamais sans une secrète contrariété qu'on voit un inférieur désarticuler d'un doigt brutal un système qu'on a pris la peine de combiner et d'agencer. Mais si entier qu'il soit dans ses opinions, si peu disposé qu'il s'avoue à entrer dans le sentiment d'autrui, il lui fallait bien cette fois s'incliner devant l'evidence qui eclatait à aveugler.

— Je suis convaincu, répondit-il, qu'un crime a été commis sur la personne de M. Clément Sauvresy avec l'assistance chèrement payée de ce Robelot. C'est si vrai que dès demain monsieur le docteur Gendron recevra une réquisition d'avoir à procéder sans delai à l'exhumation et à l'autopsie du cadavre de mon dit Clément Sauvresy.

— Et je retrouverai le poison, affirma le docteur, vous pouvez en être sûr.

— Fort bien, reprit M. Domini. Mais de ce que M. de Tremorel a empoisonné son ami pour épouser sa veuve, s'ensuit-il nécessairement, rigoureusement, qu'il a hier assassiné sa femme et ensuite pris la fuite? Je ne le crois pas.

Le père Plantat, n'osant rien dire, tant il craignait de s'emporter, trépignait de colère. M. Domini s'égarait:

— Pardon, monsieur, objecta doucement M. Lecoq, il me semblait que le suicide de M{!le} Courtois, — suicide suppose, tout porte à le croire, — prouvait au moins quelque chose.

— C'est un fait à éclaircir. La coincidence que vous invoquez peut n'être qu'un pur effet du hasard.

— Mais, monsieur, insista l'agent de la sûreté, visiblement agacé, je suis sûr que M. de Tremorel s'est rasé, j'en ai la preuve; nous n'avons pas retrouvé les bottes qu'au dire de son domestique il avait chaussees le matin...

— Doucement, monsieur, interrompit le juge, plus

doucement, je vous en prie. Je ne prétend pas dire que vous ayez absolument tort, il s'en faut, seulement je vous présente mes objections. Admettons, j'y consens, que M. de Trémorel ait tué sa femme. Il vit, il est en fuite, soit. Cela prouve-t-il l'innocence de Guespin et qu'il n'ait pris aucune part au meurtre ?

C'était là, evidemment, le côte faible du plan de M. Lecoq. Mais, convaincu, sûr de la culpabilité d'Hector, il s'était assez peu inquiété du pauvre jardinier, se disant que son innocence éclaterait forcément d'elle-même quand on mettrait la main sur le coupable.

Il allait cependant répliquer, lorsque dans le corridor on entendit un bruit de pas, puis des voix qui chuchotaient.

— Tenez, fit M. Domini, nous allons sans doute apprendre sur Guespin des détails d'un haut intérêt.

— Attendriez-vous quelque nouveau témoin ? demanda le père Plantat.

— Non, mais j'attends un employé de notre police de Corbeil auquel j'ai confie une commission importante.

— Au sujet de Guespin ?

— Precisément. Ce matin, de fort bonne heure, une ouvrière de la ville à laquelle Guespin faisait la cour, m'a apporté une photographie de lui très-ressemblante, à ce qu'elle m'a affirmé. Ce portrait, je l'ai remis à mon agent, avec l'adresse des *Forges de Vulcain,* trouvée hier en possession du prévenu, le chargeant de savoir si Guespin n'aurait pas été vu dans ce magasin, et s'il n'y aurait pas acheté quelque chose dans la soirée d'avant-hier.

S'il est un chasseur jaloux, n'aimant pas à voir suivie sur ses brisées, c'est à coup sûr M. Lecoq. La démarche du juge d'instruction le froissa si fort qu'il ne put dissimuler une affreuse grimace.

— Je suis vraiment désolé, dit-il d'un ton sec, d'inspirer à monsieur le juge si peu de confiance qu'il croie devoir m'adjoindre des aides.

Cette susceptibilité amusa beaucoup M. Domini.

— Eh! monsieur l'agent, fit-il, vous ne pouvez être partout à la fois. Je vous crois fort habile, mais je ne vous avais pas sous la main et j'étais pressé.

— Une fausse démarche est souvent irréparable.

— Rassurez-vous, j'ai envoyé un homme intelligent.

La porte du cabinet s'ouvrit au même moment, et l'émissaire annoncé par le juge d'instruction parut sur le seuil.

C'était un vigoureux homme d'une quarantaine d'années, à tournure soldatesque plutôt que militaire, portant moustache rude taillée en brosse, aux yeux luisants ombragés de sourcils touffus se rejoignant en bouquet formirable au-dessus du nez. Il avait l'air fûté plutôt que fin, et sournois encore plus que rusé, si bien que son seul aspect devait éveiller toutes sortes de défiances et mettre instinctivement en garde.

— Bonne nouvelle! dit-il d'une grosse voix enrouée et brisée par l'alcool, je n'ai pas fait le voyage de Paris pour le roi de Prusse, nous sommes en plein sur la piste de ce gredin de Guespin.

M. Domini l'interrompit d'un geste bienveillant, presque amical.

— Voyons, Goulard, disait-il, — il s'appelle Goulard — procédons par ordre, s'il se peut, et méthodiquement. Vous vous êtes transporté, conformément à mes ordres au magasin des *Forges de Vulcain?*

— Immédiatement au sortir du wagon, oui, monsieur le juge.

— Parfait. Y avait-on vu le prévenu?

— Oui, monsieur, le mercredi 8 juillet, dans la soirée.

— A quelle heure?

— Sur les dix heures, peu d'instants avant la fermeture du magasin, ce qui fait qu'il a été bien plus remarqué et bien mieux observé.

Le juge de paix remuait les lèvres, sans doute pour présenter une objection, un geste de M. Lecoq qui le regardait, l'index posé sur la bouche, l'arrêta.

— Et qui a reconnu la photographie? poursuivait M. Domini.

— Trois commis, monsieur, ni plus ni moins. Il faut vous dire que les manières de Guespin ont tout d'abord éveillé leur attention. Il avait l'air extraordinaire, m'ont-ils dit, à ce point qu'ils ont pensé avoir affaire à un homme ivre ou pour le moins gris. Puis, ce qui fixe leurs souvenirs, c'est qu'il a beaucoup parlé, il posait, il a été jusqu'à leur promettre sa protection, disant que si on lui garantissait une remise, il ferait acheter quantité d'outils de jardinage par une maison dont il avait toute la confiance, la maison du *Gentil Jardinier*.

M. Domini suspendit l'interrogatoire pour consulter le dossier déjà volumineux placé devant lui, sur son bureau.

C'était bien, en effet, — à en croire les témoins, — par cette maison du *Gentil Jardinier*, que Guespin avait été placé chez le comte de Trémorel.

Le juge d'instruction en fit la remarque à haute voix, et ajouta :

— L'identité, à tout le moins, ne saurait être contestée. Il est acquis à l'accusation que Guespin était, le mercredi soir, aux *Forges de Vulcain*.

— Tant mieux pour lui, ne put s'empêcher de murmurer M. Lecoq.

Le magistrat entendit fort bien l'exclamation, mais malgré qu'elle lui parût singulière, il ne la releva pas et continua à questionner son homme de confiance.

— Cela etant, reprit-il, on a dû pouvoir vous dire de quels objets le prévenu était venu faire l'acquisition?

— Les commis se le rappelaient, en effet, on ne peut mieux. Il a acheté d'abord un marteau, un ciseau à froid, et une lime.

— Je savais bien! exclama le juge d'instruction. Et après?

— Ensuite, monsieur...

Ici, l'homme aux moustaches en brosse jaloux de frap-

per l'imagination de ses auditeurs, crut devoir rouler des yeux terribles et prendre une voix sinistre :

— ... Ensuite, il a acheté un couteau poignard.

Le juge d'instruction ne se sentait pas d'aise, il battait M. Lecoq sur son terrain, il triomphait.

— Eh bien ! demanda-t-il de son ton le plus ironique à l'agent de la sûreté, que pensez-vous maintenant de votre client? Que dites-vous de cet honnête et digne garçon qui, le soir même du crime, renonce à une noce où il se serait amusé, pour s'en aller acheter un marteau, un ciseau, un poignard, tous les instruments, en un mot, indispensables pour l'effraction et le meurtre.

Le docteur Gendron paraissait quelque peu déconcerté de ces incidents qui tout à coup se produisaient, mais un fin sourire errait sur les lèvres du père Plantat.

Pour M. Lecoq, il avait la mine impayable d'un homme supérieur scarifié d'objections qu'il sait devoir d'un mot réduire à néant, résigné à voir gaspiller en parlages oiseux, un temps qu'il mettrait utilement à profit.

— Je pense, monsieur, répondit-il bien humblement, que les assassins du Valfeuillu n'ont employé ni marteau, ni ciseau, ni lime, qu'ils n'avaient pas apporté d'outils du dehors, puisqu'ils se sont servis d'une hache.

— Ils n'avaient pas de poignard non plus? demanda le juge, de plus en plus goguenard, à mesure qu'il se sentait plus sûr d'être sur la bonne voie.

— Ceci, dit l'agent de la sûreté, c'est une autre question, je l'avoue, mais qui n'est pas difficile à résoudre.

Il commençait à perdre patience. Il se retourna vers l'agent de Corbeil et assez brusquement lui demanda :

— C'est tout ce que vous savez ?

L'homme aux gros sourcils toisa d'un air dédaigneux ce petit bourgeois benin, à tournure mesquine qui se permettait de l'interroger ainsi. Il hesitait si bien à l'honorer d'une réponse que M. Lecoq dut répéter sa question, brutalement, cette fois.

— Oui, c'est tout, dit-il enfin, et je trouve que c'est suffisant puisque c'est l'avis de monsieur le juge d'instruction, le seul qui ait des ordres à me donner et à l'approbation de qui je tienne.

M. Lecoq haussait tant qu'il pouvait les épaules en examinant le messager de M. Domini.

— Voyons, fit-il, avez-vous seulement demandé quelle est exactement la forme du poignard acheté par Guespin. Est-il grand, petit, large, étroit, est-il à lame fixe?...

— Ma foi! non, à quoi bon?

— Simplement, mon brave, pour rapprocher cette arme des blessures de la victime, pour voir si sa garde correspond à celle qui a laissé une empreinte nette et visible entre les épaules de la victime.

— C'est un oubli, mais il est aisé de le réparer.

M. Lecoq n'eut pas eu, pour surexciter sa perspicacité, les aiguillons de sa vanité blessée, qu'il eût fait des prodiges pour répondre aux regards que lui adressait le père Plantat.

— On comprend une inadvertance, fit-il, mais du moins vous allez nous dire en quelle monnaie Guespin a soldé ses achats?

Il semblait si embarrassé de son personnage, le pauvre détectif de Corbeil, si humilié, si vexé, que le juge d'instruction crut devoir venir à son secours.

— La nature de la monnaie importe assez peu, ce me semble, objecta-t-il.

— Je prie monsieur de juge de m'excuser, si je ne suis pas de son avis, répondit M. Lecoq. Cette circonstance peut être des plus graves. Quelle est en l'état de l'instruction la charge la plus grave relevée contre Guespin? C'est l'argent trouvé dans sa poche. Or, supposons un moment, que hier soir à dix heures, il a changé à Paris un billet de 1,000 francs. Ce billet serait-il le produit du crime du Valfeuillu? — Non, puisqu'à cette heure-là le crime n'était pas commis. D'où viendrait-il? C'est ce que je n'ai pas à rechercher encore. Mais

si mon hypothèse est exacte, la justice sera bien forcée de convenir que les quelques cents francs dont était nanti le prévenu, peuvent et doivent être le reste du billet.

— Ce n'est toujours qu'une hypothèse, fit M. Domini d'un ton de mauvaise humeur de plus en plus accentuée.

— Il est vrai, mais qui peut se changer en certitude. Il me reste encore à demander à monsieur, — il désignait l'homme aux moustaches — comment Guespin a emporté les objets achetés. Les a-t-il simplement glissés dans sa poche, ou en a-t-il fait faire un paquet et comment était ce paquet.

L'agent de la sûreté parlait d'un ton tranchant, dur, glacial, empreint d'une amère raillerie, si bien que le pauvre diable de Corbeil avait perdu toute l'assurance de sa mine et ne relevait plus, tant s'en faut, ses moustaches.

— Je ne sais pas, balbutia-t-il, on ne m'avait pas dit, je croyais...

M. Lecoq éleva ses deux mains comme pour prendre le ciel à témoin. Au fond, il était ravi de cette occasion superbe qui se présentait de se venger des dédains de M. Domini. Au juge d'instruction, il ne pouvait, il n'osait, il ne voulait rien dire, mais il avait le droit de bafouer le malencontreux agent, de passer sur lui sa colère.

— Ah çà! mon garçon, lui dit-il, qu'êtes-vous donc allé faire à Paris? Montrer la photographie de Guespin et conter le crime d'Orcival à ces messieurs des *Forges de Vulcain?* Ils ont dû être bien sensibles à votre attention. Mais Mme Petit, la gouvernante de monsieur le juge de paix en aurait bien fait autant.

Ah! par exemple, à ce coup de boutoir, l'homme aux dures moustaches fut sur le point de se fâcher, il fronça ses épais sourcils, et de sa plus grosse voix :

— Ça, monsieur, commença-t-il...

— Ta, ta, ta! interrompit l'agent de la sûreté le tu-

toyant cette fois, laisse-moi donc en paix et tâche de savoir qui te parle, je suis M. Lecoq.

L'effet du nom du policier célèbre fut magique sur un gaillard, employé quelques mois, comme auxiliaire dans les brigades volantes de la rue de Jérusalem.

Naturellement il tomba au port d'armes, et son attitude, aussitôt, devint respectueuse, comme celle du modeste fantassin qui, sous la redingote d'un épicier, trouverait son général.

Être traité de « mon garçon », tutoyé, brutalisé même par cet illustre, loin de l'offenser, le flattait presque. Il est de ces souples échines qui volent au-devant de certains gourdins.

D'un air ébahi et plein d'admiration, il murmurait :

— Quoi! est-ce possible, M. Lecoq, vous, un pareil homme !

— Oui, c'est moi, mon garçon, mais console-toi, je ne t'en veux pas; tu ne sais pas ton métier, mais tu m'as rendu service, tu as eu le bon esprit de m'apporter une preuve concluante de l'innocence de mon client.

Ce n'est pas sans un secret déplaisir que M. Domini vit cette scène. Son homme passait à l'ennemi, reconnaissant sans conteste une supériorité fixée et classée. L'assurance de M. Lecoq en parlant de l'innocence d'un prévenu, dont la culpabilité lui semblait indiscutable, acheva de l'exaspérer.

— Et quelle est cette fameuse preuve, s'il vous plaît? demanda-t-il.

— Elle est simple et éclatante, monsieur, répondit M. Lecoq, s'amusant à outrer son air niais à mesure que ses déductions rétrécissaient le champ des probabilités. Sans doute, il vous souvient que, lors de notre enquête au château du Valfeuillu, nous trouvâmes les aiguilles de la pendule de la chambre à coucher arrêtées sur trois heures vingt minutes. Me défiant d'un coup de pouce perfide, je mis, vous le rappelez-vous? la sonnerie de cette pendule en mouvement. Qu'advint-il? Elle sonna onze coups. De ce moment, il fut patent pour nous que

le crime avait été commis avant onze heures. Or, si à dix heures du soir Guespin était dans les magasins des *Forges de Vulcain,* il ne pouvait être au Valfeuillu avant minuit. Donc, ce n'est pas lui qui a fait le coup.

Et sur cette conclusion l'agent de la sûreté sortant sa bonbonnière se récompensa d'un carré de réglisse, adressant au juge d'instruction un joli sourire qui bien clairement signifiait :

— Tirez-vous de là.

C'était, si les déductions de M. Lecoq étaient rigoureusement justes, le système entier du juge d'instruction qui s'écroulait.

Mais M. Domini ne pouvait admettre qu'il se fut ainsi trompé ; il ne pouvait, tout en mettant la découverte de la vérité bien au-dessus de mesquines considérations personnelles, renoncer à une conviction affermie par de mures réflexions.

— Je ne prétends pas, dit-il, que Guespin soit le seul coupable, il peut n'être que complice, mais pour complice, il l'est.

— Complice ! non, monsieur le juge, mais victime. Ah ! le Trémorel est un grand misérable ! Comprenez-vous maintenant pourquoi il avait avancé les aiguilles ? Moi, d'abord, je ne voyais pas l'utilité de cette avance de cinq heures. Le but est clair, maintenant. Il fallait, pour que Guespin fût sérieusement inquiété et compromis que le crime eût été commis bien après minuit, il fallait...

Mais tout à coup, il s'interrompit, il restait la bouche béante, l'œil fixe, en arrêt, pour ainsi dire, devant une idée qui venait de traverser son cerveau.

Le juge d'instruction, tout entier à son dossier, occupé à chercher des arguments en faveur de son opinion ne s'aperçut pas de ce mouvement.

— Mais alors, fit-il, comment expliquez-vous l'obstination de Guespin à se taire, à refuser de donner l'emploi de sa nuit ?

M. Lecoq s'était remis bien vite de son émotion, mais

le docteur Gendron et le père Plantat qui l'observaient avec la plus ardente attention, épiant les plus légères contractions des muscles de son visage, virent passer dans ses yeux l'éclair du triomphe. Sans doute il venait de trouver une solution au problème qui lui était posé. Et quel problème ! qui mettait en question la liberté d'un homme, la vie d'un innocent.

— Je comprends, monsieur le juge d'instruction, répondit-il, je m'explique le mutisme obstiné de Guespin. Je serais au comble de la surprise si, à cette heure, il se décidait à parler.

M. Domini se méprit au sens de cette explication; même il y crut découvrir une intention soigneusement voilée de persiflage.

— Il a eu cependant la nuit pour réfléchir, répondit-il. Douze heures, n'est-ce pas assez pour échafauder un système de défense ?

L'agent de la sûreté hocha la tête d'un air de doute.

— C'est certes plus qu'il ne faut, dit-il, mais notre prévenu s'inquiète peu d'un système, j'en mettrais ma main au feu.

— S'il se tait, c'est qu'il n'a rien trouvé de plausible.

— Non, monsieur, non, repondit M. Lecoq, croyez bien qu'il ne cherche pas. Dans mon opinion, Guespin est victime. C'est vous dire que je soupçonne Trémorel de lui avoir tendu un piége infâme dans lequel il est tombé et où il se sent si bien pris que toute lutte lui paraît insensée. Il est convaincu, ce malheureux, que plus il se débattrait, plus il resserrerait les mailles du filet qui l'enveloppe.

— C'est aussi mon avis, affirma le père Plantat.

— Le vrai coupable, poursuivait l'agent de la sûreté, le comte Hector, a été pris de folie au dernier moment, et ce trouble a stérilisé toutes les précautions qu'il avait imaginées pour donner le change. Mais c'est, ne l'oublions pas, un homme intelligent, assez perfide pour mûrir les plus odieuses machinations, assez dégagé de scrupules pour les exécuter. Il sait qu'il faut à la justice

son compte de prévenus, un par crime ; il n'ignore pas que la police tant qu'elle n'a pas son coupable, reste sur pied, l'œil et l'oreille au guet ; il nous a jeté Guespin comme le chasseur serré de trop près jette son gant à l'ours qui le poursuit. Peut-être comptait-il que l'erreur ne coûterait pas la tête à un innocent ; certainement il espérait gagner ainsi du temps. Pendant que l'ours flaire le gant, le tourne et le retourne, le rusé chasseur gagne du terrain, s'esquive et se met en lieu sûr. Ainsi se proposait de faire Trémorel.

De tous les auditeurs de M. Lecoq, le plus enthousiaste était désormais, sans conteste, l'agent de Corbeil qui, tout à l'heure, le regardait avec des yeux si farouches. Littéralement, Goulard buvait les paroles de son chef. Jamais il n'avait ouï un collègue s'exprimer avec cette verve, cette autorité ; il n'avait pas idée d'une semblable éloquence, et il se redressait comme s'il eût rejailli sur lui quelque chose de l'admiration qu'il lisait sur tous les visages. Il grandissait dans sa propre estime, à cette idée qu'il était soldat dans une armée commandée par de tels généraux. Il n'avait plus d'opinion, il avait l'opinion de son supérieur.

Malheureusement il était plus difficile de séduire, de subjuguer et de convaincre le juge d'instruction.

— Cependant, objecta-t-il, vous avez vu la contenance de Guespin.

— Eh ! monsieur, qu'importe et que prouve la contenance ? Savons-nous, vous et moi, si demain nous étions arrêtés sous la prévention d'un crime affreux quelle serait notre tenue ?

M. Domini ne prit pas la peine de dissimuler un haut-le-corps des plus significatifs : la supposition lui semblait des plus malséantes.

— Pourtant, vous et moi, nous sommes familiarisés avec l'appareil de la justice. Le jour où j'arrêtai Lanscot, ce pauvre domestique de la rue de Marignan, ses premières paroles furent : « Allons, mon compte est bon. » Le matin où le père Tabaret et moi nous saisîmes au

saut du lit le vicomte de Commarin, accusé d'avoir assassiné la veuve Lerouge, il s'écria : « Je suis perdu. » Ils n'étaient pourtant coupables ni l'un ni l'autre. Mais l'un et l'autre, le noble vicomte et l'infime valet, égaux devant la terreur d'une erreur judiciaire possible, évaluant d'un coup d'œil les charges qui allaient les accabler, avaient eu un moment d'affreux découragement.

— Mais ce découragement ne persiste pas deux jours, fit M. Domini.

M. Lecoq ne répondit pas, il poursuivait s'animant à mesure que des exemples plus saisissants se présentaient à son esprit.

— Nous avons vu, monsieur, vous juge, moi humble agent de police, assez de prévenus pour savoir combien les apparences sont trompeuses, combien peu il faut s'y fier. Ce serait folie que de baser une appréciation sur l'attitude d'un accusé. Celui qui le premier a parlé du « cri de l'innocence » était un sot, tout comme celui qui prétend montrer la « pâle stupeur » du coupable. Ni le crime, ni la vertu, malheureusement, n'ont de voix ni de contenance particulières. La fille Simon, accusée d'avoir tué son père, s'est refusé obstinément à répondre pendant vingt-deux jours; le vingt-troisième, on a découvert l'assassin. Quant à l'affaire Sylvain...

De deux coups légèrement frappés sur son bureau, le juge d'instruction interrompit l'agent de la sûreté.

Homme, M. Domini tient beaucoup trop à ses opinions; magistrat, il est également obstiné, mais prêt aux derniers sacrifices d'amour-propre, si la voix du devoir se fait entendre.

Les arguments de M. Lecoq n'avaient entamé en rien le granit de sa conviction, mais ils lui imposaient l'obligation de s'éclairer sur-le-champ, de battre l'homme de la préfecture ou de s'avouer lui-même vaincu.

— Vous semblez plaider, monsieur? dit-il à l'agent de la sûreté, et dans le cabinet du magistrat instructeur, il n'est pas besoin de plaidoirie. Il n'y a pas ici un avocat et un juge. Les mêmes intentions généreuses et honora-

bles nous animent l'un et l'autre. Chacun de nous, dans la sphère de ses fonctions, cherche la vérité. Vous croyez la voir briller où je ne découvre que ténèbres, mais vous pouvez vous tromper aussi bien que moi.

Et avec une condescendance un peu raide, véritable acte d'héroïsme, mais que gâtait une pointe fine d'ironie, il ajouta :

— Selon vous, monsieur, que devrais-je faire ?

Le juge fut du moins récompensé de l'effort qu'il faisait par un regard approbateur du père Plantat et du docteur Gendron.

Mais M. Lecoq ne se pressait pas de répondre. Il avait bien quantité de raisons de poids à offrir; ce n'était pas là, il le sentait, ce qu'il fallait. Il devait présenter des faits, là, sur-le-champ; faire jaillir de la situation une de ces preuves qu'on touche du doigt. Comment y parvenir? Et son esprit, si fertile en expédients, se bandait outre mesure.

— Eh bien? insista M. Domini.

— Ah! s'écria l'agent de la sûreté, que ne puis-je poser moi-même trois questions à ce malheureux Guespin.

Le juge d'instruction fronça le sourcil; la proposition lui semblait vive. Il est dit formellement que l'interrogatoire de l'inculpé doit être fait secrètement et par le juge seul assisté de son greffier. D'un autre côté, il est décidé qu'après avoir été interrogé une première fois, l'inculpé peut être confronté avec des témoins. Puis il y a des exceptions en faveur des agents de la force publique.

M. Domini repassait ses textes dans sa mémoire, cherchant un précédent.

— Je ne sais, répondit-il enfin, jusqu'à quel point les règlements m'autorisent à vous accorder ce que vous me demandez. Cependant, comme en conscience, je suis persuadé que l'intérêt de la vérité domine toutes les ordonnances, je vais prendre sur moi de vous laisser interroger votre client.

Il sonna, un huissier parut.

— A-t-on reconduit, demanda-t-il, Guespin à la prison?

— Pas encore, monsieur.

— Tant mieux! Dites qu'on me l'amène.

M. Lecoq ne se possédait pas de joie. Il n'avait pas osé compter à ce point sur son éloquence, il n'esperait pas surtout un succès si prompt et si surprenant, etant donne le caractère de M. Domini,

— Il parlera, disait-il, si plein de confiance, que son œil terne s'était rallume et qu'il oubliait le portrait de la bonbonnière, il parlera, j'ai, pour lui délier la langue, trois moyens, dont un au moins réussira. Mais avant qu'il arrive, de grâce monsieur le juge de paix, un renseignement? Savez-vous si, après la mort de Sauvresy, Trémorel a revu son ancienne maîtresse?

— Jenny Fancy? demanda le père Plantat un peu surpris.

— Oui, miss Fancy.

— Certainement, il l'a revue.

— Plusieurs fois?

— Assez souvent. A la suite de la scène de la *Belle Image*, la malheureuse s'est jetée dans la plus affreuse débauche. Avait-elle des remords de sa délation, comprenait-elle qu'elle avait tué Sauvresy, eut-elle un soupçon du crime, je l'ignore. Toujours est-il qu'à partir de ce moment elle s'est mise à boire avec fureur, s'enfonçant plus profondément dans la boue de semaine en semaine...

— Et le comte pouvait consentir à la revoir?

— Il y était bien obligé. Elle le harcelait, il avait peur d'elle. Dès qu'elle n'avait plus d'argent, elle lui en envoyait demander par des commissionnaires à figure patibulaire, et il en donnait. Une fois il refusa, le soir même elle arriva elle-même, ivre, et il eut toutes les peines du monde à la renvoyer. En somme, elle savait qu'il avait été l'amant de Mme Sauvresy, elle le menaçait, c'était un chantage organisé. Je tiens de lui l'his-

toire de tous les soucis qu'elle lui donnait, il me disait qu'il ne se débarrasserait d'elle qu'en la faisant enfermer, mais que le moyen lui répugnait.

— La dernière entrevue date-t-elle de loin?

— Ma foi! répondit le docteur Gendron, étant en consultation à Melun, il n'y a pas trois semaines, j'ai aperçu à la fenêtre d'un hôtel le comte et sa péronnelle; même à ma vue il s'est retiré vivement.

— Alors, murmura l'agent de la sûreté, plus de doute...

Il se tut. Guespin entrait entre deux gendarmes.

En vingt-quatre heures, le malheureux jardinier du Valfeuillu avait vieilli de vingt ans. Il avait les yeux hagards, et ses lèvres crispées étaient bordées d'écume. Par moments la contraction de sa gorge trahissait la difficulté qu'il éprouvait à avaler sa salive.

— Voyons, lui demanda le juge d'instruction, êtes-vous revenu à des sentiments meilleurs?

Le prévenu ne répondit pas.

— Êtes-vous décidé à parler?

Une convulsion de rage secoua Guespin de la tête aux pieds, ses yeux lancèrent des flammes.

— Parler, fit-il d'une voix rauque, parler! Pourquoi faire?

Et après un de ces gestes désespérés de l'homme qui s'abandonne, qui renonce à toute lutte comme à toute espérance, il s'écria :

— Que vous ai-je fait, mon Dieu! pour me torturer ainsi? Que voulez-vous que je vous dise? Que c'est moi qui ai fait le coup? Est-ce là ce que vous voulez? Alors, oui, c'est moi! Vous voilà contents. Coupez-moi maintenant la tête, mais faites vite, je ne veux pas souffrir.

Une morne stupeur accueillit cette déclaration de Guespin. Quoi, il avouait!...

M. Domini eut au moins le bon goût de ne pas triompher, il resta impassible, et cependant cet aveu le surprenait au delà de toute expression.

Seul, M. Lecoq, bien que surpris, ne fut pas absolu-

ment décontenancé. Il s'approcha de Guespin, et lui tapant sur l'épaule :

— Allons, mon camarade, lui dit-il d'un ton paternel, ce que tu nous racontes est absurde. Penses-tu que monsieur le juge d'instruction a quelque motif secret de t'en vouloir? Non, n'est-ce pas? Supposes-tu que j'ai intérêt à ta mort? Pas davantage. Un crime a été commis, nous cherchons le coupable. Si tu es innocent, aide-nous à trouver celui qui ne l'est pas. Qu'as-tu fait de mercredi à jeudi matin?

Mais Guespin persistait dans son entêtement farouche, stupide. Entêtement de l'idiot et de la bête brute.

— J'ai dit ce que j'avais à dire, fit-il.

Alors M. Lecoq, changea de ton, de bienveillant qu'il était, il se fit sévère, se reculant comme pour mieux juger de l'effet qu'il allait produire sur Guespin...

— Tu n'as pas le droit de te taire, entends-tu, reprit-il. Et quand même tu te tairais, imbécile, est-ce que la police ne sait pas tout. Ton maître t'a chargé d'une commission, n'est-ce pas, mercredi soir. Que t'a-t-il donné? Un billet de mille francs?

Le prévenu regardait M. Lecoq d'un air absolument stupide.

— Non, balbutia-t-il, c'était un billet de cinq cents francs.

Comme tous les grands artistes, au moment de leur scène capitale, l'agent de la sûreté était vraiment ému. Son surprenant génie d'investigation venait de lui inspirer cette combinaison hardie qui, si elle réussissait, lui assurait le gain de la partie.

— Maintenant, demanda-t-il, dis-moi le nom de cette femme.

— Je ne le sais pas, monsieur.

— Tu n'es donc qu'un sot? Elle est petite, n'est-ce pas, assez jolie, brune et pâle, avec des yeux très-grands.

— Vous la connaissez donc? fit Guespin d'une voix tremblante d'émotion.

— Oui, mon camarade, et si tu veux savoir son nom

pour le dire dans tes prières, elle s'appelle Jenny Fancy.

Les hommes vraiment supérieurs en quelque spécialité que ce soit, n'abusent jamais mesquinement de leur supériorité ; l'intime satisfaction qu'ils éprouvent à la voir reconnue leur est une suffisante récompense.

M. Lecoq jouissait donc doucement de sa victoire pendant que ses auditeurs s'émerveillaient de sa perspicacité. C'est qu'en effet une série de rapides calculs lui avait révélé, non-seulement la pensée de Trémorel, mais encore les moyens qu'il avait dû employer pour arriver à ses fins.

Chez Guespin, la colère faisait place à un étonnement immense. Il se demandait, et on suivait sur son front l'effort de sa réflexion, comment cet homme avait pu être informé d'actions qu'il avait tout lieu de croire secrètes.

Mais déjà l'agent de la sûreté était revenu à son prévenu.

— Puisque je t'ai appris le nom de la femme brune, lui demanda-t-il, explique-moi donc comment et pourquoi le comte de Trémorel t'a remis un billet de cinq cents francs.

— C'est au moment où j'allais partir, monsieur le comte n'avait pas de monnaie, il ne voulait pas m'envoyer changer à Orcival, je devais rapporter le reste.

— Et pourquoi n'as-tu pas rejoint tes camarades chez Wepler, aux Batignolles ?

Pas de réponse.

— Quelle commission devais-tu faire, pour le comte ?

Guespin hésita. Ses yeux allaient de l'un à l'autre des auditeurs ; du juge d'instruction au père Plantat, du docteur à l'agent de Corbeil, et sur tous les visages il lui semblait découvrir une expression d'ironie.

Il eut la pensée que tous ces gens se moquaient de lui, qu'on lui avait tendu un piége et qu'il y était tombé. Il crut que ses réponses venaient d'empirer sa situation. Aussitôt, un affreux désespoir s'empara de lui.

— Ah ! s'écria-t-il, s'adressant à M. Lecoq, vous m'a-

vez trompé, vous ne saviez rien, vous avez plaidé le faux pour savoir le vrai. J'ai été assez simple pour vous répondre et vous allez retourner toutes mes paroles contre moi.

— Quoi? vas-tu déraisonner de nouveau?

— Non, mais j'y vois clair et vous ne me reprendrez plus. Maintenant, monsieur, je mourrais plutôt que de dire un mot.

L'agent allait chercher à le rassurer, il ajouta avec un entêtement idiot :

— Je suis d'ailleurs aussi fin que vous, allez, je ne vous ai dit que des mensonges.

Ce revirement subit du prévenu n'étonna personne. S'il est des prevenus qui, une fois enfermés dans un système de défense, n'en sortent pas plus qu'une tortue de sa carapace, il en est d'autres qui, à chaque nouvel interrogatoire, varient, niant aujourd'hui ce qu'hier ils affirmaient, inventant le lendemain quelque épisode absurde qu'ils démentiront encore.

C'est donc vainement que M. Lecoq essaya de faire sortir encore Guespin de son mutisme; vainement que M. Domini, à son tour, essaya de lui tirer quelques paroles.

A toutes les questions il avait pris le parti de répondre :

— Je ne sais pas.

L'agent de la sûreté s'impatienta à la fin.

— Tiens, dit-il au prévenu, je t'avais pris pour un garçon d'esprit et tu n'es qu'un sot. Tu crois que nous ne savons rien? Ecoute-moi : Le soir de la noce de Mme Denis, au moment où tu te disposais à partir avec tes camarades, lorsque tu venais d'emprunter vingt francs au valet de chambre, ton maître t'a appelé. Après t'avoir recommandé un secret absolu, secret que tu as gardé, c'est une justice à te rendre, il t'a prié de quitter les autres domestiques à la gare et d'aller jusqu'aux *Forges de Vulcain* lui acheter un marteau, une lime, un ciseau à froid et un poignard. Ces objets, tu devais les porter à

une femme. C'est alors que ton maître t'a donné ce fameux billet de cinq cents francs, en disant que tu lui rendrais le reste à ton retour le lendemain. Est-ce cela?

Oui, c'était cela, on le voyait dans les yeux du prévenu. Cependant il répondit encore :

— Je ne me rappelle pas.

— Alors, poursuivit M. Lecoq, je vais te conter ce qui est arrivé ensuite. Tu as bu, tu t'es soûlé, si bien que tu as dissipé en partie le reste du billet qui t'avait été confié. De là, tes terreurs quand on t'a mis la main dessus, hier matin, avant qu'on t'ait dit un mot. Tu as cru qu'on t'arrêtait pour détournement. Puis, quand tu as su que le comte avait été assassiné dans la nuit, te rappelant que la veille tu avais acheté toutes sortes d'instruments de vol et de meurtre, songeant que tu ne sais ni l'adresse ni le nom de la femme à qui tu as remis le paquet, convaincu qu'on ne te croirait pas si tu expliquais l'origine de l'argent trouvé dans ta poche, au lieu de songer aux moyens de prouver ton innocence, tu as eu peur, tu as cru te sauver en te taisant.

Il est certain que la physionomie du prévenu changeait à vue d'œil. Ses nerfs se détendaient ; ses lèvres tout à l'heure crispées se desserraient. Son esprit s'ouvrait à l'espérance. Mais il résista.

— Faites de moi ce que vous voudrez, dit-il.

— Eh! que veux-tu que nous fassions d'un idiot comme toi? s'écria M. Lecoq décidément en colère. Je commence à croire que tu es un mauvais gars. Un bon sujet comprendrait que nous voulons le tirer d'un mauvais pas et il nous dirait la vérité. C'est volontairement que tu vas prolonger ta prévention. Tu apprendras ainsi que la plus grande finesse est encore de dire ce qui est. Une dernière fois, veux-tu répondre?

De la tête Guespin fit signe que non.

— Retourne donc en prison et au secret, puisque tu t'y plais, conclut l'agent de la sûreté.

Et ayant cherché de l'œil l'approbation du juge d'instruction :

— Gendarmes, dit-il, remmenez le prévenu.

Les derniers doutes du juge d'instruction s'étaient dissipés comme le brouillard au soleil. Pour tout dire, il ressentait une certaine peine d'avoir si mal traité l'agent de la sûreté. Au moins essaya-t-il de réparer autant qu'il était en lui sa dureté passée.

— Vous êtes un homme habile, monsieur, dit-il à M. Lecoq. Sans parler de votre perspicacité si surprenante qu'elle pourrait passer pour un don de seconde vue, votre interrogatoire de tout à l'heure est un chef-d'œuvre en son genre. Recevez donc mes félicitations, sans préjudice de la récompense que je me propose de demander pour vous à vos chefs.

L'agent de la sûreté, à ces compliments, baissait les yeux avec des airs de vierge. Il regardait tendrement la vilaine femme de la bonbonnière, et sans doute, il lui disait :

— Enfin, mignonne, nous l'emportons, cet austère magistrat qui déteste si fort l'institution dont nous sommes le plus bel ornement, fait amende honorable ; il reconnaît et loue nos utiles services.

Et tout haut il répondit :

— Je n'accepte, monsieur, que la moitié de vos éloges, permettez-moi d'offrir l'autre à monsieur le juge de paix.

Le père Plantat voulut protester.

— Oh ! fit-il, pour quelques renseignements ! Sans moi vous arriviez quand même à la vérité.

Le juge d'instruction s'était levé. Noblement, mais non sans un certain effort, il tendit la main à M. Lecoq qui la serra respectueusement.

— Vous m'épargnez, monsieur, lui dit-il, de grands remords. Certes, l'innocence de Guespin aurait été tôt ou tard reconnue ; mais l'idée d'avoir retenu un innocent en prison, de l'avoir harcelé de mes interrogatoires, aurait longtemps tourmenté ma conscience et troublé mon sommeil.

— Dieu sait cependant que ce pauvre Guespin n'est

guère intéressant, répond l'agent de la sûreté. Je lui en voudrais cruellement si je n'etais certain qu'il est plus d'à moitié fou.

M. Domini eut un tressaillement.

— Je vais faire lever son secret aujourd'hui même, dit-il, à l'instant.

— Ce sera certes un acte de charité, fit M. Lecoq, mais la peste soit de l'entêté. Il lui était si facile de simplifier ma tâche! J'ai bien pu, en effet, le hasard m'aidant, reconstituer les faits principaux, trouver l'idée de la commission, soupçonner l'intervention d'une femme; je ne saurais, n'etant pas sorcier, deviner les détails. Comment miss Fancy est-elle mêlée à cette affaire? Est-elle complice? n'a-t-elle fait que jouer un rôle dont elle ignorait l'intention? Où s'est-elle rencontrée avec Guespin, où l'at-elle entraîné? Il est évident que c'est elle qui a grisé le pauvre diable pour l'empêcher d'aller aux Batignolles. Il faut que Trémorel lui ait conté quelque fable. Laquelle?

— Je crois, moi, interrompit le juge de paix, que Trémorel ne s'est pas, pour si peu, mis en frais d'imagination. Il aura chargé Guespin et Fancy d'une commission sans leur donner la moindre explication.

M. Lecoq réfléchit une minute.

— Peut-être avez-vous raison, monsieur, dit-il enfin. Il fallait cependant que Fancy eût des ordres particuliers pour empêcher Guespin d'avoir un alibi à fournir.

— Mais, fit M. Domini, cette Fancy nous expliquera tout.

— J'y compte bien, monsieur, et j'espère bien qu'avant quarante-huit heures, je l'aurai retrouvée et expédiée à Corbeil sous bonne escorte.

Il se leva sur ces mots, et alla prendre sa canne et son chapeau qu'il avait, en entrant, déposés dans un coin.

— Avant de me retirer... dit-il au juge d'instruction.

— Oui, je sais, interrompit M. Domini, vous attendez le mandat d'arrêt du comte Hector de Trémorel.

— En effet, répondit M. Lecoq, puisque maintenant monsieur le juge pense comme moi qu'il est vivant...

— Je ne le crois pas, j'en suis sûr.

Et rapprochant son fauteuil de son bureau, M. Domini se mit à libeller cet acte terrible qui s'appelle un mandat d'arrêt.

« DE PAR LA LOI,

« NOUS,

« Juge d'instruction près le tribunal de première ins-
« tance de l'arrondissement, etc... Vu les articles 91 et
« 94 du Code d'instruction criminelle,

« Mandons et ordonnons, à tous agents de la force pu-
« blique d'arrêter en se conformant à la loi, le nommé
« Hector de Trémorel, etc., etc. »

Lorsqu'il eut terminé :

— Tenez, dit-il, en remettant le mandat à M. Lecoq, et puissiez-vous réussir bientôt à retrouver ce grand coupable.

— Oh! il le retrouvera, s'écria l'agent de Corbeil.

— Je l'espère, du moins. Quant à dire comment je m'y prendrai, je n'en sais rien encore, j'arrêterai mon plan de bataille cette nuit.

L'agent de la sûreté prit alors congé de M. Domini et se retira suivi du père Plantat. Le docteur Gendron restait avec le juge pour s'entendre au sujet de l'exhumation de Sauvresy.

M. Lecoq allait sortir du palais de justice, lorsqu'il se sentit tirer par la manche. Il se retourna, c'était l'agent de Corbeil qui venait lui demander sa protection, le conjurant de le prendre avec lui, persuadé qu'après avoir servi sous un si grand capitaine, il serait lui aussi très-fort. M. Lecoq eut bien du mal à s'en débarrasser.

Enfin, il se trouvait seul dans la rue avec le vieux juge de paix.

— Il se fait tard, lui dit le père Plantat, vous serait-il agréable de partager encore mon modeste dîner et d'accepter ma cordiale hospitalité ?

— Ce m'est un vrai chagrin, monsieur, de vous refuser, répondit M. Lecoq, mais je dois être ce soir à Paris.

— C'est que, reprit le vieux juge de paix — et il hésitait — c'est que j'aurais vivement désiré vous parler, vous entretenir...

— Au sujet de M`<sup>lle</sup>` Courtois, n'est-ce pas?

— Oui, j'ai un projet, et si vous vouliez m'aider...

M. Lecoq serra affectueusement les mains du père Plantat.

— Je vous connais depuis bien peu d'heures, monsieur, dit-il, et cependant je vous suis dévoué autant que je le serais à un vieil ami. Tout ce qu'il me sera humainement possible de faire pour vous être agréable ou utile, je le ferai.

— Mais où vous voir, car aujourd'hui on m'attend à Orcival.

— Eh bien! demain matin, à neuf heures, chez moi, rue Montmartre, n°...

— Merci! merci mille fois, j'y serai.

Et, arrivés à la hauteur de l'hôtel de la *Belle Image,* ils se séparèrent.

XXIV

Neuf heures venaient de sonner à Saint-Eustache et on entendait encore la grosse cloche du carreau des halles, lorsque le père Plantat arriva rue Montmartre et s'engagea dans l'allée obscure de la maison qui porte le n°...

— M. Lecoq? demanda-t-il à une vieille femme occu-

pée à préparer le mou du déjeuner de trois énormes matous qui miaulaient autour d'elle.

La portière le toisa d'un air à la fois surpris et goguenard.

C'est que le père Plantat, lorsqu'il est habillé, a beaucoup plus l'air d'un vieux gentilhomme que la tournure d'un ancien avoué de petite ville. Or, bien que l'agent de la sûreté reçoive beaucoup de visites de tous les mondes, ce ne sont pas précisément les vieillards du faubourg Saint-Germain qui usent son cordon de sonnette.

— M. Lecoq, répondit enfin la vieille, c'est au troisième, la porte faisant face à l'escalier.

Le juge de paix d'Orcival le gravit lentement, cet escalier, étroit, mal éclairé, glissant, rendu presque dangereux par ses recoins noirs et sa rampe gluante.

Il réfléchissait à la singularité de la démarche qu'il allait tenter. Une idée lui était venue, il ne savait pas si elle était praticable, et dans tous les cas il lui fallait les conseils et le concours de l'homme de la préfecture. Il allait être forcé de dévoiler ses plus secrètes pensées, de se confesser pour ainsi dire. Le cœur lui battait.

La porte « en face, » au troisième étage, ne ressemble pas à toutes les autres portes. Elle est de chêne plein, épaisse, sans moulures, et encore consolidée par des croisillons de fer, ni plus ni moins que le couvercle d'un coffre-fort. Au milieu, un judas est pratiqué, garni de barreaux entrecoisés à travers lesquels on passerait à peine le doigt.

On jurerait une porte de prison, si la tristesse n'en était égayée par une de ces gravures qu'on imprimait autrefois rue Saint-Jacques, collée au-dessus du guichet. Elle représente, cette gravure aux couleurs violentes, un coq qui chante, avec cette légende : *Toujours vigilant*.

Est-ce l'agent qui a placardé là ses armes parlantes ? Ne serait-ce pas plutôt un de ses hommes ?

Les portes de droite et de gauche sont condamnées, on le voit.

Après un examen qui dura plus d'une minute et des hésitations rappelant celles d'un lycéen à la porte de sa belle, le père Plantat se décida enfin à presser le bouton de cuivre de la sonnette.

Un grincement de verrous répondit à son appel. Le judas s'ouvrit et, à travers le grillage étroit, il distingua la figure moustachue d'une robuste virago.

— Vous demandez? interrogea cette femme, d'une belle voix de basse.

— M. Lecoq.

— Que lui voulez-vous?

— Il m'a donné rendez-vous pour ce matin.

— Votre nom, votre profession?

— M. Plantat, juge de paix à Orcival.

— C'est bien, attendez.

Le judas se referma et le vieux juge attendit.

— Peste! grommelait-il, n'entre pas qui veut à ce qu'il paraît chez ce digne M. Lecoq.

A peine achevait-il de formuler cette réflexion que la porte s'ouvrit, non sans un certain fracas de chaînes, de targettes et de serrures.

Il entra, et la virago, après lui avoir fait traverser une salle à manger n'ayant pour tout meubles qu'une table et six chaises, l'introduisit dans une vaste pièce, haute de plafond, moitié cabinet de toilette, moitié cabinet de travail, éclairée par deux fenêtres prenant jour sur la cour, garnies de forts barreaux très-rapprochés.

— Si monsieur veut prendre la peine de s'asseoir, fit la domestique, monsieur ne tardera pas à venir; il donne des instructions à un de ses hommes.

Mais le vieux juge de paix ne prit pas de siège; il aimait bien mieux examiner le curieux endroit où il se trouvait.

Tout un côté du mur était occupé par un portemanteau où pendaient les plus étranges et les plus disparates défroques. Là étaient accrochés des costumes appartenant

à toutes les classes de la société, depuis l'habit à large revers, dernière mode, orné d'une rosette rouge, jusqu'à la blouse de laine noire du tyran de barrière. Sur une planche, au-dessus du portemanteau, s'étalaient sur des têtes de bois une douzaine de perruques de toutes nuances. A terre, étaient des chaussures assorties aux divers costumes. Enfin, dans un coin, se voyait un assortiment de cannes assez complet et assez varié pour faire rêver un collectionneur.

Entre la cheminée et la fenêtre se trouvait une toilette de marbre blanc encombrée de pinceaux d'essences et de petits pots renfermant des opiats et des couleurs; toilette à faire pâlir d'envie une dame du Lac.

L'autre pan de mur était garni par une bibliothèque remplie d'ouvrages scientifiques. Les livres de physique et de chimie dominaient.

Enfin le milieu de la pièce était pris par un vaste bureau sur lequel s'empilaient, depuis des mois, sans doute, des journaux et des papiers de toute nature.

Mais le meuble, c'est-à-dire l'ustensile le plus apparent et le plus singulier de cette pièce était une large pelote de velours noir en forme de losange suspendue à côté de la glace.

A cette pelotte, quantité d'épingles a tête fort brillante étaient piquées, de façon à figurer des lettres dont l'assemblage formait ces deux noms : HECTOR-FANCY.

Ces noms, qui resplendissaient en argent sur le fond noir du velours tiraient les yeux dès la porte et attiraient les regards de toutes les parties de la pièce.

Ce devait être là le memento de M. Lecoq. Cette pelote était chargée de lui rappeler à toute heure du jour les prévenus qu'il poursuivait. Bien des noms sans doute avaient tour à tour brillé sur ce velours, car il était fort éraillé.

Sur le bureau, une lettre inachevée était restée ouverte; le père Plantat se pencha pour la lire, mais il en fut pour ses frais d'indiscretion, elle était écrite en chiffres.

Cependant le vieux juge de paix avait terminé son inspection, lorsque le bruit d'une porte qui s'ouvrait le fit se retourner.

Il se trouvait en face d'un homme de son âge, à peu près, à figure respectable, aux manières distinguées, un peu chauve, portant lunettes à branches d'or et vêtu d'une robe de chambre de légère flanelle claire.

Le père Plantat s'inclina.

— J'attends ici M. Lecoq... commença-t-il.

L'homme aux lunettes d'or éclata de rire, joyeusement, franchement, frappant les mains l'une contre l'autre.

— Quoi! cher monsieur, disait-il, vous ne me reconnaissez pas? Mais regardez-moi donc, c'est moi, c'est bien moi, M. Lecoq.

Et pour convaincre le juge de paix, il ôta ses lunettes.

A la rigueur, ce pouvait être l'œil de M. Lecoq, ce pouvait être aussi sa voix. Le père Plantat était abasourdi.

— Je ne vous aurais pas reconnu, dit-il.

— C'est vrai je suis un peu changé, tenue de chef de bureau. Hélas! que voulez-vous, le métier!...

Et avançant un fauteuil à son visiteur:

— J'ai mille excuses à vous demander, poursuivit-il, pour les formalités de l'entrée de ma maison. C'est une nécessité qui ne m'amuse guère. Je vous ai dit à quels périls je suis exposé; ces dangers me poursuivent jusque dans mon domicile officiel. Tenez, la semaine dernière, un facteur du chemin de fer se présente porteur d'un paquet à mon adresse. Janouille — c'est ma bonne — à laquelle dix ans de Fontevrault ont cependant donné un fier nez, ne se doute de rien et le fait entrer. Il me présente le paquet, j'allonge la main pour le prendre, pif! paf! deux coups de pistolet éclatent. Le paquet était un revolver enveloppé de toile cirée, le faux facteur était un évadé de Cayenne serré par moi l'an passé. Ah! je dois une fière chandelle à mon patron pour cette affaire-là.

Il contait cette affreuse aventure d'un ton dégagé, comme la chose la plus naturelle du monde.

— Mais en attendant qu'un mauvais coup réussisse, reprit-il, se laisser mourir de faim serait niais.

Il sonna, la virago parut aussitôt.

— Janouille, lui dit-il, à déjeuner, vite deux couverts et de bon vin surtout.

Le juge de paix avait bien du mal à se remettre.

— Vous regardez ma Janouille, poursuivait M. Lecoq. Une perle, cher monsieur, qui me soigne comme son enfant et qui pour moi passerait dans le feu. Et forte, avec cela. J'ai eu bien du mal, l'autre matin, à l'empêcher d'étrangler le faux facteur. Il faut dire que j'ai pris la peine de la trier, pour mon service, entre trois ou quatre mille réclusionnaires. Elle avait été condamnée pour infanticide et incendie. C'est à cette heure la plus honnête des créatures. Je parierais que depuis trois ans qu'elle est à mon service, elle n'a pas seulement eu la pensée de me voler un centime.

Mais le père Plantat n'écoutait que d'une oreille distraite, il cherchait le moyen de couper court aux louanges de Janouille, très-justes peut-être, mais déplacées à son avis, et de ramener l'entretien aux faits de la veille.

— Je vous dérange peut-être un peu matin, M. Lecoq? commença-t-il.

— Moi! vous n'avez donc pas vu mon enseigne?... Toujours vigilant! Tel que vous me voyez, j'ai déjà fait dix courses ce matin et taillé de la besogne à trois de mes hommes. Ah! nous n'avons guère de morte saison nous autres! Même je suis allé jusqu'aux *Forges de Vulcain* chercher des nouvelles de ce pauvre diable de Guespin.

— Et que vous a-t-on appris?

— Que j'avais deviné juste. C'est mercredi soir, à dix heures moins le quart, qu'il a changé un billet de cinq cents francs.

— C'est-à-dire que le voilà sauvé?

— Ou à peu près. Il le sera tout à fait quand nous aurons retrouvé miss Jenny Fancy.

Le vieux juge de paix ne put dissimuler un mouvement de contrariété.

— Ce sera peut-être bien long, fit-il, bien difficile ?

— Bast! pourquoi cela ? Elle est sur ma pelote, nous l'aurons, à moins de jouer de malheur, avant la fin de la journée.

— Le croyez-vous, vraiment ?

— A tout autre qu'à vous, monsieur, je répondrais : J'en suis sûr. Songez donc que cette créature a été la maîtresse du comte de Trémorel, un homme en vue, un prince de la mode. Quand une fille retombe au ruisseau, après avoir, comme on dit, ébloui pendant six mois tout Paris de son luxe, elle ne disparaît pas tout à fait comme une pierre dans la vase. Quand elle n'a plus un ami, il reste des créanciers qui la suivent, qui l'observent, guettant le jour où de nouveau la fortune lui sourira. Elle ne s'inquiète pas d'eux, elle croit qu'ils l'oublient : erreur! Il est telle marchande à la toilette que je connais, dont la cervelle est tout ensemble le Vapereau et le Bottin du monde galant. Elle m'a souvent rendu des services, la digne femme. Nous irons, si vous le voulez bien, la trouver après déjeuner et en deux heures elle nous aura l'adresse de cette miss Fancy. Ah! si j'étais aussi sûr de pincer Trémorel.

Le père Plantat eut un soupir de satisfaction. Enfin, la conversation prenait la direction qu'il désirait.

— Vous pensez donc à lui ? demanda-t-il.

— Si j'y pense, s'écria M. Lecoq, que ce doute fit bondir sur son fauteuil, mais voyez donc ma pelote ! Je ne pense absolument, exactement qu'à ce misérable depuis hier. Il est cause que je n'ai pas fermé l'œil de la nuit. Il me le faut, je le veux, je l'aurai.

— Je n'en doute pas, fit le juge de paix, mais quand ?

— Ah! voilà. Peut-être demain, peut-être seulement dans un mois, cela dépend de la justesse de mes calculs, de l'exactitude de mon plan.

— Quoi! votre plan est fait?
— Et arrêté, oui, monsieur.

Le père Plantat était devenu l'attention même.

— Je pars, reprit l'agent de la sûreté, de ce principe qu'il est impossible à un homme accompagné d'une femme de se dérober aux investigations de la police. Ici, la femme est jeune, elle est jolie et elle est enceinte; trois impossibilités de plus.

Ce principe admis, étudions le comte de Trémorel.

Est-ce un homme d'une perspicacité supérieure? Non, puisque nous avons éventé ses ruses. Est-ce un imbécile? Non, puisque ces manœuvres ont failli prendre des gens qui ne sont pas des sots. C'est donc un esprit moyen auquel son éducation, ses lectures, ses relations, les conversations quotidiennes ont procuré une somme de connaissances dont il tirera parti.

Voilà pour l'esprit. Nous connaissons le caractère: mou, faible, vacillant, n'agissant qu'à la dernière extrémité. Nous l'avons vu ayant en horreur les déterminations définitives, cherchant toujours des biais, des transactions. Il est porté à se faire des illusions, à tenir ses désirs pour événements accomplis, enfin il est lâche.

Et quelle situation est la sienne? Il a tué sa femme, il espère avoir fait croire à sa mort, il enlève une jeune fille, il a en poche une somme qui approche et peut-être même dépasse un million.

Maintenant, étant donnés la situation, le caractère et l'esprit d'un homme, peut-on, par l'effort de la réflexion, en raisonnant sur ses actions connues, découvrir ce qu'il a fait en telle ou telle circonstance?

Je crois que oui, et j'espère vous le prouver.

M. Lecoq s'était levé et arpentait son cabinet de travail ainsi qu'il a coutume de le faire, toutes les fois qu'il expose et développe ses théories policières.

— Voyons donc, poursuivait-il, comment je dois m'y prendre pour arriver à découvrir la conduite probable d'un homme dont les antécédents, le caractère et l'esprit me sont connus? Pour commencer je dépouille mon

individualité et m'efforce de revêtir la sienne. Je substitue son intelligence à la mienne. Je cesse d'être l'agent de la sûreté, pour être cet homme, quel qu'il soit.

Dans notre cas, par exemple, restant moi, je sais fort bien ce que je ferais. Je prendrais de telles mesures que je dépisterais tous les détectifs de l'univers. Mais j'oublie M. Lecoq pour devenir le comte Hector de Trémorel.

Recherchons donc quels ont dû être les raisonnements d'un homme assez misérable pour voler la femme de son ami et pour laisser ensuite empoisonner cet ami sous ses yeux.

Nous savons déjà que Trémorel a longtemps hésité avant de se résoudre au crime. La logique des événements, que les imbéciles appellent la fatalité, le poussait. Il est certain qu'il a envisagé le meurtre sous toutes ses faces, qu'il en a étudié les suites, qu'il a cherché tous les moyens de se soustraire à l'action de la justice. Toutes ses actions ont été combinées et arrêtées longtemps à l'avance, et ni la nécessité immédiate ni l'imprévu n'ont troublé ses réflexions.

Du moment où le crime a été décidé dans son esprit, il s'est dit : « Voici Berthe assassinée; grâce à mes mesures on me croit tué aussi; Laurence que j'enlève écrit une lettre où elle annonce son suicide; j'ai de l'argent, que faut-il faire ? »

Le problème, je le crois du moins, est bien posé ainsi.

— Oui, parfaitement, approuva le père Plantat.

— Naturellement, Trémorel a dû choisir entre tous les systèmes de fuite dont il avait oui parler, ou qui se présentaient à son imagination, celui qui lui semblait le plus sûr et le plus prompt.

A-t-il songé à s'expatrier ?

C'est plus que probable. Seulement, comme il n'est pas dénué de sens, il a compris que c'est à l'étranger surtout qu'il est malaisé de faire perdre sa piste. Qu'on quitte la France pour éviter le châtiment d'un délit; rien

de mieux. Passer la frontière pour un crime porté sur les cartels d'extradition est tout simplement une énorme absurdité.

Vous imaginez-vous un homme et une femme égarés dans une contrée dont ils ne parlent pas la langue? Aussitôt, ils sont signalés à l'attention, observés, remarqués, suivis. Ils ne font pas un achat qui ne soit commenté, il n'est pas un de leurs mouvements qui échappe à la curiosité des désœuvrés.

Plus on va loin, plus le danger d'être pris augmente. Veut-on franchir l'Océan et gagner cette libre Amérique, où les avocats pillent leurs clients? Il faut s'embarquer, et du jour où on a mis le pied sur les planches d'un navire, on peut se considérer comme perdu. Il y a dix-neuf à parier contre vingt qu'au port d'arrivée on trouvera un agent armé d'un mandat d'amener.

Notez que je parle seulement pour mémoire de la police du pays où on se réfugie, laquelle cependant a toujours l'œil ouvert sur les étrangers.

A Londres même, je me fais fort de retrouver en huit jours un Français, à moins toutefois qu'il ne parle assez purement l'anglais pour se dire citoyen du Royaume-Uni.

Telles ont été les réflexions de Trémorel. Il s'est souvenu de mille tentatives avortées, de cent aventures surprenantes racontées par les journaux et très-certainement il a renoncé à l'étranger.

— C'est clâir, s'écria le père Plantat, c'est net, c'est précis. C'est en France que nous devons chercher les fugitifs.

— Oui, monsieur, oui, répondit M. Lecoq, vous l'avez dit. Examinons donc où et comment on peut se cacher en France.

Sera-ce une province? Non, évidemment.

A Bordeaux, qui est un de nos plus grands centres, on regarde passer l'homme qui n'est pas de Bordeaux. Les boutiquiers des fossés de l'Intendance qui flânent sur le

pas de leur magasin, se disent : « Eh ! connaissez-vous ce monsieur-là ? »

Pourtant il est deux villes où on peut passer inaperçu : Marseille et Lyon. Mais elles sont fort éloignées, mais il faut risquer un long voyage. Et rien n'est si dangereux que le chemin de fer depuis l'etablissement du télégraphe electrique. On fuit, c'est vrai, on va vite, c'est positif, mais en entrant dans un wagon on se ferme toute issue, et jusqu'à l'instant où on descend, on reste sous la main de la police.

Trémorel sait tout cela aussi bien que nous. Ecartons donc toutes les villes de province. Ecartons aussi Lyon et Marseille.

— Impossible, en effet, de se cacher en province !

— Pardon, il est un moyen. Il s'agit simplement d'acheter loin de toute ville, loin du chemin de fer, quelque propriété modeste et d'aller s'y etablir sous un faux nom. Mais ce moyen excellent est fort au-dessus de la portée de notre homme, et son exécution nécessite des démarches préparatoires qu'il ne pouvait risquer, surveillé comme il l'était par sa femme.

Ainsi le champ des investigations utiles se rétrécit singulièrement. Nous laissons de côté l'étranger, la province, les grandes villes, la campagne ; reste Paris. C'est à Paris, monsieur, que nous devons chercher Trémorel.

M. Lecoq s'exprimait avec l'aplomb et la certitude d'un professeur de mathématiques sorti de l'école normale, qui, debout devant le tableau noir, la craie à la main, demontre victorieusement à ses élèves que deux lignes parallèles, indéfiniment prolongées, ne se rencontreront jamais.

Le vieux juge de paix écoutait, lui, comme n'écoutent pas les écoliers. Mais déjà il s'habituait à la lucidité surprenante de l'agent de la sûreté et il ne s'émerveillait plus. Depuis vingt-quatre heures qu'il assistait aux calculs et aux tâtonnements de M. Lecoq, il saisissait le mécanisme de ses investigations et s'appropriait presque

le procédé. Il trouvait tout simple qu'on raisonnât ainsi. Il s'expliquait à cette heure certains exploits de la police active qui jusqu'alors lui avait semblé tenir du prodige.

Mais ce que M. Lecoq appelait un champ d'investigations restreint lui paraissait encore l'immensité.

— Paris est grand, observa-t-il.

L'agent de la sûreté eut un magnifique sourire.

— Dites immense, répondit-il, mais il est à moi. Paris entier est sous la loupe de la rue de Jérusalem comme une fourmilière sous le microscope du naturaliste.

Cela étant, me demanderez-vous, comment se trouve-t-il encore à Paris des malfaiteurs de profession ?

Ah ! monsieur, c'est que la légalité nous tue. Nous ne sommes pas les maîtres, malheureusement. La loi nous condamne à n'user que d'armes courtoises contre des adversaires pour qui tous les moyens sont bons. Le parquet nous lie les mains. Les coquins sont habiles, mais croyez que notre habileté est mille fois supérieure.

— Mais, interrompit le père Plantat, Trémorel est désormais hors la loi, nous avons un mandat d'amener.

— Qu'importe ? le mandat me donne-t-il le droit de fouiller sur-le-champ les maisons où j'ai lieu de supposer qu'il s'est réfugié ! Non. Que je me présente chez un des anciens amis du comte Hector, il me jettera la porte au nez. En France, monsieur, la police a contre elle non-seulement les coquins, mais encore les honnêtes gens.

Toutes les fois que par hasard M. Lecoq aborde cette thèse, il s'emporte et en arrive à des propositions étranges. Son ressentiment est profond comme l'injustice. Avec la conscience d'immenses services rendus, il a le sentiment d'une sorte de réprobation qui l'exaspère.

Par bonheur, au moment où il était le plus animé, un brusque mouvement le mit en face de la pelote. Il s'arrêta court.

— Diable ! fit-il, j'oubliais Hector.

Le père Plantat, lui, tout en subissant, faute de pouvoir faire autrement, le débordement d'indignation de l'homme de la préfecture, ne pouvait cesser de penser à l'assassin, au séducteur de Laurence.

— Vous disiez, fit-il, que c'est à Paris que nous devons chercher Trémorel.

— Et je disais vrai, monsieur le juge de paix, répondit M. Lecoq d'un ton plus calme. J'en suis venu à cette conclusion que c'est ici, peut-être à deux rues de nous, peut-être dans la maison voisine, que sont cachés nos deux fugitifs. Mais poursuivons nos calculs de probabilités.

Hector connaît trop bien son Paris pour espérer se dissimuler une semaine seulement dans un hôtel ou même dans une maison meublée. Il sait que les garnis — l'hôtel Meurice aussi bien que l'auberge de la Limace — sont l'objet d'une surveillance toute spéciale et sont dans la main de la préfecture.

Ayant du temps devant lui, il a très-certainement songé à louer un appartement dans quelque maison à sa convenance.

— Il a fait, il y a environ un mois ou un mois et demi, trois ou quatre voyages à Paris.

— Alors, plus de doute. Il a retenu sous un faux nom un appartement, il a payé un terme d'avance, et aujourd'hui il est bien chez lui.

A cette affirmation de l'agent de la sûreté, la physionomie du père Plantat exprima un découragement affreux.

— Je ne sens que trop, monsieur, dit-il tristement, que vous êtes dans le vrai. Mais alors, le misérable n'est-il pas perdu pour nous? Faudra-t-il donc attendre qu'un hasard nous le livre? Fouillerez-vous une à une toutes les maisons de Paris!

Le nez de l'agent de la sûreté frétilla sous ses lunettes d'or, et le juge de paix, qui avait observé que ce petillement était bon signe, sentit renaître toutes ses espérances.

— C'est que j'ai beau me creuser la tête... commença-t-il.

— Pardon, interrompit M. Lecoq, Trémorel ayant loué un appartement, a dû, n'est-il pas vrai, s'occuper de le meubler.

— Evidemment.

— Et de le meubler somptueusement, qui plus est. D'abord parce qu'il aime le luxe et qu'il a de l'argent; ensuite parce qu'enlevant une jeune fille il ne peut la faire passer de la riche maison de son père dans un galetas. Je gagerais volontiers qu'ils ont un salon aussi beau que celui du Valfeuillu.

— Hélas! que nous importe!

— Peste! cher monsieur, cela nous importe fort, comme vous l'allez voir. Voulant beaucoup de meubles, et de beaux meubles, Hector ne s'est pas adressé à un brocanteur. Il n'avait le temps ni d'acheter rue Drouot, ni de courir le faubourg Saint-Antoine. Donc il est allé simplement trouver un tapissier.

— Quelque tapissier à la mode...

— Non, il aurait risqué d'être reconnu et il est clair qu'il s'est présenté sous un faux nom, sous celui qu'il a donné à l'appartement. Il a choisi quelque tapissier habile et modeste, il a commandé, s'est assuré que tout serait livré à une époque fixe et a payé.

Le juge de paix ne put retenir une exclamation de joie, il commençait à comprendre.

— Ce marchand, poursuivait M. Lecoq, a dû garder le souvenir de ce riche client qui n'a pas marchandé et qui a payé comptant. S'il le revoyait, il le reconnaîtrait.

— Quelle idée! s'écria le père Plantat hors de lui, vite, bien vite, procurons-nous des portraits de Trémorel, des photographies, envoyons un homme à Orcival.

M. Lecoq eut ce fin sourire qui lui monte aux lèvres, chaque fois qu'il donne une nouvelle preuve d'habileté.

— Remettez-vous, monsieur le juge de paix, dit-il, j'ai fait le nécessaire. Hier, pendant l'enquête, j'avais

glissé dans ma poche trois cartes du comte. Ce matin, j'ai relevé sur le Bottin le nom et l'adresse de tous les tapissiers de Paris et j'en ai fait trois listes. A cette heure, trois de mes hommes ayant chacun une liste et une photographie, vont de tapissier en tapissier, demandant : « Est-ce vous qui êtes le tapissier de ce monsieur ? » Si l'un d'eux repond : « oui, » nous tenons l'homme.

— Et nous le tenons! s'écria le père Plantat, pâle d'émotion.

— Pas encore, ne chantons pas victoire. Il se peut qu'Hector ait eu la prudence de ne pas aller en personne chez le tapissier. En ce cas nous sommes distancés. Mais non ! il n'aura pas eu cette prudence...

M. Lecoq s'interrompit. Pour la troisième fois, Janouille, entr'ouvrant la porte du cabinet, criait de sa belle voix de basse :

— Monsieur est servi !...

C'est un remarquable cordon bleu que Janouille, l'ancienne réclusionnaire, le père Plantat s'en aperçut dès les premières bouchées. Mais il n'avait pas faim et il ne pouvait prendre sur lui de se forcer à manger. Il lui était impossible de songer à autre chose qu'à ce projet qu'il voulait soumettre à M. Lecoq, et il ressentait cette oppression douloureuse qui précède l'exécution d'un acte auquel on ne se resout qu'à regret.

En vain l'agent de la sûreté, qui est un grand mangeur comme tous les hommes d'une activité dévorante, s'efforçait d'égayer son hôte ; en vain il remplissait son verre d'un bordeaux exquis, présent d'un banquier dont il a retrouvé le caissier qui était allé prendre l'air de Bruxelles.

Le vieux juge de paix restait silencieux et triste, ne répondant que par monosyllabes. Il s'encourageait à parler et intérieurement combattait le puéril amour-propre qui le retenait au dernier moment.

Il ne croyait pas, en venant, qu'il aurait ces hésitations qu'il taxait d'absurdes. Il s'était dit : « J'entrerai et

je m'expliquerai. » Mais voila qu'il était pris de ces pudeurs irréfléchies qui embarrassent un vieillard obligé de confesser ses faiblesses à un jeune homme et qui font monter le rouge à son front.

Redoutait-il donc le ridicule ? Non. Sa passion d'ailleurs était bien au-dessus d'un sarcasme ou d'un sourire ironique. Et que risquait-il ? Rien. Est-ce que ce policier auquel il n'osait plus confier ses secrètes pensées ne les avait pas devinées ? N'avait-il pas su lire dans son âme dès les premiers instants, et plus tard ne lui avait-il pas arraché un aveu.

Ainsi il réfléchissait en lui-même, lorsque le timbre de l'entrée retentit.

— Monsieur, vint dire Janouille, un agent de Corbeil, nommé Goulard, demande à vous parler. Dois-je lui ouvrir ?

— Oui, et fais-le entrer ici.

On entendit le fracas des verrous et de la chaîne de la porte, et presque aussitôt Goulard parut dans la salle à manger.

L'agent, cher à M. Domini, avait endossé ses plus beaux habits, passé du linge blanc et arboré son col de crin le plus haut. Il était respectueux et raide, comme il convient à un ancien militaire qui a appris au régiment que le respect se mesure à la raideur.

— Que diable viens-tu chercher ici, lui demanda brutalement M. Lecoq, et qui s'est permis de te donner mon adresse ?

— Monsieur, répondit Goulard, visiblement intimidé par cette réception, daignez m'excuser, je suis envoyé par M. le docteur Gendron pour remettre cette lettre à monsieur le juge de paix d'Orcival.

— En effet, dit le père Plantat, j'ai, hier soir, prié Gendron de me faire connaître par une dépêche le résultat de l'autopsie, et ne sachant à quel hôtel je descendrais, je me suis permis de lui demander de me l'adresser chez vous.

M. Lecoq, aussitôt, voulut rendre à son hôte la lettre que venait de lui remettre Goulard.

— Oh! ouvrez-la, fit le juge de paix, il n'y a aucune indiscrétion...

— Soit, répondit l'agent de la sûreté, mais passons dans mon cabinet.

Et appelant Janouille :

— Tu vas, lui dit-il, faire déjeuner ce gaillard-là. As-tu mangé ce matin?

— J'ai tué le ver, monsieur, simplement.

— Alors, donne un bon coup de dent en m'attendant, et bois une bouteille à ma santé.

Renfermé de nouveau dans son cabinet avec le père Plantat :

— Voyons un peu, fit l'agent de la sûreté, ce que nous dit le docteur.

Il brisa le cachet et lut :

« Mon cher Plantat,

« Vous m'avez demandé une dépêche, autant vous « griffonner en toute hâte une vingtaine de lignes que je « vous fais porter chez notre sorcier... »

— Oh! murmura M. Lecoq s'interrompant, M. Gendron est trop bon, trop indulgent, en vérité!

N'importe, le compliment lui allait au cœur. Il reprit :

« ..... Ce matin à trois heures, nous avons procédé à « l'exhumation du corps de ce pauvre Sauvresy. Certes, « plus que personne je déplore les circonstances af- « freuses de la mort de ce digne et excellent homme, « mais d'un autre côté, je ne puis m'empêcher de me ré- « jouir de cette occasion unique et admirable qui m'est « offerte d'expérimenter sérieusement et de démontrer « l'infaillibilité de mes papiers sensibilisés... »

— Maudits savants! s'écria le père Plantat indigné, ils sont tous les mêmes.

— Pourquoi? Je m'explique très-bien le sentiment in-

volontaire du docteur. Puis-je n'être pas ravi lorsque je rencontre un beau crime ?

Et, sans attendre la réplique du juge de paix, il poursuivit la lecture de la lettre :

« L'expérience promettait d'être d'autant plus con-
« cluante que l'aconitine est un des alcaloïdes qui se
« dérobent le plus opiniâtrément aux investigations et à
« l'analyse.

« Vous savez comment je procède ? Après avoir fait
« chauffer fortement dans deux fois leur poids d'alcool
« les matières suspectes, je fais couler doucement le li-
« quide dans un vase à bords peu élevés, dont le fond
« est garni d'un papier sur lequel je suis parvenu à fixer
« mes réactifs.

« Mon papier conserve-t-il sa couleur ? Il n'y a pas de
« poison. En change-t-il ? Le poison est constant.

« Ici, mon papier, d'un jaune clair, devait, si nous ne
« nous trompions pas, se couvrir de taches brunes, ou
« même devenir complètement brun.

« D'avance, j'avais expliqué l'expérience au juge d'in-
« struction et aux experts qui m'étaient adjoints.

« Ah ! mon ami, quel succès ! Aux premières gouttes
« d'alcool, le papier est devenu subitement du plus beau
« brun foncé. C'est vous dire que votre récit était de la
« dernière exactitude.

« Les matières soumises à mon examen étaient littéra-
« lement saturées d'aconitine. Jamais, dans mon labora-
« toire, opérant à loisir, je n'ai obtenu des résultats plus
« décisifs.

« Je m'attends à voir, à l'audience, contester la sûreté
« de mon expérimentation, mais j'ai des moyens de vé-
« rification et de contre-expertise tels, que je confondrai
« certainement tous les chimistes qu'on m'opposera.

« Je pense, mon cher ami, que vous ne serez pas in-
« différent à la légitime satisfaction que j'éprouve... »

La patience du père Plantat était à bout.

— C'est inouï, s'écria-t-il d'un ton furieux, ou,

c'est incroyable, sur ma parole. Dirait-on que c'est dans son laboratoire qu'a été volé ce poison qu'il cherche dans le cadavre de Sauvresy ? Que dis-je ? Ce cadavre n'est plus pour lui que de la « matière suspecte. » Et déjà il se voit à la cour d'assises discutant les mérites de son papier sensibilisé.

— Il est de fait qu'il a raison de compter sur des contradicteurs.

— Et en attendant il s'exerce, il expérimente, il analyse du plus beau sang-froid du monde ; il continue son abominable cuisine, il fait bouillir, il filtre, il prépare ses arguments !...

M. Lecoq était bien loin de partager la colère du juge de paix.

Même, cette perspective de débats acharnés lui souriait assez. D'avance il se figurait quelque terrible lutte scientifique, rappelant la dispute célèbre d'Orfila et de Raspail, des chimistes de province et des chimistes de Paris.

— Il est certain, prononça-t-il, que si ce lâche gredin de Trémorel a assez de tenue pour nier l'empoisonnement de Sauvresy, ce qui sera son intérêt, nous assisterons à un superbe procès.

Ce seul mot : procès, mit brusquement fin aux longues irrésolutions du père Plantat.

— Il ne faut pas, s'écria-t-il, non, il ne faut pas qu'il y ait de procès.

L'incroyable violence de ce père Plantat, si calme, si froid, si maître de soi habituellement, parut confondre M. Lecoq.

— Eh ! eh ! pensa-t-il, je vais tout savoir.

Puis, à haute voix, il ajouta :

— Comment, pas de procès ?

Le père Plantat était devenu plus blanc que son linge, un tremblement nerveux le secouait, sa voix était rauque et comme brisée par des sanglots.

— Je donnerais ma fortune, reprit-il, pour éviter des débats. Oui, toute ma fortune et ma vie par dessus le

marché, bien qu'elle ne vaille plus grand' chose. Mais comment soustraire ce misérable Tremorel à un jugement? Quel subterfuge imaginer? Seul, M. Lecoq, seul vous pouvez me conseiller en cette extrémité affreuse où vous me voyez réduit, seul vous pouvez m'aider, me tendre la main. S'il existe un moyen au monde, vous le trouverez, vous me sauverez...

— Mais, monsieur... commença l'agent de la sûreté.

— De grâce, écoutez-moi, et vous me comprendrez. Je vais être franc, sincère comme je le serais vis-à-vis de moi-même, et vous allez vous expliquer mes irrésolutions, mes réticences, toute ma conduite en un mot depuis hier.

— Je vous écoute, monsieur.

— C'est une triste histoire. J'étais arrivé à cet âge où le sort d'un homme est, dit-on, fini, lorsque tout à coup la mort m'a pris ma femme et mes deux fils, toute ma joie, toutes mes expérances en ce monde. Je me trouvais seul en cette vie plus perdu que le naufragé au milieu de la mer, sans une épave pour me soutenir. Je n'étais qu'un corps sans âme, lorsque le hasard m'a fait venir m'installer à Orcival.

A Orcival, j'ai vu Laurence. Elle venait d'avoir quinze ans, et jamais créature de Dieu ne réunit tant d'intelligence, de grâces, d'innocence et de beauté.

Courtois était mon ami, bientôt elle devint comme ma fille. Sans doute, je l'aimais dès ce temps-là, mais je ne me l'avouais pas, je ne voyais pas clair en moi. Elle était si jeune, et moi j'avais des cheveux blancs. Je me plaisais à me persuader que mon affection était celle d'un père, et c'est comme un père qu'elle me traitait. Ah! qui dira les heures délicieuses passées à écouter son gentil babil et ses naïves confidences. Lorsque je la voyais courir dans mes allées, piller les roses que j'élevais pour elle, dévaster mes serres, j'étais heureux, je me disais que l'existence est un beau présent de Dieu. Mon rêve alors était de la suivre dans la vie, j'aimais à me la représenter mariée à un honnête homme la rendant heu-

reuse, et je restais l'ami de la femme après avoir été le confident de la jeune fille. Si je m'occupais de ma fortune, qui est considérable, c'est que je pensais à ses enfants, c'est pour eux que je thésaurisais. Pauvre, pauvre Laurence.

M. Lecoq paraissait mal à l'aise sur son fauteuil, il s'agitait beaucoup, il toussait, il passait son mouchoir sur sa figure, au risque d'effacer sa peinture. La vérité est qu'il était bien plus ému qu'il ne le voulait laisser paraître.

— Un jour, poursuivit le père Plantat, mon ami Courtois me parla du mariage de sa fille et du comte de Trémorel. Ce jour-là je mesurai la profondeur de mon amour. Je ressentais de ces douleurs atroces qu'il est impossible de décrire. Ce fut comme un incendie qui a longtemps couvé et qui tout à coup, si on ouvre une fenêtre, éclate et dévore tout. Être vieux et aimer une enfant! J'ai cru que je deviendrais fou. J'essayais de me raisonner, de me railler, à quoi bon! Que peuvent contre la passion, la raison ou les sarcasmes. « Vieux céladon ridicule, me disais-je, ne rougis-tu pas, veux-tu bien te taire! » Je me taisais et je souffrais. Pour comble, Laurence m'avait choisi pour confident; quelle torture! Elle venait me voir pour me parler d'Hector. En lui, elle admirait tout et il lui paraissait supérieur aux autres hommes, à ce point que nul ne pouvait même lui être comparé. Elle s'extasiait sur sa hardiesse à cheval, elle trouvait ses moindres propos sublimes. J'étais fou, c'est vrai, mais était folle.

— Saviez-vous, monsieur, quel misérable était ce Trémorel?

— Hélas! je l'ignorais encore. Que m'importait à moi, cet homme qui vivait au Valfeuillu! Mais du jour où j'ai su qu'il allait me ravir mon plus précieux trésor, qu'on allait lui donner ma Laurence, j'ai voulu l'étudier. J'aurais trouvé une sorte de consolation à le savoir digne d'elle. Je me suis donc attaché à lui, M. Lecoq, comme vous vous attachez au prévenu que vous poursuivez. Que de

voyages à Paris, à cette époque où je voulais pénétrer sa vie ! Je faisais votre métier ; j'allais questionnant tous ceux qui l'avaient connu, et mieux j'apprenais à le connaître, plus j'apprenais à le mépriser. C'est ainsi que j'ai découvert les rendez-vous avec miss Fancy, que j'ai deviné ses relations avec Berthe.

— Pourquoi n'avoir rien dit ?

— L'honneur me commandait le silence. Avais-je le droit de déshonorer un ami, de ruiner son bonheur, de perdre sa vie, au profit d'un amour grotesque et sans espoir. Je me suis tû, me bornant à parler de Fancy à Courtois qui ne faisait que rire de ce qu'il appelait une amourette. Pour dix paroles hasardées contre Hector, Laurence avait presque cessé de venir me visiter.

— Ah ! s'écria l'agent de la sûreté, je n'aurais eu, monsieur, ni votre patience ni votre générosité.

— C'est que vous n'avez pas mon âge, monsieur ! Ah ! je le haïssais cruellement ce Trémorel. En voyant trois femmes si différentes éprises de lui jusqu'à en perdre la tête, je me disais : « Qu'a-t-il donc pour être ainsi aimé ? »

— Oui ! murmura M. Lecoq, répondant à une pensée secrète, les femmes se trompent souvent, elles ne jugent pas les hommes comme nous les jugeons.

— Que de fois, continuait le vieux juge de paix, que de fois j'ai songé à provoquer ce misérable, à me battre avec lui, à le tuer. Mais Laurence n'aurait pas voulu me revoir. Pourtant, j'aurais parlé peut-être, si Sauvresy n'était tombé malade et n'était mort. Je savais qu'il avait fait jurer à sa femme et à son ami de s'épouser, je savais qu'une raison terrible les forçait à tenir leur serment, je crus Laurence sauvée. Hélas ! elle était perdue au contraire. Un soir, comme je passais le long de la maison du maire, je vis un homme qui pénétrait dans le jardin en franchissant le mur. Cet homme, c'était Trémorel, je le reconnus parfaitement. J'eus un mouvement de rage terrible, je me jurai que j'allais l'attendre et l'assassiner ; et j'attendis. Il ne ressortit pas cette nuit-là.

Le père Plantat avait caché son visage entre ses mains. Son cœur se brisait au souvenir de cette nuit d'angoisses, passée tout entière à attendre un homme pour le tuer.

M. Lecoq, lui, frémissait d'indignation.

— Mais ce Trémorel, s'écria-t-il, est le dernier des misérables. En vain on chercherait une excuse à ses infamies et à ses crimes. Et vous voudriez, monsieur, l'arracher à la cour d'assises, le soustraire au bagne ou à l'échafaud qui l'attendent !

Le vieux juge de paix fut un moment sans répondre.

Ainsi qu'il arrive dans les grandes crises, entre toutes les idées qui se pressaient tumultueuses dans son esprit, il ne savait laquelle présenter la première. Les mots lui semblaient impuissants à exprimer ses sensations. Il aurait voulu, en une seule phrase, traduire tout ce qu'il ressentait comme il le ressentait.

— Que me fait Trémorel ? dit-il enfin, est-ce que je me soucie de lui ! Qu'il vive ou qu'il meure, qu'il réussisse à fuir ou qu'il finisse un matin sur la place de la Roquette, que m'importe !

— Alors pourquoi cette horreur du procès ?

— C'est que...

— Êtes-vous l'ami de la famille, tenez-vous au grand nom qu'il va couvrir de boue et vouer à l'infamie ?

— Non, mais je m'inquiète de Laurence, monsieur, sa chère pensée ne me quitte pas.

— Mais elle n'est pas complice, mais elle ignore tout, tout nous le dit et nous l'affirme, elle ignore que son amant a assassiné sa femme.

— En effet, reprit le père Plantat, Laurence est innocente, Laurence n'est que la victime d'un odieux scélérat. Il n'en est pas moins vrai qu'elle sera plus cruellement punie que lui. Que Trémorel soit envoyé devant la cour d'assises, elle comparaîtra à ses côtés, comme témoin, sinon comme accusée. Et qui sait si on n'ira pas jusqu'à suspecter sa bonne foi ? On se demandera si vraiment elle n'a pas eu connaissance du projet de meurtre,

si elle ne l'a pas encouragé. Berthe était sa rivale, elle devait la haïr. Juge d'instruction, je n'hésiterais pas, je comprendrais Laurence dans mon accusation.

— Vous et moi aidant, monsieur, elle démontrera victorieusement qu'elle ignorait tout, qu'elle a été abominablement trompée.

— Soit! En sera-t-elle moins déshonorée, perdue à tout jamais! Ne lui faudra-t-il pas, quand même, paraître à l'audience, répondre aux questions du président, raconter au public sa honte et ses malheurs? Ne faudra-t-il pas qu'elle dise où, quand et comment elle a failli, qu'elle répète les paroles de son séducteur, qu'elle énumère les rendez-vous? Comprenez-vous qu'elle se soit résignée à annoncer son suicide, au risque de faire mourir de douleur toute sa famille? Non, n'est-ce pas? Elle devra expliquer quelles menaces ou quelles promesses ont pu lui faire accepter cette idée horrible qui, certes, n'est pas d'elle. Enfin, pis que tout cela, elle sera forcée de confesser son amour pour Trémorel.

— Non, répondit l'agent de la sûreté, n'exagérons rien. Vous savez comme moi que la justice a des ménagements infinis pour les innocents dont le nom se trouve compromis dans des affaires de ce genre.

— Des ménagements? Eh! la justice en pourrait-elle garder, quand elle le voudrait, avec cette absurde publicité qu'on donne maintenant aux débats! Vous toucherez le cœur des magistrats, je le veux bien; attendrirez-vous cinquante journalistes qui, depuis que le crime du Valfeuillu est connu, taillent leurs plumes et préparent leur papier? Est-ce que les journaux ne sont pas là, toujours à l'affût de ce qui peut piquer et réveiller la malsaine curiosité de la foule. Pensez-vous que, pour nous plaire, ils vont laisser dans l'ombre ces scandaleux débats que je redoute et auxquels le grand nom et la situation du coupable donneront un attrait immense. Est-ce qu'il ne réunit pas, ce procès, toutes les conditions qui assurent le succès des drames judiciaires? Oh! rien n'y manque, ni l'adultère, ni le poison, ni la vengeance, ni le meur-

tre. Laurence y représentera l'élément romanesque et sentimental. Elle deviendra, elle, ma fille, une héroïne de cour d'assises. C'est elle qui intéressera, comme disent les lecteurs de la *Gazette des Tribunaux*. Les sténographes diront si elle a beaucoup rougi et combien elle a versé de larmes. C'est à qui s'efforcera de détailler au plus juste sa personne et de décrire ses toilettes et son maintien. Les journaux la rendront plus publique que la fille des rues, chaque lecteur aura quelque chose d'elle. Est-ce assez odieux? Et après l'horreur, l'ironie. Les photographes assiégeront sa porte, et si elle refuse de poser, on vendra comme sien le portrait de quelque gourgandine. Elle voudra se cacher, mais où? Quelles grilles, quels verrous peuvent mettre à l'abri de l'âpre curiosité? Elle sera célèbre. Les limonadiers ambitieux lui écriront pour lui proposer une chaise à leur comptoir, et les Anglais spleeniques lui feront offrir leur main par M. de Foy. Quelle honte et quelle misère! Pour qu'elle fût sauvée, M. Lecoq, il faudrait qu'on ne prononçât pas son nom. Je vous le demande : est-ce possible? Répondez.

Le vieux juge de paix s'exprimait avec une violence extrême, mais simplement, sans ces phrases pompeuses de la passion, toujours emphatique quoi qu'on prétende. La colère allumait dans ses yeux des paillettes de feu, il était jeune, il avait vingt ans, il aimait et il défendait la femme aimée.

Comme l'agent de la sûreté se taisait, il insista :

— Répondez.

— Qui sait? fit M. Lecoq.

— Pourquoi chercher à m'abuser? reprit le père Plantat. N'ai-je pas, autant que vous, l'expérience des choses de la justice? Si Trémorel est jugé, c'en est fait de Laurence. Et je l'aime! Oui, à vous j'ose l'avouer, à vous je laisse voir l'immensité de mon malheur, je l'aime comme jamais je ne l'ai aimée. Elle est déshonorée, vouée au mépris, elle adore peut-être ce misérable dont elle va avoir un fils, qu'importe? Tenez, je l'aime mille fois plus

qu'avant sa faute, car alors je l'aimais sans espoir, tandis que maintenant...

Il s'arrêta, épouvanté de ce qu'il allait dire. Il baissait les yeux sous le regard de l'agent de la sûreté, rougissant de cet espoir honteux et pourtant si humain qu'il venait de laisser entrevoir.

— Vous savez tout, maintenant, reprit-il d'un ton plus calme ; consentirez-vous à m'assister. Ah ! si vous vouliez m'aider, je ne croirais pas m'acquitter envers vous en vous donnant la moitié de ma fortune, et je suis riche...

M. Lecoq l'arrêta d'un geste impérieux.

— Assez, monsieur, dit-il d'un ton amer, assez, de grâce. Je puis rendre un service à un homme que j'estime, que j'aime, que je plains de toute mon âme, mais ce service je ne saurais le lui vendre.

— Croyez, balbutia le père Plantat interdit, que je ne voulais pas...

— Si, monsieur, si, vous vouliez me payer. Oh ! ne vous défendez pas, ne niez pas. Il est, je ne le sais que trop, de ces professions fatales où l'homme et la probité semblent compter pour rien. Pourquoi m'offrir de l'argent? Quelle raison avez-vous de me juger vil à ce point qu'on puisse acheter mes complaisances. Vous êtes donc comme les autres, qui ne sauraient se faire une idée de ce qu'est un homme dans ma position ! Si je voulais être riche, plus riche que vous, monsieur le juge de paix, je le serais dans quinze jours. Ne devinez-vous donc pas que je tiens entre mes mains l'honneur et la vie de cinquante personnes? Croyez-vous que je dis tout ce que je sais? J'ai là — et il se frappait le front — vingt secrets que je vendrais demain, si je voulais, cent mille francs pièce, et ce serait donné.

Il était indigné, on le voyait, mais sous sa colère on sentait une certaine résignation désolée. Bien des fois il avait eu à repousser des offres semblables.

— Allez donc, poursuivait-il, lutter contre un préjugé établi depuis des siècles. Allez donc dire qu'un agent de

la sûreté est honnête, et il ne peut pas ne pas l'être, qu'il est dix fois plus honnête que n'importe quel négociant ou quel notaire, parce qu'il a dix fois plus de tentations sans avoir les bénéfices de son honnêteté. Dites cela, et on vous rira au nez. Je puis, demain, ramasser d'un coup de filet impunément, sans crainte, un million au moins. Qui s'en doute et qui m'en sait gré? J'ai ma conscience, c'est vrai, mais un peu de considération ne me déplairait pas. Lorsqu'il me serait si facile d'abuser de ce que je sais, de ce qu'on a été contraint de me confier ou de ce que j'ai surpris, il y a peut-être quelque mérite à ne pas abuser. Et que cependant demain, le premier venu, — un banquier véreux, un négociant convaincu de faillite frauduleuse, un chevalier d'industrie, un notaire qui joue à la Bourse, — se trouve forcé de remonter le boulevard avec moi, il se croira compromis. Un homme de la police, fi donc! « Console-toi, va, me disait Tabaret, mon maître et mon ami, le mépris de ces gens-là n'est qu'une forme de la crainte. »

Le père Plantat était consterné. Comment, lui, un vieux juge délicat, plein de prudence et de finesse, avait-il pu commettre une si prodigieuse maladresse? Il venait de blesser et de blesser cruellement, cet homme si bien disposé pour lui, et dont il avait tout à attendre.

— Loin de moi, monsieur, commença-t-il, l'intention offensante que vous me supposez. Vous vous êtes mépris au sens d'une de ces phrases sans signification précise, qu'on laisse échapper sans réflexion et qui n'ont aucune importance.

M. Lecoq se calmait.

— Soit. Étant plus que les autres exposé aux offenses, vous me pardonnerez d'être plus susceptible. Quittons ce sujet qui m'est pénible et revenons au comte de Trémorel.

Le juge de paix se demandait s'il allait oser reparler de ses projets, la délicatesse de M. Lecoq qui le remettait sur la voie, le toucha singulièrement.

— Je n'ai plus qu'à attendre votre décision, dit-il.

— Je ne vous dissimulerai pas, reprit l'agent de la sûreté, que vous me demandez une chose bien difficile, et qui, de plus, est contre mon devoir. Mon devoir me commande de rechercher M. de Trémorel, de l'arrêter et de le livrer à la justice; vous me priez, vous, de le soustraire à l'action de la loi.

— C'est au nom d'une infortunée que vous savez innocente.

— Une seule fois dans ma vie, monsieur, j'ai sacrifié mon devoir. Je n'ai pas su résister aux larmes d'une pauvre vieille mère qui embrassait mes genoux en me demandant grâce pour son fils. J'ai sauvé ce fils et il est devenu un honnête homme. Pour la seconde fois, je vais aujourd'hui outrepasser mon droit, risquer une tentative que ma conscience me reprochera peut-être : je me rends à vos instances.

— Oh! monsieur, s'écria le père Plantat transporté, que de reconnaissance !

Mais l'agent de la sûreté restait grave, presque triste, il réfléchissait.

— Ne nous berçons pas d'un espoir qui peut être déçu, reprit-il. Je n'ai pas deux moyens d'arracher à la cour d'assises un criminel comme Tremorel, je n'en ai qu'un seul; réussira-t-il ?

— Oui, oui, si vous le voulez.

M. Lecoq ne put s'empêcher de sourire de la foi du vieux juge de paix.

— Je suis certes un habile agent, répondit-il, mais je ne suis qu'un homme et je ne puis répondre des résolutions d'un autre homme. Tout dépend d'Hector. S'il s'agissait de tout autre coupable, je vous dirais : Je suis sûr. Avec lui, je vous l'avoue franchement, je doute. Nous devons surtout compter sur l'énergie de Mlle Courtois. Elle est énergique, m'avez-vous dit ?

— Elle est l'énergie même.

— Alors bon espoir. Mais éteindrons-nous vraiment cette affaire. Qu'arrivera-t-il quand on retrouvera la de-

nonciation de Sauvresy, qui doit être cachée quelque part au Valfeuillu, et que Trémorel n'a pu découvrir.

— On ne la retrouvera pas, répondit vivement le père Plantat.

— Croyez-vous?

— J'en suis sûr.

M. Lecoq arrêta sur le vieux juge de paix un de ces regards qui font monter la vérité au front de ceux qu'on interroge, et dit simplement :

— Ah !

Et il pensait :

— Enfin ! je vais donc savoir d'où vient le dossier qui nous a été lu l'autre nuit et qui est de deux écritures différentes.

Après un moment d'hésitation.

— J'ai remis mon existence entre vos mains, monsieur Lecoq, dit le père Plantat, je puis bien vous confier mon honneur. Je vous connais, je sais que, quoi qu'il arrive...

— Je me tairai, vous avez ma parole.

— Eh bien ! le jour où j'ai surpris Trémorel chez Laurence, j'ai voulu changer en certitude les soupçons que j'avais et j'ai brisé l'enveloppe du dépôt de Sauvresy.

— Et vous ne vous en êtes pas servi !

— J'étais épouvanté de mon abus de confiance. Puis, avais-je le droit de ravir sa vengeance à ce malheureux qui s'était laissé mourir pour se venger ?

— Mais vous l'avez rendue à Mme de Tremorel cette dénonciation.

— C'est vrai, mais Berthe avait un vague pressentiment du sort qui lui était réservé. Quinze jours à peu près avant le crime elle est venue me confier le manuscrit de son mari, qu'elle avait pris soin de compléter. Je devais briser les cachets et lire si elle venait à mourir de mort violente.

— Comment donc, monsieur le juge de paix, n'avez-vous pas parlé? Pourquoi m'avoir laissé chercher, hésiter, tâtonner...

— J'aime Laurence, monsieur, et livrer Trémorel c'était creuser entre elle et moi un abîme.

L'agent de la sûreté s'inclina.

— Diable! pensait-il, il est fin, le juge de paix d'Orcival, aussi fin que moi. Eh bien! je l'aime, et je vais lui donner un coup d'épaule auquel il ne s'attend pas.

Le père Plantat brûlait d'interroger M. Lecoq, de savoir de lui quel était ce moyen unique d'un succès relativement sûr qu'il avait trouvé d'empêcher le procès et de sauver Laurence. Il n'osait.

L'agent de la sûreté était alors accoudé à son bureau, le regard perdu dans le vide. Il tenait un crayon, et machinalement il traçait sur une grande feuille de papier blanc des dessins fantastiques.

Tout à coup il parut sortir de sa rêverie. Il venait de résoudre une dernière difficulté; son plan désormais était entier, complet. Il regarda la pendule.

— Deux heures! s'écria-t-il, et c'est entre trois et quatre heures que j'ai donné rendez-vous à Mme Charman pour Jenny Fancy.

— Je suis à vos ordres, fit le juge de paix.

— Fort bien. Seulement, comme après Fancy nous aurons à nous occuper de Trémorel, prenons nos mesures pour en finir aujourd'hui.

— Quoi! vous espérez dès aujourd'hui mener à bonne fin...

— Certainement. C'est dans notre métier surtout que la rapidité est indispensable. Il faut des mois souvent pour rattraper une heure perdue. Nous avons chance, en ce moment, de gagner Hector en vitesse et de le surprendre; demain il serait trop tard. Ou nous l'aurons dans vingt-quatre heures, ou nous devrons changer nos batteries. Chacun de mes trois hommes a une voiture attelée d'un bon cheval; en une heure, ils doivent avoir terminé leur tournée chez les tapissiers. Si j'ai raisonné juste, d'ici à une heure, deux heures au plus, nous aurons l'adresse et alors nous agirons.

Tout en parlant, il retirait d'un carton une feuille de

papier timbrée à ses armes — un coq chantant avec la devise : toujours vigilant — et rapidement il traçait quelques lignes :

— Tenez, dit-il au père Plantat, voici ce que j'écris à un de mes lieutenants :

« Monsieur Job,

« Réunissez à l'instant même six ou huit de nos hom-
« mes, et allez à leur tête attendre mes instructions chez
« le marchand de vin qui fait le coin de la rue des Mar-
« tyrs et de la rue Lamartine. »

— Pourquoi là-bas, et nôn ici, chez vous ?
— C'est que nous avons intérêt, cher monsieur, à éviter les courses inutiles. Là-bas, nous sommes à deux pas de chez Mme Charman et tout près de la retraite de Trémorel, car le misérable a loué son appartement dans le quartier de Notre-Dame-de-Lorette.

Le vieux juge de paix eut un geste de surprise.
— Qui vous fait supposer cela ? demanda-t-il.

L'agent de la sûreté sourit, comme si la question lui eût semblé naïve.

— Vous ne vous rappelez donc pas, monsieur, répondit-il, que l'enveloppe de la lettre adressée par Mlle Courtois à sa famille pour annoncer son suicide, portait le timbre de Paris, bureau de la rue Saint-Lazare ? Or, écoutez bien ceci : En quittant la maison de sa tante, Mlle Laurence a dû se rendre directement à l'appartement loué et meublé par Trémorel, dont il lui avait donné l'adresse et où il lui avait promis de la rejoindre le jeudi matin. C'est de cet appartement qu'elle a écrit. Pouvons-nous admettre qu'il lui soit venu à l'idée de faire jeter sa lettre dans un autre quartier que le sien ? C'est d'autant moins probable qu'elle ignore quelles raisons terribles a son amant de craindre des recherches et des poursuites. Hector a-t-il été assez prudent assez prévoyant pour lui indiquer cette ruse ? Non, car s'il n'était pas un sot, il lui aurait recommandé de déposer cette

lettre ailleurs qu'à Paris. Donc, il est impossible que cette lettre n'ait pas été portée à un bureau voisin de l'appartement.

Si simples étaient ces réflexions que le père Plantat s'étonnait de ne les point avoir faites. Mais on ne voit jamais bien clair dans une affaire où on est puissamment intéressé, la passion brouille les yeux comme la chaleur d'un appartement les lunettes. Avec son sang-froid il avait perdu en partie sa perspicacité. Et son trouble était immense; il lui semblait que M. Lecoq prenait de singuliers moyens pour tenir sa promesse.

— Il me semble, monsieur, ne put-il s'empêcher de remarquer, que si vous désirez soustraire Hector à la cour d'assises, les hommes que vous réunissez vous embarrasseront bien plus qu'il ne vous seront utiles.

Dans le regard aussi bien que dans le ton du juge de paix, M. Lecoq crut démêler un certain doute qui le choqua.

— Vous défieriez-vous de moi, monsieur? demanda-t-il.

Le père Plantat voulut protester.

— Croyez, monsieur...

— Vous avez ma parole, reprit M. Lecoq, et si vous me connaissiez mieux, vous sauriez que je la dégage toujours quand je l'ai donnée. Je vous ai affirmé que je ferais tous mes efforts pour sauver Mlle Laurence, je les ferai. Mais n'oubliez pas que je vous ai promis mon concours et non le succès. Laissez-moi donc prendre les mesures que je crois opportunes.

Ce disant, sans s'occuper de l'air tout à fait décontenancé du juge de paix, il sonna pour appeler Janouille.

— Tiens, lui dit-il, voici d'abord une lettre qu'il s'agit de faire porter de suite à Job.

— Je vais la porter moi-même.

— Du tout. Tu vas, toi, me faire le plaisir de rester ici sans bouger, pour attendre les hommes que j'ai envoyés en tournée ce matin. A mesure qu'ils se présenteront, tu les enverras au rapport chez le marchand de

vin de la rue des Martyrs. Tu sais, au coin, en face de l'église. Ils y trouveront bonne et nombreuse compagnie.

Il donnait ses ordres, et en même temps il quittait sa robe de chambre, endossait une longue redingote noire et assujettissait solidement sa perruque.

— Monsieur rentrera-t-il ce soir? demanda Janouille.

— Je ne sais.

— Et si on vient de là-bas?

« Là-bas, » pour un homme du métier, c'est toujours « la maison, » la préfecture de police.

— Tu diras, répondit-il, que je suis dehors pour l'affaire de Corbeil.

M. Lecoq était prêt. Véritablement il avait l'air, la tournure, la physionomie et les façons d'un respectable chef de bureau d'une cinquantaine d'années. Des lunettes d'or, un parapluie, tout en lui exhalait un parfum on ne peut plus bureaucratique.

— Maintenant, dit-il au père Plantat, hâtons-nous.

Dans la salle à manger, Goulard, qui avait fini de déjeuner, attendait au port d'armes le passage de son grand homme.

— Eh bien! mon garçon, lui demanda M. Lecoq, as-tu dit deux mots à mon vin? comment le trouves-tu?

— Délicieux, monsieur, répondit l'agent de Corbeil, parfait, c'est-à-dire un vrai nectar.

— T'a-t-il, ragaillardi, au moins?

— Oh! oui, monsieur.

— Alors, tu vas nous suivre à quinze pas et tu monteras la garde devant la porte de la maison où tu nous verras entrer. J'aurai probablement à te confier une jolie fille que tu conduiras à M. Domini. Et ouvre l'œil; c'est une fine mouche, fort capable de t'enjôler en route et de te glisser entre les doigts.

Ils sortirent et derrière eux Janouille se barricada solidement.

31*

XXV

Avez-vous besoin d'argent?

Voulez-vous un habillement complet à la dernière mode, une calèche à huit ressorts ou une paire de bottines? Vous faudrait-il un cachemire de l'Inde, un service de porcelaine ou un bon tableau pas cher? Est-ce un mobilier que vous souhaitez, de noyer ou de palissandre, ou des diamants, ou des draps, ou des dentelles, ou une maison de campagne, ou votre provision de bois pour l'hiver?

Adressez-vous à Mme Charman, 136, rue Notre-Dame-de-Lorette. au premier au-dessus de l'entresol, car elle tient tout cela et même d'autres articles encore qu'il est défendu de considérer comme marchandise.

Si, homme, vous avez quelque garantie à lui présenter, ne fût-ce qu'un traitement saisissable, si, femme, vous êtes jeune, jolie et point farouche, Mme Charman se fera un plaisir de vous obliger à raison de deux cents pour cent d'intérêt.

A ce taux elle a beaucoup de pratiques et n'a pourtant pas encore fait fortune. C'est qu'elle est forcément très-aventureuse, qu'il y a d'énormes pertes, s'il y a de prodigieux profits, et que souvent ce qui est venu par la flûte s'en va par le tambour.

Puis, ainsi qu'elle se plaît à le dire, elle est trop honnête. Et c'est vrai, au moins, qu'elle est honnête : elle vendrait sa dernière chemise brodée plutôt que de laisser protester sa signature.

Personne, d'ailleurs, moins que Mme Charman ne ressemble à cette horrible grosse femme à voix rauque, à geste cynique, chargée de bagues et de chaînes d'or, qui est le type de la marchande à la toilette.

Elle est blonde, mince, douce, ne manque pas d'une

certaine distinction et porte invariablement, été comme hiver, une robe de soie noire. Elle possède un mari, assure-t-on, mais personne jamais ne l'a vu, ce qui n'empêche pas que sa conduite est, au dire de son portier, au-dessus du soupçon.

Si honorable cependant que soit la profession de madame Charman, elle a eu plus d'une fois affaire à M. Lecoq, elle a besoin de lui et le craint comme le feu.

Aussi accueillit-elle l'agent de la sûreté et son compagnon — qu'elle prit pour un collègue, bien entendu — un peu comme un surnuméraire accueillerait son directeur venant le visiter.

Elle les attendait. A leur coup de sonnette, elle accourut au-devant d'eux jusque dans son antichambre, gracieuse, respectueuse, le sourire aux lèvres. Elle disputa à sa bonne l'honneur de les faire passer dans son salon, elle leur avança les meilleurs fauteuils et même leur offrit quelques raffraîchissements, la moindre des choses.

— Je vois, chère madame, commença M. Lecoq, que vous avez reçu mon petit mot.

— Oui, monsieur, ce matin de très-bonne heure, j'étais même encore au lit.

— Très-bien. Et avez-vous été assez complaisante pour vous inquiéter de ma commission ?

— Ciel ! M. Lecoq, pouvez-vous bien me demander cela, quand vous savez que j'aimerais à passer dans le feu pour vous ! Je m'en suis occupée à l'instant même, je me suis levée tout exprès.

— Alors vous avez découvert l'adresse de Pélagie Taponnet, dite Jenny Fancy.

Mme Charman crut devoir dessiner la plus gracieuse de ses révérences.

— Oui, monsieur, oui, répondit-elle, soyez satisfait. Si j'étais femme à me faire valoir hors de propos, je pourrais vous dire que j'ai eu un mal infini à me procurer cette adresse, que j'ai couru tout Paris, que j'ai dépensé dix francs de voitures, je mentirais.

— Au fait, au fait, insista M. Lecoq.

— La vérité est que j'ai eu le plaisir de voir miss Jenny Fancy avant-hier.

— Vous plaisantez.

— Pas le moins du monde. Et même, à ce propos laissez-moi vous dire que c'est une bien brave et bien honnête personne.

— Vraiment!

— C'est comme cela. Imaginez-vous qu'elle me devait 480 francs depuis plus de deux ans. Naturellement, comme bien vous pensez, j'avais mis un P sur cette créance et je n'y songeais plus guère. Mais voilà qu'avant-hier, ma Fancy m'arrive toute pimpante, qui me dit : « J'ai fait un heritage, Mme Charman, j'ai de l'argent et je vous en apporte. » Et elle ne plaisantait pas, elle avait plein son porte-monnaie de billets de banque, et j'ai été payée intégralement.

Et comme l'agent de la sureté se taisait, elle ajouta avec une conviction profonde et attendrie :

— Bonne fille, va ! Digne creature !...

A cette déclaration de la marchande, M. Lecoq et le père Plantat avaient échangé un coup d'œil. La même idee leur venait à tous deux en même temps.

Cet héritage annoncé par miss Fancy, tous ces billets de banque, ne pouvaient être que le prix d'un grand service rendu par elle à Trémorel.

Cependant l'agent de la sûreté voulut avoir des renseignements plus positifs.

— Dans quelle position était cette fille avant cette succession? demanda-t-il.

— Ah! monsieur, dans une position affreuse, allez. Depuis que son comte l'a quittée et qu'elle a mangé son saint-frusquin dans les modes, elle a été toujours en dégringolant. Une personne que j'ai vue si comme il faut, autrefois. Après cela, vous savez, quand une femme a des peines de cœur ! Tout ce qu'elle possédait elle l'a mis au clou ou vendu loque à loque. Dans ces derniers temps, elle fréquentait la plus mauvaise société, elle bu-

vait de l'absinthe, m'a-t-on dit, et même elle n'avait plus rien à se mettre sur le dos. Quand elle recevait de l'argent de son comte, car il lui envoyait encore, elle le dépensait en parties avec des femmes de rien du tout, au lieu de s'acheter de la toilette.

— Et où demeure-t-elle?

— Tout près d'ici, dans une maison meublée de la rue Vintimile.

— Cela étant, fit sévèrement M. Lecoq, je m'étonne qu'elle ne soit pas ici.

— Ce n'est pas ma faute, allez, cher monsieur, si je sais où est le nid, j'ignore où est l'oiseau. Elle était dénichée, ce matin, lorsque ma première demoiselle est allée chez elle.

— Diable! mais alors... c'est fort contrariant, il faudrait me la faire chercher bien vite.

— Soyez sans inquiétude. Fancy doit rentrer avant quatre heures et ma première l'attend chez son concierge avec ordre de me l'amener dès qu'elle rentrera, sans même la laisser monter à sa chambre.

— Attendons-la donc.

Il y avait un quart d'heure environ, que M. Lecoq et le père Plantat attendaient, lorsque tout à coup madame Charman, qui a l'oreille très-fine, se dressa.

— Je reconnais, dit-elle, le pas de ma première demoiselle dans l'escalier.

— Ecoutez, dit M. Lecoq, puisqu'il en est ainsi, arrangez-vous de façon à ce que Fancy croie que c'est vous qui l'avez envoyée chercher ; mon ami et moi aurons l'air de nous trouver ici par le plus grand des hasards.

Mme Charman répondit par un geste d'assentiment :

— Compris ! fit-elle.

Déjà elle faisait un pas vers la porte, l'agent de la sûreté la retint par le bras.

— Encore un mot, ajouta-t-il, dès que vous verrez la conversation engagée entre cette fille et moi, ayez donc l'obligeance d'aller surveiller vos ouvrières dans votre atelier. Ce que j'ai à dire ne vous intéressant pas du tout.

— C'est entendu, monsieur.

— Mais vous savez, pas de tricherie; je connais, pour l'avoir utilisé, le petit cabinet de votre chambre à coucher, d'où on ne perd pas un traître mot de ce qui se dit ici.

La première demoiselle ouvrit la porte du salon, il y eut un grand frou-frou de robe de soie glissant le long de l'huisserie, et miss Jenny Fancy parut dans sa gloire.

Hélas! ce n'était plus cette fraîche et jolie Fancy qui avait aimé Hector, cette provocante Parisienne aux grands yeux, tour à tour langoureux ou enflammés, au fin minois, à la mine éveillée. Une seule année l'avait flétrie, comme un été trop chaud fane les roses, et avait sans retour détruit sa fragile beauté, beauté de Paris, beauté du diable. Elle n'avait pas vingt ans et il fallait l'œil d'un connaisseur pour reconnaître qu'elle avait été charmante, autrefois, quand elle était jeune.

Car elle était vieille comme le vice, ses traits fatigués et ses joues flasques disaient les désordres de sa vie, ses yeux cerclés de bistre avaient perdu leurs grands cils et déjà rougissaient et clignotaient; sa bouche avait une lamentable expression d'hébétude, et l'absinthe et les refrains obscènes avaient brisé les notes si claires de sa voix.

Elle était en grande toilette, avec une robe neuve, éclatante et tachée, une immense cloche de dentelle et un chapeau invraisemblable. Pourtant elle avait l'air misérable. Enfin, elle était outrageusement « maquillée », toute barbouillée de rouge, de blanc et de bleu, de carmin et de crème de perles.

Elle paraissait fort en colère.

— Voilà une idée! s'écria-t-elle dès le seuil sans songer à saluer personne, cela a-t-il le sens commun de m'envoyer chercher ainsi, presque de force, par une demoiselle qui est de la dernière insolence?

Mais Mme Charman s'était élancée vers son ancienne cliente, l'avait embrassée bon gré mal gré, et la pressait sur son cœur.

— Comment, chère petite, disait-elle, vous vous fâchez lorsque je comptais que vous alliez être ravie et me remercier bien gentiment.

— Moi! Pourquoi?...

— Parce que, belle mignonne, j'ai voulu vous réserver une bonne surprise. Ah! je ne suis pas ingrate, moi. Vous êtes venue hier régler votre petit compte, je veux aujourd'hui même vous en récompenser. Allons, vite, souriez, vous allez profiter d'une occasion magnifique, j'ai en ce moment du velours en grande largeur...

— C'était bien la peine de me déranger!...

— Tout soie, ma chère, à trente francs le mètre. Hein! est-ce assez inouï, assez invraisemblable, assez...

— Eh! je me soucie bien de votre occasion! Du velours au mois de juillet, vous moquez-vous de moi?

— Laissez-moi vous le montrer.

— Jamais. On m'attend pour aller dîner à Asnières, ainsi...

Elle allait se retirer en dépit des efforts très-sincères de Mme Charman, qui se proposait peut-être de faire d'une pierre deux coups, M. Lecoq jugea qu'il était temps d'intervenir.

— Mais je ne me trompe pas, s'écria-t-il avec des mines de vieux roquentin émoustillé, c'est bien miss Jenny Fancy que j'ai le bonheur de revoir.

Elle le toisa d'un air moitié fâché, moitié surpris, en disant :

— Oui, c'est moi. Après?

— Quoi! vous êtes oublieuse à ce point! Vous ne me reconnaissez pas?

— Non, pas du tout.

— J'étais cependant un de vos admirateurs, ma belle enfant, et j'ai eu le plaisir de déjeuner chez vous quand vous demeuriez près de la Madeleine ; c'était du temps du comte.

Il retira ses lunettes, comme pour en essuyer les verres, mais en réalité pour lancer un regard furibond à

Mme Charman qui, n'osant résister, battit discrètement en retraite.

— J'étais assez bien avec Trémorel autrefois, reprit M. Lecoq. Et à ce propos, y a-t-il longtemps que vous n'avez eu de ses nouvelles?

— Je l'ai vu il y a huit jours.

— Tiens, tiens, tiens! Alors vous connaissez son horrible affaire.

— Non. Qu'y a-t-il donc?

— Vrai, vous ne savez pas? Vous ne lisez donc pas les journaux? Mais c'est une abominable histoire, ma chère enfant, et on ne parle que de cela dans Paris depuis quarante-huit heures.

— Dites vite.

— Vous savez qu'après son plongeon il a épousé la veuve d'un de ses amis. On le croyait fort heureux en ménage. Pas du tout, il a assassiné sa femme à coups de couteau.

Miss Fancy pâlit sous sa couche épaisse de peinture.

— Est-ce possible! balbutia-t-elle.

Elle disait : « Est-ce possible! » mais si elle était très-émue, à coup sûr elle n'etait pas extrêmement surprise, M. Lecoq le remarqua fort bien.

— C'est si possible, répondit-il, qu'à cette heure il est en prison, qu'il passera en cour d'assises et que très-certainement il sera condamné.

Le père Plantat observait curieusement Jenny. Il s'attendait à une explosion de désespoir, à des cris, à des pleurs, à une legère attaque de nerfs pour le moins. Erreur.

Fancy en était venue à détester Tremorel. Parfois, elle, si impatiente de mépris jadis, elle sentait le poids de ses hontes, et c'est Hector que, bien injustement, elle accusait de son ignominie presente. Elle le haïssait bassement, comme haïssent les filles, lui souriant quand elle le voyait, tirant de lui le plus d'argent possible, et lui souhaitant toutes sortes de malheurs.

Loin de fondre en larmes, Jenny Fancy eut un éclat de rire stupide.

— C'est bien fait pour Trémorel, dit-elle; pourquoi m'a-t-il quittée; c'est bien fait pour elle aussi...

— Comment pour elle aussi?

— Bien sûr! Pourquoi trompait-elle son mari, un charmant garçon? C'est elle qui m'a enlevé Hector. Une femme mariée et riche! Hector n'est qu'un misérable, je l'ai toujours dit.

— Franchement, c'etait aussi mon avis. Quand un homme, voyez-vous, se conduit comme Trémorel s'est conduit avec vous, il est jugé.

— N'est-ce pas?

— Parbleu! Aussi ne suis-je pas surpris de sa conduite. Car, sachez-le, avoir assassiné sa femme est le moindre de ses crimes. Ne voilà-t-il pas qu'il essaye de rejeter son meurtre sur un autre.

— Cela ne m'étonne pas.

— Il accuse un pauvre diable, innocent, dit-on, comme vous et moi, et qui cependant sera peut-être condamné à mort faute de pouvoir dire où il a passé la soirée et la nuit de mercredi à jeudi.

M. Lecoq avait prononcé cette phrase d'un ton léger, mais avec une lenteur calculée, afin de bien juger de l'impression qu'elle produirait sur Fancy. L'effet fut si terrible qu'elle chancela.

— Savez-vous quel est cet homme? demanda-t-elle d'une voix tremblante.

— Les journaux disent que c'est un pauvre garçon qui était jardinier chez lui.

— Un petit, n'est-ce pas? maigre, très-brun avec des cheveux noirs et plats?

— Précisément.

— Et qui s'appelle.., attendez donc... qui s'appelle... Guespin.

— Ah ça, vous le connaissez donc?

Miss Fancy hesitait. Elle était fort tremblante, on voyait qu'elle regrettait de s'etre tant avancée.

— Bah! fit-elle enfin, je ne vois pas pourquoi je ne dirais pas ce que je sais. Je suis une honnête fille moi, si Trémorel est un coquin, et je ne veux pas qu'on coupe le cou d'un pauvre diable qui est innocent.

— Vous savez donc quelque chose?

— Dites donc que je sais tout, et c'est bien simple, allez. Il y a de cela une huitaine de jours, mon Hector, qui soi-disant ne voulait plus me revoir, m'écrit pour me donner un rendez-vous à Melun. J'y vais, je le trouve et nous déjeunons ensemble. Alors voilà qu'il me raconte qu'il est bien ennuyé, que sa cuisinière se marie, mais qu'un de ses domestiques est si amoureux d'elle, qu'il est capable d'aller faire du scandale à la noce, de troubler le bal et même de tenter un mauvais coup.

— Ah! il vous a parlé de la noce!

— Attendez donc. Mon Hector semblait très-embarrassé ne sachant comment éviter le bruit qu'il prévoyait. C'est alors que je lui conseillai d'éloigner ce domestique pour ce jour-là. Il réfléchit un moment et me dit que j'avais une bonne idée.

« J'ai trouvé un moyen, ajouta-t-il; le soir de la noce, je ne préviendrai ce drôle de rien, mais je le chargerai d'une commission pour toi en lui laissant supposer qu'il s'agit d'une affaire que je veux cacher à ma femme. Toi, tu te déguiseras en femme de chambre et tu iras l'attendre dans un café de la place du Châtelet, entre neuf heures et demie et dix heures et demie du soir. Pour qu'il te reconnaisse, tu te placeras à la table la plus proche de l'entrée à droite, et tu auras à côté de toi un gros bouquet, il te remettra un paquet, et alors tu l'inviteras à prendre quelque chose, tu le griseras, s'il se peut, et tu le promèneras à travers Paris jusqu'au lendemain. »

Miss Fancy s'exprimait difficilement, hésitant, triant ses mots, cherchant, on le voyait, à se rappeler les termes mêmes de Trémorel.

— Et vous, interrompit M. Lecoq, vous, une femme spirituelle, vous avez cru à cette histoire de domestique jaloux?

— Pas précisément, mais je m'imaginais qu'il y avait quelque maîtresse sous jeu, et je n'étais pas fâchée de l'aider à tromper la femme que je déteste et qui m'a fait du tort.

— Ainsi vous avez obéi.

— De point en point, et tout est arrivé comme Hector l'avait prévu. A dix heures précises mon domestique arrive, il me prend pour une bonne et me remet le paquet. Naturellement, je lui offre un bock, il accepte et m'en propose un autre que j'accepte également. Il est très-comme il faut, ce jardinier, aimable et poli; je vous assure que j'ai passé une excellente soirée avec lui. Il sait un tas d'histoires toutes plus drôles les unes que les autres...

— Passons, passons... Qu'avez-vous fait ensuite ?

— Après la bière nous avons bu des petits verres, — il avait ses poches pleines d'argent, ce jardinier, — et après les petits verres, encore de la bière, puis du punch, puis du vin chaud. A onze heures il était déjà très gris et parlait de me mener aux Batignolles danser un quaquille. Moi je refuse et je lui dis qu'étant galant il ne peut se dispenser de venir me reconduire chez ma maîtresse qui demeure au haut des Champs-Elysées. Nous voilà donc sortis du café et allant de marchands de vins en marchands de vins tout le long de la rue de Rivoli. Bref, sur les deux heures du matin, ce pauvre diable était tellement ivre qu'il est tombé comme une masse sur un banc près de l'Arc-de-Triomphe, qu'il s'y est endormi et que je l'y ai laissé.

— Et vous, qu'êtes-vous devenue ?

— Moi, je suis rentrée chez moi.

— Qu'est devenu le paquet ?

— Ma foi! je devais le jeter à la Seine, mais je l'ai oublié; vous comprenez, j'avais bu presque autant que le jardinier, surtout au commencement... si bien que je l'ai rapporté chez moi où il est encore.

— Mais vous l'avez ouvert ?

— Comme bien vous pensez.

— Que contient-il ?

— Un marteau, deux autres outils et encore un grand couteau.

L'innocence de Guespin était désormais évidente, toutes les prévisions de l'agent de la sûreté se réalisaient.

— Allons, fit le père Plantat, voilà notre client tiré d'affaire, reste à savoir....

Mais M. Lecoq l'interrompit. Il savait désormais tout ce qu'il désirait, Jenny n'avait plus rien à lui apprendre, il changea de ton subitement, quittant la voix de miel du galantin pour la voix sèche et brutale de l'homme de la préfecture.

— Ma belle enfant, dit-il à miss Fancy, vous venez en effet de sauver un innocent, mais ce que vous venez de me conter, il faut aller le répéter au juge d'instruction de Corbeil. Seulement comme vous pourriez vous égarer en route, je vais vous donner un guide.

Il alla à la fenêtre, l'ouvrit, et apercevant, sur le trottoir en face, l'agent de M. Domini, se souciant peu de compromettre Mme Charman, il cria à pleine voix :

— Goulard, eh ! Goulard, monte un peu ici.

Revenant alors à miss Fancy si troublée, si épouvantée, qu'elle n'osait ni questionner ni se mettre en colère :

— Dites-moi, lui demanda-t-il, combien Trémorel vous a payé le service que vous lui avez rendu ?

— Dix mille francs, monsieur, mais ils sont bien à moi, je vous jure, il me les promettait depuis longtemps pour me remettre à flot, il me les devait...

— C'est bon, c'est bon ! on ne vous les enlèvera pas.

Et lui montrant Goulard qui entrait :

— Vous allez, lui dit-il, conduire ce monsieur chez vous en sortant d'ici. Vous prendrez le paquet que vous a remis Guespin et vous partirez de suite pour Corbeil. Surtout, ajouta-t-il d'une voix terrible, pas d'enfantillage, ou gare à moi.

Au bruit qui se faisait dans le salon, Mme Charman arriva juste à temps pour voir sortir Fancy escortée de Goulard.

— Qu'y a-t-il, grand Dieu! demanda-t-elle tout éplorée, à M. Lecoq.

— Rien, chère dame, rien qui vous regarde du moins. Et sur ce, au revoir et merci, nous sommes fort pressés.

XXVI

Quand M. Lecoq est pressé, il marche vite. Il courait presque, en descendant la rue de Notre-Dame-de-Lorette, qui est la rue de Paris qu'on pave le plus souvent, si bien que le père Plantat avait toutes les peines du monde à le suivre.

Tout en hâtant le pas, préoccupé des mesures qu'il avait à prendre pour assurer le succès de ses desseins, il poursuivait un monologue dont le juge de paix, de ci et de là, saisissait quelques bribes.

— Tout va bien, murmurait-il, et nous réussirons. Il est rare qu'une campagne commençant si bien ne se termine pas heureusement. Si Job est chez le marchand de vin, si un de mes hommes a réussi dans sa tournée, le crime du Valfeuillu est réglé, toisé, arrangé dans la soirée, et dans huit jours personne n'en parlera plus.

Arrivé au bas de la rue, en face de l'église, l'agent de la sûreté s'arrêta court.

— J'ai à vous demander pardon, monsieur, dit-il au juge de paix d'Orcival, de vous traîner ainsi à ma suite et de vous condamner à faire mon métier, mais outre que votre assistance pouvait m'être fort utile chez Mme Charman, elle me devient absolument indispensable maintenant que nous allons nous occuper sérieusement de Trémorel.

Aussitôt, ils traversèrent le carrefour et entrèrent chez le marchand de vins établi au coin de la rue des Martyrs.

Debout derrière son comptoir d'étain, occupé à verser dans des litres le contenu d'un énorme broc, le patron ne sembla pas médiocrement étonné de voir s'aventurer dans sa boutique deux hommes qui paraissaient appartenir à la classe élevée de la société. Mais M. Lecoq, comme Alcibiade, est partout chez lui et parle la langue technique de tous les milieux où il pénètre.

— N'avez-vous pas chez vous, demanda-t-il au marchand de vins, une société de huit ou dix hommes qui en attendent d'autres.

— Oui, monsieur, ces messieurs sont arrivés il y a une heure environ.

— Ils sont dans le grand cabinet du fond? n'est-ce pas.

— Précisément, monsieur, repondit le débitant devenu subitement obséquieux.

Il ne savait pas précisément quel personnage l'interrogeait, mais il avait flairé quelque agent supérieur de la préfecture de police.

Dès lors, il ne fut point surpris de voir que ce monsieur si distingué connaissait, comme lui-même, les êtres de sa maison et ouvrait sans hésitation la porte du cabinet indiqué.

Dans ce grand compartiment du fond, séparé des autres par une simple cloison de verre dépoli, dix hommes à tournures variées buvaient en maniant des cartes grasses.

A l'entrée de M. Lecoq et du père Plantat, ils se levèrent respectueusement et ceux qui avaient conservé leur coiffure, chapeau ou casquette, la retirèrent.

— Bien, M. Job, dit l'agent de la sûreté à celui qui paraissait le chef de la troupe, vous êtes exact, je suis content. Vos six hommes me suffiront amplement, puisque je vois là mes trois commissionnaires de ce matin.

M. Job s'inclina, heureux d'avoir satisfait un maître qui n'est pas prodigue de témoignages d'approbation.

— Vous allez m'attendre ici encore une minute, reprit M. Lecoq, mes instructions dépendront du rapport que je vais entendre.

S'adressant alors à ses envoyés :

— Lequel de vous, demanda-t-il, a réussi ?

— Moi, monsieur, répondit un grand garçon à face blême, à petites moustaches chétives, un vrai Parisien.

— Encore toi, Pâlot, décidément, mon garçon, tu as de la chance. Suis-moi dans le cabinet à côté, mais auparavant dis au patron de nous donner une bouteille et de veiller à ce que personne ne vienne nous déranger.

Bientôt les ordres furent exécutés, et après avoir fait asseoir le père Plantat, M. Lecoq poussa lui-même le léger verrou du cabinet.

— Parle, maintenant, dit-il à son homme, et sois bref.

— Donc, monsieur, j'avais en vain montré ma photographie à une douzaine de négociants, lorsque rue des Saints-Pères un des bons tapissiers du faubourg Saint-Germain, nommé Rech, l'a reconnue.

— Rapporte-moi ce qu'il t'a dit, mot pour mot, s'il se peut.

— Ce portrait, m'a-t-il dit, est celui d'un de mes clients. Ce client s'est présenté chez moi, il y a un mois environ, pour acheter un mobilier complet, — salon, salle à manger, chambre à coucher, et le reste — destiné à un petit hôtel qu'il venait de louer. Il n'a rien marchandé, ne mettant au marché qu'une condition, c'est que tout serait prêt, livré, en place, les rideaux et les tapis posés, à trois semaines de là, c'est-à-dire, il y a eu lundi dernier huit jours.

— A combien montaient les acquisitions ?

— A dix-huit mille francs qui ont été payés moitié d'avance, moitié le jour de la livraison.

— Qui a remis les fonds, la seconde fois ?

— Un domestique.

— Quel nom a donné ce monsieur au tapissier ?

— Il a dit s'appeler M. James Wilson, mais M. Rech m'a dit qu'il n'avait pas l'air d'un Anglais.

— Où demeure-t-il ?

— Les meubles ont été portés dans un petit hôtel, rue Saint-Lazare, n°..., près de la gare du Havre.

La figure de M. Lecoq, assez soucieuse jusqu'alors, exprima la joie la plus vive. Il éprouvait l'orgueil si légitime et si naturel du capitaine qui voit réussir les combinaisons qui doivent perdre l'ennemi. Il se permit de taper familièrement sur l'épaule du vieux juge de paix en prononçant ce seul mot :

— Pincé !...

Mais le Pâlot secoua la tête.

— Ce n'est pas sûr, dit-il.

— Pourquoi ?

— Vous le pensez bien, monsieur, l'adresse m'étant connue, ayant du temps devant moi, je suis allé reconnaître la place, c'est-à-dire le petit hôtel.

— Et alors ?

— Le locataire s'appelle bien Wilson, mais ce n'est pas l'homme au portrait, j'en suis sûr.

Le juge de paix eut un geste de désappointement, mais M. Lecoq ne se décourageait pas si vite.

— Comment as-tu des détails ? demanda-t-il à son agent.

— J'ai fait parler un domestique.

— Malheureux ! s'écria le père Plantat, vous avez peut-être éveillé les soupçons !

— Pour cela, non, répondit M. Lecoq, j'en répondrais ; Pâlot est mon élève. Explique-toi, mon garçon.

— Pour lors, monsieur, l'hôtel reconnu, habitation cossue, ma foi ! je me suis dit . « Voici bien la cage, sachons si l'oiseau est dedans. » Mais comment faire ? Par bonheur, et par le plus grand des hasards, j'avais sur moi un louis; sans hésiter, je le glisse dans le canal qui conduit au ruisseau de la rue, les eaux ménagères de l'hôtel.

— Puis tu sonnes ?

— Comme de juste. Le portier — car il y a un portier — vient m'ouvrir, et moi de mon air le plus vexé je lui

raconte qu'en tirant mon mouchoir de poche, j'ai laissé tomber vingt francs et je le prie de me prêter un instrument quelconque pour essayer de les rattraper. Il me prête un morceau de fer, il en prend un de son côté, et en moins de rien nous retrouvons la pièce. Aussitôt, je me mets à sauter, comme si j'étais le plus heureux des hommes et je le prie de se laisser offrir un verre de n'importe quoi, en manière de remercîment.

— Pas mal !

— Oh ! M. Lecoq, ce truc est de vous, mais vous allez voir le reste, qui est de moi. Mon portier accepte, et nous voilà les meilleurs amis du monde, buvant un verre de bitter dans un débit qui est en face de l'hôtel. Nous causions gaîment, quand tout à coup je me baisse comme si je venais d'apercevoir, à terre, quelque chose de surprenant, et je ramasse quoi ? la photographie que j'avais laissée tomber et que j'avais un peu abîmée avec mon pied. « Tiens ! dis-je, un portrait ! » Mon nouvel ami le prend, le regarde et n'a pas l'air de le reconnaître. Alors, pour être plus sûr, j'insiste et je dis : « Il est très-bien, ce monsieur, votre maître doit être dans ce genre, car tous les hommes bien se ressemblent. » Mais il répond que non, que l'homme du portrait a toute sa barbe, tandis que son maître est rasé comme un abbé. « D'ailleurs, ajoute-t-il, mon maître est Américain, il nous donne les ordres en français, c'est vrai, mais madame et lui causent toujours en anglais.

A mesure que parlait le Pâlot, l'œil de M. Lecoq redevenait brillant.

— Trémorel parle anglais, n'est-ce pas ? demanda-t-il au père Plantat.

— Très-passablement, et Laurence aussi.

Cela étant, notre piste est bien la bonne, car nous savons que Trémorel a coupé sa barbe le soir du crime. Nous pouvons marcher...

Cependant le Pâlot, qui s'attendait à des éloges, paraissait quelque peu décontenancé.

— Mon garçon, lui dit l'agent de la sûreté, je trouve

ton enquête très-jolie, une bonne gratification te le prouvera. Ignorant ce que nous savons, tes déductions étaient justes. Mais revenons à l'hôtel, tu dois avoir le plan du rez-de-chaussée?

— Certes, monsieur, et aussi du premier. Le portier, qui n'était pas muet, m'a donnné quantité de renseignements sur ses maîtres qu'il ne sert pourtant que depuis deux jours. La dame est affreusement triste et ne fait que pleurer.

— Nous le savons. Le plan, le plan...

— En bas, nous avons une large et haute voûte pavée, pour le passage des voitures. De l'autre côte de la voûte est une assez grande cour, l'écurie et la remise sont au fond de la cour. A gauche de la voûte est le logement du portier. A droite est une porte vitrée donnant sur un escalier de six marches, qui conduit à un vestibule sur lequel ouvrent le salon, la salle à manger et deux autres petites pièces. Au premier se trouvent les chambres de monsieur et de madame, un cabinet de travail, un...

— Assez! interrompit M. Lecoq, mon siége est fait.

Et se levant brusquement, il ouvrit la porte de son compartiment et passa, suivi de M. Plantat et du Pâlot, dans le grand cabinet. Comme la première fois, tous les agents se levèrent.

— M. Job, dit alors l'agent de la sûreté à son lieutenant, écoutez bien l'ordre. Vous allez, dès que je serai parti, régler ce que vous devez ici. Puis, comme il faut que je vous aie sous la main, vous irez tous vous installer chez le premier marchand de vins qu'on trouve à droite, en remontant la rue d'Amsterdam. Dînez, vous avez le temps, mais sobrement, vous entendez.

Il tira de son porte-monnaie deux louis, qu'il plaça sur la table en disant :

— Voilà pour le dîner.

Puis il sortit, après avoir recommandé à Pâlot de le suivre de très-près.

Avant tout, M. Lecoq avait hâte de reconnaître « par lui-même » l'hôtel habité par Trémorel. D'un coup d'œil

il jugea que les dispositions intérieures etaient bien telles que le disait Pâlot.

— C'est bien cela, dit-il au père Plantat, nous avons la position pour nous. Nos chances sont à cette heure de quatre-vingt-dix sur cent.

— Qu'allez-vous faire? demanda le vieux juge de paix que l'émotion gagnait à mesure qu'approchait le moment décisif.

— Pour le moment, rien, je ne veux agir que la nuit venue. Ainsi, ajouta-t-il presque gaîment, puisque nous avons deux heures à nous, faisons comme nos hommes, je sais justement dans ce quartier, à deux pas, un restaurant où on dîne fort bien, allons dîner.

Et sans attendre la réponse du père Plantat, il l'entraîna vers le restaurant du passage du Hâvre.

Mais au moment de mettre la main sur le bouton de la porte, il s'arrêta et fit un signe. Pâlot aussitôt s'approcha.

— Je te donne deux heures, lui dit-il, pour te faire une tête que ne reconnaisse pas le portier de tantôt et pour manger une bouchée. Tu es garçon tapissier. File vite, je t'attends dans ce restaurant.

Ainsi que l'avait affirmé M. Lecoq, on dîne très bien au restaurant du Hâvre. Le malheur est que le père Plantat ne put en juger. Plus que le matin encore, il avait le cœur serré, et avaler une seule bouchée lui eût été impossible. Si seulement il eût connu quelque chose des projets de son guide! Mais l'agent de la sûreté était resté impénétrable, se contentant de répondre à toutes les questions :

— Laissez-moi faire, fiez-vous à moi.

Certes, la confiance de M. Plantat était grande, mais plus il réfléchissait, plus cette tentative de soustraire Trémorel à la cour d'assises lui paraissait périlleuse, hérissée d'insurmontables difficultés, presque insensée. Les doutes les plus poignants assiégeaient son esprit et le torturaient. C'était sa vie, en somme, qui se jouait, car il s'était juré qu'il ne survivrait pas à la perte de Lau-

rence, réduite à confesser, en plein tribunal, et son déshonneur et son amour pour Hector.

M. Lecoq essaya bien de presser son convive, il voulait le décider à prendre au moins un potage et un verre de vieux bordeaux; bientôt il reconnut l'inutilité de ses efforts et prit le parti de dîner comme s'il eût été seul. Il était fort soucieux, mais jamais l'incertitude du résultat poursuivi ne lui a fait perdre une bouchée. Il mangea longuement et bien, et vida lestement sa bouteille de Léoville.

Cependant, la nuit était venue, et déjà les garçons commençaient à allumer les lustres. Peu à peu la salle s'était vidée, et le père Plantat et M. Lecoq se trouvaient presque seuls.

— Ne serait-il pas enfin temps d'agir? demanda timidement le vieux juge de paix.

L'agent de la sûreté tira sa montre:

— Nous avons encore près d'une heure à nous, répondit-il, pourtant je vais tout préparer.

Il appela le garçon et demanda, en même temps qu'une tasse de café, ce qu'il faut pour écrire.

— Voyez-vous, monsieur, poursuivait-il, pendant qu'on s'empressait de le servir, l'important pour nous est d'arriver jusqu'à Mlle Laurence à l'insu de Trémorel. Il nous faut dix minutes d'entretien avec elle et chez elle. Telle est l'indispensable condition de notre succès.

Le vieux juge de paix s'attendait probablement à quelque coup de théâtre immédiat et décisif, car cette déclaration de M. Lecoq sembla le consterner.

— S'il en est ainsi, fit-il avec un geste désolé, autant renoncer à notre projet.

— Pourquoi?

— Parce que bien évidemment Trémorel ne doit pas laisser Laurence seule une minute.

— Aussi ai-je songé à l'attirer dehors.

— Et c'est vous, monsieur, si perspicace d'ordinaire qui pouvez supposer qu'il s'aventurera dans les rues! Vous ne vous rendez donc pas compte de sa situation en

ce moment. Songez qu'il doit être en proie à des terreurs sans bornes. Nous savons, nous, qu'on ne retrouvera pas la dénonciation de Sauvresy, mais il l'ignore, lui. Il se dit que peut être ce manuscrit a été retrouvé, qu'on a eu des soupçons et que déjà sans doute il est recherché, poursuivi, traqué par la police.

M. Lecoq eut un sourire triomphant.

— Je me suis dit tout cela, repondit-il, et bien d'autres choses encore. Ah ! trouver un moyen de débusquer Trémorel n'était pas aisé. Je l'ai cherché longtemps, mais enfin je l'ai trouvé, juste comme nous entrions ici. Dans une heure, le comte de Trémorel sera au faubourg Saint-Germain. Il va m'en coûter un faux c'est vrai, mais vous m'accorderez bien des circonstances atténuantes. D'ailleurs, qui veut la fin, veut les moyens.

Il prit la plume et, sans quitter son cigare, rapidement, il écrivit.

« Monsieur Wilson,

« Quatre des billets de mille francs que vous m'avez
« donnés en paiement sont faux ; je viens de le recon-
« naître en les remettant à mon banquier. Si avant dix
« heures vous n'êtes pas chez moi pour vous expliquer
« à ce sujet, j'aurai le regret de faire parvenir ce soir
« même une plainte à monsieur le procureur impérial.

« RECH. »

— Tenez, monsieur, fit M. Lecoq en passant sa lettre au père Plantat, comprenez-vous ?

D'un coup d'œil le vieux juge de paix eut lu, et il ne put retenir une exclamation de joie qui fit retourner tous les garçons.

— Oui, dit-il, oui, en effet, il sera pris au reçu de cette lettre, d'une épouvante qui triomphera de toutes ses terreurs. Il se dira que parmi les billets remis en paiement il a pu s'en glisser de faux sans qu'il s'en soit aperçu, il se dira qu'une plainte déposée au parquet provoquera

une enquête, qu'il lui faudra prouver qu'il est bien M. Wilson et qu'alors il est perdu.

— Ainsi vous croyez qu'il sortira?

— J'en suis sûr, à moins qu'il ne soit devenu fou.

— Nous réussirons donc, je vous le répète, car je viens de surmonter le seul obstacle sérieux.

Il s'interrompit brusquement. La porte du restaurant s'était entr'ouverte et par l'entrebâillement un homme avait passé la tête et l'avait retirée aussitôt.

— Voici mon homme, fit M. Lecoq, en appelant le garçon pour solder l'addition, sortons, il doit nous attendre dans le passage.

Dans la galerie, en effet, un jeune homme vêtu comme les ouvriers tapissiers attendait, tout en paraissant flâner le long des boutiques. Il avait de longs cheveux bruns et les moustaches et les sourcils du plus beau noir. Certes, le père Plantat ne reconnut pas le Pàlot. M. Lecoq qui a l'œil plus exercé, le reconnut bien, lui, et même il parut assez mécontent.

— Mauvais, grommela-t-il, lorsque l'ouvrier tapissier le salua, pitoyable. Crois-tu donc, mon garçon, qu'il suffise, pour se déguiser, de changer la couleur de sa barbe? Regarde-toi un peu dans cette glace et dis-moi si l'expression de ta figure n'est pas absolument celle de tantôt? Ton œil et ton sourire ne sont-ils pas les mêmes? Puis, vois, ta casquette est bien trop de côté, ce n'est pas naturel, et ta main ne s'enfonce pas assez crânement dans ta poche.

— Je tâcherai, monsieur, de faire mieux une autre fois, répondit modestement le Pàlot.

— Je l'espère bien, mais enfin, pour ce soir, le concierge de tantôt ne te reconnaîtra pas, et c'est tout ce qu'il faut.

— Et maintenant que dois-je faire?

— Voici tes instructions, dit Lecoq répondant au Pàlot, et surtout ne va pas te tromper. D'abord, tu vas retenir une voiture ayant un bon cheval. Tu iras ensuite chez le marchand de vins chercher un de nos hommes

qui t'accompagnera jusqu'à l'hôtel de M. Wilson, Arrivé là, tu sonneras, tu entreras seul et tu remettras au concierge la lettre que voici en disant qu'elle est de la plus haute importance et très-pressée. Ta commission faite, tu te mettras, ainsi que ton agent, en embuscade devant l'hôtel. Si M. Wilson sort, et il sortira, ou je ne suis plus Lecoq, ton compagnon viendra immédiatement me prévenir. Quant à toi, tu t'attacheras à M. Wilson et tu ne le perdras pas de vue. Il prendra certainement une voiture, tu le suivras avec la tienne, en ayant la précaution de monter sur le siége à côté du cocher. Et ouvre l'œil, c'est un gaillard fort capable de s'esquiver pendant la course par une des portières et de te laisser courir après une voiture vide.

— C'est bien, du moment que je suis prévenu...

— Silence donc, quand je parle. Il ira probablement chez le tapissier de la rue des Saints-Pères, cependant je puis me tromper. Il se peut qu'il se fasse conduire à une gare de chemin de fer quelconque, et qu'il prenne le premier train venu. En ce cas tu monteras dans le même wagon que lui et tu le suivras partout où il ira; en ayant soin toutefois de m'expédier une dépêche dès que tu le pourras.

— Oui, monsieur, très-bien; seulement si je dois prendre un train...

— Quoi? Tu n'as pas d'argent?

— Précisément.

— Alors — M. Lecoq sortit son portefeuille — prends ce billet de cinq cents francs, c'est plus qu'il n'en faut pour entreprendre le tour du monde. Tout est-il bien entendu?

— Pardon... si M. Wilson revient purement et simplement à son hôtel, que devrai-je faire?

— Laisse-moi donc finir. S'il rentre, tu reviendras avec lui et, au moment où sa voiture s'arrêtera devant l'hôtel, tu donneras deux vigoureux coups de sifflet, tu sais. Puis, tu m'attendras dans la rue, en ayant soin de garder ta voiture que tu prêteras à Monsieur, s'il en a besoin.

— Compris! fit le Pâlot, qui s'éloigna en courant.

Restés seuls, le père Plantat et l'agent de la sûreté commencèrent à arpenter lentement la galerie. Ils étaient graves, silencieux comme on l'est toujours au moment décisif d'une partie; on ne parle pas autour des tables de jeu.

Tout à coup, M. Lecoq tressaillit, il venait d'apercevoir son agent à l'extrémité de la galerie. Si vive était son impatience qu'il courut à lui :

— Eh bien?

— Monsieur, le gibier est lancé et Pâlot le *file* (1).

— A pied ou en voiture?

— En voiture.

— Il suffit. Rejoins tes camarades et dis-leur de se tenir prêts.

Tout marchait au gré des désirs de M. Lecoq, et il se retournait triomphant vers le vieux juge de paix, lorsqu'il fut frappé de l'altération de ses traits.

— Vous trouveriez-vous indisposé, monsieur? demanda-t-il, tout inquiet.

— Non, mais j'ai cinquante-cinq ans, M. Lecoq, et à cet âge il est des émotions qui tuent. Tenez, au moment de voir mes vœux se réaliser, je tremble, je sens qu'une déception serait ma mort. J'ai peur, oui, j'ai peur... Ah! que ne puis-je me dispenser de vous suivre!

— Mais votre présence est indispensable, monsieur, sans vous, sans votre aide, je ne puis rien.

— A quoi vous serai-je bon?

— A sauver Mlle Laurence, monsieur.

Ce nom, ainsi prononcé, rendit au juge de paix d'Orcival une partie de son énergie.

— S'il en est ainsi!... fit-il.

Déjà il s'avançait résolûment vers la rue, M. Lecoq le retint.

— Pas encore, disait-il, pas encore; le gain de la ba-

---

(1) *Filer*, v. act., suivre.

taille, monsieur, dépend de la précision de nos mouvements. Une seule faute et toutes mes combinaisons échouent misérablement et je suis forcé d'arrêter et de livrer à la justice le prévenu. Il nous faut dix minutes d'entretien avec Mlle Laurence, mais non beaucoup plus, et il est absolûment nécessaire que cet entretien soit brusquement interrompu par le retour de Trémorel. Établissons donc nos calculs. Il faut à ce gredin trente minutes pour aller rue des Saints-Pères où il ne trouvera personne; autant pour revenir; mettons quinze minutes perdues; en tout une heure et quart. C'est encore quarante minutes de patience.

Le père Plantat ne répondit pas, mais M. Lecoq comprit qu'il lui serait impossible de rester si longtemps debout, après les fatigues de la journée, ému comme il l'était et n'ayant rien pris depuis la veille. Il l'entraîna donc dans un café voisin et le força de tremper un biscuit dans un verre de vin. Puis, sentant bien que toute conversation serait importune à cet homme si malheureux, il prit un journal du soir et bientôt parut absorbé par les nouvelles d'Allemagne.

La tête renversée sur le dossier de la banquette de velours, l'œil perdu dans le vide, le vieux juge de paix repassait dans son esprit les événements de ces quatre années qui venaient de s'écouler. Il lui semblait que c'était hier que Laurence, encore enfant, venait courir sur la pelouse de son jardin et ravager ses rosiers. Comme elle était jolie, déjà, et quelle divine expression avaient ses grands yeux! Puis, du soir au matin, pour ainsi dire, comme une rose que fait épanouir une nuit de juin, la jolie enfant était devenue la radieuse jeune fille. Mais timide et réservée avec tous, elle ne l'était pas avec lui. N'avait-il pas été son vieil ami, le confident de ses petits chagrins et de ses innocentes espérances. Combien elle était candide et pure, alors; quelle divine ignorance du mal!...

Neuf heures sonnèrent, M. Lecoq déposa son journal sur la table.

— Partons, dit-il.

Le père Plantat le suivait d'un pas plus assuré, et bientôt, accompagnés des hommes de M. Job, ils arrivèrent devant l'hôtel occupé par M. Wilson.

— Vous autres, dit M. Lecoq à ses agents, vous attendrez pour entrer que j'appelle, je vais laisser la porte entrouverte.

Au premier coup de sonnette, la porte s'ouvrit et le père Plantat et l'agent de la sûreté s'engagèrent sous la voûte. Le concierge était sur le seuil de sa loge.

— M. Wilson? demanda M. Lecoq.
— Il est absent.
— Je parlerai à madame, alors.
— Elle est absente aussi.
— Très-bien! seulement, comme il faut absolument que je parle à Mme Wilson, je vais monter.

Le concierge s'apprêtait à une vive résistance, mais M. Lecoq ayant appelé ses hommes, il comprit à qui il avait affaire et, plein de prudence, il se tut.

L'agent de la sûreté posta alors six de ses hommes dans la cour, dans une position telle qu'on put aisément les apercevoir des fenêtres du premier étage, et ordonna aux autres d'aller se placer sur le trottoir en face, leur recommandant d'observer très-ostensiblement la maison.

Ces mesures prises, il revint au concierge.

— Toi, mon brave, commanda-t-il, attention. Quand ton maître qui est sorti va rentrer, garde-toi bien de lui dire que la maison est cernée et que nous sommes là-haut; un seul mot te compromettrait terriblement...

Si menaçants étaient l'air et le ton de M. Lecoq, que le portier frémit, il se vit au fond des plus humides cachots.

— Je suis aveugle, répondit-il, je suis muet.
— Combien y a-t-il de domestiques dans l'hôtel?
— Trois, mais ils sont sortis.

L'agent de la sûreté prit alors le bras du père Plantat et le tenant fortement :

— Vous le voyez, monsieur, dit-il, tout est pour nous. Venez, et au nom de Mlle Laurence, du courage !

XXVII

Toutes le prévisions de M. Lecoq se réalisaient. Laurence n'était pas morte, sa lettre à sa famille n'était qu'une odieuse tromperie. C'était bien elle, qui sous le nom de Mme Wilson habitait l'hôtel où venaient de pénétrer le père Plantat et l'agent de la sûreté.

Comment la belle et noble jeune fille tant aimée du juge d'Orcival en était-elle venue à ces extrémités affreuses ? C'est que la logique de la vie, hélas ! enchaîne fatalement les unes aux autres toutes nos déterminations. C'est que souvent une action indifférente, peu répréhensible en elle-même, peut être le point de départ d'un crime atroce.

Chacune de nos résolutions nouvelles dépend de celles qui l'ont précédées et en est la conséquence mathématique, en quelque sorte, comme le total d'une addition est le produit des chiffres posés.

Malheur à celui qui, pris au bord de l'abîme d'un premier vertige, ne fuit pas au plus vite sans détourner la tête ; c'en est fait de lui. Bientôt, cédant à une attraction irrésistible, il s'approche bravant le péril, son pied glisse, il est perdu. Vainement revenu au sentiment de la réalité il fera, pour se retenir, d'incroyables efforts, il n'y parviendra pas ; à peine réussira-t-il à retarder sa chute définitive. Quoi qu'il fasse et qu'il tente, il roulera plus

bas, toujours plus bas, jusqu'à ce qu'il arrive au fond, tout au fond du gouffre.

Ainsi Trémorel n'avait rien de l'implacable caractère des assassins, il n'était que faible et lâche; et cependant il avait commis d'abominables crimes. Tous ses forfaits remontaient au premier sentiment d'envie qu'il avait ressenti contre Sauvresy et qu'il n'avait pas pris la peine de vaincre. Dieu a dit à la mer : Tu n'iras pas plus loin; mais il n'est pas d'homme qui, brisant la digue de ses passions, sache où elles s'arrêteront.

Ainsi, le jour où Laurence, la pauvre enfant, éprise de Trémorel, s'était laissé serrer la main en se cachant de sa mère, elle était une fille perdue. Le serrement de main l'avait amenée à feindre le suicide pour fuir avec son amant; il pouvait aussi bien la conduire à l'infanticide.

Restée seule après le départ d'Hector attiré au faubourg Saint-Germain par la lettre de M. Lecoq, la malheureuse Laurence s'efforçait de remonter le cours des événements depuis une année. Combien ils avaient été imprévus et rapides! Il lui semblait qu'emportée dans un tourbillon, elle n'avait pas eu une seconde pour se recueillir, pour ressaisir son libre arbitre. Elle se demandait si elle n'était pas le jouet d'un cauchemar hideux et si elle n'allait pas se réveiller tout à l'heure, à Orcival, dans sa blanche chambre de jeune fille.

Etait-ce bien elle, qui était là dans une maison inconnue, morte pour tous, laissant une mémoire flétrie, réduite à vivre sous un nom d'emprunt, sans famille désormais, sans amis, sans personne au monde sur qui appuyer sa faiblesse, à la merci d'un homme fugitif comme elle, libre de briser demain les liens fragiles de la fantaisie qui le retenaient aujourd'hui.

Etait-ce bien elle, enfin, qui sentait un enfant tressaillir dans son sein, qui allait être mère et qui se trouvait réduite à cet excès de misère de rougir de cette maternité qui est l'orgueil des jeunes femmes.

Mille souvenirs de son existence passée revenaient à sa

mémoire, et cruels comme des remords avivaient son désespoir. Son cœur se fondait en songeant à ses amitiés d'autrefois, à sa mère, à sa sœur, aux fiertés de son innocence, aux joies pures du foyer paternel.

A demi renversée sur un divan du cabinet d'Hector, elle pleurait à chaudes larmes, librement.

Elle pleurait sa vie brisée à vingt ans, sa jeunesse perdue, ses radieuses espérances évanouies, l'estime du monde, sa propre estime à elle-même, qu'elle ne retrouverait jamais.

Tout à coup la porte du cabinet s'ouvrit avec bruit.

Laurence crut que c'était Hector qui rentrait, et brusquement elle se leva, passant son mouchoir sur ses yeux pour essayer de cacher ses larmes.

Sur le seuil, un homme qu'elle ne connaissait pas — M. Lecoq — s'inclinait respectueusement.

Elle eut peur. Tant de fois depuis deux jours Trémorel lui avait répété : « On nous poursuit, cachons-nous bien, » qu'alors même qu'il lui semblait qu'elle n'avait plus rien à redouter, elle tremblait sans savoir pourquoi.

— Qui êtes-vous? demanda-t-elle d'un ton hautain, qui vous a permis de pénétrer jusqu'ici, que voulez-vous?

M. Lecoq est un de ces hommes qui ne laissent rien au hasard de l'inspiration, qui prévoient tout, qui règlent les actions de la vie comme les scènes du théâtre. Il s'attendait à cette colère légitime, à ces questions, et il avait ménagé son effet.

Pour toute réponse, il fit un pas de côté, démasquant ainsi le père Plantat placé derrière lui.

En reconnaissant son vieil ami, Laurence éprouva un si rude choc, qu'en dépit de sa vaillance elle faillit se trouver mal.

— Vous, balbutia-t-elle, vous!...

Le vieux juge de paix était, s'il se peut, plus ému qu'elle encore. Etait-ce vraiment sa Laurence, qui était là devant lui? Le chagrin avait si bien fait son œuvre

qu'elle semblait vieille ; ayant cessé de se serrer à risquer d'en mourir, sa grossesse était très-apparente.

— Pourquoi m'avoir cherché? reprit-elle. Pourquoi ajouter une douleur à ma vie ? Ah ! je l'avais bien dit à Hector, qu'on n'ajouterait pas foi à la lettre qu'il me dictait. Il est de ces malheurs contre lesquels la mort seule est un refuge.

Le père Plantat allait répondre, mais M. Lecoq s'était promis de mener l'entretien.

— Ce n'est pas vous, madame, que nous cherchons, dit-il, mais bien M. de Trémorel.

— Hector ! et pourquoi, s'il vous plaît? n'est-il pas libre?

Au moment de frapper cette malheureuse enfant, coupable seulement d'avoir cru aux serments d'un misérable, M. Lecoq hésita. Et cependant il est de ceux qui pensent que la vérité brutale est moins affreuse que des ménagements cruels.

— M. de Trémorel, répondit-il, a commis un grand crime,

— Lui !... vous mentez, monsieur.

L'agent de la sûreté secoua tristement la tête.

— Je dis vrai, malheureusement, insista-t-il. M. de Trémorel a assassiné sa femme dans la nuit de mercredi à jeudi; je suis agent de police, et j'ai ordre de l'arrêter.

Il supposait que cette terrible accusation allait foudroyer Laurence et la renverser. Il se trompait. Elle était foudroyée, mais elle restait debout. Le crime lui faisait horreur, mais il ne lui paraissait pas absolument invraisemblable, ayant compris la haine que Berthe inspirait à Hector.

— Eh bien ! soit, s'écria-t-elle, sublime d'énergie et de désespoir, soit, je suis sa complice, arrêtez-moi.

Ce cri, qui paraissait arraché à la passion la plus folle, atterra le père Plantat, mais ne surprit pas M. Lecoq.

— Non, madame, reprit-il, non, vous n'êtes pas la complice de cet homme. D'ailleurs le meurtre de sa

femme est le moindre de ses forfaits. Savez-vous pourquoi il ne vous a pas épousée? C'est que de concert avec Mme Berthe, qui était sa maîtresse, il a empoisonné Sauvresy, son sauveur, son meilleur ami. Nous en avons la preuve.

C'était plus que n'en pouvait supporter l'infortunée Laurence, elle chancela et tomba mourante sur le canapé.

Mais elle ne doutait pas. Cette terrible révélation déchirait le voile qui, jusqu'alors, avait pour elle recouvert le passé. Oui, l'empoisonnement de Sauvresy lui expliquait toute la conduite d'Hector, sa position, ses craintes, ses promesses, ses mensonges, sa haine, son abandon, son mariage, sa fuite, tout enfin.

Pourtant, elle essayait encore, non de le défendre, mais de prendre la moitié de ses crimes.

— Je le savais, balbutia-t-elle, d'une voix brisée par les sanglots, je savais tout.

Le vieux juge de paix était au désespoir.

— Comme vous l'aimez, pauvre enfant, s'écria-t-il, comme vous l'aimez!

Cette douloureuse exclamation rendit à Laurence toute son énergie, elle fit un effort et se redressa l'œil brillant d'indignation:

— Moi l'aimer, s'écria-t-elle, moi!... Ah! tenez, à vous, mon seul ami je puis expliquer ma conduite. car vous êtes digne de me comprendre. Oui, je l'ai aimé; c'est vrai, aimé jusqu'à l'oubli du devoir, jusqu'à l'abandon de moi-même. Mais un jour il s'est montré à moi tel qu'il est, je l'ai jugé, et mon amour n'a pas résisté au mépris. J'ignorais l'assassinat horrible de Sauvresy, mais Hector m'avait avoué que son honneur et sa vie étaient entre les mains de Berthe..., et qu'elle l'aimait. Je l'ai laissé libre de m'abandonner, de se marier, sacrifiant ainsi plus que ma vie à ce que je croyais son bonheur, et cependant je n'avais plus d'illusions. En fuyant avec lui, je me sacrifiais encore. Quand j'ai vu que cacher ma honte devenait impossible, j'ai voulu mourir. Si je vis, si

j'ai écrit à ma malheureuse mère une lettre infâme, si, en un mot, j'ai cédé aux prières d'Hector, c'est qu'il me priait au nom de mon enfant... de notre enfant.

M. Lecoq qui sentait que le temps pressait essaya une observation, Laurence ne l'écouta pas.

— Mais qu'importe! poursuivait-elle. Je l'ai aimé, je l'ai suivi, je suis à lui. La constance quand même, voilà la seule excuse d'une faute comme la mienne. Je ferai mon devoir. Je ne saurais être innocente quand mon amant a commis un crime, je veux la moitié du châtiment.

Elle parlait avec une animation si extraordinaire que l'agent de la sûreté désespérait de la calmer, lorsque deux coups de sifflet, donnés dans la rue, arrivèrent jusqu'à lui. Trémorel rentrait, il n'y avait plus à hésiter, il saisit presque brutalement le bras de Laurence.

— Tout cela, madame, fit-il d'un ton dur, vous le direz aux juges, mes ordres ne concernent que le sieur Trémorel. Voici, au surplus, le mandat d'amener...

Il sortit à ces mots le mandat décerné par M. Domini et le posa sur la table.

A force de volonté, Laurence était redevenue presque calme :

— Vous m'accorderez bien, demanda-t-elle, cinq minutes d'entretien avec M. le comte de Trémorel.

M. Lecoq eut un tressaillement de joie. Cette demande, il l'avait prévue, il l'attendait.

— Cinq minutes, soit, répondit-il. Mais renoncez, madame, à l'espoir de faire évader le prévenu, la maison est cernée ; regardez dans la cour et dans la rue, vous verrez mes hommes en embuscade. D'ailleurs, je vais rester là, dans la pièce voisine.

On entendait le pas du comte dans l'escalier.

— Voici Hector, fit Laurence, vite, bien vite, cachez-vous.

Et comme ils disparaissaient elle ajouta, mais non, si bas que l'agent de la sûreté ne l'entendit :

— Soyez tranquilles, nous ne nous évaderons pas.

Elle laissa retomber la portière ; il était temps, Hector entrait. Il était plus pâle que la mort, ses yeux avaient une affreuse expression d'égarement.

— Nous sommes perdus, dit-il, on nous poursuit. Vois, cette lettre que je viens de recevoir, ce n'est pas l'homme dont elle porte la signature qui l'a écrite, il me l'a dit. Viens, partons, quittons cet hôtel...

Laurence l'écrasa d'un regard plein de haine et de mépris, et dit :

— Il est trop tard.

Sa contenance, sa voix étaient si extraordinaires que Trémorel, malgré son trouble, en fut frappé et demanda :

— Qu'y a-t-il?

— On sait tout, on sait que vous avez assassiné votre femme.

— C'est faux.

Elle haussa les épaules.

— Eh bien! oui, c'est vrai, oui, c'est que je t'aimais tant!...

— Vraiment! Est-ce aussi par amour pour moi que vous avez empoisonné Sauvresy?

Il comprit, qu'en effet, il était découvert, qu'on l'avait attiré dans un piége, qu'on était venu, en son absence, informer Laurence de tout. Il n'essaya pas de nier.

— Que faire? s'écria-t-il, que faire?

Laurence l'attira vers elle, et, d'une voix frémissante, elle murmura :

— Sauvez le nom de Trémorel, il y a des armes ici.

Il recula, comme s'il eût vu la mort elle-même.

— Non, fit-il, non, je peux encore fuir, me cacher ; je pars seul, tu viendras me rejoindre.

— Je vous l'ai déjà dit, il est trop tard, la police a cerné la maison. Et vous savez, c'est le bagne ou l'échafaud.

— On peut se sauver par la cour.

— Elle est gardée, voyez.

Il courut à la fenêtre, aperçut les hommes de M. Lecoq et revint hideux de terreur, à moitié fou.

— On peut toujours essayer, disait-il, en se déguisant...

— Insensé! Il y a là, tenez, un agent de police, et c'est lui qui a laissé sur le coin de cette table ce mandat d'arrêt.

Il vit qu'il etait perdu sans ressources.

— Faut-il donc mourir! murmura-t-il.

— Oui, il le faut, mais, auparavant, ecrivez une declaration de vos crimes, on peut soupçonner des innocents...

Machinalement il s'assit, prit la plume que lui tendait Laurence, et écrivit :

« Près de paraître devant Dieu, je déclare que seul et
« sans complices j'ai empoisonné Sauvresy et tué la com-
« tesse de Tremorel, ma femme. »

Quand il eut signé et daté, Laurence ouvrit un des tiroirs du bureau où se trouvaient des pistolets. Hector en saisit un, elle s'empara de l'autre.

Mais comme à l'hôtel autrefois, comme dans la chambre de Sauvresy mourant, Tremorel, au moment d'appuyer l'arme sur son front, sentit le cœur lui manquer. Il etait livide, ses dents claquaient, il tremblait au point qu'il faillit laisser échapper le pistolet.

— Laurence, balbutia-t-il, ma bien-aimée, que vas-tu devenir?...

— Moi! j'ai juré que partout et toujours je vous suivrais. Comprenez-vous ?

— Ah! c'est horrible, dit-il encore. Ce n'est pas moi qui ai empoisonné Sauvresy, c'est elle, il y a des preuves; peut-être qu'avec un bon avocat...

M. Lecoq ne perdait ni un mot, ni un geste de cette scène poignante. Volontairement ou involontairement, qui sait? il poussa la porte qui fit du bruit.

Laurence crut que cette porte s'ouvrait, que l'agent revenait, qu'Hector allait tomber vivant aux mains de la police...

— Misérable lâche ! s'écria-t-elle en l'ajustant, tire ou sinon...

Il hésitait, le bruit se renouvela, elle fit feu. Trémorel tomba mort.

D'un geste rapide, Laurence ramassa l'autre pistolet et déjà elle le tournait contre elle, quand M. Lecoq bondit jusqu'à elle et lui arracha l'arme des mains.

— Malheureuse ! s'écria-t-il, que voulez-vous ?

— Mourir. Est-ce que je puis vivre, maintenant ?

— Oui, vous pouvez vivre, répondit l'agent de la sûreté, et je dirai plus, vous devez vivre.

— Je suis une fille perdue...

— Non. Vous êtes une pauvre enfant séduite par un misérable. Vous êtes bien coupable, dites-vous, soit, vivez pour expier. Les grandes douleurs comme la vôtre ont leur mission en ce monde, mission de dévoûment et de charité. Vivez, et le bien que vous ferez vous rattachera à la vie. Vous avez cédé aux trompeuses promesses d'un scélérat, souvenez-vous, quand vous serez riche, qu'il y a de pauvres filles honnêtes, forcées de se vendre pour un morceau de pain. Allez à ces malheureuses, arrachez-les à la débauche, et leur honneur sera le vôtre.

M. Lecoq observait Laurence tout en parlant, et il s'aperçut qu'il la touchait. Pourtant ses yeux restaient secs et avaient un éclat inquiétant.

— D'ailleurs, reprit-il, votre vie n'est pas à vous, vous êtes mère.

— Eh ! répondit-elle, c'est pour mon enfant qu'il faut que je meure maintenant, si je ne veux pas mourir de honte quand il me demandera qui est son père...

— Vous lui répondrez, madame, en lui montrant un honnête homme, en lui montrant un vieil ami, M. Plantat, qui est prêt à lui donner son nom.

Le vieux juge de paix était mourant ; pourtant, il eut encore la force de dire :

— Laurence, ma fille bien aimée, je vous en conjure, acceptez...

Ces simples mots, prononcés avec une douceur infinie, attendrirent enfin la malheureuse jeune fille et la décidèrent. Elle fondit en larmes, elle était sauvée.

M. Lecoq aussitôt, s'empressa de jeter sur les epaules de Laurence un châle qu'il avait aperçu sur un meuble, et passant le bras de la jeune fille sous celui du père Plantat :

— Partez, dit-il au vieux juge de paix, emmenez-la ; mes hommes ont ordre de vous laisser passer, et Pâlot vous cédera sa voiture.

— Mais où aller ?

— A Orcival, M. Courtois est informé par une lettre de moi que sa fille est vivante, et il l'attend. Allez ! allez !

Resté seul, ayant entendu le roulement de la voiture qui emmenait Laurence et le père Plantat, l'agent de la sûreté vint se placer devant le cadavre de Tremorel.

— Voilà, se disait-il, un misérable que j'ai tué au lieu de l'arrêter et de le livrer à la justice. En avais-je le droit ? Non, mais ma conscience ne me reproche rien, c'est donc que j'ai bien agi.

Et courant à l'escalier, il appela ses hommes.

. . . .
. . . .

XXVIII

Le lendemain même de la mort de Trémorel, La Ripaille et Guespin etaient remis en liberté, et recevaient, l'un quatre mille francs pour s'acheter un bateau et des filets à mailles réglementaires, l'autre dix mille francs,

avec promesse de pareille somme au bout d'un an, s'il allait s'etablir dans son pays.

Quinze jours plus tard, à la grande surprise des badauds d'Orcival, qui n'ont jamais su le fin mot de l'histoire, le père Plantat epousait Mlle Laurence Courtois et, le soir meme, les nouveaux époux partaient pour l'Italie en annonçant qu'ils y resteraient au moins un an.

Quant au père Courtois, il vient de mettre en vente son beau domaine d'Orcival, il se propose de s'établir dans le midi, et est en quête d'une commune ayant besoin d'un bon maire.

Comme tout le monde, M. Lecoq aurait oublié cette affaire du Valfeuillu restee fort obscure dans le public, n'etait que l'autre matin un notaire est venu de sa personne lui apporter une lettre bien gracieuse de Laurence et un gros cahier de papier timbré.

Ces paperasses n'étaient autres que les titres de propriete de la jolie habitation du père Plantat à Orcival, « telle qu'elle se poursuit et comporte, avec meubles meublants, écurie, remise, jardin, dépendances diverses, » et quelques arpents de pres aux environs.

— O prodige! s'ecria M. Lecoq, je n'ai pas obligé des ingrats! Pour la rareté du fait, je consens à devenir propriétaire.

FIN

St-Amand (Cher).— Imp. de Destenay.